ENGINEERING ECONOMY

제3판

공학경제

조성구 · 홍성조 · 윤병운 지음

KYOWOO

제3판을 출간하며

이 책의 초판은 공학인증이 국내 주요 공과대학에 처음으로 도입되기 시작하던 시절, 공과대학 생들이 공학프로젝트의 경제성을 분석하여 대안을 선정할 수 있는 기본 능력을 갖추도록 하기 위한 기본소양 교과목의 교재로 만들어졌다. 그리고 12년이 흘렀다. 그동안 공학인증 취득이 전국의 대부분 대학으로 확산되었고 우리 산업사회 또한 많은 변화를 겪었다. 정보통신기술의 눈부신 발전을 바탕으로 인공지능, 사물인터넷, 빅데이터, 스마트팩토리 등의 기술이 출현하면서 제4차 산업혁명을 얘기하는 시대가 되었다.

과학기술의 융·복합화가 활발히 진행되고 우리가 사는 세상이 초연결사회가 되어 갈수록 공학자(engineer)는 그 어느 때보다 자신의 전공분야에 대한 지식(domain knowledge) 못지않게 공학이 경제, 사회 등 제반 분야에 미치는 영향을 잘 이해하고 의사결정에 이를 고려할 수 있는 능력을 갖추는 것이 중요해진다. 그러한 면에서 본 교재가 다루고 있는 주제들은 공학도에게 더욱 더 필요한 지식이 되어 가고 있다고 확신할 수 있다.

그러나 기존의 교재는 최근 현장에서 점점 쓰임새가 커지고 있는 중요한 경제성분석 방법들을 일부 다루지 못하고 있고, 전체적인 교재의 구성 면에서도 적절하지 못한 부분이 있었다. 몇 년 전 제2판에서 초판의 오류와 교재의 구성 등에 대한 수정작업이 이루어지긴 했었으나, 이번 제3판에서는 그러한 점들을 제대로 보완하고자 다음과 같은 대폭적 개정이 이루어졌다.

1. 제2판까지는 여덟 개의 장에 대해 특별한 구분을 두지 않았으나, 이번에는 소개할 내용의 성격에 따라 책의 내용을 **총 3부로 나누어 구분**하였다. 제1부에서는 공학경제를 배우기 전 알아두어야 할 기본개념들을, 제2부에서는 현금흐름에 대한 등가계산의 원리를 소개하고, 마지막 3부에서는 다양한 투자대안분석 방법들을 한데 모아 소개하였다.

2. **제1부 경제성분석의 기본개념** 중 제1장 서론의 내용을 많이 보완하였다. 실제 사례나 다양한 보기를 들어 공학의 절차와 공학프로젝트 사례들을 설명하고 접근방법이나 가정에 따라 분석방법이 어떻게 달라지는지를 설명하였다.

3. **제2부 현금흐름과 등가계산**은 등가계산의 기본원리를 소개하는 제3장과 인플레이션을 고려한 등가계산을 다루는 제4장, 세금을 고려한 등가계산을 다루는 제5장 등 총 세 개의 장으로 구성하였다. 특히 제5장은 이전 판에서 감가상각이라는 제목으로 다룬 내용들을 포함하여 납세 후 현금흐름까지 고려하는 방법을 소개하였다. 아울러 소프트웨어의 활용 증대에 맞추어 엑셀(EXCEL) 재무함수를 활용하는 방법을 모든 장에 걸쳐 확대 적용하였다.

4. **제3부 투자대안의 경제성분석과 의사결정**은 투자대안의 경제성을 분석하고 대안을 선정하는 방법들을 소개하는 부분으로 새로운 내용이 가장 많이 추가된 부분이다. 모든 현금흐름이나 이자율 등이 확정적으로 추정가능하다고 보고 분석하는 방법들을 설비투자대안에 대한 분석과 함께 이전 판에서 두 개의 장으로 소개하였으나 현실적으로 미래에 발생할 현금흐름은 불확실성을 고려하여 분석하는 것이 더 타당한 경우가 많다. 이러한 상황을 고려하여 본 개정판에서는 현금흐름이나 이자율 등에 대한 불확실성을 고려한 분석방법들(제8장)을 새로이 추가하였다. 또한 공공투자대안에 대한 분석방법들(제7장)을 새로이 추가하였다. 과거와 달리 불확실성을 쉽게 다룰 수 있는 소프트웨어가 많이 보급되어 있어 더욱 현실성이 높은 분석이 가능하다는 점을 감안한 결정이고, 또한 수익을 극대화하는 것이 가장 큰 목적인 사적인 프로젝트와 달리 공공성을 갖는 프로젝트들을 분석할 수 있는 능력도 공학도에게 중요하다고 판단한 결과이다. 그러나 그 내용의 수준은 공학에 입문하는 학생들도 쉽게 이해할 수 있는 수준으로 엄격히 제한하였다. 아울러 이전 판에서 제7장에 소개되었던 회계의 기본개념들은 공학도들이 반드시 알아두면 좋을 개념들이라 생각되어 제8장으로 남겨두었다.

이 책의 저술에 처음부터 참여하였던 이의수 교수와 이종태 교수는 개인적 사정으로 아쉽게도 이번 제3판의 개정작업에 참여하지 못하였으나 윤병운 교수가 새로이 저술진에 합류하여 공공투자대안에 대한 분석과 의사결정 부분 등을 기술하여 주셨다.

끝으로 여러모로 부족한 책의 판촉과 개정을 위해 늘 애써 주시는 오판근 사장을 비롯한 교우사의 직원 여러분들, 학생들에게 직접 가르쳐 보며 이 책의 오류들과 개선점을 발견하여 알려주시고 고쳐주신 강사 분들께 이 자리를 빌려 감사의 말씀을 드린다. 늘 그렇듯이 이 책에서 발견되는 여하한 잘못이나 문제점은 전적으로 저자들의 몫이므로, 알려주시면 수용하여 성심껏 수정하도록 노력하겠다는 것을 다시 한번 밝혀두는 바이다.

2017년 여름 저자 일동

차 례

제1부 경제성 분석의 기본 개념

제2부 현금흐름과 등가계산

1 section

경제성 분석의 기본개념

제1장 서론

학습내용

이 장에서는 공학이 인류의 편익을 위해 과학적 지식을 효율적으로 이용하는 방법을 다루는 분야이며 공학경제는 공학을 경제적 측면에서 가장 효율적으로 적용되도록 하기 위한 원칙과 방법을 다루는 분야임을 설명한다. 또한 공학의 일반적 절차가 어떤 단계로 이루어지며 이 과정에서 공학경제의 주요 역할은 무엇인지를 설명한다.

학습목표

1) 공학의 절차와 문제 해결과정을 이해한다.
2) 공학경제가 무엇을 다루는 학문인지를 이해하고 공학문제 해결과정에서의 공학경제의 역할을 이해한다.

제1장 서 론

1.1 공학과 공학경제

과학자(scientist)는 인간의 호기심을 충족시키고 우리가 살고 있는 세상에 대한 다양한 지식을 얻기 위해 자연현상이나 사회현상 등을 연구하는 데 반해, 공학자(engineer)는 과학이나 수학에서 얻은 지식을 활용하여 인간에게 유용한 재화나 서비스를 만들어내는 역할을 한다. 미국 공학기술인증원(ABET : Accreditation Board of Engineering and Technology)에서는 공학을 "인류의 편익을 위해 연구, 실험 및 실무를 통해 얻은 수학과 자연과학의 지식을 적절히 적용하여 자연의 물질과 힘을 활용하는 방법을 개발하는 전문분야"라고 정의하고 있다. 즉, 공학의 궁극적인 목적은 단순한 지식의 획득이 아니라 인간의 욕구를 효율적으로 충족시킬 수 있는 수단을 개발하여 인류의 편익을 향상시키는 것이다.

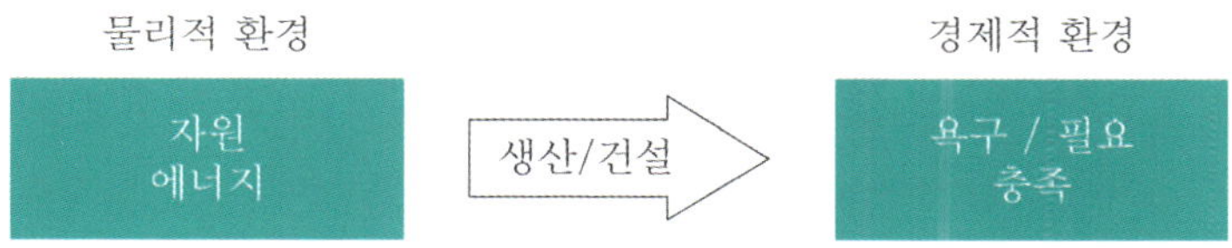

그림 1.1 공학자가 처한 두 가지 환경

모든 공학적 활동의 궁극적 목적이 인간의 욕구충족에 있기 때문에 공학자는 자신이 살고 있는 물리적 환경뿐만 아니라 경제적 환경을 이해해야 한다. 공학자의 역할은 물리적 환경에서의 물질과 힘을 변화시켜 경제적 환경에서의 효용, 즉 사람들의 욕구를 충족시킬 수 있는 힘을 창조하는 것이기 때문이다. 공학자는 수시로 변하고 다양해지고 있는 인간의 욕구를 파악하여 이를 충족시킬 수 있는 수단을 개발해야 하며, 인간이 활용할 수 있는 자원이나 에너지는 제한되어 있으므로 여러 가지 가능한 수단 중에서 가장 경제적 효율이 높은 수단을 선택할 수 있는 능력을 갖추지 않으면 안 된다. 경제적 효율이란 투입된 비용에 대한 산출된 가치의 비로 정의되는데, 아무리 기술적으로 훌륭한 공학적 시도라 하더라도 경제적 효율이 낮으면 시도할 만한 가치가 없다고 말할 수 있다. 많은 노력과 자원을 들여 개발한 제품이나 시설물, 시스템 등이 경제적 가치가 낮아 폐기되는 경우는 실제로 아주 흔하다. 어떠한 공학 프로젝트든 최소한의 경제적 타당성을 가지려면 언제나 투입된 비용에 비해 산출된 가치가 더 커서 경제적 효율(economic efficiency)이 100%를 넘어야 하며, 실제 기업에서는 100%보다 더 높은 일정 수준 이상의 효율이 기대되어야 프로젝트가 채택된다. 이 점은 물리적 환경에서 투입량에 대한 산출량의 비로 정의되는 물리적 효율(physical efficiency)이 결코 100%를 넘을 수 없다는 사실과 대조되는 점이라 할 수 있다.

$$\text{경제적 효율} = \frac{\text{산출된 가치}}{\text{투입된 비용}} \tag{1.1}$$

$$\text{물리적 효율} = \frac{\text{산출량}}{\text{투입량}} \tag{1.2}$$

물리적 효율은 투입량과 산출량을 비교적 정확히 측정할 수 있는 데 반하여 경제적 효율은 투입된 비용이나 특히 산출된 가치를 정확히 측정하기 매우 어려운 경우가 대부분이다. 공학경제(engineering economy)는 공학의 경제적 측면을 다루는 학문분야로서, 제안된 기술적 프로젝트들의 투입비용과 산출된 가치를 분석하여 경제적 가치를 평가하는 체계적 방법을 주 대상으로 하고 있다. 성공적인 공학자가 되려면 물리적 법칙에 대한 이해도 중요하지만 공학경제의 원리와 방법을 익혀 자신이 처한 경제적 환경을 이해할 수 있는 최소한의 안목을 갖추어야 하고 아울러 제시된 공학적 안들의 경제적 가치를 올바로 비교 평가할 수 있는 능력을 갖추어야 한다. 또한 공학경제에서 제시하고 있는 원칙과 방법들은 사기업이나 공공기관, 각종 비영리단체 등의 일상적 경영활동의 일부분을 구성하는 것으로서 공학을 전공한 학생들이 사회에 나가면 곧 자신의 업무와 관련하여 접하게 되는 것들이다.

우리는 오늘날 과학의 발달과 더불어 다양한 공학적 활동의 덕택으로 의식주의 문제뿐만 아니라 교통, 통신, 문화 등 각 분야에서 전과는 비교할 수 없는 혜택을 누리고 있다. 우리가 안심하고 맑은 물을 마시고 사용할 수 있게 해주는 상수도 시스템, 어둠 속에서 인류를 해방시킨 전기의 대량 생산, 종이와 인쇄술, 자동차, 컴퓨터 등 역사적으로 공학이 인간의 삶을 완전히 바꾸어 놓은 사례는 실로 무궁무진하다. 또한 공학의 힘이 없었다면 고대 이집트의 피라미드를 위시한 인간이 만든 수많은 거대 건축물의 건설이나 인류의 우주탐사 프로젝트 같은 것은 불가능했다고 단언할 수 있다.

최근에는 생명공학이나 의학의 눈부신 발달이 정보통신기술의 발전과 융합하여 인간의 오래 살고자 하는 욕망을 어디까지 충족시켜 줄 수 있을지 가늠하기 어렵다. 앞으로도 끊임없는 과학자들의 탐구 덕택에 과학지식은 날로 늘어날 것이고 나날이 향상되어 가는 생활수준과 함께 더 안전하고 즐거운 삶을 더 오래도록 누리고 싶어 하는 인간의 본성으로 인해 새로운 욕구충족의 필요성이 계속 생겨날 것이므로 공학자들이 해결해야 할 일들은 점점 더 많아질 것이다. 최근 공과계열의 커리큘럼에 인문사회분야의 다양한 과목을 포함시키고 있는 이유도 이런 욕구를 제때에 올바로 파악하여 경제적 타당성을 갖춘 기술적 해결방안을 제시하는 능력이 성공적인 공학자의 필수 조건이 되고 있기 때문이다.

1.2 공학의 절차와 공학경제

공학적 접근이 요구되는 모든 문제해결과정은 크게 문제의 정의, 해결방안(대안)의 모색 및 정보수집, 도출된 방안들의 평가와 선택, 의사전달 등의 단계로 나누어 볼 수 있다. 이러한 문제해결과정은 문제의 정의부터 의사전달까지 순차적으로 이루어지기보다는 대개 내부적으로 여러 가지 순환적 과정을 거치는 것이 보통이다. 이를테면, 해결방안을 모색하는 과정에서 얻은 정보가 환류(feedback)되어 문제의 정의가 수정되기도 하고, 제시된 방안들을 평가하는 과정에서 새로운 방안이 도출되기도 한다. 또 경우에 따라서는 이상과 같은 모든 과정을 거쳐 개념설계가 이루어진 후, 상세설계를 위해 전 과정이 반복되기도 한다.

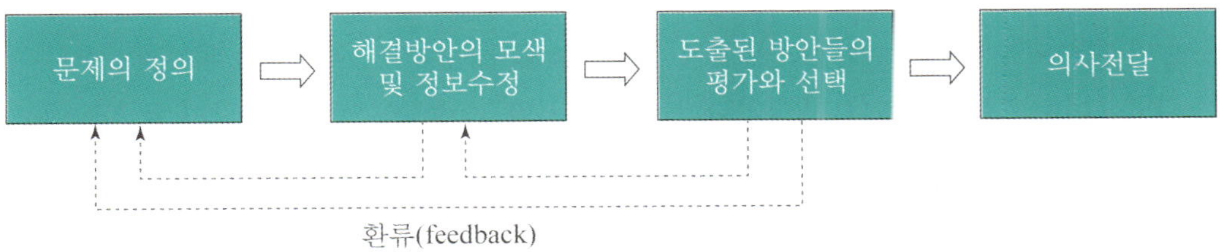

그림 1.2 공학적 문제해결과정

1.2.1 문제의 정의

공학의 적용이 요구되는 인간의 욕구나 필요가 인식되면, 당면한 문제를 명확히 정의하는 것으로부터 공학적 문제해결과정이 시작된다. 여기서 언급하고 있는 문제란 일반적으로 공학적 접근이 필요한 모든 의사결정상황을 언급하는 것으로, 기업의 경우, 사내의 운영문제와 같은 내적 요구 또는 특정 제품이나 서비스에 대한 소비자의 기대와 같은 외적 요구에 의해 문제의 인식이 일어난다. 이 단계에서는 우선 해결해야 할 문제와 관련하여 직간접적으로 관련이 있는 이해관계자(stakeholders)가 누구이며 그들의 욕구나 필요가 무엇인지 정확히 파악하고, 이를 토대로 공학의 적용을 통해 달성하고자 하는 목표와 문제의 범위를 명확히 해야 한다. 이러한 과정을 소홀히 하면 이후의 단계에서 잘못 정의된 문제의 해결에 자원과 시간을 낭비하는 경우가 발생되거나, 문제의 핵심요소가 무엇이며 문제가 다루어져야 할 환경이 어떤 것인지에 대한 의사소통 상의 오해가 발생될 수 있다.

예 채널터널(Channel Tunnel)

채널터널은 도버해협의 해저 밑을 통하여 영국 켄트(Kent)의 파이어스톤(Firestone)과 북프랑스 깔레(Callais)의 꼬껠(Coquelles)을 연결하는 길이 50.5km의 기차터널이다. 길이는 53.85km인 일본의 세이칸터널보다 약간 짧지만 해저구간(37.9km)은 세계 어느 터널보다 길며, 1988년에 착공되어 1994년에 개통되었다. 채널터널은 줄여 처넬(Chunnel)이라고도 부른다.

영국과 유럽 대륙을 잇는 고정된 연결교통수단의 필요성은 1800년대부터 계속 제기되어 왔고 여러 차례 해결방안이 제시되어 왔으나, 보안상의 문제나 기술적 문제 등을 이유로 추진되지 못하다가, 1980년대에 들어와서야 영국의 대처수상과 프랑스의 미테랑 대통령이 민간자본으로 이 문제를 해결할 방안을 모색하는 실무위원회 구성에 합의하면서 본격적인 검토가 이루어지게 되었다. 그동안 선박이나 비행기를 이용하는 방법밖에는 다른 수단이 없었으므로 기상 상태가 안 좋은 날이 계속되면 왕래가 어려운 불편함이 있었고 날로 늘어나는 여객과 화물의 운송수요를 제대로 감당하기 어려워 자동차나 기차가 다니는 고정된 연결교통수단이 필요하다는 요구가 매우 높아졌기 때문이었다. 1985년 4월이 되면서 영국과 프랑스 양국 정부는 이러한 요구와 필요를 충족시켜 줄 수 있는 해결책, 즉 영국해협(British Channel)을 건너는 효과적 연결수단에 대한 제안을 민간 사업자들에게 공식적으로 공모하게 된다.

※ 참고문헌 : 1) Chunnel Tunnel, *Wikipedia*.
2) Chicken, John C., *Managing Risks and Decisions in MajorProjects*, Chapman & Hall, 1994.
3) Anderson, G. and Roskrow, B., *The Channel Tunnel Story*, & FN Spon, 1994.

1.2.2 해결방안의 모색 및 정보수집

일단 문제가 정의되어 목표가 명확해지면 목표를 달성하기 위한 다양한 수단을 모색해야 한다. 일반적으로 목표달성을 어렵게 하는 요인들을 제약요인(limiting factors)이라 하는데, 이 단계에서는 우선 주어진 문제의 제약요인들이 무엇인지를 확인하고 이 중 기술적으로 극복 가능한 요인들, 즉 전략요인들(strategic factors)을 찾아내어야 한다. 이를테면, 운전자를 태우고 지금보다 더 고속으로 날 수 있는 비행물체를 설계하고자 하는 공학자의 경우, 문제의 제약요인들은 공기의 저항, 중력의 작용, 운전자와 비행물체의 질량, 추진기관의 추진력 등이 될 것이다. 이 중 중력의 작용이나 운전자의 질량을 극복하고자 하는 노력은 성공을 거두기 어려우므로, 비행물체의 질량과 공기저항을 최소화할 수 있는 디자인이나 더 강력한 추진기관의 설계 등을 모색해보는 것이 더 논리적이라고 할 수 있다.

전략요인들이 결정되면 이 요인들을 극복할 수 있는 다양한 방안들이 모색되어야 하는데 이 과정이 공학자의 창의력을 가장 요하는 부분이기도 하다. 공학자는 자신의 창의적 능력과 자유로운 발상을 최대로 활용하여 가급적 다양한 방안이 많이 도출될 수 있도록 노력해야 한다. 아울러 여러 가지 방안이 창의적 노력에 의해 도출되면 다음 단계의 평가를 위해 이와 관련한 다양한 정보를 수집하는 과정이 필요하다.

예 채널터널(Channel Tunnel) – 계속

양국 정부의 공모가 있은 후 건설회사와 은행 등으로 구성된 여러 그룹들이 제안요구서를 검토하고 해결방안을 모색한 결과 총 네 가지의 상이한 해결방안들이 제안서로 제출되었다. 한편 영국해협에서 운행하던 기존의 페리업체들의 강력한 반발도 감안하여 다음의 다섯 개 방안이 최종 검토 대상이 되었다.

제안 명	핵심적 건설 형태	해결해야 할 기술적 문제
유로브리지 (Eurobridge)	5km 길이의 현수교 7개로 연결된 교량과 직경 6m의 철로터널. 고강도 강철 튜브 안에 자동차가 다니는 각 6차선의 2층 데크. 직경 1.4m의 파라필 소재 케이블.	• 25만톤 선박의 충격도 견딜 수 있는 현수교탑 • 경간의 진동 • 튜브 내의 환기 • 다리에서의 폭발 • 운전자 피로 • 부품의 수명
유로루트 (Euroroute)	육로운송을 위해 해안에서 인공섬들로 연결되는 두 개의 교량과 섬들 사이를 잇는 해저터널. 동시에 양 해안 사이의 해저 철로터널.	• 터널의 환기 • 지각의 움직임 • 선박과의 충돌을 견뎌 낼 수 있는 34개의 보호 케이슨 • 터널 내에서의 폭발 • 부품의 수명

제안 명	핵심적 건설 형태	해결해야 할 기술적 문제
채널터널 (Channel Tunnel)	두 개의 철로터널과 한 개의 서비스터널로 이루어진 3 터널 시스템. 기차에 자동차를 싣고 내리는 터미널들.	• 터널의 환기 • 지각의 움직임 • 부품의 수명 • 터널 내에서의 폭발
채널익스프레스웨이 (Channel Expressway)	각각 도로수송과 철로수송을 모두 담당하는 쌍둥이 터널 시스템. 건설하면 자동차로 건너는 세계에서 가장 큰 터널이 됨.	• 환기 • 지각의 움직임 • 부품의 수명 • 운전자 피로
연결 도로나 철로 없음 (No FiXed Link Option)	페리를 이용한 운송시스템의 전면적 개선	• 항구의 재개발 • 항구와 해로에서의 교통혼잡

1.2.3 도출된 방안들의 평가와 선택

전략요인들을 극복할 수 있는 다양한 방안들이 도출되면, 우선 각 방안들에 대해 기술적 문제점, 경제적 타당성, 또는 조직이나 사회에 미칠 영향 등을 고려하여 실질적으로 적용이 가능하다고 생각되는 방안들만을 일차적으로 선별해내야 한다. 기술적으로 실현가능성이 없는 방안은 물론이고, 기술적으로는 가능하다 하더라도 사용 가능한 재원 이상의 비용이 들 것으로 예상되거나 혹은 사회적인 문제를 야기시킬 수 있는 방안은 고려대상에서 일찍 제외시키는 것이 좋다.

이렇게 일차 선별된 방안들에 대해서는 좀 더 체계적인 평가를 통해 최종적인 선택이 이루어진다. 경제적 측면에서 보면, 같은 목적을 달성할 수 있는 실행 가능한 방안들이 여럿인 경우, 이 중 가장 바람직한 방안은 최소의 비용으로 실행될 수 있는 것이다. 따라서 각 방안을 채택할 경우 예상되는 비용과 얻을 수 있는 혜택을 예측한 다음 일관성 있고 체계적인 평가기준을 적용하여 가장 경제적 효율이 높은 방안이 선정되도록 해야 한다.

복잡한 공학 프로젝트의 경우에는 여러 가지 방안들의 조합으로 이루어지는 의사결정 대안들을 구성하여 그중 가장 경제적으로 유리한 대안을 선정해야 하는 경우가 많다. 이러한 경우에도 각 대안이 실행될 경우의 비용과 지출을 예측한 다음 일관성 있고 체계적인 평가기준을 적용하여 대안을 선정하여야 한다. 또한 프로젝트의 수명이 길어서 수입과 지출이 서로 다른 시점에서 발생되는 경우에는 반드시 시간에 따른 돈의 가치변화를 분석에 반영해 주어야 한다. 만약 미래가 매우 불확실하여 각 대안을 선택할 경우 발생하게 될 결과를 확정적으로 예측하기 어렵고 의사결정에 상당한 위험이 따른다면 이것도 적절히 감안한 평가가 이루어져야 한다.

공학경제는 궁극적으로 이러한 여러 가지 상황에 적절히 적용할 수 있는 합리적 원칙과 체계적 분석도구를 공학자에게 제공하는 것을 목적으로 하고 있다. 기술적인 면뿐만 아니라 경제적인 면에서도 최선의 안을 선택할 줄 아는 공학자가 되려면 반드시 공학경제를 배워야 하는 이유가 여기에 있다.

예 채널터널(Channel Tunnel) – 계속

정부는 제안된 다섯 가지 안에 대해 위험순위평가법(risk ranking method)이라는 평가방법을 적용하여 각 안이 채택될 경우 감수해야 할 위험을 기술적, 경제적, 사회정치적 위험의 세 가지 기준으로 평가하였다. 기술적 위험(technical risks)은 프로젝트가 추진되는 과정에서 해결하지 못할 기술적 어려움에 처할 가능성을, 경제적 위험(economic risks)은 사업이 추진되는 과정에서 필요한 자금을 조달하지 못하거나 프로젝트가 완성된 후 사업을 통해 투자한 자금이 모두 회수되지 못할 위험을, 그리고 사회정치적 위험(socio-political risks)은 일반 국민들이나 사업추진으로 영향을 받는 주민 또는 이익단체의 강한 반대에 부딪치게 되는 위험을 말한다. 이러한 세 가지 위험의 관점에서 각 안의 타당성을 다양한 자료와 전문가 의견을 근거로 평가한 결과, 채널터널이 가장 좋은 평가를 받아 최종적인 안으로 선택되었다. 실제로 각 안들을 평가하는 과정은 많은 정보가 검토되는 복잡한 과정이지만 정확한 자료의 부족이나 불확실성 때문에 최종 선택의 설득력을 높이기 위해서는 무엇보다도 체계적인 평가방법이 사용되어야 했다.

1.2.4 의사전달

좋은 해결방안을 선정하는 것으로 문제해결과정에서의 공학자의 역할이 모두 끝나는 것은 아니다. 대부분의 경우, 공학자들은 자신이 제시하는 해결방안이 어떤 것인지를 구체적인 형태로 최종 의사결정자에게 보고해야 하고 이를 통해 왜 그것이 가장 바람직한 방안인지를 논리적으로 설득해야 한다. 성공적일 수 있었던 많은 공학적 제안들이 의사전달의 측면에서 설득력을 갖지 못하여 빛을 보지 못하는 경우는 비일비재하다. 공학경제는 각 대안의 경제적 가치를 가급적 객관적 수치를 통해 일관성 있게 평가하는 체계적 방법론을 제시하고 있으므로 의사전달의 측면에서도 가장 효과적인 설득의 수단이라 할 수 있다. 특히 과거와 달리 사회 일원 각자의 의견이 최대한 존중되는 민주화된 사회에서는 여러 사람에게 영향을 미치는 중요한 공학적 의사결정에 대해 그 정당성을 최대한 객관적으로 입증할 수 있어야 하는 것은 절대적 조건이므로 공학자는 공학경제와 같은 체계적 설득수단을 최대로 활용할 수 있어야 한다.

예 채널터널(Channel Tunnel) – 계속

선택된 채널터널 건설안에 대해 상세한 기술적, 경제적 분석과 함께 선정 경과와 이유 등을 담은 보고서가 작성되어 양국의 의회에 제출되었고 최종적 승인을 얻게 되었다. 1988년 최초의 터널 작업이 시작되었으며, 1994년 4월에 영국의 엘리자베스 여왕과 프랑스의 미테랑 대통령이 참석한 개통식이 열림으로써 유럽대륙과 영국이 하나로 연결되는 역사적 시대가 열리게 되었다. 그러나 채널터널은 경제적 측면에서 보면 매우 성공적이라 보기 어렵다. 공사는 계획보다 많이 지연되었고 최종적인 터널 건설비용은 당초 예상했던 예산을 80% 초과한 46억 5천만 파운드가 소요되었다. 운영 초기에는 예측치에 훨씬 못 미치는 이용량으로 인해 파산을 막기 위한 채무상환 유예까지 경험하였으며 여러 보완조치가 있은 후 1999년이 되어서야 처음으로 흑자를 기록하였다. 현재는 매년 2천만 명 이상의 여행자가 이용하고 2천만 톤 이상의 화물이 수송되는 중요한 운송통로가 되고 있다.

1.3 공학프로젝트의 경제성 분석

공학적 접근이 필요한 문제를 해결하기 위해 제안된 여러 가지 대안들 중에서 최종적으로 하나의 대안이 선택되는 과정은 다양한 분석 및 평가 작업이 체계적으로 이루어져야 하는 과정이다. 앞에서도 언급하였듯이 문제해결을 위해 제시된 여러 안들을 하나하나 검토하여 기술적으로 실현가능성이 있는지, 사회통념상 받아들여질 수 없는 것이거나 지역주민 등 이해당사자들의 강한 반발이 예상되지는 않는지, 예상되는 비용이 혜택에 비해 지나치게 높은 것은 아닌지 등을 일차적으로 검토하여 확실히 문제가 있는 안들은 걸러내는 과정이 필요하다. 이러한 일차 타당성검토(feasibility analysis)를 통과한 안들을 가지고 최종 의사결정에 필요한 대안을 생성하고 합리적인 평가기준을 마련하여 각 대안의 상대적 장단점을 비교 평가한 후 최종적으로 한 대안을 선정하게 되는 것이 일반적 절차라고 할 수 있다.

특히 실행 가능한 대안들을 놓고 가장 우수한 대안을 선정하는 과정에서는 대안들의 경제적 가치가 면밀하게 검토되어야 한다. 경제성을 검토하려면 우선 고려 중인 각 대안이 문제해결에 적용되어 관련 이해당사자들이 그에 따른 비용과 혜택을 지불하게 되는 미래의 경제적 환경에 대한 여러 가지 가정을 세우고 이를 바탕으로 경제성 분석을 위한 가장 적절한 모형(model)을 수립하여 경제적 가치를 계량적으로 평가하는 작업이 필수적으로 이루어져야 한다.

1.3.1 경제성 분석을 위한 가정과 모형의 선택

현실의 문제를 분석하기 위한 목적으로 사용하는 모델에는 여러 가지가 있다. 비행기의 모형이나 건축물의 모형처럼 물리적 형상과 구조를 축소하여 보여주기 위한 모형도 있고, 관심 있는 현상의 변화 패턴을 파악하기 위한 추상적 모형이나 컴퓨터 시뮬레이션 모델, 또는 계량적 분석의 목적으로 만든 수리적 모형도 있다.

어떤 종류의 모형이 되었든 우리가 현실을 이해하기 위해 사용하는 모든 모형은 “현실과의 유사성(realism)”과 “취급의 용이성(tractability)”이라는 두 가지 속성을 목적에 따라 적절히 절충한 결과라고 할 수 있다. 잘 만든 모형이라면 “현실과의 유사성”이 높은, 즉 가급적 실제 현실과 비슷하게 만든 것이어야 할 뿐만 아니라, 동시에 모형을 이용하여 분석 작업을 할 때에도 “취급의 용이성”이 높아야, 즉 그 모형이 다루기 편해야 한다. 그러나 불행히도 이 두 속성은 서로 상충되는 속성이다. 즉 현실과 비슷하게 만들려 할수록 복잡도가 높아져서 점점 분석하기 어려워지고, 반대로 다루기 쉽게 만들기 위해 여러 가지 비현실적인 가정을 사용하여 모형을 간단하게 만들수록 현실성이 떨어져서 분석의 결과를 신뢰하기 어려워지게 된다.

이러한 문제점은 물리적 현상을 분석하기 위해 모형을 수립하는 경우보다 경제적 효과를 분석하기 위해 수립하는 모형의 경우 특히 극명하게 드러난다고 할 수 있다. 예를 들어 몇 가지 선택 가능한 휴대전화 요금제 중 어떤 것을 선택하는 것이 좋을지를 결정하는 간단한 문제에서도, 향후 본인이 사용할 통화량과 문자서비스의 양, 그리고 데이터통신의 양이 매달 어느 정도 될지 가장 그럴듯한 값을 추정한 후 그 값을 확실하다고 생각하고 의사결정하면 매우 쉬워지지만 각종 서비스 사용량의 가변성(variability)을 전혀 고려하지 않았기 때문에 현실적으로 신뢰하기 어려운 결론이 나올 가능성이 높다. 이 경우 매달의 사용량이 일정한 평균값과 분산을 갖는 정규분포라고 가정하고 평균값과 분산을 잘 추정하여 의사결정하면 확률적으로 다소 어려운 문제가 될 수 있으나 현실성은 높아진다. 그러나 매달의 사용량이 시기적으로 다를 수 있고 기타 여러 요소에 의해 영향을 받을 수 있음을 모두 고려하여 매 달 분포가 다른 매우 현실에 가까운 모형을 만들려고 할수록 의사결정이 점점 어려워져 해석적으로 답을 구하기 어려운 문제가 되고 말 것이다. 이러한 경우 요금제 선택이 본인에게 얼마나 중요한 문제인지, 이 문제의 분석에 어느 정도의 시간을 투자하는 것이 적절할지, 분석결과의 예측 정확도는 어느 정도이면 충분한지 등을 고려하여 적절한 분석모형을 선택하는 것이 바람직할 것이다. 이러한 예에서 볼 수 있듯이 대안의 경제성을 분석하고자 하는 공학자는 분석의 목적에 맞는 적절한 모형을 선택할 수 있는 능력을 갖추는 것이 무엇보다 중요하다고 할 수 있다.

1.3.2 경제성 분석 모형의 종류

경제성 분석을 위한 모형은 모형수립에 전제되는 몇 가지 핵심적 가정에 따라 서로 다른 모형으로 분류할 수 있다. 경제적 가치를 따질 때 금전적 가치로 쉽게 환산할 수 있는 것만 모형에 포함시킬 것인지, 돈의 절대가치가 시간에 따라 불변이라고 가정할지, 또는 앞 절의 휴대전화 요금제의 예에서처럼 경제적 효과를 가늠하는 중요한 변수들이 확정정인 값으로 예측가능하다고 볼 것인지 등에 따라 전혀 다른 유형의 모형이 된다.

우선, 경제적 가치를 결정하는 비용과 혜택이 모두 금전적으로 계산 가능한 것들로만 이루어져 있다고 가정하는 모형들이 있다. 각종 수익성 분석이나 현금흐름분석 모형들이 이러한 유형에 속한다고 볼 수 있다. 반면에 현금가치로 나타낼 수 없는 무형의 가치까지 모두 고려하여 비용과 혜택을 분석하는 모형도 있는데 사회과학 분야에서 많이 사용하는 비용－편익분석(cost-benefit analysis)이 대표적인 예라고 할 수 있다. 쉽게 계량화할 수 있는 금전적 비용이나 이익 외에 사용자의 편리성, 만족도, 환경개선 효과 등 다양한 요소를 계량화하여 분석에 포함시키는 비용－혜택분석은 단순한 현금흐름분석에 비해 모형의 현실성과 복잡성이 더 높은 모형이라고 할 수 있다.

또 분석모형은 앞에서 언급한 것처럼 경제적 가치를 결정하는 모든 비용 요소나 혜택이 확정적인 값으로 추정 가능하다고 가정하는 확정적(deterministic) 모형과 중요한 비용 혜택 요소들을 가변성이 있는 변수로 가정하여 모형을 수립하는 확률적(probabilistic or stochastic) 모형으로 구분할 수도 있다. 확률적 모형은 가변성에 따른 각종 위험(risks)을 고려한 분석이 요구될 때에는 필수적으로 사용해야 하는 모형으로 확정적 모형보다는 대부분의 경우 현실성은 높으나 취급의 용이성은 낮은 모형이라 할 수 있다.

한편 확정적 모형이든 확률적 모형이든 미래에 발생될 지출이나 수입의 금전적 가치가 발생시점에 상관없이 모두 같다고 보면 모형이 간단해지지만 인플레이션이나 기타 이유로 돈의 가치가 시간에 따라 달라진다고 보면 좀 더 복잡한 모형이 된다. 몇 달 정도가 아닌 수년간에 걸친 공학프로젝트의 경제적 효과를 분석하고자 하는 경우라면 다소 복잡성이 높아지더라도 각 시점에서의 돈의 가치가 달라지는 점을 고려하여 분석하는 것이 모형의 타당성을 높이는 방안이 될 것이다. 이 책에서는 이러한 방법에 대해 특히 상세히 다룬다.

1.3.3 공학프로젝트의 경제성 분석 유형과 예

흔히 18세기에 이르러 처음으로 공학(engineering)이라는 개념이 서양에서 생겨났다고 알려져 있으나, 동서양을 막론하고 공학의 범주에 속하는 인간의 행위는 인류 문명의 역사와 함께 늘 있어 왔다. 이집트의 피라미드나 중국의 만리장성 같은 대형 건축물의 설계와 시공은 말할 것도 없고, 로마시대의 도로와 용수공급시스템, 그리고 중세 유럽이나 아시아에서의 댐, 항만, 운하 등의 건설, 우리나라의 거북선 같은 각종 탈것과 수많은 도구의 발명 등 공학의 적용이 반드시 필요했던 프로젝트의 예는 무수히 많이 찾아볼 수 있다.

일반적으로 인간의 여러 행위 중 프로젝트라고 부를 수 있는 행위는 대체로 다음과 같은 공통적 속성을 갖고 있다.

1. 모든 프로젝트는 목표가 뚜렷이 정해져 있고, 프로젝트를 통해 도출되어야 하는 최종결과물이 무엇인지 잘 정의되어 있다.
2. 모든 프로젝트는 일회성이며, 이전에 해 오던 것과는 다른 나름의 고유성(uniqueness)을 갖고 있다.
3. 모든 프로젝트는 한시적 활동이기 때문에 통상적인 기능부서와 달리 주어진 목표달성을 위한 조직과 예산이 따로 주어지고 목표가 달성되거나 취소되면 조직도 해산된다.
4. 모든 프로젝트는 목표달성을 위한 다양한 기능과 능력을 가진 사람들이 필요하므로 여러 조직이나 부서, 또는 전문가들의 참여로 수행된다.
5. 모든 프로젝트는 전에 해 보지 않은 새로운 일과 도전을 포함하고 있으므로 언제나 높은 불확실성과 위험이 따른다.
6. 모든 프로젝트의 목표는 조직의 목표나 생존과 연관되어 있으므로 프로젝트의 성패여부가 언제나 중요성을 갖는다.
7. 프로젝트는 목표를 달성해가는 과정이므로 모든 프로젝트는 일정한 단계들로 이루어진 수명주기(project life-cycle)를 따른다.

모든 프로젝트는 이상과 같은 공통의 특성을 갖고 있지만, 실제로 프로젝트라는 이름으로 부르고 있는 활동의 스펙트럼은 매우 넓어서 투입되는 비용과 시간, 참여하는 조직의 규모 등에 따라 소규모의 개인적 프로젝트부터 여러 국가가 참여하는 대형의 국제적 프로젝트까지 아주 다양하다. 특히 우주개발이나 국가적 차원의 연구개발 사업과 같이 많은 수의 세부 프로젝트들로 구성되는 규모가 매우 큰 프로젝트는 통상적으로 프로그램(program)이라는 이름으로 따로 구분하여 부른다.

기업에서도 경영활동 과정에서 발생되는 여러 유형의 문제 해결을 위해 공학자의 적극적 참여가 요구되는 다양한 프로젝트 수요가 발생되고, 문제해결 과정에서는 필수적으로 면밀한 경제성 검토와 의사결정이 수반된다. 예를 들어, '늘어나는 제품수요를 감당하기 위해서 현재의 생산설비를 확장하는 것으로 충분할까, 아니면 새로운 공장을 지어야 할까?', '새로운 기술투자를 성공시킬 수 있는 자체적 기술역량을 갖추고 있는가, 아니면 외부에 맡기거나 협업을 모색해야 하는가?', '기존의 생산방식을 유지할 것인가, 아니면 많은 비용이 들더라도 기업의 생존을 위해 혁신적 신기술을 도입하여 기존 생산방식을 바꿀 것인가?' 등 기업으로서는 매우 중요한 의사결정 문제들이 발생하고 이것들의 해결과정에 반드시 경제성분석이 요구된다.

기업에서 경제성분석을 요하는 의사결정의 유형은 크게 다음의 다섯 가지로 나눠볼 수 있다.

(1) 원부재료 혹은 공정의 선정

모든 생산현장에서 공학자들은 수시로 생산 활동에 필요한 각종 재료나 공장의 설비, 공정 등에 관한 의사결정을 해야 한다. 제품에 들어가는 일부 부품을 금속재질로 해야 할지 플라스틱으로 해도 괜찮을지를 결정한다든지, 또 결정된 부품은 직접 생산해야 할지 외주를 주어야 할지를 결정한다든지, 그리고 직접 생산하는 경우에도 생산방법과 포장방법, 생산량 등은 어떻게 하는 것이 좋을지 결정해야 한다. 이런 종류의 의사결정은 일반적으로 요구조건을 충족시킬 수 있는 여러 가지 대안 중에서 어떤 대안을 선택하는 것이 가장 비용이 적게 들거나 혹은 투자 대비 기대효과가 큰가를 분석하는 문제가 된다.

(2) 장치의 교체

이러한 의사결정은 대개 낡거나 진부화된(obsolescent) 설비를 새로운 설비로 대체해야 할 때 발생한다. 예를 들어, 많은 수의 PC를 사용하고 있는 기업에서 현재 사용 중인 PC들의 수명이 다 된 것은 아니지만 기능이 신형 PC에 비해 너무 떨어지기 때문에 교체의 필요성이 생긴 경우라든지, 또는 사용 중인 생산설비가 너무 낡아서 불량이 허용 수준 이상으로 발생하기 시작하여 부득이 설비를 새것으로 대체해야 할 필요가 생겼을 경우, 설비의 교체가 지금 이루어지는 것이 좋을지, 교체한다면 어떤 사양으로 교체하는 것이 좋을지 등에 관한 의사결정을 해야 한다. 이런 부류의 의사결정은 설비나 장치의 초기투자비, 수명, 유지보수비, 처분 시의 가치 등을 고려한 대안별 상세한 현금흐름 분석을 통해 이루어지는 것이 보통이다.

(3) 신제품의 개발 및 설비의 확장

기업이 기존 제품을 변화하는 고객의 요구에 맞추어 업그레이드한다거나, 또는 새로운 제품의 개발에 착수하고자 할 경우, 개발 여부 자체의 결정뿐만 아니라, 개발 목표나 범위의 결정, 개발 방법의 결정 등 여러 가지의 의사결정이 필요하게 된다. 대개 이러한 결정에는 많은 자원과 시간의 투입이 요구되는 것이 보통이므로 기업의 입장에서는 매우 중요한 의사결정이고, 따라서 아주 상세한 경제성 검토가 뒤따르는 것이 일반적이다. 또 자사 제품에 대한 시장 수요가 꾸준히 늘고 있어 기존 설비의 생산능력이 한계에 왔다거나, 새로운 시장의 공략을 위해 생산을 확대할 필요가 있을 때 기존 설비의 확장과 관련한 여러 의사결정이 필요하게 된다. 기존 설비를 허용 수준까지 확장하는 것으로 충분할지, 새로운 공장을 짓거나 임대해야 할지 등 큰 투자가 요구되는 의사결정이 필요하고 이를 위한 자세한 경제성 분석이 함께 이루어져야 한다.

(4) 경비 절감

기업에서는 원가절감이나 운영비 절감 등 각종 비용을 절감하고자 하는 목표르 수행되는 프로젝트가 수시로 검토된다. 에너지 효율이 낮은 현재의 설비를 더 효율이 좋은 설비로 대체함으로써 장기적으로 비용을 절감하고자 한다든지, 수동으로 하고 있는 작업을 자동화한다든지, 또는 현재의 업무 프로세스를 바꾸어 더 적은 인원을 투입하고도 같은 품질의 서비스를 제공할 수 있도록 한다든지 하는 프로젝트들이 이 부류에 속한다. 이 경우에도 이러한 의사결정이 장기적인 현금흐름에 미치는 영향을 파악하여 경제성을 철저히 분석하는 것이 필수적이다.

(5) 서비스 향상

생산현장에서뿐만 아니라 서비스산업에서도 비용이 늘어나는 것을 억제하면서 고객에 대한 서비스는 향상시킬 수 있는 방안으로 각종 프로젝트가 제안된다. 패스트푸드 레스토랑에서 손님이 많이 몰리는 시간대에 대기시간을 최소화하는 서비스방식을 개발한다거나, 항만의 컨테이너 야적장에서 컨테이너를 쉽게 쌓고 찾는 방법을 개발한다거나, 배달차량의 이동경로를 최적화하는 등의 여러 산업공학 프로젝트들이 주로 이 부류에 속하며, 이와 관련한 의사결정에도 언제나 자세한 경제성 분석이 필수적으로 수반된다.

연습문제

01 과학과 공학의 차이를 설명하라.

02 공학자가 물리적 환경에 대한 지식뿐만 아니라 경제적 환경에 대해서도 알아야 하는 이유를 설명하라.

03 경제적 효율은 물리적 효율과 어떤 점에서 다른지 설명하라.

04 공학경제는 무엇을 다루는 학문분야인지 기술하고 공학도는 왜 공학경제를 배워야 하는지 설명하라.

05 공학의 일반적 절차에서 각 단계별로 공학경제가 어떻게 활용될 수 있는지 설명하라.

06 제안된 문제해결 방안의 경제성 분석을 위해서는 왜 여러 가지 가정을 통한 분석모형의 수립이 반드시 필요한지 설명하라.

07 "현실과의 유사성(realism)"과 "취급의 용이성(tractability)"은 바람직한 분석모형인지를 결정하는 중요한 두 성질이다. 이 성질을 각각 설명하고 왜 이 두 요소가 서로 상충되는 요소인지 예를 들어 설명하라.

08 경제성 분석을 위한 확정적 모형(deterministic model)과 확률적 모형(probabilistic model)의 차이점을 기술하고 각각의 모형은 어떤 경우의 분석에 적합할지 예를 들어 설명하라.

09 공학프로젝트의 공통적인 특징은 무엇인지 기술하라.

10 경제성 분석이 반드시 필요한 기업에서의 의사결정과 공공부문에서의 의사결정 사례를 몇 가지 들고 서로 어떠한 공통점과 차이점이 있는지 나름대로 의견을 제시하라.

section 1

경제성 분석의 기본개념

제2장 비용의 개념과 경제적 환경

2.1 비용의 개념과 분류

2.2 경제적 환경과 관련한 기본개념

2.3 돈의 시간적 가치

학습내용

이 장에서는 공학자가 경제성 분석을 하는 데 있어서 자주 접하게 되는 비용관련 용어들을 유형별로 나누어 정의하고 각각의 개념을 간략하게 설명하도록 한다. 또한 공학자가 꼭 알아두어야 할 필요가 있는 기본적 경제 개념 몇 가지를 소개한다. 아울러 돈의 시간적 가치 개념을 설명하고 이에 따른 이자와 이율의 일반적 개념을 소개한다.

학습목표

1) 고정비와 변동비의 개념을 이해하고 프로젝트 수행에 수반되는 비용을 유형별로 구분할 수 있다.
2) 직접비와 간접비, 매몰비용, 수명주기비용 등의 개념을 이해하고 프로젝트 수행에 수반되는 비용을 유형별로 구분할 수 있다.
3) 손익분기점, 한계비용, 한계수익의 개념을 이해고 손익분기점 분석을 통한 경제성을 파악할 수 있다.
4) 돈의 시간적 가치 개념을 이해하고 이자와 이율의 개념을 이해할 수 있다.

제2장 비용의 개념과 경제적 환경

2.1 비용의 개념과 분류

공학경제에서 사용되는 비용의 개념은 사용되는 맥락과 의사결정의 형태에 따라 다양한 의미를 지닐 수 있다. 경제성 분석을 행하고 결과를 보고하는 과정에서 비용에 관한 다양한 용어들의 의미를 명확히 정의해 놓고 일관되게 사용하지 않으면 공학자 자신도 올바른 판단을 내리기 어려울 뿐만 아니라, 다른 사람과의 의사소통에 혼란을 초래하게 된다. 이 절에서는 공학자가 공학경제와 관련하여 자주 접하게 되는 비용 관련 용어들을 유형별로 나누어 정의하고 각각의 개념을 설명하도록 한다.

2.1.1 고정비와 변동비

제품을 생산하거나 서비스를 제공하는 제반 활동에서 활동수준(예 : 생산량 등)에 따라 발생하는 비용의 크기가 변동되는지의 여부로 비용을 구분할 수 있다. 주어진 용량이나 생산능력의 범위 안에서 활동수준에 관계없이 일정하게 발생하는 모든 비용을 고정비(fixed cost : FC)라고 한다. 설비에 대한 보험료와 세금, 일반 경영관리직의 임금, 차용한 돈에 대한 이자, 특허 사용료, 건물과 설비의 감가상각비, 활동수준과 관계없이 부과되는 공과금 등이 전형적으로 고정비에 해당하는 비용 요소들이다. 실질적으로 완전히 고정되어 있다고 볼 수 있는 비용은 거의 없겠지만, 고정비는 정해진 활동수준의 범위 안에서 어느 정도 일정하게 유지되는 경향이 있는 비용들이다. 고정비가 변하게 되는 경우는 생산능력이나 자원의 이용에 큰 변화가 있는 경우이다(그림 2.1).

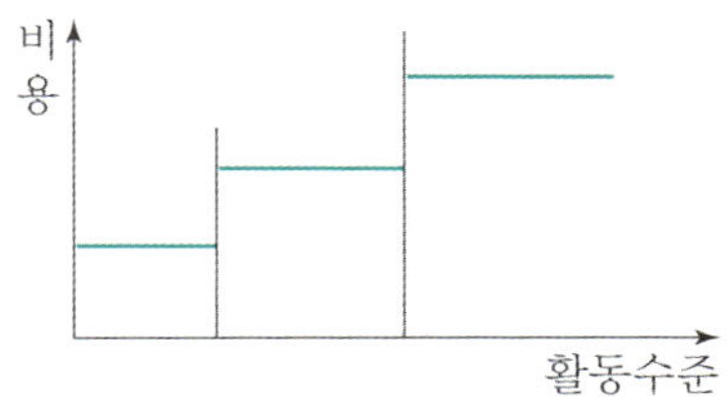

그림 2.1 활동수준과 고정비

생산량이나 활동량이 변함에 따라 변동되는 비용들은 변동비(variable cost : VC)라고 한다. 예를 들어 자동차의 연료비는 주행거리에 어느 정도 비례하며, 성과급을 받는 노동자의 임금은 작업량에 비례한다. 직접노무비와 직접재료비, 직접동력비 등이 변동비에 해당하는 전형적인 비용요소들이다. 보통 변동비는 총액으로는 활동수준에 비례하지만 생산된 제품이나 서비스의 단위당 비용으로는 일정한 것이 특징이다. 그러나 경우에 따라서는 변동비가 활동량과 정비례하여 연속적으로 변하지 않고 계단식으로 증가하기도 한다. 생산량이 증가함에 따라 새로운 기계와 작업자를 추가할 필요가 있는 경우라든지, 원자재나 부품의 구입량이 일정 크기를 넘으면 단위당 가격이 하락한다든지 하는 경우를 그러한 예로 들 수 있다(그림 2.2).

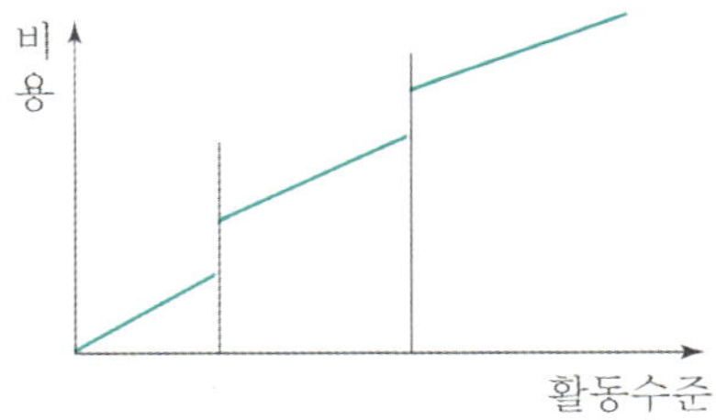

그림 2.2 활동수준과 변동비용

고정비와 변동비를 엄밀하게 구분하는 것은 실제로는 매우 어려운 일이다. 많은 비용 요소들은 고정비와 변동비의 성격을 모두 갖고 있어 회계상으로 명확히 구별해 내는 것이 쉽지 않다. 예를 들어 공장의 수리수선부에서는 여러 설비에 대한 유지보수를 책임지고 있으며 일정 수의 직원을 고정적으로 채용하고 있지만, 유지보수 작업의 양과 소요되는 부품의 양은 공장의 생산량과 어느 정도의 비례 관계를 갖고 있다. 이러한 비용 요소에 대해 고정비 부분과 변동비 부분을 엄밀하게 구분해 내는 것은 매우 어려운 일이다. 따라서 고정비와 변동비의 구분은 용어의 의미를 얼마나 엄격히 적용하는가에 달려 있다고 볼 수 있다.

흔히 총비용은 고정비와 변동비의 합으로 표현된다. 즉, 활동수준 x에 대한 총비용(total cost : TC) $TC(x)$는 식(2.1)과 같이 고정비 FC와 변동비 $VC(x)$의 합이 된다.

$$TC(x) = FC + VC(x) \tag{2.1}$$

활동수준 x가 증가하면 총비용도 증가한다. 한편 총비용 $TC(x)$를 활동수준 x로 나눈 것을 평균비용(average cost)이라고 하는데, 활동수준이 증가하면 단위당 변동비는 거의 변하지 않고 단위당 고정비만 감소하기 때문에 일반적으로 평균비용은 x의 감소함수가 된다. 즉, 생산량이 늘어나면 각 단위에 배당되는 고정비가 감소하여 단위당 생산비용이 감소한다는 것으로 이러한 관계를 규모의 경제(economies of scale)라고 하며 대량생산의 기본원리가 된다.

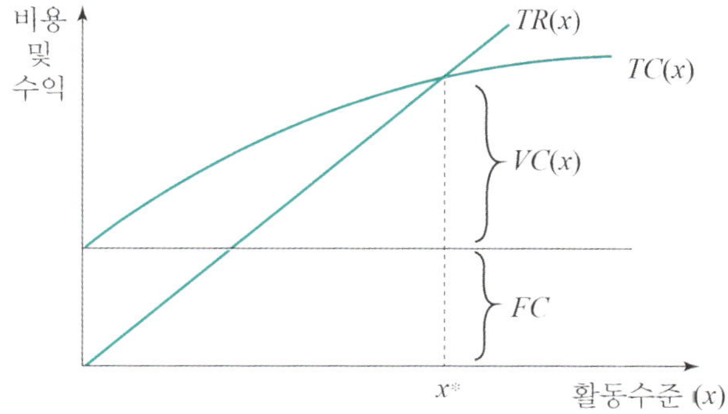

그림 2.3 비용함수와 수익함수 및 손익분기점의 관계

활동수준을 한 단위 증가시킬 때 발생하는 비용의 증가분을 증분비용(incremental cost) 또는 한계비용(marginal cost : $MC(x)$)이라고 하며 이는 총비용 $TC(x)$를 연속함수로 보았을 때 x에 대한 일차도함수에 해당한다. 변동비가 활동수준에 정확히 정비례하여 $TC(x)$가 x의 선형식으로 표현되는 경우에는 한계비용이 활동수준에 상관없이 일정한 값을 갖게 되지만, 일반적으로 한계비용은 활동수준 x에 따라 약간씩 달라지는 것이 보통이다. 활동수준이 x일 때 얻을 수 있는 총수익(total revenue: TR)을 $TR(x)$라 하면, 총수익에 대해서도 활동수준이 한 단위 증가할 때 얻어지는 수익의 증가분을 증분수익(incremental revenue) 또는 한계수익(marginal revenue : $MR(x)$)이라 한다. 증분비용(또는 한계비용)이나 증분수익(또는 한계수익)의 개념은 이론적으로 매우 간단하나 실제로 현장에서 정확히 산출하기는 매우 어렵다.

총수익이 대략적으로 활동수준에 정비례한다고 가정하고 활동능력의 범위 안에서 한계수익이 한계비용보다 크다고 가정할 경우, 그림 2.3에서 보듯이 $TC(x)$와 $TR(x)$가 만나는 점, 즉 총비용과 총수익이 같아지는 활동수준 x^*가 존재하게 되는데, 이 점을 손익분기점(break-even point)이 되는 활동수준이라고 한다. 손익분기점보다 활동수준이 크면 이익이 발생하고 반대로 손익분기점보다 활동수준이 작으면 손실이 발생하게 되므로 활동수준을 손익분기점 이상으로 높이도록 하는 것이 매우 중요하다.

이론적으로 주어진 활동수준에서 증분(한계)비용이 증분(한계)수익보다 작을 때는 활동수준을 높이는 것이 이익을 더 크게 하지만, 반대로 증분(한계)비용이 증분(한계)수익보다 클 경우에는 활동수준을 높이는 것이 오히려 손실을 초래한다. 따라서 활동수준에 제약이 없다면 증분(한계)비용이 증분(한계)수익을 상회하는 한 두 값이 같아질 때까지 계속 활동수준을 높이면 최대의 이익을 얻을 수 있다.

예를 들어, 제품의 판매가 p가 $p = a - bx$라고 하자(a, b는 임의의 상수, x는 활동수준). 그러면 총 수익함수는 $TR(x) = ax - bx^2$으로 2차 함수가 된다. 총수익이 최대가 되는 판매량(생산량)은 한계수익이 0이 되는 양이다.

$$\frac{dTR(x)}{dx} = 0$$
$$\frac{d(ax - bx^2)}{dx} = a - 2bx = 0 \tag{2.2}$$
$$x = \frac{a}{2b}$$

이때 총수익은 $a^2/4b$이다. 또한 그림 2.4에서 보는 바와 같이 판매량이 x_1에서 k_1까지 증가하는 동안은 한계수익이 한계비용보다 커서 순수익이 점점 증가하며, 판매량이 k_1에 도달하면 한계비용과 한계수익이 같아지며 이때 순수익(total profit)이 최대가 된다. 즉, 고정비를 C_f, 단위당 변동비를 C_v라고 하면, 순이익은 총수익 $TP(x)$에서 총비용 $TC(x)$를 뺀 값이며, 순이익을 x로 미분하여 0으로 두고 풀면, 순이익이 최대가 되는 판매량 x는 다음과 같다.

$$TP(x) = (ax - bx^2) - (c_f + c_v x)$$
$$\frac{dTP(x)}{dx} = -2bx + (a - c_v) = 0 \tag{2.3}$$
$$\therefore\ x = \frac{a - C_v}{2b}$$

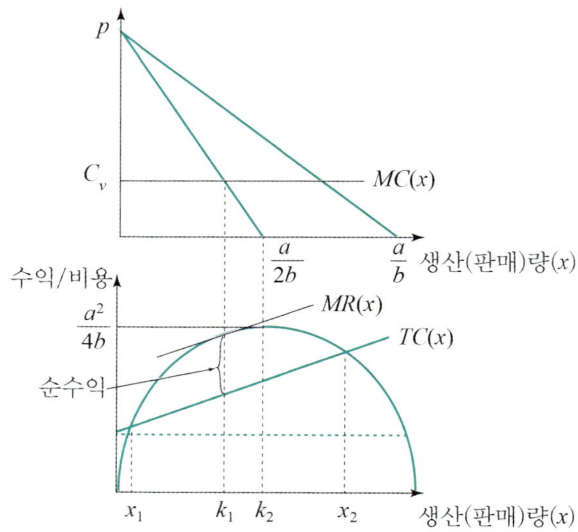

그림 2.4 한계수익과 한계비용 및 손익분기점

한편, 판매량이 k_1보다 많아지면 한계비용이 한계수익보다 커서 순수익의 폭이 감소하며 판매량이 k_2일 때 한계수익이 0이 되며 이때 총수익이 최대가 된다. 판매량이 x_2보다 커지면 순손실이 발생한다.

예제

A 항공회사에서 운영하고 있는 어떤 노선은 승객이 한 명도 탑승하지 않았더라도 일회 운항에 소요되는 고정비가 3백만원이고 승객 1인당 2만원씩의 변동비가 발생한다고 가정하자. 또한 이 노선에 투입되는 항공기에 탑승 가능한 승객의 최대 인원은 200명이고 일인당 항공요금은 5만원이며, 편의상 좌석의 등급은 없다고 가정하자. 이 경우 일회운항에서 승객수가 x명일 때의 총비용은

$$TC(x) = FC + VC(x) = 3,000,000 + 20,000x \tag{2.4}$$

이고, 일회 운항으로부터 얻어지는 총수익은

$$TR(x) = 50,000x \tag{2.5}$$

이 된다. 또한 승객 일인당 평균비용을 $AC(x)$라고 하면

$$AC(x) = \frac{3,000,000}{x} + 20,000 \tag{2.6}$$

이 되어 x에 대한 감소함수 임을 알 수 있다. 그리고 이 노선에 대한 일회운항 시의 손익분기점이 되는 승객 수 x^*는 다음 식을 만족하는 x이다.

$$TC(x) = TR(x)$$
$$3,000,000 + 20,000x = 50,000x$$

따라서 $x^* =$ 100명이 된다. 즉 이 노선의 운영을 통해 이익을 얻으려면 일회운항 시 평균승객의 수가 최소한 100명은 넘어야 한다는 것을 알 수 있다. 또한 이 예제에서는 승객이 한 명 증가할 때마다 발생하는 증분비용과 증분이익은 각각 2만원과 5만원으로 일정한데, 이것은 총비용의 함수와 총수익의 함수가 모두 x에 관한 일차식이기 때문이다. 총비용과 총수익의 함수를 선형식이라고 보기 어려운 경우에는 증분(한계)비용이나 증분(한계)수익이 활동수준 x에 따라 달라진다.

예제

어떤 회사는 모터의 성능을 향상시키는 센서를 생산하고 있다. 고정비용은 월 7,300만원이 들고, 변동비용은 제품 개당 8.3만원이 든다. 센서의 개당 판매가는 $p = 180,000 - 20x$ (x는 월 생산량)이다.

월 x개를 생산할 경우의 총비용은 다음과 같다.

$$TC(x) = 73,000,000 + 83,000x \tag{2.7}$$

한편 총수입은 다음과 같다.

$$TR(x) = (180,000 - 20x)x \tag{2.8}$$

따라서 월 순수익은 다음과 같다.

$$TP(x) = TR(x) - TC(x) = -20x^2 + 97,000x - 73,000,000 \tag{2.9}$$

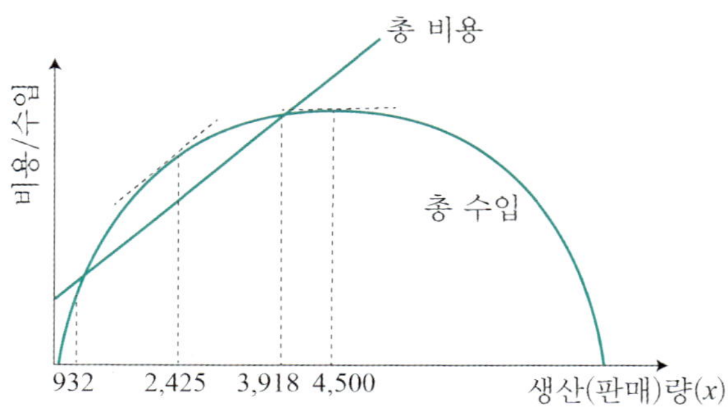

그림 2.5 총비용과 총수입

손익분기점(수입과 지출이 같아지는 점)은 위 식 (2.9)에서 순수익을 0으로 두고 근의 공식을 이용하여 풀면 $x_1 = 932$, $x_2 = 3,918$을 얻을 수 있다.

또한 순이익이 최대가 되는 생산량은 식 (2.3)에 의해 다음과 같다.

$$x^* = \frac{180,000 - 83,000}{2*20} = 2,425\text{개}$$

한편 총수익이 최대가 되는 생산량은 식 (2.2)에 의해

$$x^* = \frac{180,000}{2*20} = 4,500\text{개}$$

이다.

2.1.2 직접비와 간접비

현장에서 자주 접하게 되는 직접비와 간접비의 개념은 각종 생산활동과 관련하여 비용을 구분하는 또 다른 개념이다. 제조업의 경우를 중심으로 설명하면, 원가회계상에서 제품의 판매가격은 매출원가와 이윤으로 구성되며, 매출원가는 다시 제조원가와 일반관리비, 판매비 등으로 구성된다. 제조원가 또한 제품의 생산과 직접적 관련되는 비용과 그렇지 않은 비용으로 구성된다.

직접비(direct cost)는 제품이나 서비스의 생산, 또는 건설 활동 등에 직접적으로 투입된 실질적으로 추정 가능한 비용들을 말하는 것으로, 모든 재료비와 노무비 중에서 쉽게 측정될 수 있고 특정 사업, 특정 제품의 생산에 투입된 것으로 명확하게 배분될 수 있는 비용들이며, 이 경우 직접재료비(direct material cost), 직접노무비(direct labor cost)와 같이 분류한다.

그에 비하여 간접비(indirect cost; overhead; burden)는 특정 제품의 생산이나 작업에 직접적으로 할당하기 어려운 모든 비용들을 지칭하는 것으로, 직접재료비와 직접노무비를 제외한 모든 비용들이 이에 속한다. 예를 들어, 여러 가지 제품을 같이 생산하는 공장에서 기계의 유지보수비나 자재의 운반비 등은 종종 특정제품의 생산비로 명확히 분류하기 어려운 제조 간접비들이다. 간접비에 속하는 전형적 비용항목들은 유지보수비, 세금, 보험료, 일반관리비(관리직의 임금, 사무용품비 등), 각종 공과금 등이다. 감가상각비는 보통 간접비로 취급되나 직접비에 포함시키는 경우도 있다. 간접비는 경우에 따라 제조간접비, 일반관리비, 판매비용 등으로 분류할 수 있고 흔히 미리 정한 공식에 따라 직접노동시간, 직접노무비, 또는 직접재료비 등 일정 비율로 배분되어 계산된다. 간접비를 각 제품이나 서비스에 배분하는 원칙이나 방법은 원가회계에서 다루는 중요한 내용 중의 하나다.

2.1.3 과거비용과 매몰비용

과거비용(past cost)은 현재 고려 중인 의사결정문제와 관련하여 발생한 과거의 비용을 말한다. 투자 대안들을 평가하는 데 있어 중요한 것은 각 대안이 선택될 경우 발생하게 될 미래의 경제적 결과이므로, 경제성 분석의 중요한 원칙 중 하나는 과거에 발생한 비용은 무시한다는 것이다.

예를 들어, 어떤 사람이 꼭 사고 싶은 아파트가 있어 1억원에 사기로 계약하고 계약금을 500만원 지불하였는데, 며칠 후 9,000만원에 구입할 수 있는 동일한 조건의 아파트가 있다는 것을 알았다고 하자. 처음의 계약을 파기할 경우 계약금 500만원을 잃게 되는 것이 싫어서 9,500만원을 추가로 지불하고 아파트를 구입하기보다는 500만원을 잃더라도 계약을 파기하고 9,000만원에 아파트를 구입하는 것이 더 합리적일 것이다. 이 경우, 이미 지불한 500만원은 어떤 의사결정을 하든 상관없이 회수될 수 없는 과거에 발생한 과거 비용이므로 이것을 매몰비용이라고 한다.

공학자가 공학경제를 적용하는 과정에서 자주 접하게 되는 매몰비용은 설비대체와 관련한 의사결정에서 자주 발생한다. 몇 년 전에 많은 돈을 들여 비싸게 구입한 생산설비를 현재 잘 사용하고 있는데 신기술을 적용하여 생산성이 매우 높고 운영비를 획기적으로 줄일 수 있는 생산설비가 새로 등장하였을 경우, 새로운 설비가 궁극적으로 더 유리하더라도 선뜻 현재의 설비를 포기하고 새로운 설비를 구입하지 못하는 경우가 많다. 그러나 현재의 설비에 투자한 과거의 비용은 설비대체에 관한 의사결정을 어떻게 하든 다시 회수할 수 없는 매몰비용이므로 그 비용을 의사결정에 포함시키는 것은 옳지 못하다. 합리적인 의사결정을 하려면, 현재의 설비를 그대로 사용하는 경우 앞으로 발생하게 될 경제적 결과에 비해 현재의 설비를 처분하고 새로운 설비를 구입할 경우 발생하게 될 미래의 결과가 더 바람직한가 아닌가만을 평가하여 의사결정하면 되는 것이다. 이와 같이 고려대상에서 제외되어야 할 매몰비용이 의사결정에 종종 개입되는 것은 심리적인 이유 때문이다. 비싼 가격으로 매입한 주식의 가격이 폭락하여 다시 상승할 전망이 전혀 보이지 않는데도 억울한 마음에 주식을 처분하지 못하고 더 전망이 좋은 투자기회를 계속 놓치고 있는 것은 최소한 정서적으로 이해를 해 줄 수는 있으나 결코 합리적인 태도라고 할 수 없다. 공학경제를 제대로 이해한 공학자라면 이러한 심리적 함정에 빠지지 않을 것이다.

2.1.4 미래비용과 기회비용

투자 대안과 관련하여 미래에 발생하게 될 모든 비용을 미래비용(future cost)이라고 한다. 미래비용은 미래에 발생하게 될 비용이므로 이것을 미리 정확하게 알 수는 없다. 이러한 비용들은 적절한 방법을 사용하여 추정할 수밖에 없다. 미래의 수익도 마찬가지로 추정하여야 한다. 이렇게 추정한 값이 확실한 값이라고 가정하고 경제성 분석을 행하는 경우는 비교적 분석이 용이하다. 그러나 추정치가 수반할 오차가 너무 클 가능성이 있는 경우에는 분석의 정확도를 높이기 위해 8장에서 다루는 확률개념을 도입하기도 한다.

투자자금과 같은 자원은 제한되어 있으므로, 특정 투자에 사용된 자금은 그 자금을 다른 투자수단에 투입하여 수익을 얻을 수 있는 기회를 잃은 것이기 때문에 기회비용(opportunity cost)의 개념이 생겨난다. 기회비용은 채택되지 않은 투자기회들을 통해 얻을 수 있는 최대수익으로 정의할 수 있으며 보통은 겉으로 드러나지 않는 내재적 비용이다. 예를 들어, 어느 회사에서 특정 사업을 위해 회사 소유의 빈 창고를 사용하기로 한 경우, 그 창고 공간의 사용 비용으로 생각할 수 있는 적절한 비용은, 비록 실제로 회사에서 지불하는 비용은 아니지만, 창고의 기회비용으로서 그 창고를 임대한다든지 다른 용도로 사용하여 얻을 수 있는 수익이 되어야 한다. 다시 말해, 창고공간의 기회비용은 창고를 다른 용도로 사용하여 얻을 수 있는 최대수익이다. 또 다른 예로, 직장에 취직하는 대신 1년간 공부를 더 하기로 한 학생이 있다면, 이 학생은 이 결정으로 인해 1년간의 학비뿐만 아니라 직장에 취직하는 것을 포기함으로써 잃게 되는 수익에 대한 기회비용이 발생하게 된다. 이때의 기회비용은 이 학생이 정상적으로 얻을 수 있는 직장 중 가장 급여가 좋은 직장의 1년간 급여총액이 될 것이다.

본서에서 후에 논하게 될 최저허용수익률(minimum attractive rate of return)의 개념도 기회비용의 개념과 연관되어 있다. 사업에 투자되는 자금을 부채로 조달하는 경우, 투자 사업으로 얻는 수익은 최소한 조달한 자금의 금융비용(financial cost)을 상회해야 하므로 투자의 최저허용수익률을 금융비용으로 정의하기도 한다. 여기서 금융비용은 자금을 외부로부터 조달하는 데 소요되는 비용을 말한다. 그러나 자기자본을 사용하여 투자하는 경우에는 최저허용수익률이 기회비용의 개념으로 정의되어야 하는데, 그 이유는 투자로부터 얻는 수익이 최소한 그 자금을 손쉽게 찾을 수 있는 다른 투자기회에 투입했을 때 얻는 최대 수익 이상은 되어야 하기 때문이다.

2.1.5 수명주기비용

모든 제품이나 구조물과 같은 시스템은 필요성이 인식되어 설계 및 생산(또는 건축)단계를 거쳐 태어나고 사용되다가 용도가 다하면 폐기되기까지 나름대로의 수명주기(life-cycle)를 갖고 있다. 이러한 수명주기 동안 설계 및 개발비용, 생산/건설비용, 운영 및 유지보수비용, 처분비용 등 다양한 비용이 발생하는데, 수명주기비용(life-cycle cost)은 바로 이와 같은 수명주기 전 기간 동안 발생한 모든 비용의 합을 일컫는 것이다.

수명주기비용은 발생시점에 따라 초기비용, 운영유지비, 처분비용으로 나눌 수 있다. 초기비용(first cost)은 시스템이 목적한 서비스를 제공할 수 있는 상태가 될 때까지 초기에 투자되는 모든 비용의 합이다. 초기비용은 대개 한번 발생하면 다시는 재발하지 않는 다양한 비재발성 비용(nonrecurrent cost)들로 구성되어 있다. 구입해야 하는 품목의 경우, 구입 및 운반비, 설치비, 훈련비 등이 이에 속한다. 구조물이나 시스템을 건설하거나 제품을 제작하는 경우에는 설계 및 개발비, 시험 및 평가비, 건설 및 제작비, 운반비, 설치비, 훈련비 등이 초기비용에 속한다.

운영유지비(operating and maintenance cost)는 시스템의 사용기간 동안 운영 및 유지보수와 관련하여 지속적으로 발생하는 제반 비용이다. 운영유지비는 주로 운영 및 유지를 위한 인력의 노무비, 연료 및 동력비, 운영유지를 위한 자재비, 보험료, 세금, 재고유지비, 일반관리비 등과 같은 다양한 재발성 비용(recurrent cost)으로 구성된다.

시스템의 용도가 끝나면 시스템을 처분함으로써 수명주기가 끝나는데 이때 발생하는 비용이 처분비용(disposal cost)이다. 처분비용에는 시스템을 처분하는 데 필요한 노무비와 재료비, 운송비, 기타 위험물 처리비와 같은 특수처리비용이 포함된다. 대부분의 시스템은 처분 시 비용만 발생하는 것이 아니라 어느 정도의 가치를 갖고 있다. 용도 폐기되는 시스템을 팔아서 얻는 금전적 가치를 시장가격(market value) 또는 대상가격(trade-in value)이라 하는데, 이 가격에서 처분비용을 뺀 순가치를 잔존가치(salvage value)라고 한다.

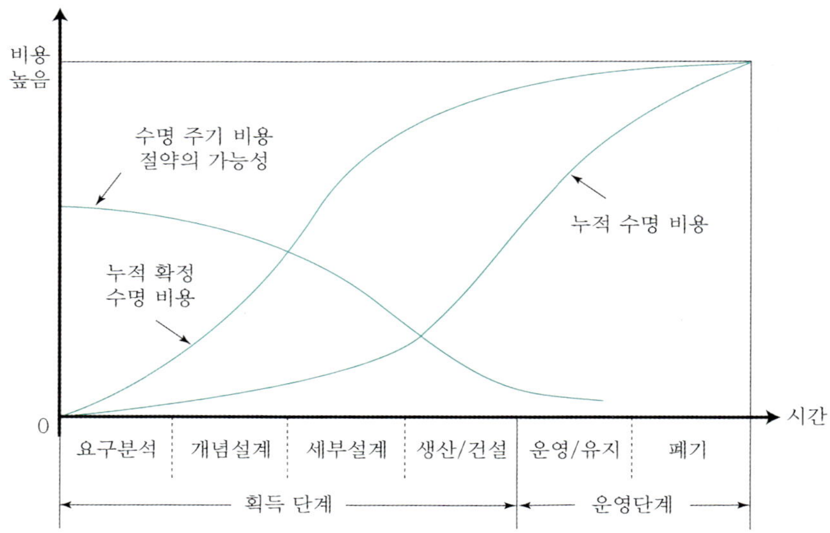

그림 2.6 수명 주기 각 단계와 비용과의 관계

수명주기비용의 개념이 중요한 이유는 무엇보다도 전체적인 수명주기비용에 입각하여 투자 대안들이 평가되어야지 일부의 비용만으로 평가되어서는 안 된다는 것이다. 특히 수명주기의 초기단계에 이와 같은 개념에 입각한 철저한 분석이 이루어지는 것이 결국 최종적인 수명주기비용을 최소화하는 지름길이다. 보통 수명주기는 그림 2.6에서 보듯이 획득단계(acquisition phase)와 운영단계(operation phase)로 나뉘고, 요구분석이 끝난 후의 획득단계는 다시 개념설계(conceptual design), 상세설계(detailed design), 생산/건설(production or construction)의 세 단계로 세분될 수 있는데, 실제 발생되는 비용은 운영단계에서 가장 많지만, 수명주기비용이 결정되는 것은 대부분 초기 설계단계, 특히 개념설계가 이루어질 때이므로 공학경제와 같은 경제성평가 수단이 가급적 초기에 체계적으로 적용되는 것이 중요하다.

그림 2.6에서 수명주기비용의 절약가능성을 나타내는 곡선이 말해주듯 올바른 의사결정을 통해 전체적인 수명주기비용을 줄일 수 있는 가능성은 초기단계일수록 크다. 이는 제품이나 시스템에 대한 설계변경이 초래하는 비용이 개념설계 단계에서 제일 적고 한 단계씩 뒤로 갈수록 전 단계에 비해 몇 배의 비용이 더 든다는 사실에서도 잘 드러나고 있다.

2.2 경제적 환경과 관련한 기본개념

넓은 의미로 볼 때, 경제학은 인간과 부와의 상호관계를 다루는 학문이고 공학은 인류의 편익을 위해 투입된 비용에 비해 얻어진 가치가 최대가 되도록 과학적 지식을 활용하는 학문이므로, 공학을 적용하는 과정에서 필수적으로 경제학의 여러 가지 개념이 개입될 수밖에 없다. 여기서는 공학자가 자신이 처해 있는 경제적 환경과 관련하여 꼭 알아두어야 할 필요가 있는 기본적인 개념들을 몇 가지 소개한다.

2.2.1 경제적 가치의 척도

경제적 환경에서 생산되고, 거래되고, 소비되는 모든 재화와 서비스는 직접적으로 또는 간접적으로 인간의 욕구와 필요를 충족시켜 줄 수 있는 힘을 갖고 있다. 이 힘을 경제학에서는 효용(utility)이라고 한다. 재화와 서비스의 효용은 이와 같이 사람의 욕구와 필요를 얼마나 잘 충족시켜 줄 수 있는가에 의해 결정되므로 재화나 서비스 자체에 내재되어 있는 고유한 특성이 아니라 개인이 그것에 대해 주관적으로 부여하는 것이다. 즉, 한 잔의 물이 보통 사람들에게는 대수롭지 않은 것으로 보이겠지만 심한 갈증에 허덕이는 사람에게는 천금과도 같이 느껴지듯이 동일한 재화나 서비스에 대해 개인마다 느끼는 효용이 다르다.

재화나 서비스의 효용을 화폐단위를 이용하여 나타낸 것을 가치(value)라고 한다. 재화와 서비스가 개인의 욕구나 필요를 충족시킬 수 있는 힘이 효용이고 이 효용을 교환의 수단인 화폐단위를 이용하여 평가한 것이 가치이므로, 가치 또한 사람에 따라 달리 평가되는 주관적인 것이다. 이런 의미에서 재화와 서비스의 가치는 시장가격이나 생산비용과는 직접적인 관계가 없다고 볼 수 있다. 어떤 물건의 가격(price)은 그 물건을 구입하기 위하여 지불해야 하는 값인데 그 물건에 대해 개인이 느끼는 가치는 사람마다 다르므로 그 물건을 정해진 가격에 기꺼이 구입하는 사람이 있는 반면에 결코 그런 가격에 구입할 의사가 없는 사람도 있게 된다. 이를테면 오페라 관람을 매우 즐기는 사람은 오랜만에 공연되는 유명 오페라의 10만원짜리 관람권이 결코 비싸다고 생각하지 않을 수 있지만 오페라 관람에 별 취미가 없는 사람은 절반 가격에도 사지 않으려 할 것이다. 물론 오페라공연을 준비하는 사람들의 입장에서는 많은 비용이 들 것이고 이러한 비용과 수요 등을 감안하여 오페라 관람권의 가격을 결정했겠지만 이러한 비용과 가격은 개인이 그 관람권에 대해 느끼는 가치와 직접적인 관계가 없다.

효용은 우리가 처한 물리적 환경을 적절히 변화시킴으로써 창출된다. 쇳덩이와 나무를 가공하여 망치를 만들면 인간에게 더 효용이 높은 재화가 만들어지는 것이다. 소비자가 많지 않은 산지의 농산물을 소비자가 많은 도시지역으로 옮겨 놓아도 농산물의 효용이 높아진다. 이러한 농산물을 이용하여 즉석에서 먹을 수 있고 맛있는 음식을 만들면 더욱 효용이 높아진다. 서론에서도 언급했듯이 공학의 목적은 제한된 자원을 효율적으로 활용하여 인간의 욕구와 필요를 충족시키는 것이며, 따라서 공학자는 가급적 적은 비용으로 더 많은 효용을 창조하여 경제적 효율을 높여야 한다. 어떤 공학적 시도를 위해 투입되는 재화/서비스의 가치에 비해 생산된 재화/서비스의 가치가 극대화되도록 하려면 경제적 환경을 잘 이해하고 그 속에서 개인의 욕구와 필요가 어떻게 변해가고 있는지를 늘 관심을 갖고 살펴야 한다.

2.2.2 소비재와 생산재

우리가 경제적 환경에서 접하는 각종 재화와 서비스는 인간의 욕구와 필요를 충족시켜 주는 방식에 따라 크게 두 부류로 분류할 수 있다. 소비재(consumer goods)는 사람들이 그것을 사용함으로써 자신의 욕구를 직접적으로 충족시킬 수 있는 재화와 서비스들이다. 음식, 주택, 옷, TV,

음악CD, 영화, 의료서비스 등은 소비재다. 사람들이 욕구를 충족시키는 데 직접 사용되는 것은 아니지만 생산/건설과정의 일부분으로 투입되어 간접적으로 인간의 욕구충족에 기여하는 재화나 서비스는 생산재(producer goods)라고 한다. 건설장비, 생산기계, 공장건물, 농기구, 유조선, 화물차 등은 생산재다.

소비재의 효용은 그 소비재를 사용하는 사람들의 취향이나 감정적 요소들에 의해 크게 좌우되기 때문에 그 가치를 명확히 측정하기 어렵다. 소비재에 대한 대부분의 광고가 소비자의 감성에 호소하는 경향이 강한 이유도 그 때문이다. 같은 소비자라 하더라도 제품의 가치에 대한 평가가 광고를 보기 전과 보고 난 후에 따라 달라진다. 그래서 소비재를 생산하는 사람들은 자신이 생산하는 소비재를 사용할 사람들의 욕구변화를 끊임없이 파악하고 있어야 한다. 그러나 소비재의 생산수단으로 투입되는 생산재의 효용은 비교적 객관적으로 측정될 수 있다. 이를테면 대당 정해진 가격으로 1,000대의 자전거를 주문받아 이를 생산하고자 하는 생산자는 생산에 필요한 자재와 노동력, 생산설비, 동력 등을 정확히 계산하여 투입되는 생산재의 가치를 비교적 객관적으로 평가해 낼 수 있다.

2.2.3 교환의 경제적 의미

경제적 환경에서 교환이 일어나는 이유는 사람들 사이에 재화나 서비스 또는 화폐를 서로 교환하기만 하여도 효용이 창출되기 때문이다. 돈을 지불하고 물건을 사는 사람은 그 물건의 효용이 지불한 돈의 가치보다 크다고 생각하기 때문이며, 물건을 판 사람은 그 물건의 효용이 받은 돈의 가치보다 낮다고 생각하기 때문이다. 즉 교환은 교환의 당사자들이 모두 서로 교환을 통해 혜택을 본다고 느끼지 않으면 이루어지지 않는다. 이것이 가능한 것은 교환의 대상이 되는 재화나 서비스의 가치를 사람마다 서로 다르게 평가하고 있기 때문이다.

교환을 통해 교환의 당사자들이 모두 동시에 혜택을 본다는 사실을 다음의 예로 설명하여 보자. 악기공장에서 현재 피아노 한 대를 생산하는 원가는 80만원인데, 이 피아노를 판매상이 대당 100만원에 구입하여 30만원의 판매비를 들여 180만원에 소비자에게 판다고 가정해 보자. 여기서 악기 제조회사와 판매상은 서로의 거래를 통해 상호 혜택을 보고 있다. 악기 제조회사는 자신이 처한 경제적 환경에서 자신들이 생산한 많은 수의 피아노를 판매상들에게 100만원씩에 파는 것보다 더 좋은 가격으로 팔 수 있는 길이 별로 없고 그 정도의 생산수준을 유지하면 대당 80만원의 원가로 생산할 수 있기 때문에 대당 20만원의 이익을 얻는 것으로 만족하고 판매상과 거래한다. 판매상 또한 대당 100만원보다 싼 가격으로 여러 대의 피아노를 구입할 수 있는 방법이 없고 대당 30만원 정도의 판매비를 들이면 최소한 대당 180만원에 여러 소비자에게 팔 수 있는 경제적 환경을 갖고 있기 때문에 대당 50만원의 이익에 만족하게 된다. 이와 같이 교환을 통해 생산자와 판매상 모두 이익을 보게 되며, 둘 중 하나만 이익을 보게 되는 상황이라면 교환은 이루어지지 않을 것이다.

앞의 예를 좀 더 확장하여, 과연 판매자와 소비자 간의 거래에서도 서로 이득을 보게 될 것인가를 살펴보자. 예를 들어 피아노를 갖고 싶은 욕구가 매우 큰 어떤 소비자가 피아노 구입에 기꺼이 210만원까지는 지출할 의사가 있다(즉 피아노 한 대는 그 소비자에게 210만원의 효용을 갖는다)고 하자. 피아노 판매상은 제조회사에서 대당 100만원에 피아노를 사오고 30만원의 판매비용이 들므로 최소한 판매가격이 130만원 이상은 되어야 팔려고 할 것이다. 따라서 만약 소비자와의 가격흥정에서 180만원에 피아노를 팔게 되었다면, 판매상은 앞서 생산자와의 관계에서 본 바와 같이 50만원의 이득을 소비자는 30만원의 이득을 보게 된다.

교환의 당사자들은 모두 각자 자신에게는 적은 효용을 갖는 무엇인가를 주고 더 큰 효용을 갖는 무엇인가를 교환의 상대방으로부터 받음으로써 이득을 얻는다. 결국 특정한 재화나 서비스에 대해 사는 사람이 느끼는 효용과 파는 사람이 느끼는 효용의 차이가 서로 나눠 가질 수 있는 효용의 양인데, 이것을 경제학에서는 교환에서의 상호혜택의 범위(range of mutual benefit in exchange)라고 부른다. 앞의 예에서 피아노제조회사와 판매상 간의 거래를 통해 상호 혜택을 볼 수 있는 범위는 판매상의 효용 150만원(즉 판매가격 180만원에서 판매비용 30만원을 뺀 값)과 생산자의 효용 80만원(즉 생산원가) 간의 차이인 70만원이 되며, 100만원에 거래가 이루어짐으로써 이 효용을 판매상 50만원, 생산자 20만원씩 나눠 가진 것이다. 또한 판매자와 소비자 간의 교환에서도 소비자의 효용 210만원과 판매자의 효용 130만원(즉 구매가 100만원과 판매비용 30만원의 합) 간의 차이인 80만원이 상호혜택의 범위이고 180만원에 거래가 이루어짐으로써 판매자가 50만원, 소비자가 30만원씩의 혜택을 각각 나눠 가진 셈이다. 결국 전체적으로 보면, 최종소비자의 효용 210만원과 투입된 비용 110만원(생산원가 80만원과 판매비 30만원의 합)의 차이인 100만원의 효용을 생산자 20만원, 판매상 50만원, 소비자 30만원씩 나눠 가진 것이다.

교환에서의 협상(negotiation)은 상호혜택의 범위 중 더 많은 부분을 차지하고자 하는 각자의 노력에 의해 이루어진다. 협상에서 유리한 위치를 차지하려면 무엇보다도 자신의 효용을 상대방에게 노출하지 않으면서 상대방의 효용을 알아내는 것이 중요하다. 시장에서 물건 값을 흥정할 때 상인이 그 물건을 얼마 이하에 팔면 손해라는 것을 사는 사람이 안다면, 사는 사람은 자신의 효용을 그 값보다 약간만 높은 것처럼 보이게 하여, 물건 값을 최대한으로 깎을 수 있을 것이다. 반면에 상인의 입장에서는 소비자가 기꺼이 지불하고자 하는 가격의 상한을 알아낼 수 있으면, 이 값보다 약간 낮은 값 이하로는 양보하지 않음으로써 최대의 이익을 챙길 수 있다.

끝으로 교환의 경제적 측면과 관련하여 설득(persuasion)의 역할과 수단에 대해 알아보자. 생산설비를 파는 세일즈맨이 경영자를 방문하여 새로운 설비의 성능과 가격, 판매조건 등을 설명할 경우 경영자가 구매에 관심을 보이지 않고 거절하는 경우를 흔히 볼 수 있다. 이때 세일즈맨이 현재 사용하고 있는 설비와 비교해가며 새로운 설비를 사용할 경우의 장점에 대해 자세히 설명하면 경영자가 마음을 바꾸어 구매를 결정하는 경우가 종종 있다. 이 경우 세일즈맨이 판매하는 설비 자체에는 아무런 변화가 없으므로 분명히 세일즈맨의 설득이 구매의사결정에 변화를 일으킨 것이다. 즉, 경영자에게 있어 새로운 설비의 효용이 자세한 설명을 듣기 전보다 설명을 듣고 난 후에 더 커져서 세일즈맨이 제시하는 조건으로의 교환이 유리하게 느껴진 것이다. 이와 같이 효과적인 설득은 구매자가 상품의 효용을 더 크게 느끼게 만듦으로써 교환이 이루어지도록 하는 역할을 한다. 실제로 자주 사용되는 설득의 수단에는 여러 가지가 있다. 이를테면 소비자에게 어떤 상품의 존재를 알려주는 것만으로도 좋은 설득의 수단이 될 수 있다. 수많은 상품광고가 바로 이런 목적에서 이루어진다. 또 소비자가 미처 모르는 상품의 기능이나 타 제품과의 상대적 장점 등을 알려주는 것도 효과적인 설득이 수단이 된다. 공학자의 입장에서도 자신이 제안하는 공학적 안이나 프로젝트가 투자할 만한 가치가 있다는 것을 설득해야 하는 경우가 종종 있는데, 이때 효과적인 설득의 수단은 무엇보다도 제안된 안이 선택될 경우 발생되는 비용에 비해 얻게 될 수익이나 기타 혜택이 얼마나 큰지를 계량적으로 제시해 주는 것이다. 공학경제는 이런 목적에 사용될 수 있는 매우 강력한 도구로 공학자가 필히 갖추고 있어야 할 설득의 수단이다.

2.3 돈의 시간적 가치

대부분의 공학적 제안들은 다양한 시점에서 발생하는 비용과 수익을 동반한다. 서로 다른 시점에서 발생하는 비용이나 수익을 합리적으로 감안하여 경제성을 평가하는 방법은 공학경제에서 다루는 핵심주제 중의 하나라고 할 수 있다. 이 절에서는 돈이 시점에 따라 다른 가치를 갖는 이유와 돈의 시간적 가치를 구성하는 요소들을 설명하고, 아울러 이자와 이율의 일반적 개념을 소개한다.

2.3.1 돈의 수익력과 구매력

지금 1만원의 가치는 몇 년 후 1만원의 가치와 같을 수 없다. 예를 들어 1만원을 은행에 안전하게 예금하여도 몇 년 후에는 이자가 붙어서 1만원보다 더 큰 액수의 돈을 받을 수 있고, 위험이 따르기는 하지만 수익성이 더 좋은 사업에 투자하여 돈을 늘릴 수도 있다. 이와 같이 시점에 따라 돈의 가치가 달라지고 시간이 지나면 이자가 발생한다는 사실로부터 돈의 시간적 가치(the time value of money)라는 개념이 생겨난다.

돈이 있으면 그 돈을 적당한 사업에 일정기간 투자하여 수익을 올릴 수 있다. 지금의 1만원이 몇 년 후의 1만원보다 선호되는 첫 번째 이유는 이와 같은 돈의 수익력(earning power) 때문이다. 돈이 수익력을 갖고 있다는 사실은 다음의 예를 살펴보면 잘 알 수 있다.

어떤 어부가 한 명의 선원을 데리고 동력선을 타고 나가 고기를 잡는데, 어군탐지기 같은 첨단 장비의 도움이 없이 경험에만 의존하여 고기를 잡기 때문에 현재로서는 한 달에 1,000kg 정도의 어획고를 올리고 있다. 잡은 물고기는 평균 kg당 8,000원에 전량 수협에서 수매하기 때문에 판로에는 문제가 없으며, 어선 및 어구의 유지비, 동력비 등으로 한 달에 200만원, 선원의 임금으로 매달 200만원이 지출된다. 이 어부는 어획고를 늘리기 위해 최신형 어군탐지기를 구입할 생각인데, 어군탐지기가 있으면 어획량을 지금의 두 배로 늘릴 수 있을 것으로 생각하고 있다. 그러나 어획량이 두 배로 늘어나면 어선 및 어구의 유지비와 동력비가 240만원으로 20% 정도 늘어날 것으로 예상되며 선원도 한 명이 더 있어야 할 것으로 예상하고 있다. 어군탐지기의 가격은 1,000만원인데 현재 수중에 여유자금이 없기 때문에 수협에서 이 돈을 빌리고자 한다. 빌린 돈을 이자와 함께 상환하는 방법은 매달 50만원씩 24개월 동안 갚는 방식을 택할 생각이다. 편의상 어군탐지기의 수명은 2년이고 2년 뒤의 가치는 없다고 가정하자.

이 예에서는 어부가 1,000만원이라는 돈을 수협에서 빌려와 2년에 걸쳐 이 돈을 모두 갚지만 어군탐지기도 수명이 2년이고 2년 뒤의 가치는 없다고 했으므로, 어군탐지기를 구입할 수 있음으로 인해 향후 2년 동안 매달 얼마의 순수익을 추가로 올릴 수 있는가만을 계산해 보면 된다. 즉, 현재의 월수입과 지출을 계산하여 보면,

수입	1,000kg × 8,000원 / kg =	8,000,000원
지출	유지비 및 동력비	2,000,000원
	선원(1인) 임금	2,000,000원

으로 매달 400만원의 순수익을 올리고 있으나, 어군탐지기를 구입하는 경우의 월수입과 지출을 계산해 보면,

수입	2,000kg × 8,000원 / kg =	16,000,000원
지출	유지비 및 동력비	2,400,000원
	선원(2인) 임금	4,000,000원
	대부 상환금	500,000원

으로, 매달 910만원의 순수익을 올릴 수 있어서 현재보다 수익이 510만원 더 늘어나게 된다. 이 510만원의 추가수익은 우리 어부가 처해 있는 경제적 환경에서 1,000만원이라는 돈의 수익력에 의해서 창출된 수익이다. 이와 같이 돈이 돈을 버는 힘을 돈의 수익력이라고 하며, 돈의 시간적 가치를 형성하는 한 요소가 된다.

돈의 시간적 가치를 형성하는 또 다른 요소는 돈의 구매력(purchasing power)이 시간에 따라 변한다는 사실이다. 돈의 구매력이란 한 단위의 화폐로 재화나 서비스를 구입할 수 있는 양을 말하는 것으로, 일반적으로 오늘의 1만원으로 살 수 있는 재화나 서비스의 양이 몇 년 후에 살 수 있는 양과 같을 수 없다. 이는 물가상승(인플레이션)이나 물가하락(디플레이션)과 같은 물가의 변화 때문인데, 오늘날 우리는 극히 예외적인 경우를 제외하고는 항상 인플레이션 속에서 살고 있으므로 돈의 구매력이 시간이 갈수록 떨어지는 것이 상례이고, 따라서 빌린 돈에 대해 이자가 발생하는 주된 이유가 된다.

공학경제에서 다루는 여러 가지 경제성 분석의 방법들을 올바로 적용하려면 돈의 수익력과 구매력 변화에 의해 생성되는 돈의 시간적 가치를 제대로 반영해 주는 것이 무엇보다도 중요하다. 다음에 나올 제3장부터는 몇 개의 장에 걸쳐 돈의 시간적 가치를 감안해 주는 구체적 방법들을 다루게 될 것이다.

2.3.2 이자와 이율

누구나 상식적으로 알고 있듯이 금융기관에서 돈을 빌리면 사용기간에 따른 이자를 물게 되어 있다. 기업에서 각종 사업을 하는 데 필요한 자금을 모두 자체 조달하는 경우는 많지 않고 상당부분의 자금은 여러 금융기관들을 통해 조달하는 데, 이 때문에 발생하는 금융비용은 바로 차용한 돈의 이자에 해당된다. 다시 말해, 이자(interest)란 일정기간 돈을 빌려 사용한 대가로 부과되는 임차료라고 할 수 있다. 이자의 개념을 더 일반적으로 확대 적용하면, 자본재(capital goods)도 그 소유주로부터 임차하여 사업에 투입된 것이고 차차 발생되는 수익을 통해 원금과 이자가 회수되는 것으로 볼 수 있다.

이율(interest rate)은 자본성장률이라고도 불리며, 투자로부터 얻는 수익률이라고 정의할 수 있다. 이율은 보통 일 년 단위로 많이 언급되는데, 투자된 원금에 대한 연간 수익의 백분율로 나타낸다. 따라서 10%의 이율은 일 년 후에 투자된 돈의 10%가 추가수익으로 발생되는 것을 말한다.

이율은 통상 돈을 빌리는 사람과 빌려주는 사람 사이에 합의를 거쳐 결정된다고 볼 수 있으나, 구체적으로 빌려주는 사람의 입장에서는 다음과 같은 요인들이 이율의 결정에 중요한 영향을 미친다.

1. 빌려준 돈을 회수하지 못할 위험 : 재무구조가 튼튼하고 신용도가 높은 기업보다는 재무구조가 취약한 중소기업에 대한 대부 이율이 일반적으로 더 높다. 개인도 은행에서 돈을 빌릴 때 신용도에 따라 다른 이율을 적용받는 것이 관례다.
2. 기회비용 : 돈을 빌려줌으로써 다른 곳에 투자해서 수익을 올릴 수 있는 기회를 상실한 대가가 이자에 포함된다. 고수익의 투자기회가 많은 경제상황에서는 이율이 높아지고, 매력적인 투자대상이 별로 없어서 은행에 예금이 많이 몰리면 이율이 낮아진다.
3. 인플레이션의 효과 : 높은 물가상승률이 유지되는 경제상황에서는 구매력 감소를 보상하기 위해 높은 이율이 적용되고, 물가상승률이 낮으면 이율도 따라서 낮아진다.
4. 대부에 수반되는 비용 : 대부 신청자에 대한 신용조사, 서류작성, 대부금의 이체, 대부금의 회수 등에 소요되는 비용도 이율에 포함된다.

이자는 돈을 빌려주거나 투자한 사람의 입장에서는 수익이지만, 돈을 빌린 사람의 입장에서는 비용이다. 이러한 비용에도 불구하고 돈을 빌리는 이유는 그 사람이 처한 경제적 환경에서는 빌린 돈의 이자보다 더 높은 수익을 올릴 수 있는 투자기회가 있기 때문이다(앞서 수익력의 설명에서 어부의 예를 참조하라). 그러나 돈을 빌리는 사람으로서는 많은 위험을 감수해야 한다. 만약 돈을 갚을 수 없게 될 경우 감수해야 할 법적 제재나 경제적 타격은 물론이고 신용의 추락 등 치명적 결과가 초래될 수 있기 때문이다.

연습문제

01 어떤 공장에서 생산되는 모 제품의 현 생산 능력은 매달 1,000개이고 고정비는 생산량에 상관없이 매달 4억원이 든다. 개당 생산에 소요되는 변동비는 150만원이고 개당 판매가격은 250만원이라고 할 때, 다음 물음에 답하라.

1) 손익분기점이 되는 매달의 생산량은 얼마인가?
2) 손익분기점에서의 개당 평균비용은 얼마인가?
3) 증분비용과 증분이익은 얼마인가?

02 소형 냉장고를 생산하는 전자회사에서, 냉장고 생산에 따른 비용을 분석해 본 결과 냉장고 한 대당 소요되는 변동비는 $47,730+100x^{1.2}$원으로 계산되었다. x는 냉장고의 일일생산량을 나타낸다. 또한 냉장고 생산시설과 관련한 고정비는 175만원/일이며, 기타 고정 생산비용은 732만5천원/일으로 분석되었다. 냉장고의 판매가격이 대당 17.3만원일 경우,

1) 냉장고 한계생산비용을 최소화하기 위한 일일 생산량을 결정하고 그 때의 이익을 계산하시오.
2) 일일 순이익이 최대가 되는 일일 생산량을 결정하고 그 때의 이익을 계산하시오.
3) 손익분기점이 되기 위한 일일 생산량을 결정하시오.

03 어떤 상인이 물건을 개당 2만원에 구입한 후 5천원의 판매비용을 들여 소비자에게 판매하고 있다. 만약 그 물건을 필요로 하는 한 소비자와 물건가격을 흥정 끝에 3만원에 판매하려고 한다고 하자. 이 소비자는 그 물건을 구입하기 위해 기꺼이 4만원까지도 지불할 의사가 있었다면 이 거래에서 상호혜택의 범위는 얼마이며 이것이 상호 간에 어떻게 분배되었는가?

04 A제품을 생산하기 위하여 소요되는 고정비는 매월 3억 5천만원, 변동비는 제품 단위 생산당 3만 2천원으로 계산되었다. 제품 단위당 판매단가가 4만 7천원일 경우, 손익분기점에 이르기 위하여 매월 생산되어야 하는 A제품의 생산량을 계산하시오. 만약 제품 A를 월 24,000단위 생산할 경우, 월 예상 수익(혹은 적자)은 얼마인지 계산하시오.

05 매몰비용은 공학적 대안의 평가에서 반드시 제외되어야 하는 이유를 설명하라.

06 수명주기비용의 개념과 중요성에 대해 설명하고, 특히 수명주기 초기단계에서의 합리적인 경제성 분석이 왜 중요한지에 대해 설명하라.

07 설득의 수단으로서의 공학경제의 역할에 대해 설명하라.

08 돈의 시간적 가치를 구성하는 두 요소에 대해 설명하라.

09 이자는 왜 발생하며, 이율을 결정하는 중요한 요소들은 무엇인지 설명하라.

2 section

현금흐름과 등가계산

제3장 경제적 등가계산

학습내용

비교적 장기간에 걸쳐 수익과 지출이 발생될 것으로 예상되는 투자 대안들에 대한 경제성 평가의 원리를 정확히 이해하려면, 돈의 시간적 가치에 입각한 경제적 등가의 개념을 정확히 이해해야 한다. 일반적으로 수입과 지출이 발생하는 시점이 서로 다른 투자 대안들을 발생 시점에 따라 돈의 시간적 가치가 다르기 때문에 경제적 등가의 개념을 이용하여 현금흐름을 서로 비교 가능한 형태로 변환하여 비교하여야 한다.
이 장에서는 우선 돈의 시간적 가치를 반영해주는 수단으로서 이자의 계산방법과 현금흐름 간의 경제적 등가의 개념 및 엑셀 재무함수를 이용한 등가계산 사례를 소개한다.

학습목표

1) 대표적인 몇 가지 현금흐름의 유형을 이해한다.
2) 경제적 등가의 개념을 이해하고 등가를 계산하기 위하여 관련된 등가계수의 역할을 이해한다.
3) 이자계산주기와 현금흐름주기가 일치하지 않는 현금흐름에 대한 경제적 등가계산을 할 수 있다.
4) 채권과 대부금과 관련된 현금흐름에 대한 경제적 등가를 계산할 수 있다.

제3장 경제적 등가계산

3.1 이자계산 방식

3.1.1 단리

단리는 단순이자(simple interest)의 줄임말로서 빌린(또는 빌려준) 원금과 그 원금의 사용 기간에 비례하도록 이자를 계산하는 방식을 말한다. 즉, P는 원금, n은 이자계산의 기간 수(일, 월, 년 등으로 표시되는 원금사용기간), i는 기간당 이율이라 하면, n기간 말까지 발생한 총 이자 I는 $I = P \times i \times i$이 되어,

$$\text{원리금 합계액} = P + I = P(1 + n \times i) \tag{3.1}$$

가 된다. 예를 들면, 현재 1,000원을 5년 동안 15%의 단리로 빌렸을 때, 5년 말에 갚아야 할 총 이자는 $1{,}000\text{원} \times 0.15 \times 5 = 750\text{원}$이고 원리금은 1,750원이다. 표 3.1에서 보듯이, 단리계산 방식에서는 매 이자계산 기간 말에 발생되는 이자는 원금에 합산되지 않고 최초의 원금에 대한 이자만 매년 누적된다.

표 3.1 단순이자 계산 예(단리 15%로 1,000원을 대출받은 경우) (단위 : 원)

연도(n)	연초의 원금	연말에 가산되는 이자	누적이자	원리금 합계
1	1,000	150	150	1,150
2	1,000	150	300	1,300
3	1,000	150	450	1,450
4	1,000	150	600	1,600
5	1,000	150	750	1,750

그러나 이와 같은 단리 계산방식은 실제로 잘 사용되지 않고, 사용되더라도 1년 미만의 단기간에 대해서만 적용되며, 장기간의 경제성 분석에 단리를 적용하는 경우는 거의 없다. 1년 미만의 기간에 대한 이자계산을 요하는 경우, 계산의 편의상 1개월을 30일로 계산하여 1년을 360일로 간

주하는 계산방법이 보통이다. 따라서 연리 15%로 1,200원을 100일간 빌린 돈의 단리는

$$1,200\text{원} \times 0.15 \times \frac{100}{360} = 50\text{원}$$

이 된다.

3.1.2 복리

복리는 복합이자(compound interest)의 줄임말로서, 매 기간별로 발생되는 이자를 갚지 않고 이 이자가 원금에 합해져서 다음 기간 초의 원금이 되고 누적되어 이자를 계산하는 방식을 말한다. 이것을 복리계산(compounding)이라고 한다.

표 3.2 복합이자 계산 예(복리 15%로 1,000원을 대출받은 경우) (단위 : 원)

연도(n)	연초의 원금	연말에 가산되는 이자	누적이자	원리금 합계
1	1,000	150	150	1,150
2	1,150	173	323	1,323
3	1,323	198	521	1,521
4	1,521	228	749	1,749
5	1,749	262	1,011	2,011

예를 들어, 표 3.2에 나타낸 바와 같이, 1,000원을 연리 15%로 5년간 복리로 빌리는 경우, 매 연말에 가산되는 이자는 원금과 합쳐져서 다음 연초의 원금이 되므로, 1년 말의 이자는 1,000×0.15=150원, 원리금 합계액은 1,150원이 되며, 이것이 2년도 초의 원금이 된다. 따라서, 2년도 말의 이자는 1,150×0.15=173원이 된다. 즉, 1년 말의 이자는 $P \times i$이고 원리금 합계액은 $P(1+i)$이며 이것이 2년 초의 원금이 되므로, 2년 말의 이자는 $P(1+i) \times i$가 되어 원리금 합계액은 $P(1+i) + P(1+i) \times i = P(1+i)^2$이 된다. 따라서, 일반적으로 n년 말의 원리금 합계액은 다음 식과 같다.

$$\text{원리금 합계액} = P(1+i)^n \tag{3.2}$$

그림 3.1은 앞의 예에 대해 10년에 걸친 단리와 복리의 각 연도 말 원리금 합계액을 비교한 것

으로, 복리는 단리에 비해 시간이 갈수록 기하급수적으로 증가하는 효과가 있다는 것을 알 수 있다.

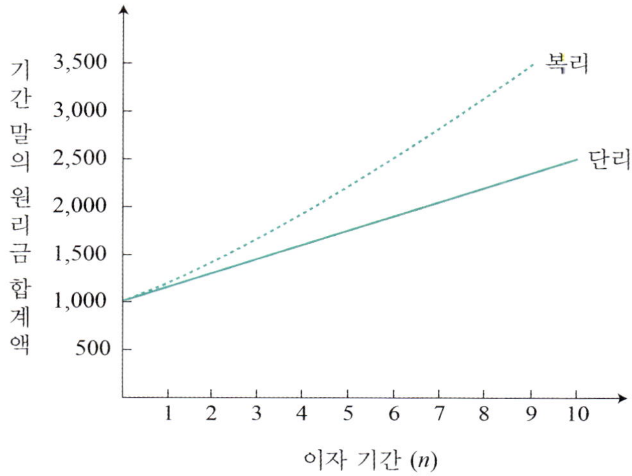

그림 3.1 **단리와 복리에 대한 이자기간에 따른 원리금 합계액의 비교**(단위 : 원)

단리는 원금에 근거하여 계산하고, 복리는 현재잔고(current balance)에 근거하여 계산한다. 이자 기간과 이율이 커지면 두 이자 사이의 원리금 합계액의 차이가 점점 커지는 것은 이 때문이다. 단리의 경우는 돈의 시간적 가치는 고려하고 있지만 이자에 대한 이자는 고려하고 있지 않다. 앞에서도 언급했듯이 실제의 경제성 분석에서는 대부분 복리를 사용하므로, 이후의 모든 이자 계산에서는 특별히 언급하지 않는 한 복리를 적용하는 경우를 고려하도록 한다.

3.1.3 현금흐름도

기업 활동에서 시간 경과에 따른 현금의 수입과 지출을 분석하는 일은 기업의 유동성 상태와 투자 대안의 시간에 따른 경제적 효과를 판단하는 데 매우 중요하다. 시간 경과에 따라 현금의 수입이나 지출이 발생하는 것을 현금흐름(cash flow)이 발생했다고 한다. 이러한 현금흐름을 가로축을 시간으로 하여 수입은 위 방향(+방향), 지출은 아래 방향(−방향)으로 현금흐름의 크기에 비례하여 화살표로 나타낸 것을 현금흐름도(cash flow diagram)라고 한다. 가로축 눈금의 숫자는 고려 중인 기준시점 0(보통 현재시점이나 고려 중인 사업의 시작시점으로 가로축의 왼쪽 끝)으로부터의 단위 시간간격(연, 분기, 월 등)으로 계산한 미래시점을 나타낸다.

그림 3.2는 1,000원을 5년간 빌려 매년 말 15%의 이자만 지불하고 5년 말에는 원금도 함께 상환하는 경우의 현금흐름을 나타낸 것이다. 그러나 모든 거래에는 돈을 내주는 자와 받는 자, 즉 쌍방의 당사자가 있기 때문에, 현금흐름도 상에서의 지출은 거래 상대자의 현금흐름도상에서는 수입으로 나타내게 될 것이다. 그림 3.2는 돈을 채무자의 입장에서 표시한 것이다. 이를 반대 방향으로 그리면 채권자 입장의 현금흐름도가 된다.

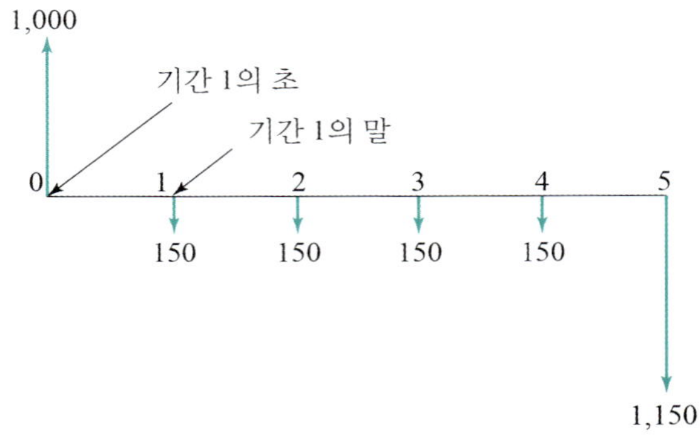

그림 3.2 **현금 흐름도**(단위 : 원)

또한 조금씩 다른 시간 간격으로 다양한 현금흐름이 발생하더라도 이자계산의 한 단위기간 동안 발생한 현금흐름들은 모두 기간 말에 발생한 것으로 간주하여 기간 말에 합산하여 표시하는 것이 관례이다. 이러한 표시방식을 가리켜 "연말표시원칙(year-end-convention)"이라고 한다. 예를 들어, 이자계산의 단위기간이 1년(또는 3개월)인 경우 연중(또는 각 분기 중) 발생하는 운영유지비 등은 모두 연말(또는 분기 말)에 발생하는 것으로 처리함으로써 현금흐름의 표시를 단순화할 수 있다. 이 책에서도 앞으로 특별한 이유가 없는 한 연말표시원칙을 적용하도록 한다.

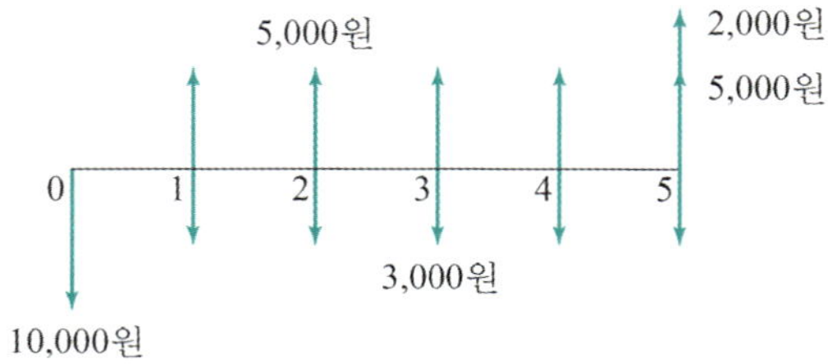

그림 3.3 **현금흐름도**

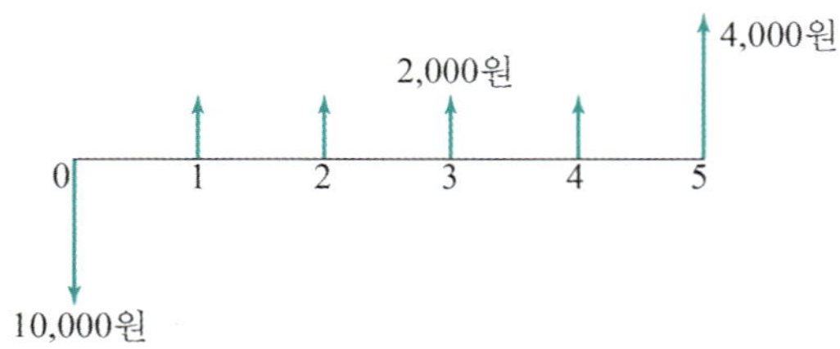

그림 3.4 **순 현금흐름도**

그림 3.3과 같이 동일한 시점에서 수입과 지출이 동시에 발생할 경우에, 수입액을 (+)로 지출

액을 (−)로 하여 합산한 값을 순현금흐름(net cash flow)이라고 한다(그림 3.4). 설명의 목적이나 이해를 돕기 위한 목적으로 발생되는 수입과 지출을 모두 표시하는 경우를 제외하고는, 대체로 현금흐름도에는 순현금흐름으로 표시하는 것을 원칙으로 한다.

3.2 현금흐름과 등가계수

돈의 시간적 가치 때문에 같은 크기의 현금흐름이라도 서로 다른 시점에서 발생하면 다른 가치를 가지므로 상이한 형태의 두 현금흐름을 그대로 비교 평가할 수는 없다. 예를 들어 다음과 같은 현금흐름을 갖는 두 가지 투자 대안을 비교한다고 하자(단원 : 만원).

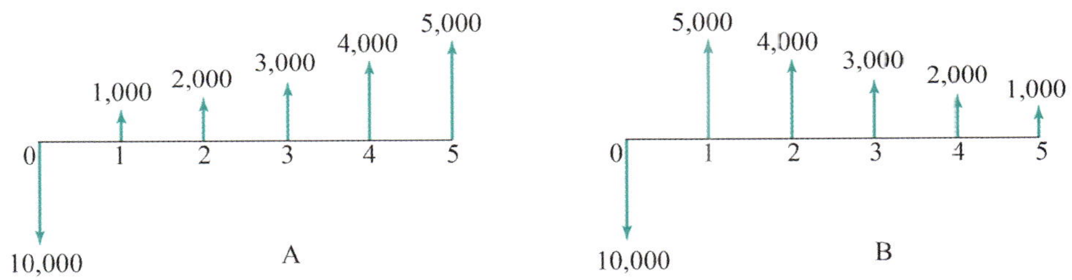

그림 3.5 투자 대안 A와 B에 대한 순현금흐름도

투자 대안 A와 B는 돈의 시간적 가치를 고려하지 않는 경우 경제적으로 동일한 대안이라고 볼 수 있지만 돈의 시간적 가치를 고려하는 경우 단순히 비교할 수는 없다. 따라서 서로 다른 시점에서 현금흐름이 있는 대안들을 비교하는 데 있어서 돈의 시간적 가치를 고려하여 동일한 기준 위에서 경제적 가치를 평가하는 것이 올바른 평가 방법이다. 동일한 기준이라고 하는 것은 서로 다른 현금흐름을 동일 시점 혹은 동일한 형태의 현금흐름을 말한다. 이때 어떤 현금흐름을 경제적으로 동일한 가치를 갖는 다른 시점의 현금흐름이나 동일한 형태의 현금흐름으로 변환하는 것을 경제적 등가를 계산한다고 한다. 일반적으로 경제적 등가인 현금흐름은 동일한 경제적 가치를 갖고 있어 서로 대체될 수 있다.

어떤 시점에서의 현금흐름을 동일한 경제적 가치를 갖는 다른 시점에서의 현금흐름으로 변환하기 위해 곱해주는 상수를 등가계수(equivalent factors)라고 한다. 등가계수를 이용하여 서로 다른 형태의 현금흐름을 동일한 형태나 동일한 시점의 현금흐름으로 바꾸어 줌으로써 동일한 기준에서의 비교분석이 가능해진다. 시간적으로 한 시점에서 등가인 두 가지 현금흐름은 임의의 다른 시점에서도 경제적 가치가 서로 등가라고 할 수 있다. 시간적으로 다른 시점에서의 현금흐름을 경제적으로 등가인 다른 시점 혹은 형태로 현금흐름으로 환산하기 위해서는 현금흐름 사이의 각 이자계산 기간에 있어서의 이율을 제대로 반영하여야 한다. 또한 현금흐름과 이자는 이산적(discrete)으로 발생할 수도 있고, 연속적(continuous)으로도 발생할 수 있다. 이 절에서는 여러 가지 형태의 현금흐름을 경제적으로 등가인 다른 현금흐름으로 환산하는 데 필요한 등가계수에 대하여 알아본다. 먼저 다음과 같은 기호들을 정의한다.

i : 이자계산 단위기간별 이율, 보통은 연간이율(annual interest rate)
n : 이자계산 단위기간의 수로 나타낸 전체 이자계산기간의 수(number of years)
P : 이자계산 시작 시점(시점 0)에서의 순현금흐름(현가 : present worth)
F : 이자계산 기간 말(시점 n)에서의 순현금흐름(미래가 : future worth)
A : 이자계산 기간 1의 말에서 시작하여 기간 n의 말까지 발생하는 일련의 동일한 크기의 현금흐름(annual equal payment series)

3.2.1 대표적인 현금흐름의 유형

(1) 일회지불 현금흐름

일회지불 현금흐름은 그림 3.6에서 보는 것과 같이 이자계산기간의 시작시점 혹은 이자계산 기간 말에 한 번의 지불만 발생하는 현금흐름을 말한다.

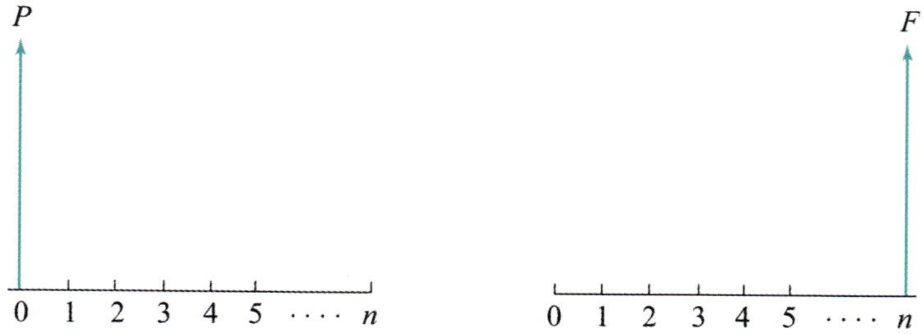

그림 3.6 일회지불 현금흐름

(2) 균일지불 현금흐름

균일지불 현금흐름(equal payment series)은 그림 3.7과 같이 이자계산기간 첫 번째 기간 말부터 n번째 기간 말까지 매 기간 말에 동일한 금액의 지불이 발생하는 현금흐름을 말한다.

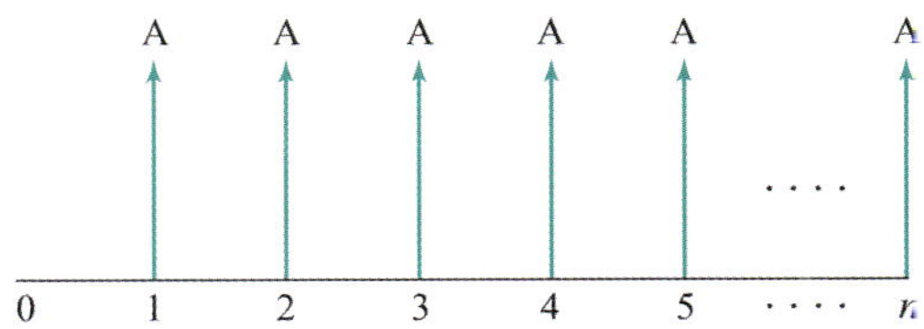

그림 3.7 **균일지불 현금흐름도**

(3) 등차지불 현금흐름

그림 3.8에서와 같이 두 번째 기간 말에 최초로 G만큼의 현금흐름이 발생하여 이자계산기간 말까지 매 기간 말 일정 금액(G)씩 증가 혹은 감소하여 발생하는 일련의 현금흐름을 등차지불 현금흐름이라고 한다.

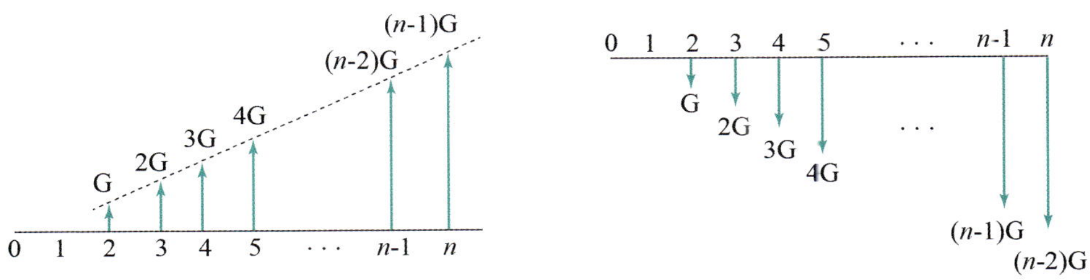

그림 3.8 **등차지불 현금흐름**

(4) 등비지불 현금흐름

등비지불 현금흐름은 그림 3.9과 같이 첫 번째 기간 말에 F_1의 현금흐름이 있고 그 이후 이자계산기간 동안 일정 비율로 현금흐름이 증가하거나 감소하는 현금흐름을 말한다. 이때 이 일정비율을 성장률(growth rate)이라고도 하며 g로 표시한다.

예를 들면, 임금이 전년대비 5%씩 상승하거나, 인플레이션으로 인하여 특정 품목의 가격이 매년 3%씩 증가되는 경우에 대한 현금흐름이 이 경우에 해당된다. 시점 t에서의 현금흐름액 $F_t = F_1(1+g)^{t-1}$이 된다.

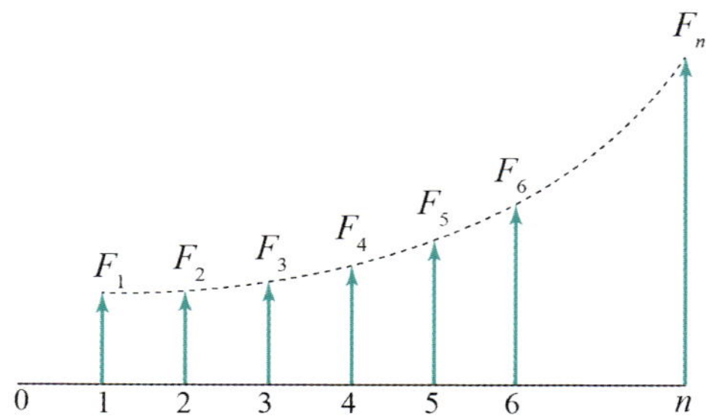

그림 3.9 등비지불 현금흐름

3.2.2 현금흐름 간 등가계산과 등가계수

(1) 일회지불 복리계수 $(F/P,\ i,\ n)$

그림 3.6에서와 같이 이자계산기간 초의 일회지불 현금흐름을 경제적 등가인 이자계산기간 말의 일회지불 현금흐름으로 환산하는 데 사용되는 계수이다. 즉, 현가(present worth) P가 주어졌을 때 이와 등가인 미래가(future worth) F로 환산해 준다. 현재 P원을 연 i %의 복리로 투자하였다면 n년 말의 원리금 F는 다음과 같다.

$$F = P\,(1+i)^n \tag{3.3}$$

이다. 이때 이자계산기간 말의 F는 이자계산기간 초의 P와 경제적 등가라고 하고, $(1+i)^n$을 일회지불 복리계수(single-payment compound-amount factor)라고 부르고, 기호 $(F/P,i,n)$으로 표기한다.

등가계수의 이름이 어떻게 명명되었는지를 알면 기억하는 데 도움이 될 것이다. 각 계수의 명칭 앞부분은 적용되는 현금흐름의 형태를 나타내고, 뒷부분은 그 계수를 통해 환산되는 값을 나타낸다. 따라서 "일회지불 복리계수"는 "일회지불 현금흐름" 형태에서 등가인 "복리로 계산된 금액"을 구하는 데 사용하는 계수라는 뜻이 된다. 또한 계수를 표시하는 기호는 이 경우 일회지불 복리계수는 F를 P로 나누어서 얻어지기 때문에 F/P로 표기하고 이 계수는 적용이율 i와 이자계산 기간의 길이 n의 함수이기 때문에 $(F/P,\ i,\ n)$으로 표시한 것이다.

한편 다양한 이율 i와 이자계산기간 n에 대한 일회지불복리계수의 값은 부록 A에 표의 형태로 제시되어 있다. 따라서 각 계수의 값들은 공식을 이용하여 계산하거나 부록의 표를 이용하여 사용할 수 있다.

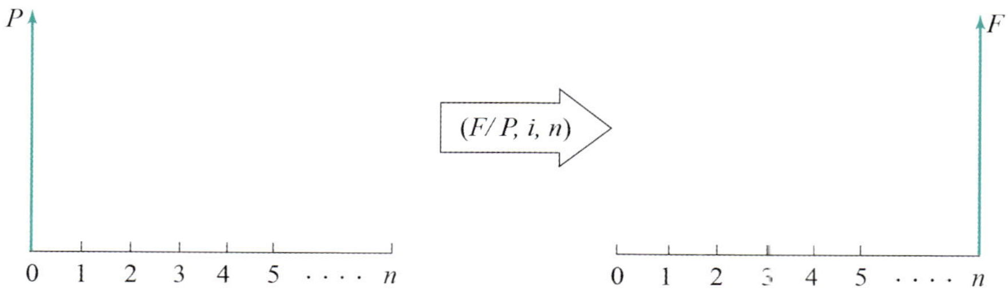

그림 3.10 일회지불 복리계수의 역할

한편, 엑셀의 재무함수인 *FV*함수를 이용하여 등가계수를 계산할 수 있다. *FV*함수는 현재가 *P* 혹은 매 기간 균일 지불(혹은 수입)액 *A*와 이율 및 이자기간이 주어질 때 주어진 현금흐름과 등가인 미래가 *F*를 구할 때 사용된다. 이때 아래 각 함수에서 입력되는 값이 (−), 즉 지출의 형태면 계산되는 값은 (+), 즉 수입(+)의 형태로 주어지며, 입력되는 값이 수입의 형태면 계산되는 값은 지출의 형태로 주어진다.

FV(rate, nper, pmt, pv, type)

여기서, rate : 이율(i%)

nper : 이자계산기간(n)

pmt : 이자 기간 중 균일지불 현금흐름(A)

pv : 현가 P(입력 시 부호 주의 : 지출은 −, 수입은 +부호를 붙임)

type : 0(기간 말 지불), 1(기간 초 지불) : 생략하면 0으로 지정됨.

따라서 식(3.3)에 주어진 일회지불 복리계수는 다음과 같이 엑셀 재무함수 *FV*를 사용하여 계산할 수 있다.

$$(F/P, i, n) = FV(i, n, \ , -1)$$

예제

현재 1,000원을 연복리 15%로 5년간 투자했을 때 5년 말에 받게 되는 금액에 대한 현금흐름도와 미래가 F를 구하시오.

해답 일회지불복리계수를 이용하여 다음과 같이 구할 수 있다.

$$F = 1{,}000(1+0.15)^5 = 1{,}000(F/P, 15\%, 5)$$
$$= 1{,}000 \times FV(15\%, 5, \ , -1) = FV(15\%, 5, \ , -1000)$$

$= 2{,}011$원

	A	B
1	연도	현금흐름
2	0	-₩1,000
3	1	
4	2	
5	3	
6	4	
7	5	₩2,011

	A	B
1	연도	현금흐름
2	0	-1000
3	1	
4	2	
5	3	
6	4	
7	5	=FV(0.15,A7,,B2)

(2) 일회지불 현가계수$(P/F, i, n)$

일회지불 복리계수와는 역의 관계로서, 그림 3.11에서와 같이 이자계산기간 말의 일회지불 현금흐름을 등가인 이자계산기간 초의 일회지불 현금흐름으로 환산하는 계수이다. 즉, 미래가 F가 주어졌을 때 이와 등가인 현재 시점의 가치P를 구하는 데 사용되는 계수인데, 이와 같이 미래의 현금흐름을 현재 시점의 등가로 계산하는 것을 할인계산(discounting)이라고 한다. 식 (3.3)으로부터

$$P = F\left[\frac{1}{(1+i)^n}\right] \tag{3.4}$$

의 관계를 얻고, 계수 $1/(1+i)^n$을 일회지불 현가계수(single-payment present-worth factor)라고 하고, 기호 $(P/F, i, n)$으로 나타낸다.

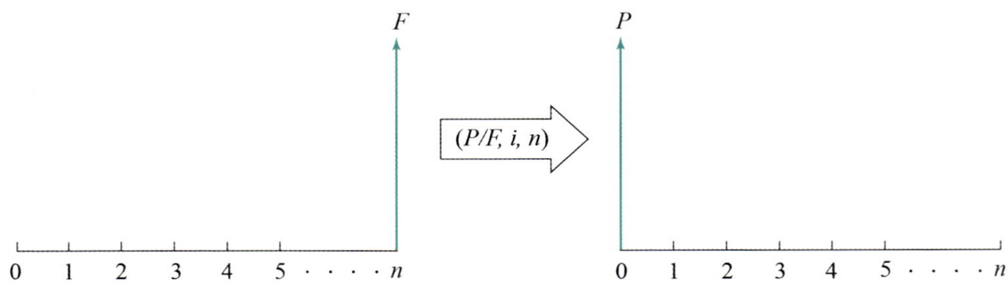

그림 3.11 일회지불 현가계수의 역할

다음과 같이 엑셀의 재무함수 PV를 이용하여 일회지불 현가계수 혹은 P와 등가인 미래가 F를 직접 계산할 수 있다.

$P = PV$(rate, nper, pmt, fv, type)

여기서, rate : 이율

nper : 이자계산기간

npmt : 기간 중 균일지불 현금흐름

fv : 미래가(입력 시 부호 주의 : 지출은 −, 수입은 + 부호를 붙임)

type : 0(기간 말 지불), 1(기간 초 지불) : 생략하면 0으로 지정됨.

따라서 $(P/F, i, n) = PV(i, n, \ , -1)$가 된다.

예제

연이율 15%를 복리계산할 때 5년 후 2,011원을 받으려면 현재 얼마를 예치하여야 하는가?

해답

$$P = 2{,}011 \times \left[\frac{1}{(1+0.15)^5} \right] = 2{,}011 \times (P/F, 15\%, 5)$$
$$= 2{,}011 \times PV(15\%, 5, \ , -1) = PV(15\%, 5, \ , -2011)$$
$$= 1{,}000\text{원}$$

	A	B
1	연도	현금흐름
2	0	-₩1,000
3	1	
4	2	
5	3	
6	4	
7	5	₩2,011

	A	B
1	연도	현금흐름
2	0	=PV(0.15,5,,B7)
3	1	
4	2	
5	3	
6	4	
7	5	2011

(3) 균일지불 복리계수$(F/A, i, n)$

그림 3.13에서와 같이 균일지불 현금흐름과 등가인 이자계산기간 말의 일회지불 현금흐름으로 환산하는 데 적용되는 계수이다. 예를 들면 연이율 10% 복리로 5년 동안 매년 말에 1,000원씩 적립할 때 5년 말에 받게 되는 원리금은 얼마인지를 알고자 할 때, 먼저 앞에서 설명한 일회지불 복리계수$(F/P, i, n)$를 이용하여 그 값을 구할 수 있다.

즉, 1년 말에 투자한 금액 1,000원에 대한 5년 말의 원리금 합계액 F_1은 $F_1 = 1{,}000(F/P, 10\%, 4) = 1{,}464$원이다. 또한, 2년째 말에 투자한 1,000원에 대한 5년째 말의 원리금 합계액 F_2

는 $F_2 = 1{,}000(F/P, 10\%, 3) = 1{,}331$원이고, 같은 방법으로 F_3, F_4, F_5를 구할 수 있다. 따라서 이들을 합한 금액이 5년째 말에 받게 될 원리금 합계액($F = F_1 + F_2 + \cdots + F_5$)이 된다.

위의 예를 일반화하면, 즉, n기간 동안 매년 말에 A원의 현금흐름이 발생하고, 연간 이율이 $i\%$라고 하면, 이 균일지불 현금흐름과 등가인 n기간 말의 미래가F는 다음과 같이 현금흐름 각각에 대한 미래가의 합으로 구할 수 있다.

$$
\begin{aligned}
F &= A(F/P, i, n-1) + A(F/P, i, n-2) + \cdots + A(F/A, i, 1) + A(F/P, i, 0) \\
&= A[(1+i)^{n-1} + (1+i)^{n-2} + \cdots + (1+i)^1 + (1+i)^0]
\end{aligned}
$$

위 식에서 [ ] 안은 공비가 $(1+i)$인 유한등비수열이므로 이를 정리하면 다음과 같다.

$$F = A\left[\frac{(1+i)^n - 1}{i}\right] \tag{3.5}$$

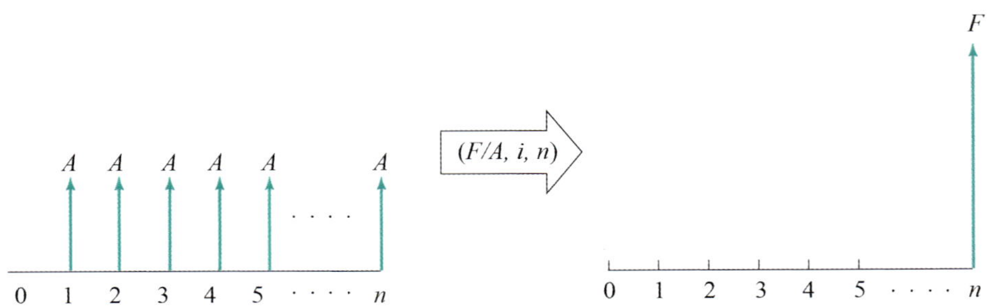

그림 3.12 균일지불 복리계수의 역할

여기서 $\left[\frac{(1+i)^n - 1}{i}\right]$을 균일지불 복리계수(equal-payment-series compound-amount factor)라 하고, 기호 $(F/A, i, n)$으로 나타낸다. 한편, 엑셀 재무함수인 FV함수로 이용하면 다음과 같이 계산된다.

$$(F/A, i, n) = FV(i, n, -1)$$

예제

위의 본문에 기술한 사례를, 균일지불 복리계수를 이용하여 계산하시오.

해답 균일지불 복리계수를 이용하여 다음과 같이 구할 수 있다.

$$\begin{aligned} F &= 1{,}000(F/A, 10\%, 5) \\ &= 1{,}000 \times FV(10\%, 5, -1) \\ &= FV(10\%, 5, -1000) = 6{,}105 \end{aligned}$$

	A	B	C
1	연도	현금흐름	F(10%)
2	0		
3	1	-₩1,000	
4	2	-₩1,000	
5	3	-₩1,000	
6	4	-₩1,000	
7	5	-₩1,000	₩6,105

	A	B	C
1	연도	현금흐름	F(10%)
2	0		
3	1	-1000	
4	2	-1000	
5	3	-1000	
6	4	-1000	
7	5	-1000	=FV(0.1,5,-1000)

(4) 균일지불 적립기금계수 $(A/F, i, n)$

그림 3.13에서와 같이 이자계산기간 말에 발생하는 일회지불 현금흐름을 기간-1 말부터 기간 n 말까지의 균일지불 현금흐름으로 환산하는 계수이다. 즉, 이자계산 기간말 n시점에 F 금액을 적립하기 위하여 기간1의 말부터 기간n 말까지 매년 균일하에 적립해야 할 금액을 구하고자 할 경우, 위 식 (3.5)를 A에 대해서 풀면 다음 식이 얻어진다.

$$A = F\left[\frac{i}{(1+i)^n - 1}\right] \tag{3.6}$$

이때 $\left[\frac{i}{(1+i)^n - 1}\right]$를 균일지불 적립기금계수(equal-payment-series sinking-fund factor)라고 하고, 기호 $(A/F, i, n)$으로 나타낸다. 적립기금계수도 엑셀 재무함수 PMT를 이용하여 계산할 수 있다.

A = PMT(rate, nper, pv, fv, type)

여기서 rate : 이율

nper : 이자계산기간

pv : 현가(P)

fv : 미래가(F)

type : 0 : 기말지불(default), 1 : 기간 초 지불 발생인 경우

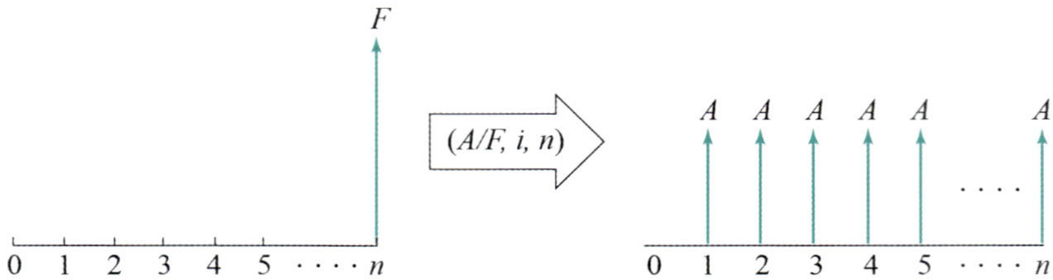

그림 3.13 균일지불적립기금 계수의 역할

예제

연리 10% 복리로 5년 후 6,105원을 받고자 한다면, 매년 말 얼마씩 적립해야 하는가?

해답

$$A = 6{,}105\left[\frac{0.1}{(1+0.1)^5-1}\right] = 6{,}105(A/F, 10\%, 5)$$
$$= 6{,}105 \times \mathrm{PMT}(10\%, 5, , -1)$$
$$= \mathrm{PMT}(10\%, 5, , -6105) = 1{,}000\text{원}$$

	A	B	C
1	연도	현금흐름	A(10%)
2	0		
3	1		-₩1,000
4	2		-₩1,000
5	3		-₩1,000
6	4		-₩1,000
7	5	₩6,105	-₩1,000

	A	B	C
1	연도	현금흐름	A(10%)
2	0		
3	1		=PMT(0.1,5,,B7)
4	2		=C3
5	3		=C3
6	4		=C3
7	5	6105	=C3

(5) 균일지불 현가계수$(P/A, i, n)$

균일지불 복리계수와는 달리 그림 3.14에서와 같이 균일지불 현금흐름과 등가인 이자계산기간의 시작 시점에서의 일회지불 현금흐름으로 환산하는 계수이다. 만약 1년째 말부터 n년째 말까지 매년 말 A원의 연금을 받기 위해, 연리 i%복리를 가정할 경우, 현재 투자해야 할 금액 P를 구하고자 한다면, 다음과 같이 균일지불 복리계수$(F/A, i, n)$를 사용하여 먼저 등가인F를 구한 다음 이를 다시 일회지불현가계수$(P/F, i, n)$를 사용하여 현가P로 환산하면 된다.

$$P = A(F/A,i,n)(P/F,i,n)$$
$$= A\left[\frac{(1+i)^n-1}{i}\right]\left[\frac{1}{(1+i)^n}\right] \tag{3.7}$$
$$= A\left[\frac{(1+i)^n-1}{i(1+i)^n}\right]$$

이때 $\left[\frac{(1+i)^n-1}{i(1+i)^n}\right]$을 균일지불 현가계수(equal-payment-series present-worth factor)라고 하며, 기호 $(P/A,i,n)$으로 표기한다. 엑셀 재무함수인 PV함수로 이용하면

$$(P/A,i,n) = PV(i,n,-1)$$

이 된다.

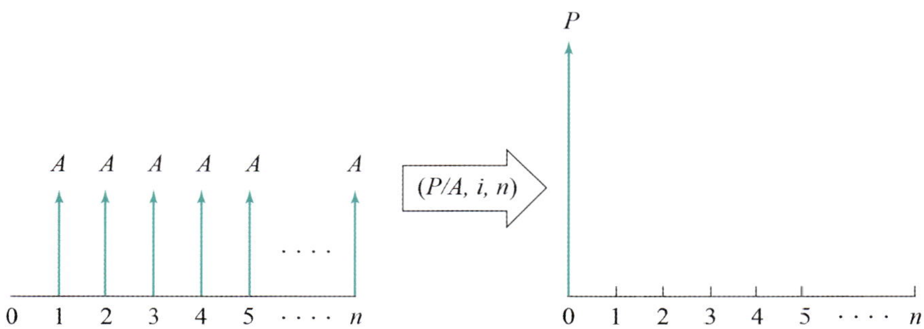

그림 3.14 균일지불 현가계수의 역할

예제

연리 10% 복리로 계산하는 이자를 계산하는 경우 1년째 말부터 매년 말에 1,000원씩 5년간 찾고자 할 때, 현시점에서 얼마를 예치시켜야 하는가?

해답 균일지불 현가계수를 이용하여 구하면 다음과 같다.

$$P = 1{,}000\left[\frac{(1+0.10)^5-1}{0.10(1+0.10)^5}\right] = 1{,}000(P/A,10\%,5)$$
$$= 1{,}000 \times PV(10\%,5,-1) = PV(10\%,5,-1000)$$
$$= 3{,}791\text{원}$$

	A	B	C
1	연도	현금흐름	P(10%)
2	0		₩3,791
3	1	₩1,000	
4	2	₩1,000	
5	3	₩1,000	
6	4	₩1,000	
7	5	₩1,000	

	A	B	C
1	연도	현금흐름	P(10%)
2	0		=PV(0.1,5,-1000)
3	1	1000	
4	2	1000	
5	3	1000	
6	4	1000	
7	5	1000	

(6) 균일지불 자본회수계수 $(A/P, i, n)$

그림 3.15에서와 같이 이자계산기간 초에 발생하는 일회지불 현금흐름을 기간 n 동안 균일지불 현금흐름으로 환산하는 계수이다. 위 식 (3.7)을 A에 대해서 풀면 다음과 같이 얻어진다.

$$A = P\left[\frac{i(1+i)^n}{(1+i)^n - 1}\right] \tag{3.8}$$

이때 $\left[\frac{i(1+i)^n}{(1+i)^n - 1}\right]$을 균일지불 자본회수계수(equal-payment-series capital-recovery factor)라고 하고, 기호 $(A/P, i, n)$으로 나타낸다. 이는 또한 엑셀 재무함수인 PMT함수로 이용하여 다음과 같이 구할 수 있다.

$$(A/P,\ i,\ n) = \text{PMT}(i,\ n,\ -1)$$

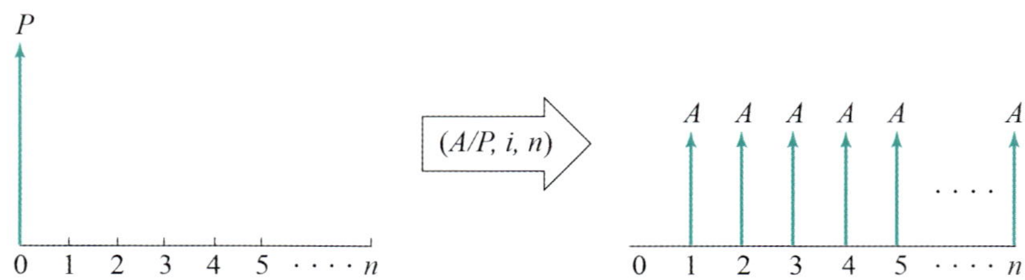

그림 3.15 균일지불 자본회수계수의 역할

예제

현재 3,791원을 연리 10% 복리로 예치했을 때, 향후 5년간 매년 말 얼마의 일정금액을 찾으면 원금과 이자를 모두 찾게 되는가? 즉, 매년 일정금액 인출 후 5년 말의 잔액이 0원이 되게 하려면 매년 얼마씩 찾아야 하는가?

해답

$$A = 3{,}791\left[\frac{0.10(1+0.10)^5}{(1+0.10)^5-1}\right] = 3{,}791(A/P, 10\%, 5)$$
$$= 3{,}791 \times \text{PMT}(10\%, 5, -1) = \text{PMT}(10\%, 5, -3719)$$
$$= 1{,}000\text{원}$$

	A	B	C
1	연도	현금흐름	A(10%)
2	0	-₩3,791	
3	1		₩1,000
4	2		₩1,000
5	3		₩1,000
6	4		₩1,000
7	5		₩1,000

	A	B	C
1	연도	현금흐름	A(10%)
2	0	-3791	
3	1		=PMT(0.1,5,B2)
4	2		=C3
5	3		=C3
6	4		=C3
7	5		=C3

(7) 등차지불계수 $(A/G, i, n)$

그림 3.16에서 보는 바와 같이 등차지불계수(uniform-gradient-series factor)는 등차지불 현금흐름을 균일지불 현금흐름으로 환산하는 계수이다.

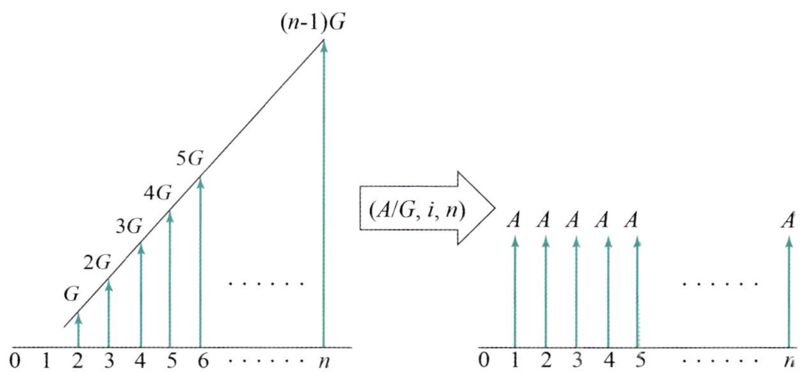

그림 3.16 등차지불계수의 역할

등차지불계수를 유도하기 위하여 첫째, 그림 3.17과 같이 왼쪽의 등차현금흐름을 오른쪽과 같이 여러 개의 균일지불 현금흐름의 합으로 나타낼 수 있다. 그다음 각각의 균일지불 현금흐름과 등가인 미래가 F를 구하여 더한 다음 균일지불 적립기금계수 $(A/F, i, n)$을 이용하여 다음과 같이 등차지불계수를 유도할 수 있다.

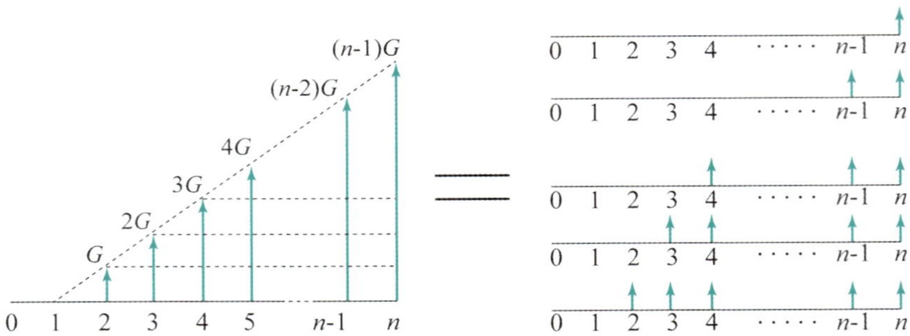

그림 3.17 등차지불 현금흐름의 분리

$$\begin{aligned} F &= G(F/A,i,n-1) + G(F/A,i,n-2) + \cdot\cdot\cdot + G(F/A,i,2) + G(F/A,i,1) \\ &= G\left[\frac{(1+i)^{n-1}-1}{i}\right] + G\left[\frac{(1+i)^{n-2}-1}{i}\right] + \ldots + G\left[\frac{(1+i)^{2}-1}{i}\right] + \mathrm{G}\left[\frac{(1+\mathrm{i})^{1}-1}{\mathrm{i}}\right] \\ &= \frac{G}{i}\left[(1+i)^{n-1} + (1+i)^{n-2} + \cdot\cdot\cdot + (1+i)^{2} + (1+i)^{1} - (n-1)\right] \\ &= \frac{G}{i}\left[(1+i)^{n-1} + (1+i)^{n-2} + \cdot\cdot\cdot + (1+i)^{2} + (1+i)^{1} + 1\right] - \frac{nG}{i} \end{aligned}$$

위 식을 정리하면, 다음 식을 얻는다.

$$F = \frac{G}{i}\left[\frac{(1+i)^{n}-1}{i}\right] - \frac{nG}{i} \tag{3.9}$$

여기에 균일지불 적립기금계수 $(A/F, i, n)$을 이용하여 등가인 A를 구하면 다음과 같다.

$$A = G\left[\frac{1}{i} - \frac{n}{(1+i)^{n}-1}\right] \tag{3.10}$$

이때 $\left[\frac{1}{i} - \frac{n}{(1+i)^{n}-1}\right]$을 등차지불계수(uniform-gradient-series factor)라 하고 기호 $(A/G,i,n)$으로 나타낸다.

한편 현금흐름이 일정한 액수로 감소하는 경우는 G에 $(-)$부호를 포함한 감소액을 대입하여 계산하면 된다.

예제

기간1의 말에 100만으로 시작하여 그다음 연도 말부터 5년 말까지 매년 25만원씩 늘어난 금액을 적립할 경우, 연이율 10%로 복리계산하는 경우 이와 등가인 균일지불 현금흐름 A를 구하시오.

해답 우선 주어진 현금흐름은 등차지불 현금흐름이 아니며 그림 3.18과 같이 이를 등차지불 현금흐름과 등비지불 현금흐름(A_2)으로 분해할 수 있다. 여기서, 등차지불계수를 이용하여 등차지불현금을 균일지불 현금흐름으로 환산하고(A_1) 다른 금일지불현금(A_2)을 더하면 등가인 균일지불 현금흐름(A)을 얻을 수 있다.

$$A_1 = G(A/G, 10\%, 6) = 25 \times \left[\frac{1}{0.1} - \frac{6}{(1+0.1)^6 - 1}\right] = 56\text{원}$$

따라서,

$$A = A_1 + A_2 = 56 + 100 = 156\text{원}$$

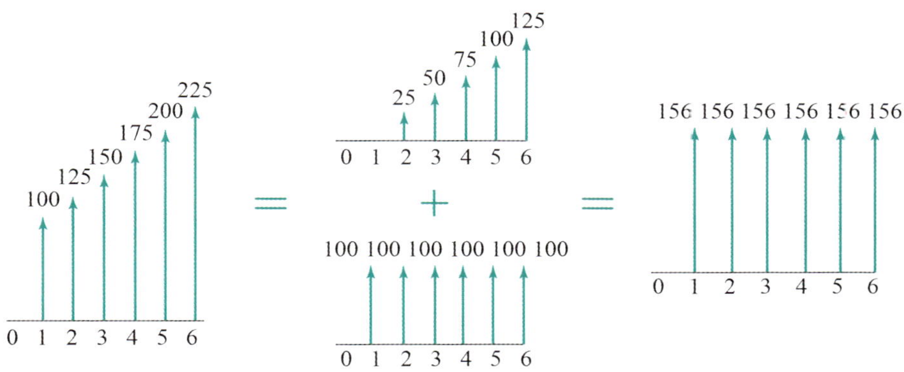

그림 3.18 **현금흐름도** (단위 : 원)

(8) 등비지불계수$(P/g, i, n)$

등비지불계수는 그림 3.19와 같이 등비지불 현금흐름을 이자계산기간 초의 일회지불 현금흐름으로 환산하는 계수이다. 등비지불 현금흐름에서 매 기간 말 현금흐름을 일회지불 현가계수 $(P/F, i, n)$을 사용하여 현가P로 환산하면 다음과 같다.

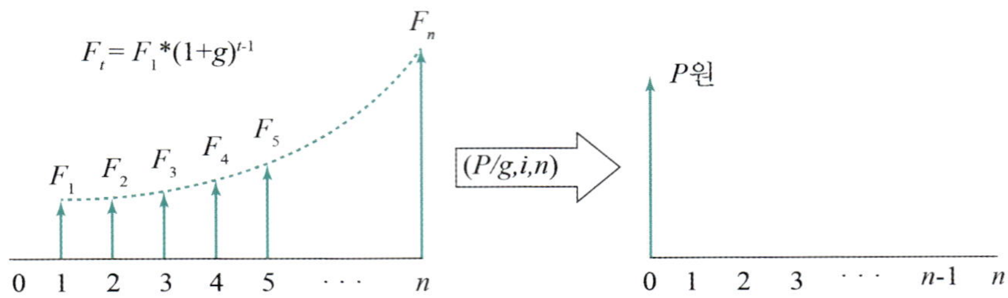

그림 3.19 등비지불계수의 역할

$$P = F_1(P/F,i,1) + F_1(1+g)(P/F,i,2) + \cdots + F_1(1+g)^{n-1}(P/F,i,n)$$
$$= F_1(1+i)^{-1} + F_1(1+g)(1+i)^{-2} + F_1(1+g)^2(1+i)^{-3} + \cdots + F_1(1+g)^{n-1}(1+i)^{-n}$$

여기서 우변에 $\frac{1+g}{1+g}$를 곱하여 정리하면 식 (3.11)과 같다.

$$P = \frac{F_1}{1+g}\left[\frac{1+g}{1+i} + \frac{(1+g)^2}{(1+i)^2} + \cdots + \frac{(1+g)^n}{(1+i)^n}\right] \tag{3.11}$$

이제 $\frac{1+g}{1+i} = \frac{1}{1+g'}$로 치환하면 다음 식 (3.12)를 얻는다.

$$P = \begin{cases} \frac{F_1}{(1+g)}\left[\frac{(1+g')^n - 1}{g'(1+g')^n}\right], & i \neq g \\ F_1\frac{n}{(1+g)}, & i = g \end{cases} \tag{3.12}$$

여기서 $\frac{1}{(1+g)}[\frac{(1+g')^n - 1}{g'(1+g')^n}](i \neq g)$, 혹은 $\frac{n}{(1+g)}(i = g)$를 등비지불 계수라고 하고, 기호 $(P/g, i, n)$으로 나타낸다.

한편 위 식 (3.12)에서 우변 [ ] 안의 식은 i 대신에 g'이 사용된 균일지불 현가계수 $(P/A, g', n)$이므로 다음 식 (3.14)와 같이 쓸 수 있다.

$$P = F_1\frac{(P/A, g', n)}{(1+g)} \tag{3.14}$$

이때 $(P/A, g', n)/(1+g)$는 등비지불계수의 또 다른 표현이 된다. 특히 이 표현식은 별도의 계산이나 표를 이용하지 않아도 균일지불 현가계수를 이용하여 구할 수 있는 식이기 때문에 현장에서 자주 사용된다.

더 미래시점의 현금흐름일수록 현재 가치로 환산하면 일정한 비율로 감소되어 더 적은 금액이 되지만, 현금흐름 자체가 미래로 갈수록 늘어나는 경우에는 현재 가치로 환산할 때 감소비율이 달라진다. 식 (3.14)에서 g'의 의미는 이와 같이 현금의 성장률을 감안하여 등가인 균일지불 현금흐름으로 바꾸어 줄 경우의 재조정된 이율을 나타내는 것으로, g'을 "성장률을 감안한 이율(growth-free rate)"이라고 부르기도 한다. g'값이 0보다 크면 $(i > g)$ 성장률이 이율을 따라가지 못하여 절대 액수는 늘어남에도 불구하고 미래의 현금흐름일수록 현재 가치가 작아지는 경우이고, g'값이 0보다 작으면 $(i < g)$ 성장률이 이율을 초과하여 미래의 현금흐름일수록 현재 가치가 커지는 경우이다. 물론, $g' = 0$이면 $(i = g)$ 성장률이 감소률을 상쇄시켜서 미래의 현금흐름들이 모두 동일한 현재 가치를 갖는 경우가 된다. 이와 같은 내용은 다음 예제를 통해서 확인할 수 있다.

예제

어느 기업은 앞으로 10년간 첫해 36,000,000원을 시작으로 매년 7%씩 수입이 상승될 것으로 기대하고 있다. 연간복리 이율이 15%일 때, 7%일 때, 그리고 3%일 때의 서 가지 경우에 대해서 10년간 총수입과 등가인 현재가로 구하시오.

해답 1) 이율 15%인 경우(현금 성장률이 이율보다 작은 경우) :

$$g' = \frac{1+0.15}{1+0.07} - 1 = 7.48\%$$

$$P = 36{,}000{,}000\left[\frac{(P/A, 7.48\%, 10)}{1+0.07}\right] = 36{,}000{,}000\left[\frac{6.8688}{1.07}\right] = 231{,}099{,}813\text{원}$$

여기서 $(P/A, 7.48\%, 10)$은 $(P/A, 7\%, 10)$과 $(P/A, 8\%, 10)$ 사이에 있는 값으로(그림 3.20) 다음과 같이 보간법을 이용하여 근사치를 구할 수 있다.

그림 3.20에서 보는 바와 같이 7%와 8% 사이에 등가계수가 비례한다고 가정하면 다음과 같은 비례 관계가 성립한다.

$$\frac{7.0236 - 6{,}7101}{7\% - 8\%} = \frac{7.0236 - x}{7\% - 7.48\%}$$

따라서 $(P/A, 7.48\%, 10) \fallingdotseq 6.8688$이다.

2) 이율 7%인 경우(현금 성장률과 이율이 같은 경우) :

$$g' = \frac{1+0.07}{1+0.07} - 1 = 0$$

$$P = 36{,}000{,}000\left[\frac{10}{1+0.07}\right] = 336{,}448{,}598\text{원}$$

3) 이율 3%인 경우(현금 성장률이 이율보다 큰 경우) :

$$g' = \frac{1+0.03}{1+0.07} - 1 = -3.74\%$$

$$(P/A, -3.74\%, 10) = \frac{(1-0.0374)^{10}-1}{-0.0374(1-0.0374)^{10}} = 12.406$$

$$P = 36{,}000{,}000\left[\frac{12.406}{1.07}\right] = 417{,}398{,}131\text{원}$$

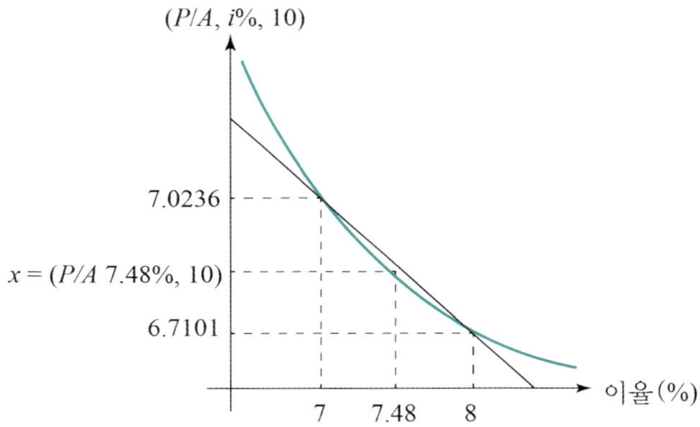

그림 3.20 보간법

3.2.3 복합 현금흐름에 대한 등가계산

그림 3.21과 같이 현금흐름 형태가 단순하지 않고 여러 유형의 현금흐름이 섞여서 발생되는 복합현금흐름이다. 현금흐름은 5년째 말에 일회의 지불이 발생하고 9년째 말부터 12년째 말까지 균일지불 현금흐름이 발생하며, 14년째 말에 100원의 지불을 시작으로 매년 20원씩 증가하는 등차지불 현금흐름이 복합되어 있는 형태이다. 이율 12%로 연간 복리 계산할 경우 이 현금흐름에 대해 등가인 현가 P를 구하는 문제를 살펴보자.

이와 같은 복합현금흐름의 현가를 구할 때는 우선 현금흐름을 그림 3.22에서와 같이 등가계수를 적용할 수 있는 기본형태의 현금흐름으로 분해하여 각 경우에 대해 현가를 구한 후 이를 합하면 된다.

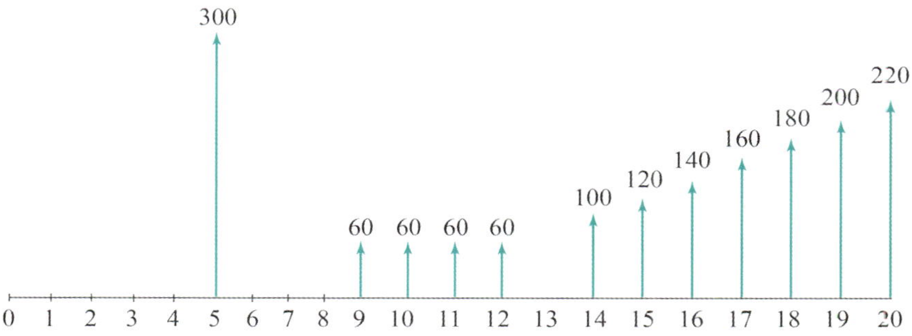

그림 3.21 **복합 현금흐름** (단위 : 원)

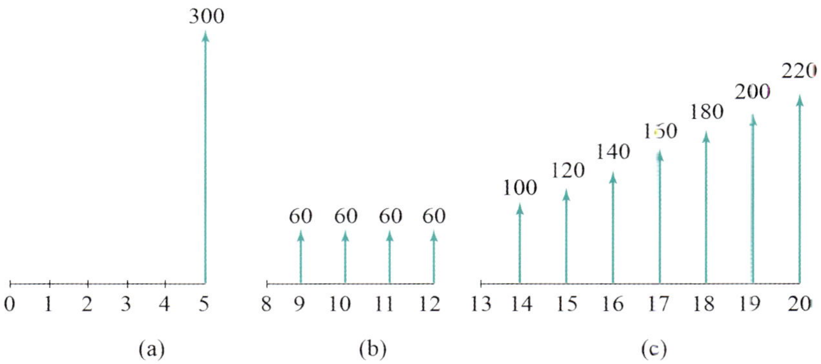

그림 3.22 **그림 3.21의 현금흐름의 분해**

그림 3.22(a)는 일회지불 현금흐름이므로 계수$(P/F, 12\%, 5)$를 이용하여 현가P_a를 구하면 다음과 같다.

$$P_a = 300(P/F, 12\%, 5) = 170\text{원}$$

또한 그림 3.22(b)의 균일지불 현금흐름에 대해서는 계수$(P/A, 12\%, 4)$를 이용하여 기간8의 초(즉, 기간 7의 말)에서의 현가 P_8을 구한 다음, P_8을 F로 간주하여 등가인 현가 P_b를 구하면 된다. 즉,

$$P_8 = 60(P/A, 12\%, 4) = 182\text{원}$$
$$P_b = P_8(P/F, 12\%, 8) = 74\text{원}$$

그림 3.22(c)는 13년째를 시작점으로 하는 등차지불 현금흐름이므로 이 현금흐름과 등가인 균일지불 현금흐름으로 환산하면

$$A = 20(A/G, 12\%, 7) + 100 = 151\text{원}$$

이다.

따라서, 그림 3.22(c)의 현금흐름과 등가인 기간13 초의 현가 P_{13}을 구하고, 이것을 다시 F로 하여 등가인 현가 P_c를 구하면 다음과 같다.

$$P_{13} = 151(P/A, 12\%, 7) = 689\text{원}$$
$$P_c = 689(P/F, 12\%, 13) = 158\text{원}$$

결국 원래 현금흐름과 등가인 현가는 $P = P_a + P_b + P_c = 402$원이 된다.

3.3 다양한 복리계산 주기와 현금흐름에 대한 등가계산

이제까지는 이자계산주기와 현금흐름주기가 항상 일치하는 경우로 예를 들면, 매년 말에 현금흐름이 발생하고 이자계산도 1년에 한 번, 즉 연간 복리 계산하는 것으로 가정하여 등가계수들을 유도하였다. 그러나 이자계산 주기와 현금흐름 발생시점이 서로 일치하지 않는 경우를 자주 보게 된다. 이를테면 일반적으로 이율은 연리로 표시하고 이자계산은 연간 4회 복리계산하는데 현금흐름은 연간 4회가 아니라 연간 2회(6개월마다) 발생하는 경우와 같이 매우 다양한 상황을 볼 수 있다. 이와 같은 경우 올바른 등가계산을 위해서는 항상 이자계산 주기와 현금흐름 발생 주기를 일치하게 하여 등가 계산을 하여야 한다. 이 절에서는 이와 같이 이자계산 주기와 현금흐름 지불 주기가 다른 경우의 등가계산 방법을 다룬다.

3.4 명목이율과 실질이율

이율은 일반적으로 연 단위로 표시한다. 그러나 보통 금융거래에서 이자계산이 1년에 여러 차

례 이루어지고 있다. 이 경우 연단위 이율은 이자계산이 이루어지는 단위 기간의 기간별 이율을 연간 이자계산 횟수로 곱하여 연이율로 표시된다. 이렇게 단위기간별 이율에 연간 이자계산 횟수를 곱하여 표시한 이율을 명목이율(nominal interest rate)이라고 하고, 이 책에서는 기호 r로 표시하기로 한다. 이를테면, "명목이율 12%로 월 복리" 대출을 받았다는 것은 이자를 매월 1%의 이율로 연간 12회 복리계산하는 대출을 받았다는 뜻이 된다.

명목이율을 연간 복리계산 횟수로 나눈 것을 기간이율(periodic interest rate)이라고 하고, 기호 i_{per}로 표시한다. 명목이율 $r = 12\%$로 월 복리계산하는 경우 복리계산 주기는 1개월이므로 $i_{per} = 12\%/12 = 1\%$가 된다. 이 경우 원금 1,000원에 대해 1년 뒤의 원리금 합계금액은 다음과 같다.

$$F = 1,000(F/P, i_{per}, 12) = 1,000(1+0.01)^{12} = 1,126.8\text{원}$$

따라서 원금에 대해 1년 동안의 총 이자의 비율은 다음과 같다.

$$i = \frac{F-P}{P} = \frac{1,000(1+0.01)^{12} - 1,000}{1,000} = (1+0.01)^{12} - 1 = 0.1268$$

이와 같이 1년 동안 여러 번 복리로 계산할 때 발생되는 실제 이자를 투자원금에 대한 비율로 표시한 이율을 연간실질이율(annual effective interest rate), 또는 명목이율에 대한 상대적 개념으로 간단히 실질이율(effective interest rate)이라고 하고, 기호 i_e로 표시한다.

즉, 명목이율 12%로 월 복리계산하는 경우 1년에 받게 되는 실제 이율은 명목이율보다 높은 12.68%가 된다. 여기서 m을 연간 복리계산 횟수라고 하면 실질이율은 식 (3.15)와 같이 나타낼 수 있다.

$$i_e = (1 + \frac{r}{m})^m - 1 = (F/P, r/m, m) - 1 \tag{3.15}$$

다음 표 3.13과 그림 3.23은 여러 가지 명목이율과 복리계산 기간에 대한 실질이율을 나타내고 있다. 그림 3.23에서 보는 바와 같이 복리계산 주기가 짧을수록 연간 실질이율이 높다는 것을 알 수 있다. 그러나 복리계산주기를 아무리 짧게 하여도 실질이율은 일정한 한계치 이상이 되지 않는다는 것도 알 수 있다.

표 3.3 명목이율 12%의 복리계산 기간에 대한 실질이율

복리계산 빈도	복리계산 횟수	기간이율	실질이율
연간	1	12.00%	12.00%
반년	2	6.00%	12.36%
분기	4	3.00%	12.55%
2개월	6	2.00%	12.62%
월	12	1.00%	12.68%
주	52	0.23%	12.73%
일	365	0.03%	12.75%
연속	무한		12.75%

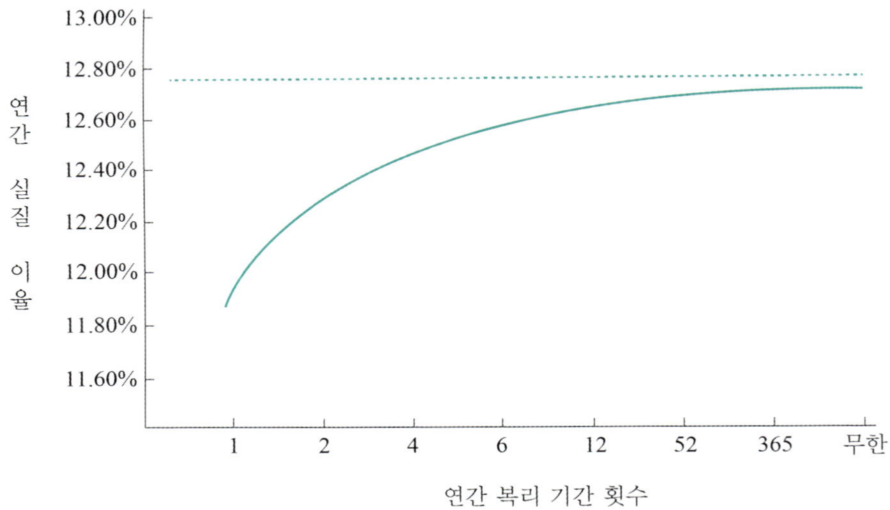

그림 3.23 여러 가지 명목이율과 복리계산 기간에 대한 실질이율

3.4.1 복리계산주기와 지불주기가 일치하는 경우

이 경우는 이자계산주기와 지불주기가 일치하기 때문에 3.2절에서 다룬 등가계수들을 그대로 적용할 수 있다. 이자계산과 자본이 1년에 여러 번 발생하는 경우 명목이율로부터 이자계산 기간 이율을 구하고, 전체 이자계산기간의 수 n에 대한 등가계수들을 적용하면 된다.

예제

1,000원을 명목이율 12%의 분기별 복리로 5년간 은행에 현시점에서 적금하기로 하였다. 5년째 말에 얼마를 찾을 수 있는가?

해답 이 문제는 일회지불 복리계수($F/P,i,n$)를 적용하여 계산하면 된다. 이때 전체 이자계산 기간의 수 n과 복리계산 주기를 다음과 같이 일치시켜야 한다. 즉, 연간 복리계산 회수가 $m=4$번이므로 5년 동안 복리계산 횟수는 $n=5\times 4=20$회이고, 복리계산 주기당 이율은 $i_{per}=12\%/4=3\%$이므로 일회지불 복리계수를 다음과 같이 구할 수 있다.

$$\begin{aligned} F &= P(F/P,3\%,20) = 1000\times(1+0.03)^{20} \\ &= 1{,}000\times FV(3\%,\ 20,\ \ ,-1) \\ &= FV(3\%,\ 20,\ \ ,-1000) \\ &= 1{,}806\text{원} \end{aligned}$$

예제

연간 명목이율 12%로 반년마다의 복리 계산할 경우, 현재 얼마를 적립하면 앞으로 3년 동안 매 반년 말에 1,000원씩 찾아 쓸 수 있는가?

해답 6개월마다의 기간이율은 $i_{per}=12\%/2=6\%$, 그리고 총 이자계산 횟수는 $n=3\times 2=6$회이므로 적립해야 할 금액은 다음과 같다.

$$\begin{aligned} P &= A(P/A,i_{per},n) = 1000\times(P/A,6\%,6) \\ &= 1{,}000\times PV(6\%,6,-1) = PV(6\%,6,-1000) \\ &= 4{,}917\text{원} \end{aligned}$$

3.4.2 복리계산주기가 지불주기보다 짧은 경우

복리계산주기가 지불주기보다 짧아서 단일 지불주기 내에서 여러 번의 이자계산이 일어나는 경우, 예를 들면 은행에 매년 말 1,000원씩 저축하고 이자는 명목이율 12%로 매 분기마다 이자계산을 하는 경우이다. 경제적 등가 계산에서는 이자계산주기와 지불주기를 반드시 일치하도록 하여 등가계수를 적용하여야 한다. 따라서 이자계산주기와 지불주기가 다른 경우에는 지불주기를 이자계산주기에 일치시키거나(방법1), 이자계산주기를 지불주기에 일치시켜야 한다(방법2).

예제

은행에 매년 말 1,000원씩 5년간 저축한다고 하자. 명목이율이 12%이고, 매 분기마다 이자를 복리로 계산한다면 5년째 말의 원리금 합계액은 얼마인가?

해답 현금흐름주기(연간)와 이자계산주기(분기별)가 서로 다르므로 현금흐름주기와 이자계산주기를 일치시켜서 등가계수로 사용하여야 한다. 방법1은 현금흐름주기(1년)를 등가인 분기별 현금으로 변환하여야 한다. 위의 예를 보면 매년 말 1,000원씩 저축하는 현금흐름주기 1년을 등가인 분기별 저축 금액은 동일한 형태의 현금흐름이 반복되므로 한 기간, 즉 1년에 대해 등가인 분기별 금액이 전체 현금흐름에 대한 분기별 등가 금액이 된다. 분기별 이율은 $i_{per} = 12\%/4 = 3\%$이므로, 등가인 분기별 저축 금액 $A = 1{,}000(A/F, 3\%, 4) = 1{,}000 \times 0.2390 = 239$이다. 즉 매년 1,000원씩 저축하는 것은 분기별 239원씩 저축하는 것과 같다(그림 3.24).

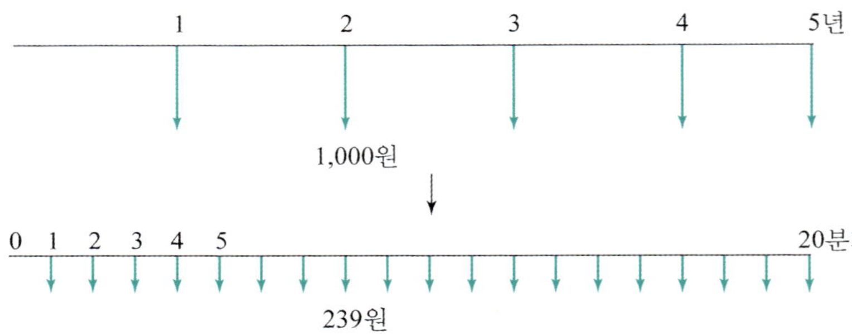

그림 3.24 **연간 현금흐름을 등가인 분기별 현금흐름으로 전환**

이제 이자계산주기(분기별)와 현금흐름주기(분기별)가 일치되었으므로 분기별 이율은 3%이고, 총 이자계산 횟수는 20분기이므로 등가인 미래가 F는 다음과 같이 구할 수 있다.

$$F = 239 \times (F/A, 3\%, 20) = 239 \times FV(3\%, 20, -1) = 6{,}423\text{원}$$

두 번째 방법을 적용하는 경우 즉, 이자계산 주기(분기별)를 현금흐름주기에 일치시키기 위해서는 이자계산주기를 분기별 복리에서 연간실질이율을 적용하여 연간 복리계산으로 변경해야 한다. 즉 명목이율 12%로 분기별 복리계산하는 것은 연간실질이율 $i_e = (1+0.03)^4 - 1 = 0.1255$로 1년에 한 번 계산하는 것과 동일하므로 연간실질이율을 적용하여 다음과 같이 등가계수를 적용하면 된다. 따라서 현금흐름은 연간 1,000원씩 발생하고 이자계산은 연간실질이율 12.55%로 연간 복리계산하는 것으로 되기 때문에 다음과 같이 계산된다.

$$F = 1{,}000 \times (F/A, 12.55\%, 5) = 1{,}000 \times FV(12.55\%, 5, -1) = 6{,}423\text{원}$$

예제

1년간 매 분기 말에 1,000원씩 투자한다고 가정하자. 연리 12%의 월 복리로 계산한다면 이는 매월 얼마씩 투자하는 것과 동일한가?

해답 1개월 기간이율은 $i_{per} = 1\%$이므로, 현금흐름은 분기마다 동일한 형태가 반복된다. 따라서 1분기에 대한 등가A를 구하면 다른 분기에 대해서도 동일하므로 다음과 같이 매월 330원을 투자하는 것과 같다(그림 3.25).

$$A = 1{,}000(A/F, 1\%, 3) = 1{,}000 \times 0.330 = 330\text{원}$$

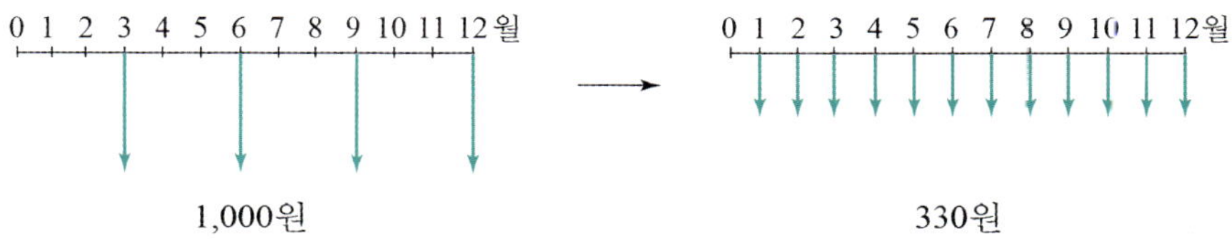

그림 3.25 **현금흐름도**(단위 : 원)

예제

명목이율 12%로 월 복리계산하는 경우 2년 동안 매 분기말에 1,000원씩 찾아서 원금과 이자로 모두 회수하고자 한다. 현재 얼마로 적립하면 되는가?

해답 이자계산주기를 지불주기(분기)에 일치시키기 위해 분기별 실질이율을 다음과 같이 구한다.

$$i_c = \left(1 + \frac{0.12}{12}\right)^3 - 1 = 3.03\%$$

따라서 이자기간 수는 분기수이므로 8회가 되고 8분기까지 균일지불 현금흐름과 등가인 현가를 구하면 다음과 같다.

$$P = 1{,}000 \times (P/A, 3.03\%, 8) = 1{,}000 \times PV(3.03\%, 8, -1) = 7{,}011\text{원}$$

한편, 이자계산주기가 지불주기보다 길어서 이자계산 기간 안에 여러 번의 지불이 일어나는 경우 예를 들어, 매월 말 1,000원씩 저축하고 명목이율 12%로 분기별 이자계산하는 경우에는 이자계산기간 내에 발생한 지불에는 이자계산이 이루어지지 않으므로 매월 1,000원씩 저축하는 것이나 분기별로 3,000원씩 저축하는 것이나 동일하다. 따라서 1년 뒤에 원리금 합계금액은 다음과 같다.

$$\begin{aligned} F &= 3{,}000 \times (F/A,\ 3\%,\ 4) \\ &= 3{,}000 \times PV(3\%,\ 4,\ -1) \\ &= 12{,}551\text{원} \end{aligned}$$

3.4.4 복리계산 주기가 연속적인 경우

대부분의 상거래에서 이자계산은 지금까지 논의 해온 것처럼 일정 시간 간격을 두고 하는 것이 보통이다. 그러나 이것은 편의상 계산을 용이하게 하기 위한 것이고, 엄밀히 따진다면 돈의 시간적 가치는 이산적으로 발생하는 것이 아니라 연속적으로 발생하는 것이므로 이자계산 또한 매 순간 순간 연속적으로 하는 것이 더 타당하다고 할 수 있다. 복리계산 주기가 주 단위에서 1일 단위로, 시간 단위로 점점 짧아지면 어떤 현상이 발생할 것인가? 표 3.3 및 그림 3.23에서 본 바와 같이 연간 복리계산 주기가 점점 짧아져서 연간이자계산 횟수가 무한대로 접근하면 연간실질이율은 일정한 값으로 수렴하게 된다. 이러한 이자계산 방식을 연속복리(continuous compounding)라고 한다. 여기서는 현금흐름은 이산적으로(예를 들면 1년에 한 번) 발생하지만 이자는 연속복리로 계산하는 경우에 대하여 알아보도록 한다.

식 (3.15)에서 살펴본 바와 같이 연간 명목이율이 r이고, 연간 복리계산 횟수가 m인 경우 연간 실질이율 i_e는 다음과 같다.

$$l_e = \left(1 + \frac{r}{m}\right)^m - 1 = \left[\left(1 + \frac{r}{m}\right)^{m/r}\right]^r - 1 \qquad (3.16)$$

한편

$$\lim_{x \to \infty}\left(1 + \frac{1}{x}\right)^x = e = 2.7182\cdots$$

이기 때문에 식 (3.16)에서 $m \to \infty$ 이면, 연속복리인 경우에 대한 연간 실질이율 i_e는 다음과 같은 값으로 주어진다.

$$i_e = e^r - 1 \tag{3.17}$$

따라서, 현재 P원을 저축하였을 때, 명목이율 r로 연속 복리계산하는 경우 n년 후의 원리금 합계액 $F = P(1+i_e)^n = Pe^{rn}$원이 된다.

이산복리 등가계수 ( )와 구분하여 연속복리 등가계수로 [ ]로 표시하면 표 3.4와 같다.

표 3.4 연속복리에 대한 등가계수

계수 이름	기호	계수공식
일회지불 복리계수	$[F/P, r, n]$	e^{rn}
일회지불 현가계수	$[P/F, r, n]$	e^{-rn}
균일지불 복리계수	$[F/A, r, n]$	$\dfrac{e^{rn}-1}{e^r-1}$
균일지불 적립기금계수	$[A/F, r, n]$	$\dfrac{e^r-1}{e^{rn}-1}$
균일지불 현가계수	$[P/A, r, n]$	$\dfrac{1-e^{-rn}}{e^r-1}$
균일지불 자본회수계수	$[A/P, r, n]$	$\dfrac{e^r-1}{1-e^{-rn}}$
등차지불계수	$[A/G, r, n]$	$\dfrac{1}{e^r-1} - \dfrac{n}{e^{rn}-1}$

예제

명목이율 8%로 연속복리 계산하는 경우, 현재 1,000원을 저축하면 8년 후의 원리금 합계액은 얼마인가?

해답

$$F = P[F/P, r, n] = 1{,}000 \times e^{0.08 \times 8} = 1{,}000 \times 1.8965 = 1{,}896.5\text{원}$$

3.5 복리계산 주기마다 이율이 서로 다른 경우

지금까지는 이자계산 기간 동안 동일한 이율이 적용되는 것으로 가정하였으나 실제로는 이자계산 기간 동안 이율이 변동되는 경우가 일반적이다. 이 경우 등가계산에서는 이자계산 기간별 이율이 적절하게 반영되어야 한다. 이러한 경우는 미래의 예상 현금흐름을 분석하는 경우보다 과거에 행해진 사업의 경제성을 분석하는 경우에서 더 자주 볼 수 있다. 그림 3.26에서 보는 바와 같이 i_k를 단위기간 k 동안의 이율이라고 하면, 현가P가 주어졌을 때, 이와 등가인 미래가 F는 다음과 같다.

$$F = P(1+i_1)(1+i_2)\cdots(1+i_{n-1})(1+i_n) \tag{3.18}$$

한편, F가 주어졌을 때 이와 등가인 현가P는 식 (3.18)을 P에 대하여 풀면 된다.

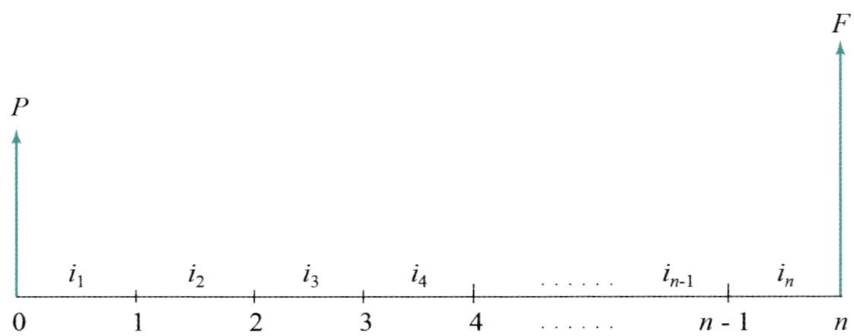

그림 3.26 복리계산 주기마다 이율이 서로 다른 현금흐름

또한, 다음 그림 3.27과 같이 일반적인 현금흐름에 대해서도 같은 방법을 적용한다. 즉, F_n을 기간n 말에 발생하는 지불 금액이라고 하면 이 현금흐름에 등가인 현가P는 다음과 같다.

$$P = F_0 + \frac{F_1}{(1+i_1)} + \frac{F_2}{(1+i_1)(1+i_2)} + \cdots + \frac{F_n}{(1+i_1)(1+i_2)\cdots(1+i_n)}$$

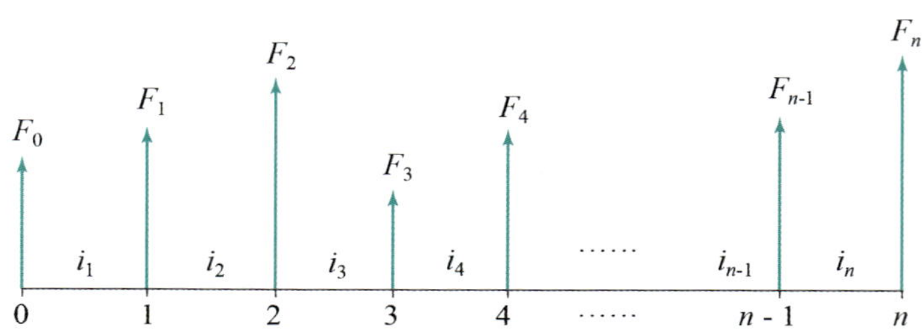

그림 3.27 일반적인 현금흐름

예제

그림 3.28와 같은 현금흐름과 등가인 현가 P를 구하시오.

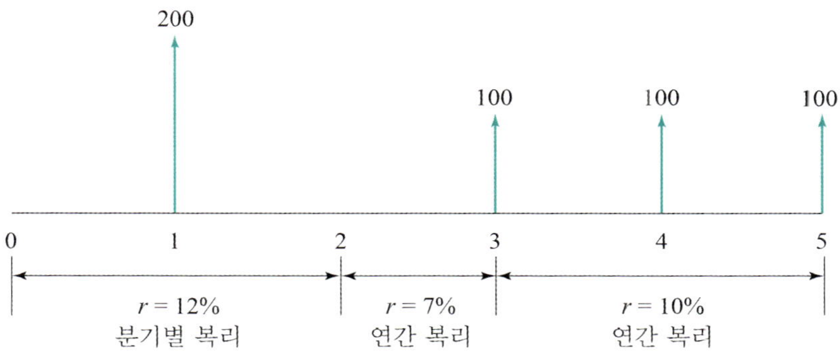

그림 3.28 **현금흐름도**(단위 : 원)

해답 기간 4, 5의 균일지불 현금흐름에 대한 기간 3의 말에서의 등가 P_3를 구하면 $P_3 = 100(P/A,10\%,2) =$ 174원이 된다. 여기서 기간3의 말에서의 현금흐름 100원과 P_3을 합한 금액 274원을 F로 하여 시점 2의 말에서의 등가 P_2를 구하면 $P_2 = 274(P/F,7\%,1) = 256$원이 얻어진다. 다음은 256원을 F로 하여 시점1의 말에서의 등가P_1을 구한다. 기간 1과 2에서는 분기별로 복리계산하므로 우선 기간2의 복리계산 주기별 기간이율을 구하면 $i_{per} = 12\%/4 = 3\%$이고 따라서 $P_1 = 256(P/F, 3\%, 4) = 227$원이 얻어진다. 또한 기간 1의 말에서의 총 현금흐름은 200+227=427원이므로 이와 등가인 시점 0에서의 등가 P를 구하면 된다. 즉, $P = 427(P/F,3\%,4) = 380$원을 얻는다. 즉,

$$P = [200 + [100 + 100(P/A,10\%,2)](P/F,7\%,1)(P/F,3\%,4)](P/F,3\%,4) = 380\text{원}$$

3.6 채권에 대한 등가계산

채권(bond)이란 국가나 기업에서 자금을 조달하기 위해 일정한 상환 조건 등을 제시하고 발행하는 증서를 말한다. 기업이 발행하는 채권을 회사채(corporate bond)라 하며 주로 3년 만기 회사채가 통용되었으나 최근엔 1년 만기도 발행되고 있다. 국가가 발행하는 채권은 국채(government bond)라 하며 세입의 부족을 보충하기 위해 발행되고, 상환시기에 따라 1년 이내의 단기 국채와

1년 이상의 장기국채로 구분된다. 이 밖에도 수십여 종의 채권이 유통되고 있으며, 원금과 이자를 만기에 한꺼번에 상환하는 복리채와 주기적으로 정해진 금리에 따라 이자를 지급하는 채권 등 조건에 따라 다양하다.

예를 들면, 액면가 1,000만원의 채권을 10% 할인하여 구입할 수 있다고 하자. 이 채권은 3년 후에 만기가 되고, 연리 8%로 분기별로 이자를 지불한다고 할 때 이 채권에 대한 만기수익률은 얼마인가? 채권에 있어서 만기수익률(yield to maturity)이란 현시점(유통일)으로부터 채권 만기일까지 채권에 투자하여 얻어지는 연간 수익률(연간실질이율)을 말한다. 액면가에 대하여 분기별 이율 2%(=8%/4)로 매 분기마다 이자 수입이 발생하므로 현금흐름도를 그리면 그림 3.29와 같다.

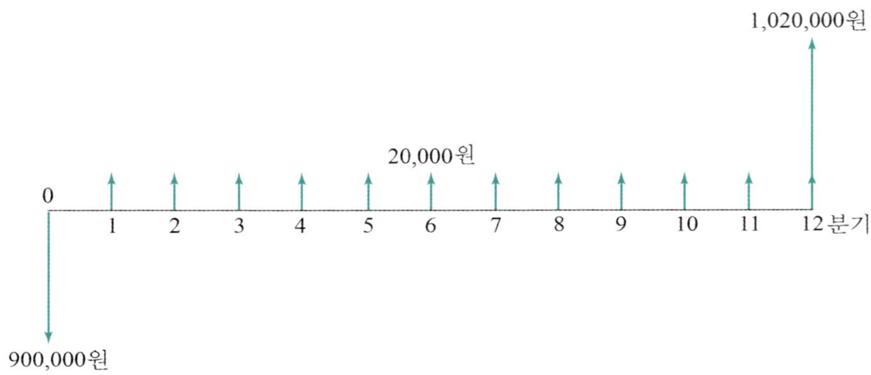

그림 3.29 이자수입에 따른 현금흐름도

위의 예에서 만기수익률은 채권에 투자하여 얻어지는 연간수익률이므로 채권가격(액면가의 10% 할인된 가격)인 현시점(t = 0)에서의 90만원과 그 후에 발생되는 모든 수입과 등가를 이루게 하는 연간실질이율이 된다. 지불주기가 분기이므로 분기별 이율을 i_{per}분기라고 하여 이 등가 관계를 식으로 나타내면 다음과 같다.

$$900,000 = 20,000(P/A,\ i_{per},\ 12) + 1,000,000(P/F,\ i_{per}\ ,12)$$

위 관계식을 만족하는 이율 i_{per}는 분기별 기간이율을 나타내며, 보간법을 이용하여 시행착오 방식으로 계산할 수 있다. 즉, $i_{per} = 3\%$일 때 대한 수입에 대한 현가는

$$\begin{aligned}&20,000(P/A,3\%,12) + 1,000,000(P/F,3\%,12)\\&= 20,000(9.9540) + 1,000,000(0.7014)\\&= 900,480\text{원}\end{aligned}$$

이다. 한편 $i_{per}=4\%$일 때 수입에 대한 현가는

$$\begin{aligned}&20{,}000(P/A,\ 4\%,\ 12)+1{,}000{,}000(P/F,\ 4\%,\ 12)\\&=20{,}000(9.3851)+1{,}000{,}000(0.6246)\\&=812{,}302\text{원}\end{aligned}$$

따라서 수입에 대한 현가가 900,000원이 되는 분기별 이율 i_{per}는 3%와 4% 사이에 있다. 따라서 다음 식과 같이 비례관계를 이용하여 i_{per}를 요구할 수 있다.

$$\left[\frac{900{,}480-812{,}302}{3\%-4\%}\right]=\left[\frac{900{,}480-900{,}000}{3\%-x\%}\right]$$

따라서, $x=i_{per}=3.005\%$이므로 연간 명목이율은 12.02%(기간별 이율×복리계산 주기)이고, 만기수익률은 다음과 같다.

$$(1+\frac{0.1202}{4})^4-1=1.1257-1=12.57\%$$

채권의 시장가격이 채권의 액면가보다 낮으므로 연간수익률(12.57%)은 채권에 명시된 이율(8%)보다 높다. 이와 같이 채권을 처음부터 할인된 가격에 구입하여 만기까지 소유하고 있으면 투자가는 이자소득뿐만이 아니라 액면가와 구입가의 차액만큼의 수익까지 얻는다.

한편 위의 복리계산 기간별 이율을 다음과 같이 엑셀 재무함수인 RATE함수를 이용하여 쉽게 구할 수 있다.

RATE(nper, pmt, pv, fv, type)

여기서, nper : 총 복리 계산기간 수(연수×이자계산 주기 수 n)

pmt : 이자계산기간 중 균일지불 현금흐름(A)

pv : 이자계산기간 초 현금흐름(P)

fv : 이자계산기간 말 현금흐름(F)

type : 지급기일 표시(생략하면 기간 말에 시작으로 간주)

따라서 RATE함수를 이용하여 i_{per}를 구하면 다음과 같다.

$$i_{per}=\text{RATE}(12,\ 20000,\ -900000,\ 1000000)$$

	A	B	C	D
1	연도	분기	현금흐름	P(5%)
2	0	0	-₩900,000	-₩734,102
3		1	₩20,000	
4		2	₩20,000	
5		3	₩20,000	
6	1	4	₩20,000	
7		5	₩20,000	
8		6	₩20,000	
9		7	₩20,000	
10	2	8	₩20,000	
11		9	₩20,000	
12		10	₩20,000	
13		11	₩20,000	
14	3	12	₩1,020,000	
15				
16	분기별실질이율		3.005%	
17	명목이율		12.02%	
18	만기수익률		12.57%	

	A	B	C	D
1	연도	분기	현금흐름	P(5%)
2	0	0	-900000	=PV(0.05,12,20000,1000000)
3		1	20000	
4		2	20000	
5		3	20000	
6	1	4	20000	
7		5	20000	
8		6	20000	
9		7	20000	
10	2	8	20000	
11		9	20000	
12		10	20000	
13		11	20000	
14	3	12	1020000	
15				
16	분기별실질이율		=RATE(B14,20000,-900000,1000000)	
17	명목이율		=C16*4	
18	만기수익률		=(1+C16)^4-1	

그림 3.30 엑셀 재무함수 RATE 사용 예

어떤 투자자가 채권투자에서 적어도 분기별 수익률이 5%는 되어야 투자한다면 이 투자가는 채권을 구입하지 않을 것이다. 이 투자가는 이 채권의 시장가가 다음과 같이 적어도 734,066원 이하가 되어야 구입하게 된다.

$$P = 20,000(P/A,\ 5\%,\ 12) + 1,000,000(P/F,\ 5\%,\ 12)$$
$$= 20,000(8.8633) + 1,000,000(0.5568)$$
$$= 734,066\text{원}$$

채권의 수익률은 만기수익률(yield to maturity) 외에 유통수익률(current yield)이 있다. 유통수익률은 채권으로부터 매년 받는 이자액의 현재의 시장가격에 대한 백분율로서 쿠폰이율(coupon rate)이라도 부르기도 한다. 즉 위의 예에서 유통수익률은 80,000원÷900,000원=8.89%가 된다. 채권에 대한 위험부담, 즉 이자가 지불되지 못할 위험이나 다가올 인플레이션에 대한 우려 등이 만기수익률과 유통수익률에 작용하여 채권의 시장가격을 변화시킨다.

3.7 대부금에 대한 등가계산

대부(loan)란 얼마의 자금을 대출받고 대출받은 자금을 상환하는 방법을 채권자와 채무자 사이에 약속하는 것을 말한다. 여기서는 대부 거래의 기초가 되는 등가계산에 대하여 알아본다.

3.7.1 할부 대부

할부대부(amortized loan)는 그림 3.31과 같이 일정 금액을 대출받아 원리금을 정해진 기간 동안 일정 간격으로 일정액씩 상환하여 지불 기간이 완료되면 원리금을 모두 상환하는 대부 거래를 말한다.

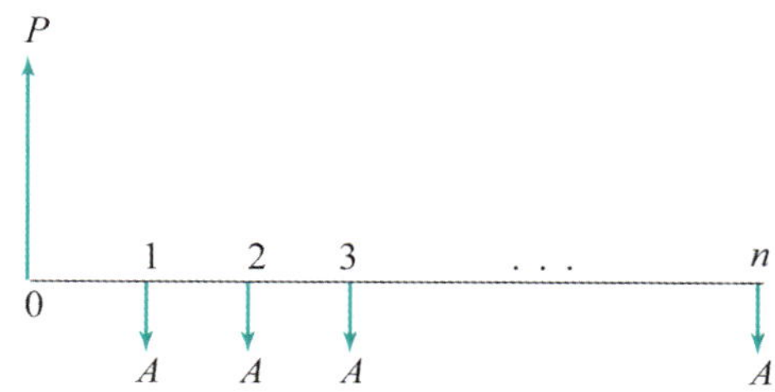

그림 3.31 할부대부 현금흐름도 (채무자의 경우)

다음과 같이 기호를 정의하자.

P = 대출받은 원금

A = 할부 대부금의 매 기간 상환액

P_t = t시점에서의 상환금액 A 중 대부 원금의 상환액

i = 기간당 실질이율

I_t = t시점에서의 상환금액 A 중 이자부분(미상환 원금에 대한 이자)

B_t = 기간t 말의 대부금 잔액(remaining balance)

우선 시점 0에서의 할부 대부금 잔액은 대부 원금과 같으므로 $B_0 = P$이다. 또한 기간 t에서 지불해야 할 이자는 시점 $t-1$에서의 대부금 잔액에 대한 이자가 되므로,

$$I_t = B_{t-1} \times i \tag{3.19}$$

이다. 한편, 시점 $t-1$에서 지불액 A를 상환하고 난 직후의 대부금 잔액 B_{t-1}은 시점 t부터 n까지 상환해야 할 $n-(t-1)$번의 지불액 A에 대한 시점$t-1$에서의 등가이다. 즉,

$$B_{t-1} = A(P/A,\ i,\ n-t+1) \tag{3.20}$$

따라서 식 (3.19)는 다음과 같이 나타낼 수 있다.

$$I_t = B_{t-1} \times i = A(P/A,\, i,\, n-t+1) \times i \tag{3.21}$$

또한 할부 대부금에 대한 매 상환금액 A는 원금을 상환하는 부분과 미상환 원금에 대한 이자에 해당되는 부분으로 구성되므로 $A = P_t + I_t$이다. 따라서 시점 t에서의 상환액 중 원금상환금액 P_t는 다음과 같다.

$$\begin{aligned} P_t &= A - I_t \\ &= A - A(P/A,\, i,\, n-t+1) \times i \\ &= A[1-(P/A,\, i,\, n-t+1) \times i] \end{aligned} \tag{3.22}$$

그런데 등가계수$(P/F,\, i,\, n) = 1-(P/A,\, i,\, n) \times i$이므로 다음과 같이 나타낼 수 있다.

$$P_t = A(P/F, i, n-t+1) \tag{3.23}$$

식 (3.22)의 의미는 시점 t에서 지불한 A 중 원금을 상환한 부분은 $(n-t+1)$시점에서 지불하는 A와 등가인 현가와 같다는 것을 의미한다. 따라서 1년째 말에 처음 A를 상환하고 나면 n시점에서의 A를 갚은 셈이 되고, 두 번째 A를 상환하면 $(n-1)$시점의 A, 세 번째 A를 상환하면 $(n-2)$시점의 A를 갚은 셈이 되어, 결국 처음보다는 뒤로 갈수록 상환액 A에서 원금의 상환부분이 커진다는 것을 알 수 있다. 또한, 기간t 말에 있어서의 대부금 잔액은 기간$(t-1)$에서의 대부금 잔액과 이에 대한 이자에서 기간t에서 지불한 금액을 빼면 되며, 이것은 기간$(t-1)$에서의 대부금 잔액에서 기간 t에서의 원금 상환액을 뺀 것이 되므로 다음과 같이 나타낼 수 있다.

$$B_t = B_{t-1} + I_t - A = B_{t-1}(1+i) - A = B_{t-1} - P_t \tag{3.23}$$

예제

연리 20% 연간 복리로 5년 동안 매년 말에 일정한 금액씩 상환하는 조건으로 은행으로부터 50만원을 대출 받았다고 하자. 이때 매년 말에 상환해야 할 금액과 매기간 원금상환액과 이자 및 대부금 잔액을 구하시오.

해답 매년 말에 상환해야 할 금액 A는

$$A = 500{,}000(A/P,\ 20\%,\ 5) = PMT(20\%,\ 5,\ -500000) = 167{,}190\text{원}$$

한편, 1년째 말에 상환한 167,190 중에서 이자는 대부금에 이율을 곱한 금액(10만)이므로, 1년째의 상환액 중에서 원금 상환액은 식 (3.22)로부터 다음과 같다.

$$P_1 = A - I_1 = A - B_0 i = 167{,}190 - 100{,}000 = 67{,}190\text{원}$$

그러면 1년째 말에 A를 지불한 직후의 대부금 잔액은 식 (3.19) 혹은 (3.23)을 이용하여 다음과 같이 구할 수 있다.

$$B_1 = B_0 - P_1 = 500{,}000 - 67{,}190 = 432{,}810\text{원}$$

혹은,

$$B_1 = 167{,}190(P/A,\ 20\%,\ 5-1) = 432{,}810\text{원}$$

2년째 말의 상환액 A 중 이자는 $B_1 \times i$이므로 $482{,}810 \times 0.2 = 86{,}562$원이그, 원금 상환액은 $167{,}190 - 86{,}562 = 80{,}628$원이다. 따라서, 2년째 말의 대부금 잔액 B_2는

$$B_2 = B_1 - P = 167{,}190\ (P/A,\ 20\%,\ 3)$$
$$= 352{,}810\text{원}$$

이와 같이 계산하면 표 3.5의 결과를 얻는다.

표 3.5 현금흐름표(단위 : 원)

연도	현금흐름				대부금 잔액
	대부금	원금상환액	이자	총지불금액	
0	500,000				500,000
1		-67,190	-100,000	-167,190	432,810
2		-80,628	-86,562	-167,190	352,182
3		-96,753	-70,436	-167,190	255,429
4		-116,104	-51,086	-167,190	139,325
5		-139,325	-27,865	-167,190	0

만약 3년째 상환 후, 나머지 대출금을 일시에 상환하려고 한다면 3년째 말의 미상환 잔액 B_3를 상환하면 된다. 따라서,

$$B_3 = 167{,}190(P/A,\ 20\%,\ 2) = 255{,}429\text{원}$$

한편, 할부 대부금의 상환에 있어서 총 상환액 중 원금 상환액과 이자 지불액을 구하고자 할 경우 다음과 같이 엑셀 재무함수 PPMT함수를 이용하여 표 3.6과 같이 원금 상환액을 그리고 IPMT 함수를 사용하여 IPMT 이자 지불액을 구할 수 있다.

PPMT(rate, per, nper, pv, fv, type)
IPMT(rate, per, nper, pv, fv, type)

여기서

rate : 기간 이율(i_{per})

per : 몇 번째 상환(지불)인가를 나타내는 수치

nper : 총 상환 기간수

pv : 대부금

fv : 상환기간 완료 후 대부금 잔액

표 3.6 현금흐름표(엑셀함수)

	A	B	C	D	E	F
1		현금흐름				대부금 잔액
2	연도	대부금	원금상환액	이자	총지불금액	
3	0	500000				=B3
4	1		=PPMT(0.2,A4,5,$B$3)	=IPMT(0.2,A4,5,$B$3)	=C4+D4	=F3+C4
5	2		=PPMT(0.2,A5,5,$B$3)	=IPMT(0.2,A5,5,$B$3)	=C5+D5	=F4+C5
6	3		=PPMT(0.2,A6,5,$B$3)	=IPMT(0.2,A6,5,$B$3)	=C6+D6	=F5+C6
7	4		=PPMT(0.2,A7,5,$B$3)	=IPMT(0.2,A7,5,$B$3)	=C7+D7	=F6+C7
8	5		=PPMT(0.2,A8,5,$B$3)	=IPMT(0.2,A8,5,$B$3)	=C8+D8	=F7+C8

3.7.2 대부금의 원금을 균등하게 상환하는 경우

현재 50만원을 빌리고 연 이율 20%로 연간 복리계산하며 대부 원금은 5년간 균등하게 나누어 상환한다. 이때 대부금액에 대한 총 이자 수입은 얼마나 되는가?

1년째 말에는 원금과 미회수 원금에 대한 이자를 지불한다. 따라서 1년째 말에서는 원금 상환액 10만원과 미회수 원금 50만원에 대한 이자 10만원을 지불한다. 나머지 기간에 대해서도 같은 방법으로 구할 수 있으며 그 결과를 표 3.7에 나타내었다.

표 3.7 원금을 균등하게 회수하는 경우의 현금흐름표

	A	B	C	D	E	F
1		현금흐름				대부금 잔액
2	연도	대부금	원금상환액	이자	총지불금액	
3	0	500,000				500,000
4	1		-100,000	-100,000	-200,000	400,000
5	2		-100,000	-80,000	-180,000	300,000
6	3		-100,000	-60,000	-160,000	200,000
7	4		-100,000	-40,000	-140,000	100,000
8	5		-100,000	-20,000	-120,000	0

한편, 대부금의 원금을 상환 기간 동안 균일하게 상환하는 경우, 미지불잔금에 대한 각 기간 말 이자는 다음과 같이 엑셀 재무함수 ISPMT함수를 이용하여 표 3.8과 같이 구할 수 있다.

ISPMT(rate, per, nper, pv)

여기서

rate : 기간 이율(i_{per})

per : 계산 기간까지 상환(지불)한 횟수를 나타내는 수치

nper : 총 상환 횟수

pv : 대부금

fv : 상환기간 완료 후 대부금 잔액

표 3.8 원금을 균등하게 상환하는 경우의 현금흐름표(엑셀함수)

	A	B	C	D	E	F
1	연도	현금흐름				대부금 잔액
2		대부금	원금상환액	이자	총지불금액	
3	0	500000				=B3
4	1		-100000	=ISPMT(0.2,A4-1,5,$B$3)	=C4+D4	=F3+C4
5	2		-100000	=ISPMT(0.2,A5-1,5,$B$3)	=C5+D5	=F4+C5
6	3		-100000	=ISPMT(0.2,A6-1,5,$B$3)	=C6+D6	=F5+C6
7	4		-100000	=ISPMT(0.2,A7-1,5,$B$3)	=C7+D7	=F6+C7
8	5		-100000	=ISPMT(0.2,A8-1,5,$B$3)	=C8+D8	=F7+C8

3.7.3 지불유예가 발생하는 경우

졸업을 2년 앞둔 어떤 학생이 은행으로부터 연리 12%의 분기별 복리로 학자금 100만원을 대출받았다고 하자. 대출금은 졸업 후부터 2년 동안 매 분기별로 일정 금액씩 상환한다고 하자. 이 경우 졸업할 때까지 2년 동안은 지불유예(defer payments)가 된다.

대출받은 학생은 졸업할 때까지 2년 동안 어떤 상환도 하지 않기 때문에 처음 8분기 동안은 주어진 이율로 원리금이 누적된다. 분기별 이율은 12%/4=3%이기 때문에 졸업 직후의 대부금 잔액은 다음과 같다.

$$1{,}000{,}000(F/P,\ 3\%,\ 8) = FV(3\%,\ 8,\ \ ,\ -100000) = 1{,}267{,}000$$

따라서 위 금액을 졸업 후 2년 동안 매 분기별로 일정금액 $A = 1,267,000(A/P, 3\%, 8) = 180,548$원씩 갚아나가면 된다(그림 3.32).

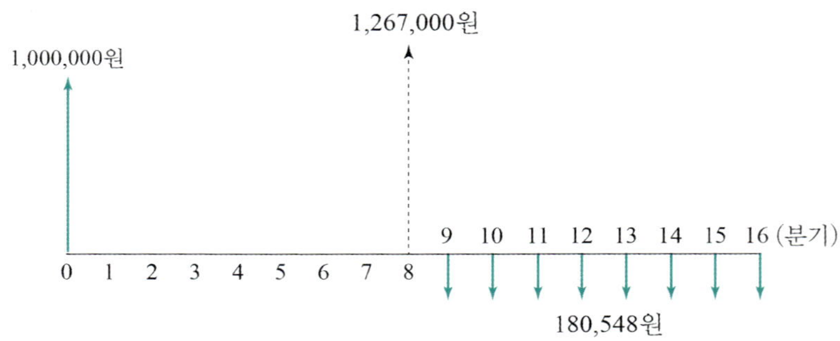

그림 3.32 지불유예가 발생하는 경우의 현금흐름도

3.7.4 이자계상 대부

대출받은 금액에 대한 이자를 미리 원금에 포함시켜 그 금액을 균등하게 나누어 상환하게 하는 방식을 이자계상 대부(add-on loan)라고 한다.

예를 들어 100만원을 1년 동안 연 10%의 이자계상 대부로 빌렸다고 하자. 대출금은 1년에 걸쳐서 매달 말에 일정한 금액씩 상환한다고 하자.

이자계상 대부의 이율(add-on interest)은 단리(simple interest)이다. 상환기간 동안의 이자를 미리 계산하여 원금에 포함시킨 금액을 상환기간 동안 균등하게 나누어 상환하게 되므로 이자계상 대부의 이자는 연금화된다. 이것이 복리와 이자계상 대부 이자의 중요한 차이점이다. 이자계상 대부에 대한 총 이자는 다음과 같이 계산하면 된다.

$$I = P \times i \times n = 1,000,000 \times 0.1 \times 1 = 100,000\text{원}$$

이 금액을 원금에 합하여 지불 기간으로 나누면 다음과 같이 매달 상환액 A를 구할 수 있다.

$$A = \frac{1,100,000}{12} = 91,667\text{원}$$

즉, 100만원을 대출받아 1년 동안 매월 말에 91,667원씩 상환하게 된다. 따라서, 이 대출에 대한 월이율 i_{per} 월은 다음 관계식으로부터 구할 수 있다.

$$91,667 = 1,000,000(A/P,\ i_{per},\ 12)$$
$$(A/P,\ i_{per},\ 12) = 0.09167$$

이제 등가계수표를 이용하여 보간법에 의해 이율을 구하거나, 혹은 엑셀 RATE함수로 이용하여 활용하여 계산할 수도 있다.

$$i_{per} = \text{RAER}(12,\ -91667,\ 1000000,\ 0)$$

그 결과는 다음과 같다.

$$i_{per} = 0.015$$
$$r = 0.015 \times 12 = 0.18$$
$$i_e = \left(1 + \frac{0.18}{12}\right)^{12} - 1 = 0.196$$

따라서 연간실질이율은 적용된 이율 10%보다는 훨씬 높은 19.6%가 된다.

연습문제

01 단리(단순이자)와 복리(복합이자)의 개념과 그 차이를 설명하시오.

02 명목이율과 실질이율의 개념을 설명하시오.

03 채권의 유통수익률과 만기수익률에 대하여 설명하시오.

04 현재가 P가 30만원, 미래가 F가 52만 5천원, 기간 n이 9년일 때 보간법을 이용하여 이율을 산정해 보시오.

05 현재가 P가 40만원, 미래가 F가 80만원, 이율이 9%일 때 보간법을 이용하여 연수 n을 계산해 보시오.

06 교재 3.7.4절의 예제에서 보간법에 의하여 이율 $i_{\mathrm{per}}=1.5\%$가 나온 과정을 자세히 풀어보시오.

07 연리 16%의 복리로 투자하여 4년째 말에 181만 천원을 되돌려 받으려면 얼마를 현재 투자해야 할까?

08 연리 12%의 복리로 향후 5년간 매년 말에 저축된 10만원에 대한 미래가는 얼마인가?

09 연리 12%의 복리로 매년 같은 금액을 5년 동안 지불하여 63만 5천원을 저금하고자 할 때 매년 말에 지불되어야 할 금액은?

10 연리 15%의 복리로 매년 말 22만 3천원을 8년 동안 지불하는 경우의 현가는?

11 다음이 성립함을 보이시오.

$(F/A,\ i,\ n)=1+(F/P,\ i,\ 1)+(F/P,\ i,\ 2)+\cdots\cdots+(F/P,\ i,\ n-1)$

12 19년 동안 연리 14.3% 복리로 1,500원부터 매년 40원씩 감소하는 지불 형태의 현금흐름과 등가가 되는 연간 균일 지불액은 얼마인가?

13 연리 10%의 복리로 첫해 9,000원을 시작으로 10년 동안 매년 17%의 감소를 보이는 현금흐름과 등가인 현가는 얼마인가?

14 지금부터 10년 동안 매년 말 일정한 금액씩 저축하여 12년째 말부터 처음 20만원 인출하고 다음 해부터는 20만원씩 늘어난 금액을 인출하는 방법으로 10년 동안 저축한 원리금을 모두 인출하려고 한다. 이율 13%로 연복리 계산하는 경우 매년 말 얼마씩 저축하면 되는가?

15 현재가 100만원과 12년 후의 미래가 400만원이 같은 가치를 가지기 위한 연간 이율 i를 계산하시오. 이자계산은 복리로 한다.

16 연리 10%의 복리로 투자한 1,000원이 7,400원의 가치를 가지게 되기 위한 투자기간은 몇 년인가?

17 분기마다 복리로 계산하여 연간실질이율이 4.06%일 경우, 명목이율과, 복리기간당 실질이율은 얼마인가?

18 명목이율 5%로 연속복리를 할 경우, 투자액이 두 배가 되기 위해서는 몇 년이 걸리는가?

19 10년 후 100만원과 등가인 현가는 얼마인가? 이자는 연리 8%, 분기별 복리로 계산한다.

20 매년 일정액을 불입하여 11년 후 300만원이 되게 하기 위한 연간 균일지불액은 얼마인가? 이자는 연리 8%, 반년마다 복리계산한다.

21 현재가 1,100만원을 연리 9%의 이율로 매일 복리로 계산하는 조건으로 불입할 경우, 7년 동안 매주 일정한 액수를 지급받을 경우의 균일지불액은 얼마인가?

22 연리 11% 반년마다 복리로 계산할 경우, 매월 말 5,000원씩 5년간 적립한 금액과 등가인 미래가는 얼마인가?

23 첫해 말에 70만원 적립 후, 매년 20만원씩 증가하면서 7년간 적립한 현금흐름과 등가인 연간 균일지불액을 구하시오. 단, 이율은 10%이다.

24 첫해 말에 10만원 적립 후 매년 10%씩 적립액을 증가시키면서 12년간 적립한 현금흐름과 등가인 현가(P)를 구하시오. 이율은 6%로 연속복리 계산한다.

25 현재가 5,000원과, 반년마다 600원씩 6년간 지불하는 균일지불액이 등가가 되기 위한 반년마다의 실질이율, 연간실질이율 및 명목이율을 구하시오.

26 월 복리로 계산하여 미래가 4만 3천원과 매 분기마다 2,000원씩 4년간 지불하는 균일지불액이 등가일 경우의 월별 실질이율, 연간 실질이율 및 명목이율을 구하시오.

27 어떤 건설회사에서 공기압축기를 구입하고자 한다. 이 장비의 초기투자비는 500만원이며, 매년마다의 유지비용은 다음과 같다.
이율이 12%일 경우, 유지비용의 현재가를 구하시오.

연도	1	2	3	4	5	6	7	8
유지비용(천원)	800	800	900	1,000	1,100	1,200	1,300	1,400

28 다음에 대하여 등가계수를 이용하여 이와 등가인 현재가를 계산하시오.
1) 연리 10%의 1/2개월마다 복리로 계산하여 현재부터 6년 후 미래가가 900만원인 경우
2) 연리 6.5%의 분기별 복리로 계산하여 현재부터 3년 후 미래가 200만원인 경우
3) 연리 6%의 반년마다 복리로 계산하여 현재부터 5년 후 미래가 2,500만원인 경우

29 다음에 대하여 미래가에 대하여 등가계수를 이용하여 이와 등가인 균일 지불액을 구하시오.
1) 4년간 연리 6%로 월마다 복리로 계산하여 분기별 지불액(미래가 1,500만원)
2) 10년간 연리 4%의 반년마다 복리로 연간 지불액(미래가 500만원)
3) 5년간 연리 12% 반년마다 복리로 월간 지불액(미래가 700만원)

30 다음에 대하여 미래가를 구하시오.
1) 12%의 분기별 복리로 5년 동안 매 분기 말에 200만원씩 적립하는 경우
2) 15%의 반년마다 복리로 3년 동안 매월 말에 30만원씩 적립하는 경우
3) 7%의 분기별 복리로 2년 동안 반년마다 250만원씩 적립하는 경우

31 연리 6% 복리계산할 경우 다음과 같은 현금흐름에 대하여 등가인 연간 균일 지불액을 구하시오.

(단위 : 원)

연도	현금흐름
1연도 말	−400,000
2연도 말	−700,000
3연도 말	−1,000,000
4연도 말	−1,300,000

32 다음 현금흐름표를 보고, 등가인 연간 균일 지불액을 구하시오. (단, 이율은 8%이고, 연속복리로 계산)

(단위 : 원)

기간(n)	현금흐름
0	
1	5,000,000
2	4,600,000
3	4,200,000
4	3,800,000

33 어떤 사람이 매년 연간소득액에서 첫해에는 100만원을 저축하고, 그 후 9년간 매년 저축액을 20만원씩 늘려가려고 계획하고 있다고 하자. 그런데, 우리는 특별한 언급이 없는 한, 항상 기말청산의 관례를 따르므로, 현금흐름의 계열은 첫해 말부터 시작하여 마지막 금액의 저축은 10년째 기말에 이루어진다고 생각한다. 연리 8%의 복리계산할 경우, 이와 등가인 연간 균일 지불액은 얼마인가?

34 어떤 투자에 대하여 앞으로 매년 2,000원씩 7년간 수입이 발생한다. 처음 2년간은 이율이 15%가 될 것으로 예상하나 그 후 5년간은 10%가 될 것으로 예상된다. 이 투자안의 현가를 구하라.

35 다음 그림을 보고 연간 이율이 5%일 때 1995년도에 일시불로 1,000원을 지불한 것에 대한 현금흐름에 대하여 (1), (2), (3), (4), (5)에서의 등가를 계산하시오. 단, 그림에서 작은 원은 균일 지불액, 타원은 현가 혹은 미래가를 나타낸다.

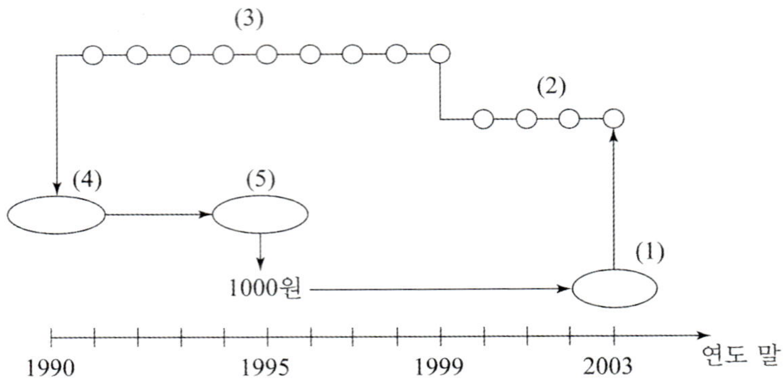

36 통상적으로 우리가 운행에 매월 일정액을 불입한 후 만기가 되면 정해진 목돈을 찾는 적기적금을 들면, 적금계약을 체결하는 즉시 월불입액의 1회분을 지불하고 마지막 불입금을 낸 다음 한 달 후 정해진 금액을 찾게 된다. 즉, 보통의 균일지급 현금흐름보다 한 달씩 매월의 지불시점이 빠르다. 이 경우를 가정하여 1년 뒤에 500만원을 찾으려면 매달의 불입은 얼마씩 내어야 할지를 결정하라, 단, 이자는 매월 0.5% 복리계산한다고 가정하라.

37 기간별 이율을 8%라 할 때 다음 현금흐름과 등가인 균일 지불현금흐름의 균일지불액을 구하시오.

(단위 : 천원)

기간 말	0	1	2	3	4	5	6	7	8	9	10
현금흐름	200	220	240	260	280	300	280	260	240	220	200

38 어떤 사업의 수명기간 동안의 지출에 대한 현금흐름은 다음 표와 같다. 수입은 1년 말에 4천만원이 발생하고 그 후 5년 말까지 매년 전년도의 10%씩 증가할 것으로 예상된다. 명목이율 10%의 연속복리를 적용하여 이 사업과 등가인 현가를 구하라

(단위 : 백만원)

연말	0	1	2	3	4	5
지출	−100	0	−50	0	−50	0

39 명목이율 8%로 분기마다 200만원의 이자를 지급하는 액면가 1억원의 채권을 지금 8천만원에 살 수 있다. 5년 후에 만기가 된다고 할 때 이 채권의 만기수익률은 얼마인가?

40 5년 동안, 연 12%의 할부 대부로 1,000만원을 빌려 매년 일정 금액씩 5년간 상환하기로 한 경우 매번 상환액을 계산하고, 매 상환액 중 원금상환액와 이자지불액를 표로 나타내 보시오.

41 액면가 1원인 채권의 시장가격이 1억 2천만원이다. 이 채권은 10년 후 만기가 되고, 연리 10%로 반년마다 이자가 지급된다고 할 때 유통수익률과 만기수익률을 구하라.

42 어떤 사람이 투자대비 10%의 수익만 보장된다면 채권에 투자하려고 한다. 그는 지금 15년 만기에 이율 9%인 액면가 5,000만원에 대한 채권에 최대 얼마까지 지불할 수 있을까? 단, 이자는 매년 지급하는 형태이다.

43 어떤 기계설비 판매자가 수명이 10년인 기계를 설치하면 매년 120만원의 연료비를 절감시킬 수 있다고 한다. 이율이 연리 10%일 때 이런 투자를 할 만한 경제적 타당성이 있기 위해 기계설비 가격은 얼마 이하이어야 하는가?

44 어떤 사람이 가재도구를 100만원에 구입하고자 한다. 만약 구입조건이 연리 20%인 이자계상 대부(add-on loan)이고, 대금지불은 일 년 동안 매월 말 이루어진다고 할 경우, 매월 지불해야 할 액수는 얼마인가?

45 어떤 사람이 자동차를 구입하기 위하여 1,200만원을 빌렸다. 조건은 48개월 동안 매월 27만원씩 지불해야 하고 마지막 지불 이후의 대부잔액은 한 번에 지불해야 한다. 이 대부의 연간 실질이율은 20%로 매월 복리계산된다. 이때 대부기간 마지막에 지불되는 금액과 명목이율을 구하시오.

46 어떤 사람이 명목이율 20%로 6개월마다 복리 계산하는 조건으로 1,000만원을 빌리고 향후 5년간 6개월마다 일정액을 갚기로 하였다. 다음에 답하라.

1) 매회 갚아야 할 돈은 얼마인가?
2) 4회째 갚는 돈 중 원금을 갚은 부분은 얼마인가?
3) 4회째 돈을 지불하고 난 직후의 미지불 잔액(remaining balance)은 얼마인가?

4) 만약 이자계산을 연속복리로 하기로 하고 돈은 매년 말 일정액수를 갚기로 했다면 2년 말에 돈을 지불하고 난 직후의 미지불 잔액을 계산하시오.

47 회사의 자동화 장비를 구입하려고 한다. 회사는 그 장비를 구입하기 위해 자금을 차용하기로 하였다. 차용 조건은 연리 8%로 10년 동안 매 분기별 상환하여 매월 복리계산하기로 하였다. 장비의 가격은 5,000만원이다.

1) 분기별 실질이율을 구하시오.
2) 연간 실질이율을 구하시오.
3) 분기별 상환 금액을 구하시오.
4) 12분기 직후, 나머지 전액을 상환하는 것이 유리하다고 판단되었다. 얼마를 상환하면 되는가?
5) 12분기까지 지불한 이자는 얼마인가?

48 명목이율 12%로 은행에서 매월 복리계산하는 조건으로 3,000만원을 빌리고 다음 달 말부터 매월 일정액을 36회에 걸쳐 은행에 납입하기로 하고 대부계약을 체결하였다

1) 매월 지불해야 하는 금액은 얼마인가?
2) 12회째 지불한 금액 중 원금을 갚은 부분은 얼마인가?
3) 12회째까지 돈을 납입한 직후 남은 대부잔액을 청산하고자 한다면 얼마를 내야 하는가?

49 어떤 탄광의 매입을 고려하고 있는 사람이 있다. 이 탄광의 잔여수명은 5년으로 보고 있으며 올해의 총 생산수입은 10억이 될 것으로 예상되지만 앞으로 매년 생산량은 10%씩 줄 것으로 예상되고, 석탄의 시장가격은 매년 5%씩 오를 것으로 예상된다. 이 탄광으로부터 앞으로 벌어들일 수 있는 총 생산수입의 현재가치를 구하라. 단 이율은 연리 15%이다.

50 어떤 사람에게 돈을 빌려 주려고 한다. 그들은 다음과 같은 두 가지 상환 계획을 제시하였다 : 연간 이율은 10%라고 가정한다.

계획 1 : 1년 후 처음 상환액 $F1$=200만원, 다음 해부터는 9년 동안 매년 10만원씩 증가시켜 상환한다.

계획 2 : 1년 후 처음 상환액은 150만원, 다음 해부터는 9년 동안 매년 전년도보다 15% 증가된 금액을 상환한다.

1) 두 가지 상환 계획 중 어느 것이 더 좋은가?
   경제적인 관점에서 그 이유를 쓰시오.
2) 실제로 매 기간 동일한 자금이 상환되는 경우가 훨씬 더 관리하기가 편하다.
   10년 동안 어떤 등가지불이 계획2와 동등한가? 이율은 10%로 가정한다.

2 section

현금흐름과 등가계산

제4장 인플레이션을 고려한 등가계산

학습내용

세계 어느 나라를 막론하고 인플레이션 또는 디플레이션이 끊임없이 일어나고 있으며 이로 인하여 통화의 구매력도 끊임없이 하락하거나 상승하고 있다. 돈의 시간적 가치를 적절히 고려하기 위해서는 통화의 수익력뿐만 아니라 구매력도 올바로 반영시키는 것이 중요하다. 특히 경제성 분석에서는 미래의 현금흐름에 대한 많은 예측 자료가 현재의 화폐가치 기준으로 제공되는 경우가 종종 있는데 이러한 경우에 적용할 수 있는 분석 방법을 이해하면 경제성 분석을 훨씬 간편하게 할 수 있을 뿐만 아니라 분석하고자 하는 대상의 경제적 특성을 더 명확히 파악할 수 있다. 본 장에서는 현금흐름을 분석하는 데 있어서 화폐의 구매력을 고려한 등가 계산 방법에 대하여 설명한다.

학습목표

1) 인플레이션과 구매력의 관계를 설명할 수 있다
2) 현실화폐가치와 불편화폐가치의 개념을 이해하고 두 개념의 관계를 설명할 수 있다.
3) 시장이율, 실이율, 인플레이션율 사이의 관계를 설명할 수 있다.
4) 불변화폐가치로 표현된 현금흐름에 대한 경제적 등가를 계산할 수 있다.

제4장 인플레이션을 고려한 등가계산

4.1 인플레이션과 구매력

인플레이션(inflation)이란 상품 거래량에 비하여 통화량이 과잉 증가함으로써 물가는 오르고 화폐 가치가 떨어지는 현상을 말한다. 인플레이션의 발생원인은 과잉투자, 적자재정, 화폐남발, 극도의 수출초과, 생산비의 증가, 유효수요의 확대 등을 들 수 있으며, 이에 대한 타개책으로는 소비억제, 저축장려, 통화량 수축, 생산증가, 투자억제, 대부억제, 매점 · 매석 · 폭리의 단속 등이 있을 수 있다.

인플레이션은 광범위한 초과수요가 존재하는 상태 인데 비하여 디플레이션(deflation)은 광범위한 초과공급이 존재하는 상태이다. 인플레이션은 물가상승을 가져오지만 디플레이션은 물가하락을 가져온다. 즉, 생산과잉에서 공급과잉이 되는 상태가 디플레이션이다. 일반적으로 공급이 수요보다 많으면 물가는 내리고 기업의 수익은 감소하든지 결손을 내기 때문에 불황을 맞이하게 된다. 디플레이션은 돈과 물건과의 관계에서 보면 통화량이 물자의 유통량보다 적은 상태로 되어 있다(매일경제 용어사전).

이러한 인플레이션과 디플레이션을 측정하는 척도로 대표적인 것이 소비자 물가지수(Consumer Price Index: CPI)와 생산자 물가지수(Producer Price Index: PPI)이다. 소비자 물가지수는 일반 도시가구가 소비생활을 영위하기 위하여 구입하는 각종 상품과 서비스의 가격 변동을 종합적으로 파악하기 위하여 작성되는 지표로, 소비자가 일정한 생활수준을 유지하는 데 필요한 소득 또는 소비금액의 변동을 나타내기 때문에 소비자의 구매력과 생계비 등의 측정에 사용되며 매년 근로자들의 임금인상 기초자료로도 이용되고 있다.

생산자 물가지수는 국내시장의 제1차 거래단계에서 기업 상호 간에 거래되는 상품과 서비스의 평균적인 가격변동을 측정하기 위하여 작성되는 물가지수로서 그 대상품목의 포괄범위가 넓어 전반적인 상품과 서비스의 수급 동향이 반영된 일반적인 물가수준의 변동을 측정할 수 있다.

이 장에서는 인플레이션에 따른 화폐의 구매력 변화를 이해하고, 이를 고려한 등가계산 방법에 대하여 알아보고자 한다.

인플레이션은 화폐의 구매력의 변화를 가져온다. 예를 들어 어떤 사람이 향후 5년간 연 15%의 복리로 현재 100만원을 투자하여 5년째 말이 되는 시점에 찾게 되면 원리금 합계 금액은 다음과 같다.

$$F = 1,000,000(F/P, 15\%, 5) = FV(15\%, 5, , -1000000) = 2,011,000\text{원}$$

예를 들어 현재 하숙비가 월 25만원이라고 4개월 동안의 하숙비를 지불할 수 있지만 하숙비가 매년 10%씩 오른다면 5년 말이 되는 시점에서의 하숙비는

$$F = 250,000(F/P, 10\%, 5) = FV(10\%, 5, , -250000) = 402,750\text{원}$$

이 될 것이다. 즉 5년 후에 찾게 되는 저축 금액은 액면가로는 지금의 두 배가 넘지만 구매력으로 보면 약 5개월 치 하숙비에 약간 못 미치는 금액이 되는 것을 알 수 있다. 이는 돈의 시간적 가치를 구성하는 중요한 요소 중의 하나가 구매력의 변화이며 이러한 영향을 감안하면 순수한 수익력의 효과는 이율만을 고려한 것과 많이 차이가 있다는 것을 보여주고 있다.

화폐의 구매력 변화에 대한 다른 예로 라면 값을 들 수 있다. 1963년 우리나라 최초의 라면 값은 10원이었지만, 1970년에는 20원, 1981년에는 100원, 1994년에는 300원으로 올랐고, 2000년에 400원, 2017년에는 800원까지 올랐다. 이렇듯 1,000원으로 1963년에는 라면 10개를 살 수 있었지만 지금은 1개밖에 사지 못할 정도로 물가가 상승하고 구매력이 떨어졌음을 알 수 있다.

이와 같이 시간에 따른 가격변동을 측정하기 위해 사용하는 척도가 물가지수이다. 여기서 물가지수란 어떤 재화나 서비스의 특정 시점에서의 가격을 그보다 앞선 어떤 기준시점에서의 가격의 비율로 나타낸 것이다. 즉 위의 라면 예에서 1963년을 기준년도로 하여 그때의 물가지수를 100으로 놓으면($\text{물가지수}_{1963} = 100$), 2017년의 물가지수는

$$\text{물가지수}_{2017} = \frac{800\text{원}/\text{개}}{10\text{원}/\text{개}} \times 100 = 8000\%$$

이 된다. 이 지수는 2017년 가격이 1963년 가격보다 80배만큼 올랐다는 것을 의미한다. 물가지수를 결정하는 자료는 정부에 의해 수집되고 분석된다.

인플레이션율(inflation rate)이란 1년을 기준으로 전년도 대비 물가의 변동을 백분율로 나타낸 것이다. 이 비율은 복리계산의 효과를 갖는다. 즉 첫해 7%의 물가상승이 있고, 그다음 해에 10%의 물가상승이 있었다면 두 번째 해 말의 가격은 다음과 같다.

$$\text{두 번째 해 말의 가격} = \text{첫해 초의 가격}^{*}(1 + 0.07)(1 + 0.10)$$

인플레이션율(물가상승률, f)은 다음과 같이 소비자물가지수를 이용하여 계산한다.

$$t\text{년도의 인플레이션율 } f_t = \frac{CPI_t - CPI_{t-1}}{CPI_{t-1}} \tag{4.1}$$

또한 n년간의 연평균 인플레이션율($\bar{f}$)은 다음 식 (4.2)를 이용하여 구할 수 있다.

$$CPI_t(1+\bar{f})^n = CPI_{t+n} \tag{4.2}$$

예를 들어 2005년의 소비자 물가지수가 86.1이고 2015년은 109.8이라고 하면, 10년간 연평균 인플레이션율은 다음과 같다.

$$86.1(1+\bar{f})^{10} = 109.8$$

$$(1+\bar{f})^{10} = 1.275$$

$$\bar{f} = \sqrt[10]{1.275} - 1 = 2.46\%$$

따라서 2005년부터 2015년까지 연평균 2.46%의 인플레이션이 발생했음을 알 수 있다. 또한 특정 품목에 대한 평균 인플레이션율은 해당 품목에 대한 가격변화를 통해 구할 수 있다. 예를 들어 2010년에 7,000만원 하는 아파트가 2017년 현재 14,000만원이 되었다면, 아파트 가격에 대한 연평균 인플레이션율은 다음과 같이 구할 수 있다.

$$70{,}000{,}000(1+\bar{f})^7 = 140{,}000{,}000\text{원}$$

$$(1+\bar{f})^7 = 2$$

$$\bar{f} = \sqrt[7]{2} - 1 = 10.4\%$$

이와 같이 화폐의 구매력 변화는 인플레이션에 반비례하기 때문에 다음과 같은 식이 성립된다.

PP_t : t년도의 화폐의 구매력($CPI_{\text{기준}} / CPI_t$)

$\bar{k}$: 연평균 구매력 감소율

$$PP_t(1-\bar{k})^n = PP_{t+n} \tag{4.3}$$

$$(1+\bar{f}) = \frac{1}{(1-\bar{k})} \tag{4.4}$$

이 성립된다.

예를 들어 위의 2005년부터 2015년까지 연평균 2.46%의 인플레이션에 따른 연평균 구매력 감소율은 다음과 같이 구할 수 있다.

$$(1+0.0246)=\frac{1}{(1-\bar{k})}$$

$$\bar{k}=1-\frac{1}{1+0.0246}=2.40\%$$

따라서 연평균 2.46%의 물가 상승은 연평균 2.40%의 구매력 감소와 동일한 효과가 있다.

4.2 인플레이션을 고려한 등가계산

앞에서 설명한 바와 같이 인플레이션은 구매력의 변화를 가져오며 이는 현금흐름에 있어서 상당한 영향을 미칠 수 있다. 여기서는 인플레이션과 화폐의 구매력을 감안하여 등가계산을 하는 방법에 대하여 살펴보고자 한다.

4.2.1 현실화폐가치와 불변화폐가치

인플레이션과 화폐의 구매력을 감안하여 등가계산을 하는 방법은 현실화폐가치(actual dollars)를 이용한 방법과 불변화폐가치(constant dollars)를 이용한 방법을 들 수 있다.

현실화폐가치(actual dollars, current dollars)란 현금 흐름이 발생하는 각 시점에서 화폐의 액면가를 말한다. 예를 들면 많은 사람들은 현실화폐가치로 자신의 향후 2년간의 급여를 예상한다. 이제까지 우리가 고려한 모든 등가계산에서 각 시점에서의 현금흐름은 그 시점에서의 화폐 금액에 기준을 둔 현실화폐가치로 고려하였다.

불변화폐가치(real dollars, constant dollars)란 특정 기준 연도의 화폐구매력을 기준으로 나타낸 현금흐름으로 인플레이션의 영향을 배제시켜 나타낸 것이다. 예를 들면 급격하게 변동되는 재화나 서비스의 미래 값은 일관성 있는 비교를 위해 흔히 어떤 기준연도의 물가를 기준으로 추정한다. 이때 기준 연도는 현재시점($t=0$)을 주로 설정하며, 그 외의 특정 연도를 기준으로 다른 시점의 현금흐름을 불변화폐금액으로 전환할 수도 있다.

현실화폐와 불변화폐에 대한 관계를 이해하기 위해서는 시장이율과 실이율의 개념과 그리고 이들과 인플레이션율과의 관계를 이해할 필요가 있다.

시장이율(market interest rate: i) : 일반적으로 금융기관 등에서 표기하고 있는 이율을 나타낸다. 이 책에서 이전에 언급되었던 이율들은 모두 시장이율이며, 시장이율은 현실화폐가치로 표시된 현금흐름을 분석할 때 적용하는 이율이다.

실이율(inflation-free interest rate, real interest rate, 또는 constant-dollars interest rate: i') : 실이율은 시장이율에서 인플레이션 영향을 제거한 수익률로서 실제의 금융거래에서 사용되는 이율이 아닌 관념적 추정치이다. 인플레이션의 영향을 배제한 현금흐름, 즉 불변화폐가치로 표시된 현금흐름을 분석할 때 적용하는 이율이다.

어느 시점을 기준으로 현실화폐가치와 불변화폐가치 사이에는 다음과 같은 관계가 성립된다. 여기서 f는 n년간 연평균 인플레이션율을 나타낸다.

$$\text{불변화폐가치} = \text{현실화폐가치}\frac{1}{(1+\bar{f})^n} = \text{현실화폐가치} \times FV(f\%, m, \ , -1) \quad (4.5)$$

만약 연리 8% 연간 복리로 정기예금에 1,000만원을 적립하였을 때 연평균 10%의 인플레이션이 발생한다고 가정하자. 5년째 말에 받게 되는 원리금 합계액은 다음과 같다.

$$F = 1{,}000\text{만} \times (F/P, 8\%, 5) = FV(8\%, 5, -1000\text{만}) = 1{,}469\text{만원}$$

이것은 화폐의 액면가를 가지고 계산한 현실화폐가치로 계산한 결과이다. 이것을 현시점($t=0$)의 구매력으로 나타낸 불변화폐가치로 환산한다면,

$$1{,}469\text{만}\frac{1}{(1+0.1)^5} = 1{,}496\text{만}(P/F, 10\%, 5) = PV(10\%, 5, , -1496\text{만}) = 912\text{만원}$$

이 된다. 이는 인플레이션율이 시장이율보다 높기 때문에, 5년 후에 받게 되는 1,469만원은 현재를 기준으로 할 경우 원금 1,000만원보다 적은 912만원 정도의 가치밖에 안 된다는 것을 보여주고 있다.

이렇듯이 불변화폐가치는 어느 시점(k)을 기준으로 그 이후의 인플레이션 영향을 고려하지 않은 k시점에서의 화폐가치로 나타낸다.

그림 4.2는 현실화폐가치(F)와 불변화폐가치(F') 관계에서 앞서 언급한 시장이율(i), 실이율(i'), 그리고 인플레이션율(f)이 서로 어떤 관계가 있는지를 나타내고 있다. 현실화폐가치를 불변화폐가치로 전환하고자 하거나 또는 그 반대를 원할 때에는 인플레이션율을 고려하여야 한다. 현실화폐가치를 이용하여 등가를 계산할 때에는 시장이율 i를 적용하고, 불변화폐가치를 이용하여 등가를 계산할 때에는 인플레이션 영향을 배제한 실이율 i'을 적용해야 한다.

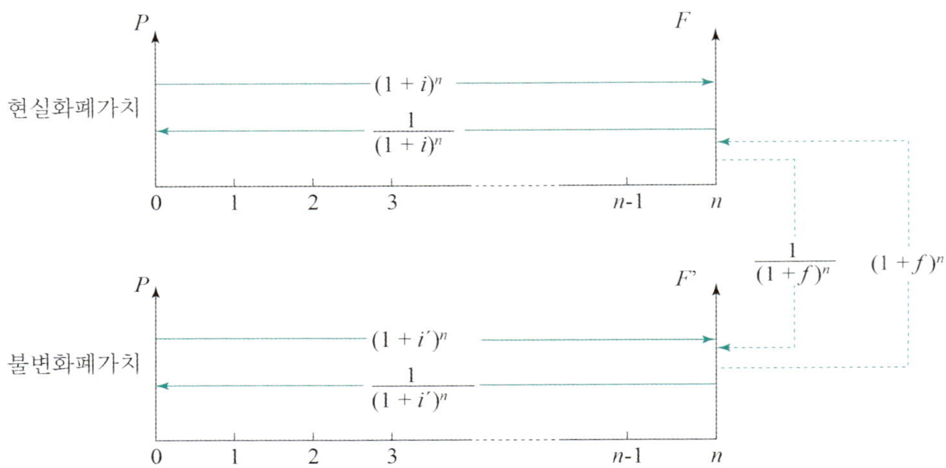

그림 4.2 현실화폐가치와 불변화폐가치 및 인플레이션율의 관계

한편 현실화폐가치로 계산한 등가와 불변화폐가치로 계산한 $t = 0$ 시점에서의 가치는 언제나 같다는 사실을 이용하여 시장이율, 실이율 및 인플레이션율 간의 관계를 유도할 수 있다. 즉 그림 4.2에서 보듯이

$$P = F\frac{1}{(1+i)^n} \tag{4.6}$$

이고, 식 (4.5)에 의해

$$F' = F\frac{1}{(1+f)^n} \tag{4.7}$$

이므로, 현실화폐가치로 계산한 현가와 불변화폐가치로 계산한 현가가 같다는 사실로부터,

$$P = F'\frac{1}{(1+i')^n} = F\frac{1}{(1+f)^n(1+i')^n} \tag{4.8}$$

이므로 식 (4.6)과 (4.8)로부터 다음 식이 성립한다.

$$i' = \frac{1+i}{1+f} - 1 \tag{4.9}$$

예제

지금부터 10년 후에 100만원을 받는다고 하자. 인플레이션율이 5%이고, 시장이율이 10%일 때 10년 후의 100만원에 대한 불변화폐가치 즉 $(t=0)$ 시점의 가치를 구하시오.

해답

$$F' = 1{,}000{,}000\frac{1}{(1+0.05)^{10}} = PV(5\%,\ 10,\ ,\ -1000000) = 641{,}000\text{원}$$

4.2.2 현실화폐가치와 불변화폐가치를 이용한 현금흐름 비교분석

액면가 1,000만원으로 연복리 15%의 이자를 지급하는 만기까지 4년이 남은 채권에 대한 현실화폐가치 현금흐름이 그림 4.3과 같다고 하자. 시장이율 11%, 연간 인플레이션율이 16%일 때 이 현실화폐가치의 현금흐름과 등가인 현가를 시장이율을 적용하여 계산하는 것과 현실화폐가치를 불변화폐가치로 환산하여 실이율을 적용하여 계산하는 방법이 있다.

먼저 현실화폐가치를 이용한 등가계산을 위해 시장이율 11%를 적용하여, 현가를 구하면 다음과 같다.

$$\begin{aligned} P &= 1{,}500{,}000(P/A, 11\%, 4) + 10{,}000{,}000(P/F, 11\%, 4) \\ &= 1{,}500{,}000 \times PV(11\%,\ 4,\ -1) + 10{,}000{,}000 \times PV(11\%,\ 4,\ ,\ -1) \\ &= 11{,}241{,}000\text{원} \end{aligned}$$

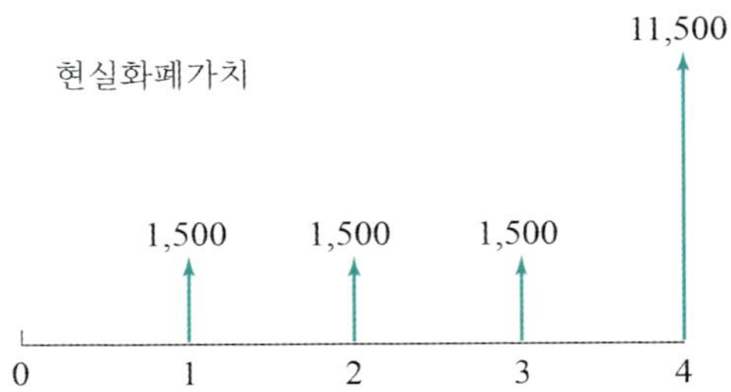

그림 4.3 **현실화폐가치 현금흐름도**(단위 : 천원)

그림 4.3의 현금흐름을 시점 $t=0$의 화폐가치인 불변화폐가치는 인플레이션율을 고려하여 계산하면 다음과 같다.

$$F_1{}' = 1,500,000\frac{1}{1.16} = 1,293,000\text{원}$$

$$F_2{}' = 1,500,000\frac{1}{1.16^2} = 1,115,000\text{원}$$

$$F_3{}' = 1,500,000\frac{1}{1.16^3} = 961,000\text{원}$$

$$F_4{}' = 11,500,000\frac{1}{1.16^4} = 6,351,000\text{원}$$

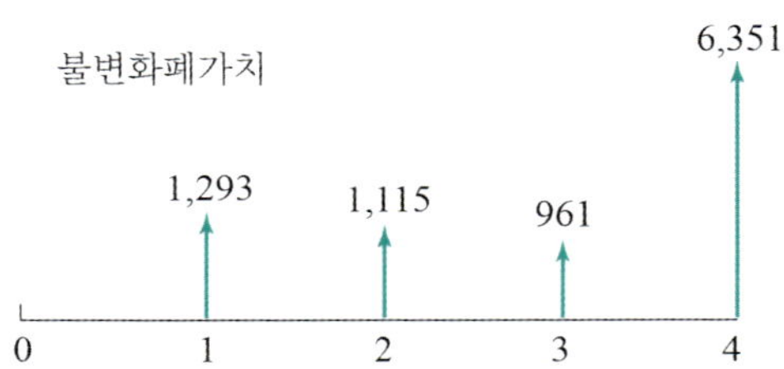

그림 4.4 **그림 4.3에 대한 불변화폐가치 현금흐름도**(단위 : 천원)

따라서 불변화폐가치로 현금흐름을 환산하면, 현실화폐가치기준일 때 균일지불 현금흐름이 인플레이션의 영향으로 구매력이 감소되어 불변화폐가치로는 시간이 갈수록 감소하는 현금흐름이 된다. 따라서 4년 후에 받게 되는 1,150만원은 현 시점에서의 가치로 보면 635.1만원의 가치밖에 되지 않는다는 것을 알 수 있다.

이러한 불변화폐가치의 현금흐름으로부터 등가인의 현가를 구해도 앞에서 구한 현실화폐가치 기준일 때의 현가와 동일하다. 즉, 불변화폐가치를 이용하여 등가를 계산할 때에는 실이율 i'을

적용하여야 하므로

$$i' = \frac{1+0.11}{1+0.16} - 1 = -4.31\%$$

이 경우에는 실이율이 마이너스인데, 이것은 인플레이션율이 시장이율보다 높기 때문이다. 이를 적용하여 불변화폐가치 현금흐름에 대한 현가를 구하면, 다음과 같이 현실화폐가치 기준일 때와 동일한 결과를 얻게 됨을 알 수 있다.

$$\begin{aligned} P =& \ 1,293,000(P/F, -4.31\%, 1) + 1,115,000(P/F, -4.31\%, 2) \\ & + 961,000(P/F, -4.31\%, 3) + 6,351,000(P/F, -4.31\%, 4) \\ =& \ 11,241,000\text{원} \end{aligned}$$

예제

50세인 사람이 65세 정년퇴직 후에 현재 화폐기준으로 연간 1,000만원은 있어야 안정된 생활을 할 수 있을 것이라고 생각하고 있다. 앞으로 연평균 인플레이션율은 6%, 여금에 대한 연평균 이율은 8%가 정도가 될 것으로 추정하고 있다. 이 사람이 퇴직 후 5년간 안정된 생활을 하기 위해서는 정년 퇴직 시까지 앞으로 매년말 얼마씩 일정하게 저축하면 되는가?

해답 이 문제에 대한 현금흐름도를 그리면 다음과 같다. 이때 시점 0에서 15년 말까지의 연간 저축 금액 A는 현실화폐가치로 표시하고, 16년 이후의 현금흐름은 불변화폐가치로 나타내었다. 문제 해결 방법은 현금흐름을 현실화폐가치 혹은 불변화폐가치로 동일하게 하여 분석하여야 한다. 따라서,

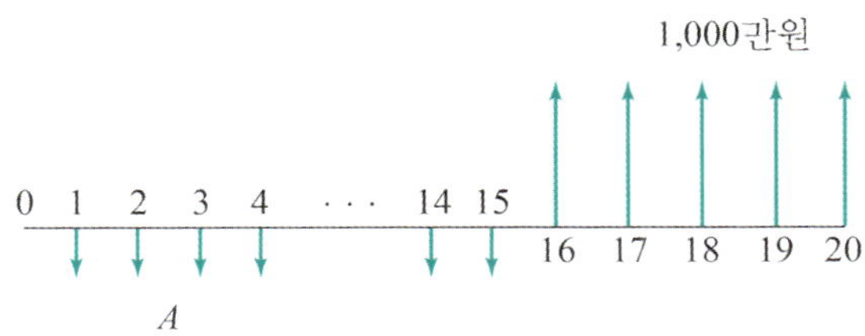

1) 16년째 말부터 5년간의 1,000만은 불편화폐가치로 나타낸 것이드로 필요 자금을 15년 말의 불변화폐가치로 환산하기 위해서는 먼저 실이율 i'을 계산하여야 한다. 즉

$$i' = \frac{1+0.08}{1+0.06} - 1 = 0.0189$$

따라서

$$F_{15}' = 1000\text{만}(P/A,\ 1.89\%,\ 5) = PV(0.0189,\ 5,\ -1000\text{만}) = 4{,}729\text{만원}$$

이를 인플레이션을 고려하여 현실화폐가치로 환산하면

$$F_{15} = 4{,}729\text{만}(F/P,\ 6\%,\ 15) = FV(6\%,\ 15,\ \ ,-4729\text{만}) = 11{,}333\text{만원}$$

이제 균일지불적립기금계수$(A/F,\ i,\ n)$을 사용하여 저축금액 A를 계산하면 다음과 같다.

$$A = 11{,}333\text{만} \times (A/F,\ 8\%,\ 15) = \mathrm{PMT}(8\%,\ 15,\ ,\ -11333\text{만}) = 417\text{만원}$$

2) 16년 말 이후의 현금흐름을 모두 현실화폐가치로 환산하여 현금흐름도를 나타내면 다음과 같다.

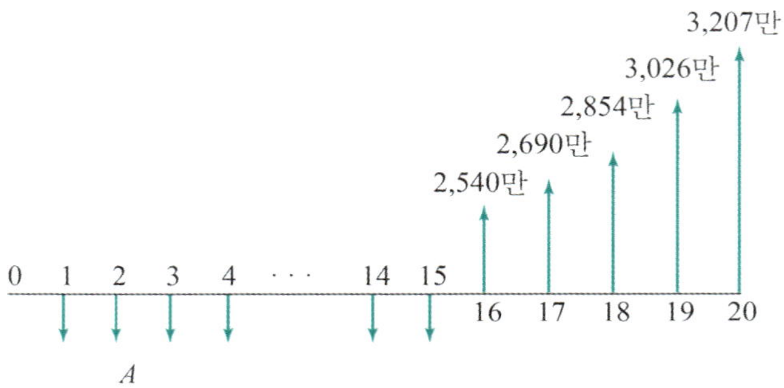

따라서 15년 말을 기준으로 저축한 금액과 그 이후 찾아 쓰는 금액이 동일하여야 하므로 다음 식이 성립한다.

$$A(F/A,8\%,15) = 2540(P/F,\ 8\%,\ 1) + 2693(P/F,\ 8\%,\ 2) + \cdots + \quad 3270(P/F,8\%,5)$$
$$= PV(8\%,\ 1,\ ,\ -2540) + PV(8\%,2,,-2693) + \cdots + PV(8\%,\ 5,\ ,\ -3207)$$

로부터 $A = 417$만원을 구할 수 있다.

	A	B	C	D	E
1		현금흐름		P_{15}(1.89%)	P_{15}(6%)
2	연도	(불변)	(현실)	(불변)	(현실)
3	0				
4	1	-417			
5	2	-417			
6	3	-417			
7	4	-417			
8	5	-417			
9	6	-417			
10	7	-417			
11	8	-417			
12	9	-417			
13	10	-417			
14	11	-417			
15	12	-417			
16	13	-417			
17	14	-417			
18	15	-417		-4,729	11,333
19	16	1000	2,540		
20	17	1000	2,693		
21	18	1000	2,854		
22	19	1000	3,026		
23	20	1000	3,207		

	A	B	C	D	E
1		현금흐름		P_{15}(1.89%)	P_{15}(6%)
2	연도	(불변)	(현실)	(불변)	(현실)
3	0				
4	1	=PMT(0.08,15,,E18)			
5	2	=$B$4			
6	3	=$B$4			
7	4	=$B$4			
8	5	=$B$4			
9	6	=$B$4			
10	7	=$B$4			
11	8	=$B$4			
12	9	=$B$4			
13	10	=$B$4			
14	11	=$B$4			
15	12	=$B$4			
16	13	=$B$4			
17	14	=$B$4			
18	15	=$B$4		=PV(0.0189,5,1000)	=NPV(0.08,C19:C23)
19	16	1000	=FV(0.06,A19,,-B19)		
20	17	1000	=FV(0.06,A20,,-B20)		
21	18	1000	=FV(0.06,A21,,-B21)		
22	19	1000	=FV(0.06,A22,,-B22)		
23	20	1000	=FV(0.06,A23,,-B23)		

4.3 현금흐름 요소마다 인플레이션이 다른 경우

공학적 제안에 대한 경제성 평가에 있어서, 현금흐름을 구성하는 요소별로 서로 다른 인플레이션율이 적용되는 경우가 많이 있다. 즉, 어떤 자재는 가격이 일정한 반면, 어떤 자재는 매년 가격이 상승하는 경우가 있으며, 특히 인건비와 간접비는 서로 다른 비율로 인플레이션이 발생하는 경우가 많다.

이러한 경우 서로 다른 인플레이션율은 경제성 분석에 있어서 각 현금흐름을 구성하는 요소별로 적절히 반영되어 고려되어야 한다. 다시 말하면, 요소별로 서로 다른 인플레이션율을 적절히 반영시키기 위해서는 현실화폐가치로 각 요소에 대한 현금흐름을 전환시킨 후, 이들을 종합하여 현실화폐가치로 전체적인 현금흐름을 구하여야 한다.

표 4.2 불변화폐가치 기준의 현금흐름 (단위 : 천원)

연말	연간현금흐름(불변화폐가치기준)				
	투자비용	판매수입	인건비	자재1 비용	자재2 비용
0	−300,000				
1		200,000	−50,000	−10,000	−5,000
2		200,000	−50,000	−10 000	−5,000
3	15,000	200,000	−50,000	−10,000	−5,000

예를 들어 어느 회사가 새로운 제품을 생산할 계획을 가지고 있으며, 이를 위한 설비투자 및 운영에 대한 현가를 구하고자 한다고 가정하자. 이 생산은 앞으로 3년간 지속될 것이고 현재가치 기준으로 앞으로 발생할 현금흐름은 표 4.2와 같다고 가정한다. 또 설비의 잔존가치는 연 2%씩 가격이 상승될 것으로 예상되고, 판매수익의 인플레이션율은 5%가 될 것으로 보고 있고, 인건비와 자재2의 상승률은 각각 연 8%와 4%로 예상되며, 자재1은 3년간 안정된 가격으로 공급받을 수 있을 것으로 본다고 가정한다. 그리고 시장이율은 15%로 가정한다.

각 요소별로 서로 다른 인플레이션율을 적용하여 표 4.2의 현금흐름을 현실화폐가치의 현금흐름으로 전환시키면 표 4.3과 같다. 따라서 위 예제에 대한 현금흐름과 등가인 현가는 다음과 같다.

$$P = -300,000,000 + 140,800,000(P/F,\ 15\%,\ 1) + 146,772,000(P/F,\ 15\%,\ 2) + 168,833,000(P/F,\ 15\%,\ 3) = 44,436,000\text{원}$$

표 4.3 현실화폐가치 기준의 현금흐름

(단위 : 천원)

연말	연간현금흐름(현실화폐가치기준)					
	투자비용(2%)	판매수입(5%)	인건비(8%)	자재1 비용(0%)	자재2 비용(4%)	연간 합계
0	−300,000					−300,000
1		$200,000(1.05) = 210,000$	$-50,000(1.08) = -54,000$	−10,000	$-5,000(1.04) = -5,200$	140,800
2		$200,000(1.05)^2 = 220,500$	$-50,000(1.08)^2 = -58,320$	−10,000	$-5,000(1.04)^2 = -5,408$	146,772
3	$15,000(1.02)^3 = 15,918$	$200,000(1.05)^3 = 231,525$	$-50,000(1.08)^3 = -62,986$	−10,000	$-5,000(1.04)^3 = -5,624$	168,833

연습문제

01 인플레이션의 발생원인과 해결책을 제시하시오.

02 현실화폐가치와 불변화폐가치의 개념을 설명하시오.

03 시장이율과 실질이율의 차이점에 대하여 설명하시오.

04 다음 기간에 대하여 표 4.1을 이용하여 연평균 인플레이션율을 구하시오.

1) 1983년부터 2002년까지
2) 1988년부터 2002년까지
3) 1992년부터 2002년까지

05 표 4.1의 인플레이션율을 이용하여 다음 각 항의 현실화폐가치에 대하여 1990년을 기준으로 한 불변화폐가치를 구하시오.

1) 1992년의 1,000만원
2) 1995년의 1,000만원
3) 1998년의 1,000만원

06 표 4.1에서 1995년부터 2000년까지 연평균 화폐구매력 감소율을 구하시오.

07 다음 각 항에 주어진 이율과 인플레이션율을 이용하여 실이율을 구하시오.

1) $i=10\%$, $f=5\%$
2) $i=5\%$, $f=5\%$
3) $i=5\%$, $f=10\%$
4) 위의 각 실질이율이 주어진 이율과 인플레이션율에 따라 어떤 결과를 나타내는지 설명하시오.

08 연간 인플레이션율이 11%일 때 현재의 1,000만원이 갖는 구매력이 20년 후에도 갈도록 하려면 20년 후에 얼마의 금액이 되어야 하는가?

09 어떤 선진국에서 연간 인플레이션율이 3%이다. 30년 후의 지불액 500만원과 등가인 불변화폐가치를 구하라(불변화폐가치의 기준연도는 현재임).

10 J사가 설립되면서 향후 3년간 매년 말에 500만원씩 투자받기로 되어 있다. 연간 인플레이션율은 6.5%로 예상되며, 2년째를 불변화폐가치의 기준연도로 할 때 각 연도의 현실화폐가치를 불변화폐가치로 변환하여 표로 나타내시오.

11 어떤 사람이 5년 후에 퇴직하게 되면 퇴직금 1억원을 받게 된다. 이 기간 동안에 평균 인플레이션율은 11%로 예상되며 4년 전을 불변화폐가치의 기준 연도로 할 때 이 지불액과 등가인 불변화폐가치를 계산해 보시오.

12 7년 동안의 실질이율이 6.5%이고, 인플레이션율이 −5%일 때 이 기간 동안의 시장이율을 구하시오.

13 어떤 학생이 졸업 후 새 직장으로부터 연봉 1,800만원을 제의받았다. 이 학생의 봉급은 향후 30년간 매년 8%씩 실질상승을 할 것이고, 이 기간 동안에는 매년 7%의 인플레이션이 예상된다. 시장이율이 연 12%일 때 30년째의 연봉은 현재 기준으로 얼마인지를 구하시오.

14 어떤 사람이 특장차를 구입하면서 첫해 말에 1,000만원을 지불하고, 그 후 지불액은 5년 동안 매년 5%씩 증가하는 것으로 계약이 되어 있다. 실질이율이 매년 4%이고, 이 기간 동안 연간 인플레이션이 8%일 때 불변화폐가치로 등가인 현가를 구하시오.

15 위성TV 회사에서 1년분 요금을 미리 내면 내후년까지 요금을 내지 않아도 된다고 제안했다. 또 다른 제안으로 12개월 매월 일정액을 납부하고, 그 후의 요금지불은 첫 번째 경우처럼 아무런 요금을 내지 않아도 된다고 한다. 연리 8% 월 복리로 계산할 때, 매달 어떤 인플레이션율에 대하여 신청자가 두 가지 선택에 대하여 전혀 차이를 느끼지 않게 되는가? 또한 실제 인플레이션율이 계산된 인플레이션율보다 크게 되면 어떤 선택이 유리한가?

16 다음의 각 사항에 대하여 그 이유를 간략히 설명하시오.

1) 만약 30년간 장기대출을 받아 매월 100만원씩 갚아 나간다면, 첫 번째 내는 100만원보다 20년 후 내는 100만원이 실질적으로 느끼는 지불금에 대한 부담이 훨씬 적다.
2) 불변화폐가치를 기준으로 사업예산을 세우게 되면, 추후 예산부족 현상이 생길 수 있다.

17 J와 M은 4년 후 결혼할 예정이며 유럽으로 신혼여행을 떠나기 위해 지금부터 함께 비용을 적립하려고 한다. 현재 은행 금리는 연 8%인데, 앞으로 2년 후에는 6%로 인하된다고 하며, 매 분기별로 이자가 계산된다고 한다. 여행사에 알아보니 유럽여행은 현재 금액으로 500만원이 들 것으로 예상되며, 4년 후까지 매년 5% 정도씩 가격이 상승할 것이라고 한다. J와 M은 앞으로 매년 말 얼마씩 균일하게 은행에 적립해야 하는가?

18 민수는 졸업 후 IT관련 벤처회사를 차렸다. 사업계획을 세우기 위해 앞으로 3년간 회사의 운영비 등을 포함한 지출과 수입을 다음 표와 같이 예상하였다. 은행에서는 현실화폐가치를 기

준으로 현시점의 현가만큼 대출해 줄 수 있다고 말하고 있다. 은행 이율은 연리 6% 연복리이고 연간 인플레이션율이 5%라면 은행으로부터 대출받을 수 있는 금액은 모두 얼마인가?다음 표는 불법화폐가치로 나타낸 연간현금흐름이다.

(단위 : 백만원)

연말	연말수입(5%)	연말지출(5%)
0	0	150
1	50	150
2	300	150
3	1,000	300

19 액면가 500만원짜리 연리 10%의 이자를 지급하는 만기까지 3년 남은 채권에 대한 현금흐름을 그리고, 불변화폐가치를 이용하여 현가를 구하시오. 이때 시장이율은 8%이고, 만기까지 연평균 인플레이션율은 3.846%로 가정하여라.

20 어떤 사람이 퇴직 후의 생활을 위해 연금에 가입하고자 한다. 이 사람은 20년 후 퇴직할 예정이며, 퇴직 후 21년부터 30년 말까지 10년 동안 매년 말 현재의 200만원에 해당되는 금액(불변화폐가치 기준)을 연금으로 받고자 한다. 연금적립 이율은 연 10%이고, 퇴직 후(20년 말 직후부터) 이율은 연 6.08%로 적용한다. 현재부터 모든 기간의 연평균 인플레이션율은 4%로 가정할 때, 이 사람이 앞으로 20년간 매년 말 동일한 금액으로 얼마씩 적립해야 하는지 구하시오.

21 향후 5년간 컨설팅수수료로 70만원을 받게 된다. 연간 인플레이션율이 9%이고, 불변화폐가치의 기준연도가 현재일 때, 현실화폐가치를 등가인 불변화폐가치로 환산하시오.

22 소형 전기 발전기의 운용비용은 인플레이션효과를 고려하지 않는다면, 연 1억 5천만원으로 일정할 것으로 기대된다. 최선의 예측에 의하면 실이율은 4%이고, 연간 인플레이션율은 8%이다. 만약에 발전기를 4년 더 사용한다면 다음의 각 경우에 이 운용비용의 현가는 얼마인가?

a. 현실가치금액(원) b. 불변가치금액(원)

23 K씨는 10년 뒤에 대학에 입학하게 될 아들을 위해서 대학 4년간의 학비를 저축하고자 한다. 대학 학비는 현재 불변화폐가치로 1년에 1,000만원이 소요될 것으로 예상되는데, K씨 또한

현재 불변화폐가치로 매년 일정액을 연리 12%로 저축하려 한다면, 10년 말에 K씨가 내야 할 돈의 현실 화폐가치는 얼마가 되는가? 연평균 인플레이션율은 8%라고 한다.

24 어떤 부부가 집을 구입하기 위하여 연리 12%의 연복리로 1억 1,000만원을 대출받아야 한다. 이 대여금은 30년 동안 매달 같은 액수로 갚아야 하고, 그동안 연간 평균 인플레이션율은 0.4%로 예상된다.

a. 향후 30년간 불변화폐가치로 얼마의 균일 지불액이 그 기간 동안의 현실화폐가치로의 지불액과 대등하게 될까?

b. 만일 이것이 이자 없는 대여로서, 30년 동안 매월 같은 금액을 지불해야 한다면 현실화폐가치로 월간 지불액은 얼마가 될까?

c. 만일 인플레이션율이 빌린 이율보다 높으면(말하자면 $f = 5\%/$년으로 월간복리라면) a.의 해를 구하시오.

25 어떤 가정의 겨울철 난방을 위하여 가격이 1,000만원인 보일러를 구입하려고 한다. 이 보일러는 수명이 10년이며 10년이 지난 후의 잔존가치는 없다고 한다. 이 보일러는 첫해에 100단위의 연료가 필요하나 열효율의 저하로 매년 10단위의 연료가 추가로 필요하다고 한다. 현재 연료비는 첫해에는 단위당 5,000원이지만 10%씩 단가가 상승할 것으로 예측된다. 이 가정에서는 여유자금을 모두 은행에 예치하는데 은행의 이율은 향후 10년간 15%로 유지될 것으로 예상된다. 이 가정에서 이 보일러를 구입한다고 할 경우 현재의 화폐가치를 기준으로 할 때 향후 10년간 난방을 위해 얼마씩 일정 비용을 지출하는 셈이 되겠는가?

26 어떤 투자가가 토지를 구입하기 위하여 현재 10억원을 가지고 있다. 이 토지는 향후 연간 인플레이션율 8%에 의하여 가격이 증가할 것으로 예상된다. 이 사람이 10억원을 연리 6% 이율로 다른 곳에 투자하고 그 토지는 나중에 구입할 수도 있다. 이때 투자가가 구입하려는 토지에 대한 실이율을 구하시오. 그리고 토지 구입을 미루는 것이 좋은지 아닌지를 말하시오.

section 2

현금흐름과 등가계산

제5장 세금을 고려한 등가계산

학습내용

기업이 공학프로젝트의 수행을 위해 투자하는 생산설비 등의 가치는 시간이 지나면 감소하는 것이 원칙이다. 이러한 가치하락이 직접적 현금흐름으로 나타나지는 않지만, 올바른 경제성 평가가 이루어지기 위해서는 매 기간별로 합리적인 감가상각이 이루어져야 한다. 이 장에서는 감가상각의 의미와 역할을 설명하고 다양한 감가상각법을 소개한다. 또한 감가상각은 사업기간 중 발생한 이익을 올바로 평가하는 문제와 직접 관련이 있으므로 감가상각과 소득세 간의 관계에 대하여도 설명한다.

학습목표

1) 공학프로젝트의 수행을 위해 투자하는 생산설비 등의 가치는 시간이 지나면 감소하는 개념을 학습하고 여러 가지 감가상각법을 설명할 수 있다.
2) 감가상각과 소득세의 개념을 설명할 수 있다.
3) 경제성 분석에 있어서 소득세를 납세한 후의 현금흐름을 구하여 경제적 등가를 계산할 수 있다.

제5장 세금을 고려한 등가계산

5.1 감가상각과 감모

기업이 생산을 위해 보유하고 있는 기계, 설비 등의 유형자산은 생산 활동이 진행되거나 시간이 지남에 따라 마모 또는 소모되거나 효용이 떨어져 그 가치가 감소하게 된다. 이러한 자산가치의 감소를 회계 처리함으로써 기업의 자산기록을 적절하게 유지해야 하는데 이러한 목적으로 유형자산의 원가를 자산의 사용 가능 기간 동안 적절하게 배분하여 비용으로 처리하는 절차를 감가상각(depreciation)이라고 한다. 감가상각비는 실제적인 현금 지출을 의미하는 것은 아니지만 기업의 운영에 따른 비용으로 간주하며 이는 세금계산에도 큰 영향을 끼치게 된다. 그림 5.1은 감가상각의 개념을 나타내고 있다.

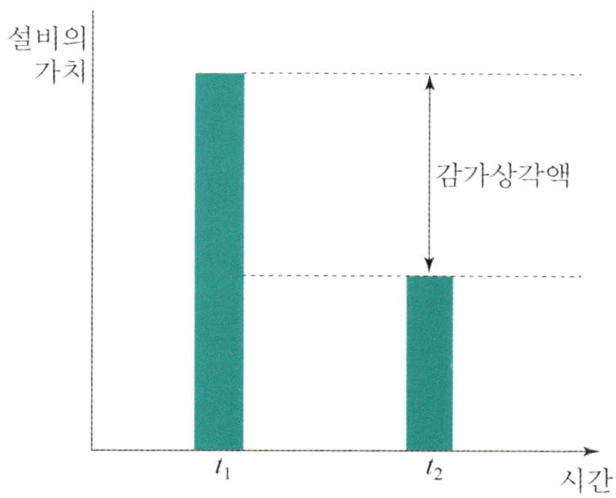

그림 5.1 감가상각

생산 활동에 따라 자산의 가치가 감소되는 것은 비단 기계나 설비에만 일어나는 것은 아니다. 광산이나 유전, 삼림자원 등의 자연자원은 생산 활동이 진행됨에 따라 고갈되게 되어 자산가치의 감소가 일어난다. 이러한 자연자원을 대상으로 하는 자산의 감소는 감가상각과 구분하여 감모(depletion)라고 부른다. 감모는 감가상각과 다른 특성을 갖고 있는데, 기계나 설비 등의 자산에 감가상각이 발생하였을 때 기업은 기존의 자산을 다른 자산으로 대체할 수 있는 데 반해 자원이 고갈되어 발생하는 감모의 경우 그러한 대체가 불가능하게 된다. 한편, 감가상각이나 감모 이외에

특허권 등의 무형자산에 대한 감가상각은 상각(amortization)이라고 하여 구분하고 있다.

감가상각의 원인은 내부적인 원인과 외부적인 원인으로 구분할 수 있다. 먼저 내부적인 원인으로서, 기계나 설비의 사용에 따른 마모 또는 사용시간의 누적에 따른 기능저하를 들 수 있다. 예를 들면 설비를 사용하여 생산 활동을 수행함으로써 설비에 대한 직접적인 훼손이 발생할 수 있으며 부품의 마모 등으로 설비의 성능이 저하될 경우 자산의 가치가 저하되게 된다. 두 번째로, 외부적인 원인은 생산설비가 시간이 지남에 따라 시장의 요구를 만족하지 못하게 되거나 새로운 생산설비가 출현함으로 인해 원래 설비의 가치가 하락되는 것이다. 이는 실제 설비의 기능저하와는 상관없이 발생하는 것으로, 예를 들면 신발을 생산하는 어떤 공장이 있다고 하고 만약 이제까지 없었던 새로운 형태의 신발이 유행하여 그 공장이 생산해 오던 신발에 대한 시장수요가 감소하였다고 가정하면 그 공장의 신발 생산설비는 기능이 정상임인데도 불구하고 그 가치가 저하된다. 또 다른 예로는, 어떤 기업에서 보유하고 있는 컴퓨터가 아직 고장이 나지 않았는데도 보다 우수한 사양을 요구하는 새로운 소프트웨어가 출연하여 기존 컴퓨터에는 설치할 수 없어 기존 컴퓨터의 가치가 하락되는 경우를 생각할 수 있다.

5.2 감가상각법

감가상각법은 자산의 취득원가와 자산의 수명이 다하여 처분할 때 받을 수 있는 잔존가치의 차이를 감가상각 대상금액으로 하여 이를 자산의 수명인 내용연수에 따라 연도별로 배분하는 방법이다.

$$\text{감가상각 대상금액} = \text{취득원가} - \text{잔존가액} \tag{5.1}$$

이 되며 이를 자산의 물리적, 기능적 요인을 감안한 합리적인 내용연수 또는 법인세법에 표시된 자산의 내용연수에 적절하게 배분하게 된다. 만약 자산을 처분할 때 제거비가 발생한다면 그만큼의 금액을 잔존가액에서 빼야 한다. 즉, 잔존가액 대신에 (잔존가액－제거비)를 적용한다. 여기서 내용연수와 잔존가액은 자산의 취득 시 추정한 것이므로 실제로는 예상과 달라질 수 있다. 그러한 차이가 발생할 경우 추후의 적절한 회계처리에 의해 수정된다.

실제 회계에서는 자산에 대한 감가상각비의 크기만큼 해당 자산계정을 직접 감소시켜 나가는 방법 대신에 자산의 계정은 취득 원가금액을 그대로 유지하되 매년 배분되는 감가상각비를 감가상각 누계액이라는 평가계정으로 누적해 나가는 방법을 사용하는 경우가 많다. 전자의 방법을 직접상각법이라고 하고 후자의 방법을 간접상각법이라고 하는데 간접 방법을 사용할 경우 어떤 시점에서 자산의 가치를 구하기 위해서는 취득원가에서 감가상각 누계액을 차감하면 된다.

5.2.1 감가상각비의 계산방법

감가상각비를 계산하기 위해서는 먼저 감가상각 대상금액을 먼저 구하고 이를 분배할 내용연수를 정해야 한다. 감각상각비의 계산방법이란 이와 같이 결정된 감가상각 대상금액을 내용연수에 분배하는 방법을 말한다. 감가상각비를 계산하는 방법에는 정액법, 정률법, 연수합계법, 감채기금법 등이 많이 사용되지만 이외에도 미국에서 주로 사용되는 가속비용회수법이 있다. 또한 생산량비례법과 앞의 방법들을 수정하거나 복합적으로 적용한 방법도 있다. 여기서 정액법, 정률법, 연수합계법, 그리고 감채기금법은 내용연수 동안 연차적으로 발생하는 감가상각의 크기가 자산의 실제 사용량과는 직접적인 관계가 없으며 오직 시간의 함수임을 가정하고 있다. 특히 정액법은 매년 발생하는 감가상각이 동일한 것으로 가정하는 반면 연수합계법과 정율법은 자산을 취득한 초기에 많은 감가상각이 일어나는 것으로 가정하고 있고 감채기금법은 이와 반대로 자산을 취득한 초기보다 말기에 많은 감가상각이 일어나는 것으로 가정하고 있다. 그림 5.2는 감가상각법별로 내용연수 동안 감가상각의 크기가 다르게 일어남에 따라 장부가액이 다르게 변화하는 것을 보여주고 있다.

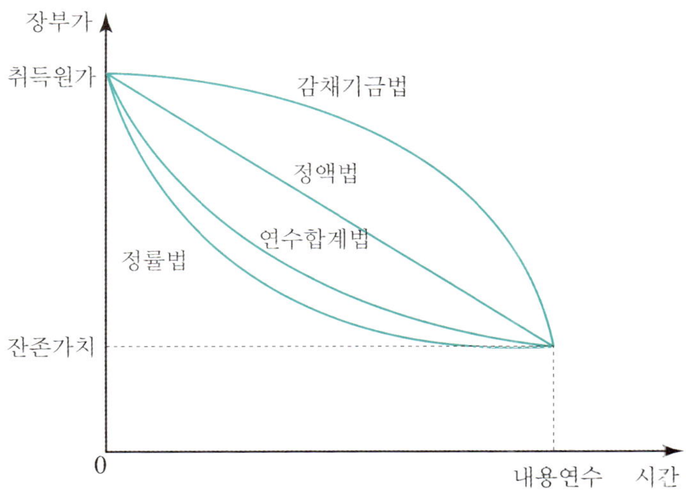

그림 5.2 감가상각법에 따른 장부가액의 변화

이와 같이 시간을 기준으로 한 감가상각법들과는 달리 생산량 비례법은 감가상각이 제품을 생산함에 따라 일어나는 것으로 보고 생산량에 비례하여 감가상각을 하는 방법으로, 특히 이 방법은 감모방법으로 적절히 이용되고 있다.

감가상각액의 계산을 위하여 다음과 같은 기호를 사용한다.

P = 자산의 취득원가

S = 자산의 예상 잔존가치

B_t = t년도말의 장부가

D_t = t년도의 감가상각액

n = 자산의 내용연수

위의 기호를 사용할 경우 각 연도의 장부가와 감가상각액은 다음과 같은 관계를 가지게 된다.

$$B_t = B_{t-1} - D_t \tag{5.2}$$

5.2.2 정액법

정액법은 내용연수 동안의 감가상각비가 동일하게 되도록 하는 방법으로 직선법이라고도 한다. 이 방법에 의하면 내용연수가 n인 자산의 연도별 감가상각액은

$$D_t = \frac{P-S}{n} \tag{5.3}$$

로 표시되며 연도별 감가상각율은 $1/n$이 된다. 따라서 각 연도 말의 장부가는

$$B_t = P - \frac{P-S}{n} \times t \tag{5.4}$$

로 계산될 수 있다. 그림 5.3는 정액법에 의한 감가상각의 개념을 나타내고 있다.

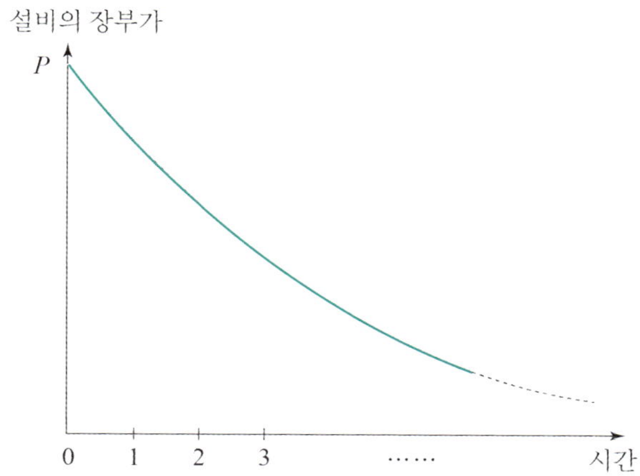

그림 5.3 정액법에 의한 감가상각

예를 들어 자산의 취득원가 $P = 6{,}000$만원, 잔존가치 $S = 1000$만원, 내용연수 $n = 5$년이라고 할 경우 연도별 감가상각액은

$$(60{,}000{,}000 - 10{,}000{,}000)/5 = 10{,}000{,}000\text{원}$$

이 되며 감가상각율은 매년 20%가 된다. 표 5.1은 연도별 감가상각액과 장부가를 나타낸 것이다.

표 5.1 정액법에 의한 감가상각의 예

연도(t)	t년도의 감가상각률(%)	t년도의 감가상각액(만원)	t년도 말 장부가(만원)
0			6,000
1	20	1,000	5,000
2	20	1,000	4,000
3	20	1,000	3,000
4	20	1,000	2,000
5	20	1,000	1,000

표 5.1에서 보듯이 내용연수의 마지막 연도 말의 자산의 장부가는 자산의 잔존가치와 동일해짐을 알 수 있다. 정액법의 장점은 감가상각액의 계산이 간단하다는 것이다.

한편 엑셀 재무함수 SLN(cost, salvage, life) 함수를 사용하여 정액법에 의해 각 기간별 감가상각액을 구할 수 있다. 여기서, cost는 취득가격, salvage는 잔존가치, life는 수명(경제적 수명)을 뜻한다. 예를 들어, 수명이 7년인 장비를 500만원에 구입하였고, 7년 후의 잔존가치가 구입가격의

10%라고 추정될 경우의 연간 정액법으로 계산한 감가상각액은 다음과 같이 구할 수 있다.

$$SLN(5000000,\ 500000, 7)$$

	A	B	C	D
1	취득원가(P)	₩5,000,000		
2	잔존가치(S)	₩500,000		
3	수명(n)	7		
4				
5	연도	감가상각비	감가상각누계액	장부가
6	0	₩0		
7	1	₩642,857	₩642,857	₩4,357,143
8	2	₩642,857	₩1,285,714	₩3,714,286
9	3	₩642,857	₩1,928,571	₩3,071,429
10	4	₩642,857	₩2,571,429	₩2,428,571
11	5	₩642,857	₩3,214,286	₩1,785,714
12	6	₩642,857	₩3,857,143	₩1,142,857
13	7	₩642,857	₩4,500,000	₩500,000

	A	B	C	D
1	취득원가(P)	5000000		
2	잔존가치(S)	500000		
3	수명(n)	7		
4				
5	연도	감가상각비	감가상각누계액	장부가
6	0	0		
7	1	=SLN($B$1,$B$2,$B$3)	=B7	=B1-B7
8	2	=SLN($B$1,$B$2,$B$3)	=C7+B8	=D7-B8
9	3	=SLN($B$1,$B$2,$B$3)	=C8+B9	=D8-B9
10	4	=SLN($B$1,$B$2,$B$3)	=C9+B10	=D9-B10
11	5	=SLN($B$1,$B$2,$B$3)	=C10+B11	=D10-B11
12	6	=SLN($B$1,$B$2,$B$3)	=C11+B12	=D11-B12
13	7	=SLN($B$1,$B$2,$B$3)	=C12+B13	=D12-B13

5.2.3 정률법

정률법은 각 연도의 감가상각액이 당해 연도 시작시점의 장부가의 일정 비율만큼 일어난다고 간주하는 방법이다. 이 방법에 의하면 자산을 취득한 초기에는 장부가가 크므로 감가상각액이 많이 계상되며 후기로 갈수록 감가상각액이 줄어들게 된다. 이 방법을 적용하기 위해서는 장부가액에 적용할 상각률 α를 사전에 결정해야 한다. 연도별 감가상각액과 장부가는 각각 다음의 식에 의해 표시된다.

$$\begin{aligned} B_t &= (1-\alpha)\times B_{t-1} \\ &= (1-\alpha)^t B_0 = (1-\alpha)^t P \end{aligned} \tag{5.5}$$

$$\begin{aligned} D_t &= \alpha \times B_{t-1} \\ &= \alpha(1-\alpha)^{t-1} \times P \end{aligned} \tag{5.6}$$

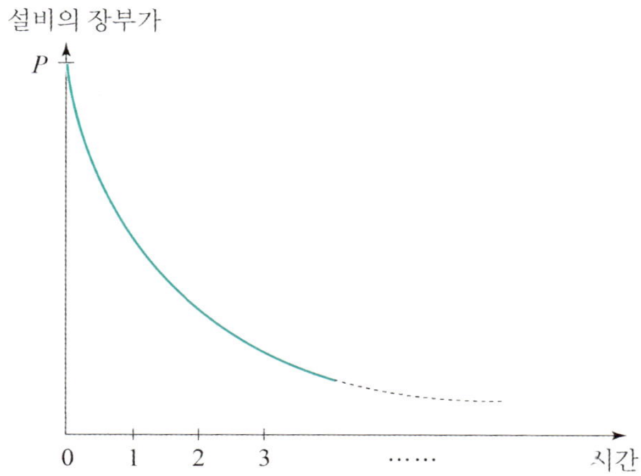

그림 5.5 정률법에 의한 감가상각(감가상각률 α)

정률법에서 장부가에 적용하는 상각률 α는 정액법에서 감가상각 대상금액에 적용하는 감가상각률 $1/n$의 2배까지 허용된다. 즉,

$$\alpha \leq \frac{2}{n}$$

특히 $\alpha = 2/n$를 적용하는 경우의 정률법을 이중정률법 또는 이중체감법이라고 부른다. α의 값은 위 식의 범위 이내에서 결정할 수 있으나 큰 값을 취할 경우 내용 연수의 후반기에 장부가가 자산의 잔존가치보다 작아질 수 있다. 그림 5.4는 정률법에 의한 감가상각의 개념을 나타내고 있다.

표 5.2에서는 $P = 6,000$만원, $S = 1,000$만원, $n = 5$년일 때 $\alpha = 40\%$인 이중정률법을 적용한 예를 보이고 있다.

표 5.2 이중정률법에 의한 감가상각

연도(t)	t년도의 감가상각액	t년도 말의 장부가(만원)
0		6,000
1	40% × 6,000만원 = 2,400만원	6,000 − 2,400 = 3,600
2	40% × 3,600만원 = 1,440만원	3,600 − 1,440 = 2,160
3	40% × 2,160만원 = 864만원	2,160 − 864 = 1,296
4	40% × 1,296만원 = 518.4만원	1,296 − 518.4 = 777.6
5	40% × 777.6만원 = 311.04만원	777.6 − 311.04 = 466.56

위의 결과에서 보듯이 α의 값이 크기 때문에 4년도 말부터 장부가가 잔존가치 이하로 내려감을 알 수 있다. 이러한 경우에는 장부가가 1,000만원 이하가 되지 않도록 조정할 필요가 있다. 이와 비슷한 문제가 α의 값이 너무 작은 경우에도 발생할 수 있으며, 이런 경우에는 내용연수의 마지막 연도의 장부가가 S보다 크게 된다. 이와 같이 계산된 장부가와 예상된 장부가가 차이가 나는 경우 이를 해결하기 위해 자산의 처분 시 자산의 처분가치와 장부가의 차이를 조정하는 계정처리를 하게 된다. 그러나 이러한 문제를 해결하는 방안으로 정률법을 수정하여 내용연수 말에 장부가가 S 이하로 내려가지 않도록 내용연수 도중에 감가상각액을 조정할 수도 있다.

장부가가 S 이하가 되지 않도록 정률법을 수정 적용하는 하나의 방법으로 정률법을 단순 적용하는 과정에서 장부가가 S 이하가 되는 연도의 감가상각액을 장부가가 S와 일치하는 수준으로 여 적용하고 이후 연도부터는 감가상각을 하지 않는 것이다.

표 5.3에서는 위의 이중정률법을 단순 적용하는 과정에서 장부가가 S 이하가 되는 4년도 말의 감가상각액을 줄여 장부가가 S가 되도록 수정 적용한 것을 나타내고 있다.

표 5.3 수정된 이중정률법에 의한 감가상각

연도(t)	t년도의 감가상각액	t년도 말의 장부가
0		6,000만원
1	40% × 6,000만원 = 2,400만원	6,000만원 − 2,400만원 = 3,600만원
2	40% × 3,600만원 = 1,440만원	3,600만원 − 1,440만원 = 2,160만원
3	40% × 2,160만원 = 864만원	2,160만원 − 864만원 = 1,296만원
4	1,296만원 − 1,000만원 = 296만원	1,296만원 − 296만원 = 1,000만원
5	0원	1,000만원

위의 방법 이외에, 정률법을 적용하다가 정액법으로 전환하여 내용연수 말의 장부가가 S와 일치하도록 할 수도 있다.

예를 들어 $P = 6,000$만원, $S = 0$, $n = 5$이고, 이중정률법을 적용하여 감가상각을 하는 경우 표 5.4에서 보는 바와 같이 정률법을 끝까지 적용하면 내용수명이 되는 시점에서 장부가가 잔존가보다 크게 되므로 적당한 시점에서 정률법에서 정액법으로 전환하여 적용한다.

표 5.4 정률법에서 정액법으로 전환하는 감가상각의 예

연도(t)	정률법을 적용할 경우의 감가상각액	정액법으로 전환하게 될 경우의 감각상각액	실제로 적용되는 감각상각액	장부가
0				5,000만원
1	2,400만원	(6,000만원－0원)/5 ＝ 1,200만원	2,400만원	3,600만원
2	1,440만원	(3,600만원－0원)/4 ＝ 900만원	1,440만원	2,160만원
3	864만원	(2,160만원－0원)/3 ＝ 720만원	864만원	1,296만원
4	518.4만원	(1,296만원－0원)/2 ＝ 648만원	648만원	648만원
5			648만원	0원

이 방법은 정률법을 단순 적용했을 때 내용연수 말의 장부가가 S보다 크거나 작은 경우 모두에 적용할 수 있다. 대개 정률법에서 정액법으로 전환하는 시점t는 정률법에 의한 감가상각액이 정액법으로 전환할 경우의 감가상각액 이하가 되는 시점부터 적용하게 된다. 즉, 4년도 말에는 정률법에 의한 감가상각액이 정액법의 경우보다 작아져서 이 시점에서 정액법으로 전환한다.

내용연수 말의 장부가가 S와 일치되도록 사전에 α를 결정하여 적용하면 위와 같은 문제점을 방지할 수도 있다. 즉,

$$(1-\alpha)^n P = R \tag{5.8}$$

으로부터

$$\alpha = 1-(R/P)^{1/n} \tag{5.9}$$

이 얻어진다.

예를 들어 $P=6{,}000$만원, $S=1{,}000$만원, $n=5$년일 때 이러한 방법으로 감각상각을 적용하면

$$\alpha = 1-(1{,}000\text{만}/6{,}000\text{만})^{\frac{1}{5}} = 0.3012$$

이므로 표 5.5의 결과를 얻는다.

표 5.5 $\alpha = 0.3012$인 정률법에 의한 감가상각

연도(t)	t년도의 감가상각액	t년도 말의 장부가
0		6,000만원
1	30.12% × 6,000만원 = 1,807.2만원	6,000만원 − 1,807.2만원 = 4,192.8만원
2	30.12% × 4,192.8만원 = 1,262.9만원	4,192.8만원 − 1,262.9만원 = 2,929.9만원
3	30.12% × 2,929.9만원 = 882.5만원	2,929.9만원 − 882.5만원 = 2047.4만원
4	30.12% × 2,047.4만원 = 616.7만원	2,047.4만원 − 616.7만원 = 1,430.7만원
5	30.12% × 1,430.7만원 = 430.9만원	1,430.7만원 − 430.9만원 ≒ 1,000만원

정률법은 엑셀 재무함수 DB(cost, salvage, life, period, month)를 사용하여 각 기간의 감가상각액을 구할 수 있다. 여기서 period는 수명기간 중 감가상각비를 구할 기간, month는 자산을 취득한 해의 감가상각 대상이 되는 개월 수로서, 예를 들어 7월에 구입하였다면 5를 대입한다. 수명이 7년인 장비를 7월에 500만원에 구입하였고, 7년 후의 잔존가치가 구입가격의 10%라고 추정될 경우의 연간 정률법으로 계산한 감가상각액은

DB(5000000, 500000, 7, 5)

와 같이 구해진다. 주의할 것은, SLN함수는 법정상각률과 같은 값을 반환하지만, DB함수는 법정상각률과 약간 다른 값을 반환한다는 점이다. 따라서 정률법에서는 잔존가치와 실제의 감가상각 종료 후의 잔존가치가 약간 다르게 나타난다.

	A	B	C	D
1	취득원가(P)	₩5,000,000		
2	잔존가치(S)	₩500,000		
3	수명(n,년)	7		
4	구입월	5		
5				
6	연도	감가상각비	감가상각누계액	장부가
7	0	₩0		
8	1	₩583,333	₩583,333	₩4,416,667
9	2	₩1,236,667	₩1,820,000	₩3,180,000
10	3	₩890,400	₩2,710,400	₩2,289,600
11	4	₩641,088	₩3,351,488	₩1,648,512
12	5	₩461,583	₩3,813,071	₩1,186,929
13	6	₩332,340	₩4,145,411	₩854,589
14	7	₩239,285	₩4,384,696	₩615,304

	A	B	C	D
1	취득원가(P)	5000000		
2	잔존가치(S)	500000		
3	수명(n,년)	7		
4	구입월	5		
5				
6	연도	감가상각비	감가상각누계액	장부가
7	0	0		
8	1	=DB($B$1,$B$2,$B$3,A8,$B$4)	=B8	=B1-B8
9	2	=DB($B$1,$B$2,$B$3,A9,$B$4)	=C8+B9	=D8-B9
10	3	=DB($B$1,$B$2,$B$3,A10,$B$4)	=C9+B10	=D9-B10
11	4	=DB($B$1,$B$2,$B$3,A11,$B$4)	=C10+B11	=D10-B11
12	5	=DB($B$1,$B$2,$B$3,A12,$B$4)	=C11+B12	=D11-B12
13	6	=DB($B$1,$B$2,$B$3,A13,$B$4)	=C12+B13	=D12-B13
14	7	=DB($B$1,$B$2,$B$3,A14,$B$4)	=C13+B14	=D13-B14

5.2.4 연수합계법

연수합계법은 정률법과 같이 자산취득의 초기에 많은 감가상각이 일어나도록 하는 방법인데 각 연도의 감가상각률이 잔여 내용연수에 비례한다고 간주한 것이다. 즉 내용연수가 n일 때 첫 해의 감가상각률은 n에 비례하고 두 번째 연도의 감가상각률은 $n-1$에 비례하며 일반적으로 t 연도의 감가상각률은 $(n-t+1)$에 비례하게 되는 것이다. 전체 감각상각률의 합이 1이 되어야 하므로 각 연도의 감가상각률은

$$N = n + (n-1) + (n-1) + \cdots + 2 + 1 = \frac{n(n+1)}{2}$$

으로 나누어주면 된다. 즉,

$$\text{첫째 연도의 감가상각률} = \frac{n}{N},$$

$$\text{두 번째 연도의 감가상각률} = \frac{n-1}{N},$$

$$\cdots$$

과 같으며, 일반적으로

$$t\text{연도의 감가상각률} = \frac{n-t+1}{N} \tag{5.10}$$

이다.

표 5.6은 $P = 6{,}000$만원, $S = 1{,}000$만원, $n = 5$년일 때 연수합계법으로 감각상각을 적용하는 예를 보여주고 있다.

표 5.6 연수합계법에 의한 감가상각의 예

연도 (t)	t년도의 감가상각률	t년도의 감가상각액	t년도 말의 장부가
0			6,000만원
1	5/15=33.3%	(6,000만원−1,000만원)×33.3%=1,666.7만원	6,000만원−1,666.7만원=4,333.3만원
2	4/15=26.7%	(6,000만원−1,000만원)×26.7%=1,333.3만원	4,333.3만원−1,333.3만원=3,000만원
3	3/15=20%	(6,000만원−1,000만원)×20%=1,000만원	3,000만원−1,000만원=2,000만원
4	2/15=13.3%	(6,000만원−1,000만원)×13.3%=666.7만원	2,000만원−666.7만원=1,333.3만원
5	1/15=6.7%	(6,000만원−1,000만원)×6.7%=333.3만원	1,333.3만원−333.3만원=1,000만원

위의 예에서 연수합계법을 사용할 경우 내용연수의 마지막 연도 말의 자산의 장부가가 자산의 잔존가치와 동일해짐을 알 수 있다. 연수합계법의 장점은 이와 같이 감가상각액의 계산이 복잡하지 않으면서도 자산의 계산된 장부가가 예상된 장부가와 같아진다는 점이다.

5.2.5 감채기금법과 가속비용회수법

이상 설명한 감가상각법 중에서 우리나라 세법에서 인정되고 있는 것은 정액법과 정률법밖에 없다. 이 외에 외국에서 사용되는 감채기금법과 가속비용회수법이 있다. 감채기금법은 자산취득의 초기에 비해 후기에 더 많은 감가상각이 일어난다고 간주하는 방법으로 감가상각 적립액의 이자분에 대해 감가상각을 추가로 해 주는 방식이다.

가속비용회수법(accelerated cost recovery system)은 1981년 이후 미국에서 사용하기 시작한 방식으로 내용연수와 감가상각률을 자산의 종류에 따라 결정해서 방법이다. 내용연수를 정하기 위한 자산의 종류는 표 5.7과 같이 구분한다.

표 5.7 가속비용회수법에서의 자산의 종류와 내용연수

내용연수	자산의 종류
3년	자동차, 소형트럭, 평균수명 4년 이하의 연구실험장비 및 설비 등
5년	모든 개인용 자산, 평균수명 5년과 18년 사이의 생산설비와 공공설비
10년	평균수명 18년과 25년 사이의 공공설비 및 수명 12.5년 이하의 부동산
15년	평균수명 12.5년 이상의 부동산과 평균수명 25년 이상의 공공설비

자산의 내용연수가 정해지면 연도별 감가상각비율이 표 5.8과 같이 정해진다. 이러한 가속비용회수법은 1986년도에 다시 개정되어 적용되고 있다.

5.2.6 생산량 비례법

앞서 설명한 감가상각법에서는 감가상각액이 시간의 함수로 결정된다고 간주하였다. 그러나 자산의 가치 절하는 얼마나 사용하였는가에 비례하는 경우가 많다. 특히 기계라든가 생산 장비 등

표 5.8 가속비용회수법의 감가상각비율

연도	내용연수			
	3년	5년	10년	15년
1	25%	15%	8%	5%
2	38%	22%	14%	10%
3	37%	21%	12%	9%
4		21%	10%	8%
5		21%	10%	7%
6			10%	7%
7			9%	6%
8			9%	6%
9			9%	6%
10			9%	6%
11				6%
12				6%
13				6%
14				6%
15				6%

은 기능상의 저하와 같은 내부적인 요인에 의해 가치 저하가 발생한다고 할 수 있다. 이러한 자산에 대해서는 감가상각이 그 자산을 사용한 제품 생산량에 비례한다고 보는 것이 더 타당할 것이다. 예를 들어 취득 원가 1,000만원인 생산 장비의 수명이 2,000 가동시간이라고 할 때 생산량 비례법에 의한 이 장비의 가동시간당 감가상각액은

$$10,000,000\text{원}/2,000\text{시간} = 5,000\text{원}$$

이며, 만약 첫해에 가동시간이 500시간이라면 첫 번째 해의 감가상각액은

$$5,000\text{원} \times 500\text{시간} = 2,500,000\text{원}$$

이 되는 것이다. 이 경우 생산량 비례법은 생산된 제품의 개수를 직접 반영하기보다 생산을 위해 장비를 가동한 시간을 적용하므로 작업시간 비례법이라고 하기도 한다. 이러한 생산량 비례법은 특히 감모액의 계산 방법으로 적절히 사용된다. 감모에 있어서 자산의 가치 절하는 채굴한 자원의 양에 비례하므로 이러한 고갈성 자산은 생산량에 비례한 감가상각액을 계산하는 것이 합리적

이다.

예를 들어 어떤 탄광의 매장량이 10만 톤이라고 하고 이 탄광의 초기 취득 원가가 100억원이라고 할 때, 만약 어떤 연도의 석탄 생산량이 2만 톤이라고 하면 그해의 감모액은

$$
\begin{aligned}
&\text{석탄 생산량 1톤당 감모액} \times \text{생산된 석탄량} \\
&= (10{,}000{,}000{,}000\text{원}/100{,}000\text{톤}) \times 20{,}000\text{톤} \\
&= 100{,}000\text{원}/\text{톤} \times 20{,}000\text{톤} \\
&= 20\text{억원}
\end{aligned}
$$

이 된다.

5.3 납세 후 현금흐름

경제적 등가로 계산하는데 세금을 고려하는 경우, 경영활동에 따른 수익에서 소득세 등을 고려한 납세 후 현금흐름을 분석하여 등가계산을 하여야 한다. 여기서는 소득세를 고려한 납세 후 현금흐름 분석 방법에 대하여 설명한다.

5.3.1 감가상각과 소득세

정부는 소득에 대해서 법인세 또는 개인 소득세를 부과하게 된다. 법인세는 주식회사와 같이 법인 형태의 기업소득에 부과되며, 개인 소득세는 개인기업의 소득에 대해 부과된다. 소득세는 현금흐름에 영향을 주는 주요 지출항목 중의 하나이다. 소득세를 고려한 현금흐름분석은 어려움이 따르는데 그 이유는 소득세 부과의 대상이 일반 재무회계상의 수익에서 비용을 뺀 크기와 정확히 일치하지는 않으며, 세금의 양을 결정하게 될 세율이 과세 대상 소득의 크기에 따라 달라지기 때문이다. 뿐만 아니라 세율은 소득의 성격에 따라 가변적일 뿐 아니라 경제적 상황에 따라 달라질 수도 있다. 이러한 이유로 공학경제의 현금흐름 분석에 세금을 고려하지 않기도 한다.

손익계산서상의 법인세 차감전 순이익은 과세대상으로서의 기초자료가 되지만 세법에서는 기업의 수입 중 비과세 수입을 제외한 총 수입에서 감가상각액, 차입금에 대한 이자, 그 외의 차감항목을 제외한 금액을 과세대상 소득으로 한다. 즉,

$$\text{과세대상 소득} = \text{수입} - (\text{비과세수입} + \text{감가상각액} + \text{차입금이자} + \text{운영비 등의 차감액}) \quad (5.11)$$

과세대상 소득에 관련한 세부적인 사항은 매우 까다로우며 공학경제의 주된 관심대상이 아니므로 여기서는 다루지 않기로 한다. 다만 과세대상이 되는 수입이 발생하는 투자 대안의 선택에 있어 기업이 취득 자산에 대한 감가상각을 어떻게 하는가에 따라 현금흐름이 달라지며 결과적으로 수익성에 영향을 주게 되므로 이를 분석하는 과정을 설명하기로 한다.

사업을 운영하여 발생한 총수입에 대한 세액을 계산하기 위해서는 총수입에서 감가상각액, 차입금이 있는 경우 차입금에 대한 이자, 그리고 그 외의 차감 항목을 제외한 과세대상 소득을 계산하여야 한다. 과세대상 소득에 세율을 곱하여 소득세를 구한다. 여기서 주의할 것은 총수입에서 제외하게 되는 감가상각액은 실제 현금흐름에는 영향을 주지 않는 금액이라는 사실이다. 즉, 감가상각액은 장부상의 기제 금액이며 과세대상 소득을 구하기 위해 총수입에서 제외할 뿐 현금흐름을 구할 때에는 제외해서는 안 된다는 점이다. 따라서 납세 후 현금흐름은 다음과 같이 구한다.

$$\begin{aligned} &\text{소득세} = \text{과세대상 소득} \times \text{세율 납세 후 현금흐름} \\ &\quad = \text{총수입} - \text{차입금이자} - \text{운영비} - \text{소득세} \end{aligned} \quad (5.12)$$

표 5.9 납세전 후의 현금흐름 (단위 : 만원)

연도(t)	납세 전 현금흐름	t년도의 감가상각액	t년도의 운영비	과세대상소득	소득세	납세 후 현금흐름
	A	B	C	D(=A−B−C)	E(=D×0.2)	F(=A−C−E)
0	−6,000					−6,000
1	3,000	1,000	500	1,500	300	2,200
2	3,000	1,000	500	1,500	300	2,200
3	3,000	1,000	500	1,500	300	2,200
4	3,000	1,000	500	1,500	300	2,200
5	4,000	1,000	500	2,500	500	3,000

예를 들어 어떤 기업이 취득원가 6,000만원인 자산에 투자하여 매년 3,000만원의 수입을 올린다고 하자. 이 자산의 내용연수는 5년이며 잔존가치는 1,000만원이다. 감가상각법은 정액법을 사용하는 것으로 한다. 세율은 20%이며 이 사업을 위해 차입한 금액은 없고 운영비가 매년 500만원이 발생한다고 가정한다. 이 자산을 취득함으로써 발생하는 납세 전 현금흐름과 납세 후 현금흐름은 표 5.10과 같다.

위의 예제에서 만약 이율이 10%라고 하면 납세 전후 현금 흐름에 대한 현가는 다음과 같이 구해진다.

$$\begin{aligned} P_A(10\%) &= -6{,}000\text{만} + 3{,}000\text{만} \times (P/A, 10\%, 5) + 1{,}000\text{만} \times (P/F, 10\%, 5) \\ &= -6{,}000\text{만} + PV(10\%, 5, -3{,}000\text{만}) + PV(10\%, 5, -1{,}000\text{만}) \\ &= 59{,}933{,}000\text{원} \end{aligned}$$

$$\begin{aligned} P_F(10\%) &= -6{,}000\text{만} + 2{,}200\text{만}(P/A, 10\%, 4) + 3{,}000\text{만}(P/F, 10\%, 5) \\ &= -6{,}000\text{만} + 2{,}200\text{만}PV(10\%, 4, -1) + 3{,}000\text{만}PV(10\%, 5, -1) \\ &= 28{,}364{,}800\text{원} \end{aligned}$$

따라서 위의 대안은 납세 후 현금흐름의 수익률이 10%를 넘는 대안임을 알 수 있다.

5.3.2 감가상각방법에 따른 현금흐름의 변화

만약 투자자산에 대한 연도별 감가상각액이 바뀐다면 납세 후의 현금흐름이 변하게 되며 따라서 대안의 수익률은 달라지게 된다. 돈의 시간적 가치를 고려할 때 현금흐름은 초기에 큰 수익이 있는 것이 유리하다. 앞 절에서 살펴보았듯이 납세 후의 현금흐름에는 감가상각액을 제외하지 않으므로 현금흐름에 영향을 미치는 것은 소득세라고 할 수 있다. 따라서 가급적 소득세가 초기에 크게 발생하지 않도록 하는 것이 현금흐름의 입장에서 유리해진다. 이를 위해 감가상각을 가능한 한 초기에 많이 계상하여 과세소득을 줄임으로써 초기의 소득세를 줄일 수 있다.

앞 절에서는 정액법에 의한 감가상각을 적용할 경우의 납세 후 현금흐름을 예시하였다. 초기에 많은 감가상각을 발생시키면 납세 후 현금흐름에서 초기의 현금흐름이 상대적으로 커진다. 이는 돈의 시간적 가치라는 측면에서 기업에 더 많은 이익을 주게 되는 결과를 낳는다.

여기서는 앞 절의 예를 가지고 정액법보다 초기에 많은 감가상각액을 계상하도록 하는 정률법과 연수합계법을 적용한 납세 후 현금흐름을 구하는 예를 보이도록 한다. 먼저 연수합계법을 적용한 결과가 표 5.11에 정리되어 있다. 납세 후 현금흐름에 대해 이율이 10%일 경우 현가는 다음과 같이 구해진다.

$$P_F(10\%) = -60,000,000 + 23,333,400(P/F,10\%,1) + 22,666,600(P/F,10\%,2)$$
$$+ 22,000,000(P/F,10\%,3) + 21,333,400(P/F,10\%,4)$$
$$+ 28,666,600(P/F,10\%,5)$$
$$= 28,844,740\text{원}$$

표 5.10 연수합계법 의한 납세 후 현금흐름 (단위 : 만원)

연도 (t)	납세 전 현금흐름	t년도의 감가상각액	t년도 운영비	과세대상소득	소득세	납세 후 현금흐름
	A	B	C	D(=A−B−C)	E(=D×0.2)	F(=A−C−E)
0	−6,000					−6,000
1	3,000	(6,000−1,000)×5/15=1,666.7	500	833.3	166.66	2,333.34
2	3,000	(6,000−1,000)×4/15=1,333.3	500	1,166.7	233.34	2,266.66
3	3,000	(6,000−1,000)×3/15=1,000	500	1,500	300	2,200
4	3,000	(6,000−1,000)×2/15=666.7	500	1,833.3	366.66	2,133.34
5	4,000	(6,000−1,000)×1/15=333.3	500	3,166.7	633.34	2,866.66

연수합계법은 정액법에 비해 초기에 더 많은 감가상각을 계상하므로 소득세가 초기에는 감소하고 후기에 증가한다. 따라서 납세 후 현금흐름은 유리해지며 위의 결과에서 보듯이 정액법보다 수익성이 더욱 좋아지는 것을 알 수 있다.

표 5.11은 장부가에 대한 상각률 α를 30.12%로 정률법을 적용한 결과이다. 납세 후 현금흐름에 대하여 이율이 10%인 경우 현가는 다음과 같이 구해진다.

$$P_F(10\%) = -60,000,000 + 23,614,400(P/F,10\%,1) + 22,525,800(P/F,10\%,2)$$
$$+ 21,765,000(P/F,10\%,3) + 21,233,400(P/F,10\%,4)$$
$$+ 28,861,800(P/F,10\%,5)$$
$$= 28,860,000\text{원}$$

표 5.11 정률법에 의한 납세 후 현금흐름 (단위 : 만원)

연도 (t)	납세 전 현금흐름	t년도 장부가	t년도의 감가상각액	t년도 운영비	과세대상소득	소득세	납세 후 현금흐름
	A		B	C	D(A−B−C)	E(D×0.2)	F(A−C−E)
0	−6,000	6,000					−6,000
1	3,000	4,192.8	$\alpha \times 6,000 = 1,807.2$	500	692.8	38.56	2,361.44
2	3,000	2,929.9	$\alpha \times 4,192.8 = 1,262.9$	500	1,237.1	247.42	2,252.58
3	3,000	2,047.4	$\alpha \times 2,929.9 = 882.5$	500	1,617.5	323.5	2176.5
4	3,000	1,430.7	$\alpha \times 2,047.4 = 616.7$	500	1,883.3	76.66	2,123.34
5	4,000	1,000	$\alpha \times 1,430.7 = 430.9$	500	3,069.1	613.82	2,886.18

정률법은 정액법이나 연수합계법에 비해 초기에 더 많은 감가상각을 계상하므로 납세 후 현금흐름이 가장 유리하며 위의 결과에서 보듯이 수익성이 가장 좋은 것을 알 수 있다.

연습문제

01 감가상각의 원인을 설명하시오.

02 감가상각과 감모, 그리고 상각의 개념차이를 설명하시오.

03 감가상각 대상금액은 어떻게 정해지는지 설명하시오.

04 감가상각법으로 사용되는 정액법, 정률법, 그리고 연수합계법을 설명하고 어떤 방법이 기업에 유리한지 의견을 서술하시오.

05 정률법은 여러 가지 형태로 수정되어 사용된다. 변화된 정률법의 종류과 적용 방법을 설명하시오.

06 감모를 위한 감가상각법은 어떤 것인지 설명하시오.

07 감가상각방법에 따라 납세 후 현금흐름이 어떻게 달라지는지 설명하고 어떤 감가상각법을 사용하는 것이 기업에 유리한지를 그 이유와 함께 설명하시오.

08 내용연수를 달리하는 것이 납세 후 현금흐름에 어떻게 영향을 주는지 설명하시오.

09 가격이 5,000만원인 생산기계를 구입하려고 한다. 이 기계는 가동시간이 1,000시간이며 향후 5년간 각각 100시간, 250시간, 250시간, 250시간, 150시간 사용하고자 한다. 이 기계의 잔존가치는 1,000만원이라고 할 때 가동시간을 기준으로 한 연도별 감가상각액을 구하여라.

10 가격이 1억원, 수명이 10년, 잔존가치는 1,500만원인 장비가 있다. 이 장비를 이용하여 매년 2,000만원의 수입을 올릴 수 있다고 한다.

1) 이 장비의 감가상각대상금액은 얼마인가?
2) 정액법을 사용하였을 때 매 연도의 감가상각액과 매 연도 말의 장부가를 구하여라.
3) 연도별 장부가치를 1,500만원으로 맞춘 정률법을 사용하였을 때 연도별 감가상각액과 장부가를 구하여라.
4) 연수합계법을 사용하였을 때의 연도별 감가상각액과 장부가를 구하여라.
5) 이중정률법을 사용하였을 때의 연도별 감가상각액과 장부가를 구하여라.
6) 소득세율을 10%라고 할 때 정액법과 연수합계법을 사용하는 경우의 납세 후 현금흐름을 구하여라.
7) 만약 이 기계의 수명이 8년이라고 하면 정액법을 사용하였을 경우의 납세 후 현금흐름이 매년 어떻게 달라지는가?

3 section

투자 대안의 경제성 분석과 의사결정

제6장 투자 대안의 경제성 분석

학습내용

효율적인 투자가 이루어지기 위해서는 여러 가지 가능한 투자의 방법 중 어떠한 방법을 선택할 것인가를 결정하여야 한다. 물론 투자(input)에 비하여 더 큰 결과(output)를 얻을 것으로 예상되는 안이라면 모두 투자하는 방법을 생각해볼 수 있으나, 보통은 투자할 수 있는 자본의 한계로 인해 이것이 불가능하며, 따라서 전체적으로 가장 바람직한 결과를 가져다줄 수 있는 합리적인 의사결정방법이 요구된다.

본 장에서는 여러 가지 투자 방안 중 가장 효율적인 투자방안을 결정하기 위한 체계적 방법을 다루고자 한다. 투자의 타당성 분석을 위해서는 기본적으로 각 투자 대안에 대한 초기투자액, 매년 들어오는 수입액과 연간 비용의 차액 및 프로젝트 종말에 있을 잔존가치(salvage value) 등 세 가지 항목이 우선 분석 제시되어야 한다. 이후 이들 항목들에 대하여 각 대안의 경제적 특성을 현금 흐름도를 이용하여 표시하고, 돈의 시간적 가치를 고려한 대안 간의 차이를 분석 평가한 후 최종적으로 적절한 대안을 결정한다. 돈의 시간적 가치를 고려한 대안 간의 차이를 비교 분석하는 데에는 여러 가지 경제적 평가척도, 즉 현가(present worth), 연간등가(annual equivalent), 미래가(future worth), 내부수익률(internal rate of return), 회수기간(payback period), 사업수지(project balance) 및 자본화 등가(capitalized equivalent) 등이 사용될 수 있다. 이들 평가척도를 이용한 투자 대안의 선정기준에 관하여는 6.4절에서 자세히 다룬다. 또한 일반적으로 대안들의 수명이 일치하지 않으므로 이러한 경우의 의사결정 방법에 관하여 6.5절에서 언급한다.

학습목표

1) 투자 안으로부터 투자 대안을 구성할 수 있다.
2) 돈의 시간적 가치를 고려한 대안 간의 차이를 비교 분석하기 위한 평가 척도(현가, 연간등가, 미래가, 내부수익률, 회수기간, 사업수지 및 자본화 등가)를 설명할 수 있다.
3) 투자 대안 평가척도를 이용한 투자 대안의 선정기준을 설명할 수 있다.
4) 투자 대안을 평가 척도로 평가하고 의사결정 기준에 따라 최적의 대안을 선정할 수 있다.
5) 제3자의 입장에서 설비 대체 문제에 현금흐름을 분석할 수 있다.
6) 분기점분석을 통하여 투자 대안을 선정할 수 있다.
7) 투자 대안에 대한 민감도분석을 실시하고 투자 의사결정에 반영할 수 있다.

제6장 투자 대안의 경제성 분석

6.1 투자 대안의 구성

6.1.1 투자 안과 투자 대안

일반적으로 투자 안(investment proposal)이라는 것은 투자를 고려 중인 하나의 계획이나 프로젝트를 말하는 것이다. 투자 의사 결정에서는 대부분 다수의 투자 안을 놓고 선택 여부를 결정하게 되는데, 이때 하나 혹은 여러 개의 투자 안이 동시에 선택되거나 하나도 선택되지 않을 수도 있다. 또한 투자 안들은 그 성격에 따라 다양한 형태의 상호관계가 존재한다. 최종적인 투자 의사결정을 위해서는 이들 투자 안들의 상호관계를 고려하여 투자 대안을 구성하여야 한다. 투자 대안(investment alternative)이라고 하는 것은 투자 의사결정에서 선택할 수 있는 상호 배타적(mutually exclusive)이고, 완전 포괄적(totally exhaustive)인 여러 행동방향들(courses of action) 중 하나를 일컫는 말이다. 여기서 상호 배타적이라 함은 대안들 중 반드시 하나만 선택해야 한다는 것을 뜻하며, 완전 포괄적이라는 것은 반드시 대안들 중 하나는 선택하여야 한다는 것을 뜻한다. 즉, 의사결정을 위한 대안의 집합을 구성했다는 말은 그중 반드시 하나를 그리고 꼭 하나만을 선택해야 하는 행동방향들을 모두 결정했다는 것을 의미한다.

예를 들면, 대도시 주변에 새로 건설되는 공항과 도심을 연결하는 교통수단을 결정하고자 하는 문제에서, 도심과 공항을 연결하는 고속도로를 신설하자는 안, 기존 국도를 확장하자는 안, 지하철을 놓자는 안 등 세 가지 안이 나왔다고 하자. 경우에 따라서는 의사결정과정에서 이 세 가지 안 중 어느 하나가 선택될 수도 있고 두 가지 이상의 안이 선택될 수도 있을 것이며 심지어는 모든 안이 다 거부되어 기존 국도를 그냥 이용한다는 결론이 날 수도 있을 것이다. 그러나 만약 예상교통량을 소화하기 위해서는 기존 국도의 확장만으로 부족하고 예산의 한계 때문에 고속도로와 지하철을 동시에 놓는다는 것도 불가능하다고 판단되어, 고속도로 신설(대안 1), 고속도로 신설과 기존 국도 확장(대안 2), 지하철 건설(대안 3), 지하철 건설과 기존 국도 확장(대안 4)의 네 가지 대안이 결정되었다면 대안의 집합이 구성되었다고 할 수 있다. 즉, 네 가지 대안 중 어느 하나는 반드시 선택되어야 하며(완전포괄성), 동시에 두 가지 이상의 대안이 선택될 수 없도록(상호배타성) 의사결정의 모든 행동방향이 결정되었기 때문이다.

본 절에서는 우선 투자 안 간의 상호관계를 살펴본다. 또한 일관성 있고 체계적인 의사결정방법이 적용되기 위해서는 투자 안으로부터 실행 가능한 대안들의 집합(the set of feasible alternatives)을 형성하는 것이 중요하므로 이에 관한 간단한 설명을 하도록 한다.

6.1.2 투자 안의 형태와 투자 대안 구성

투자 안은 그 성격에 따라 크게 독립적인 안과 종속적인 안으로 구별될 수 있으며 종속적인 안은 다시 세 가지의 형태로 구분될 수 있다.

(1) 독립적인 안

여러 가지 투자 안 중 어느 하나를 선택하는 것이 또 다른 투자 안의 선택에 영향을 미치지 않은 경우 투자 안들은 서로 독립적인 안이라고 한다. 예를 들면, 어떤 회사에서 공장에 필요한 생산설비를 투자하는 안과 그 회사 영업소에서 필요한 사무기기를 새로 구입하는 안은 서로 직접적인 관계가 없고 각기 별도로 취급되어도 무관하다. 이러한 형태의 투자 안들을 독립적인 안(independent proposals)이라고 한다. 실제로는 이들 투자 안 간에도 투자액 등에 제한이 있거나 설비에 의한 생산성 향상과 사무기기 구입에 따른 업무능률 향상을 비교하는 등의 경우에는 완전히 무관한 관계는 아니나 상대적으로 상관관계가 크지 않으므로 독립적인 안으로 취급될 수 있다.

(2) 종속적인 안

어떤 투자 안을 선택하는 것이 다른 투자 안의 선택에 영향을 미칠 경우, 이들 투자 안은 서로 종속적인 관계를 가진다고 한다. 이러한 종속적인 투자 안(dependent proposal)은 대체로 다음의 세 가지 형태로 구분할 수 있다.

- 상호배타적인 안(mutually exclusive proposals)

  여러 투자 안 중 하나의 투자 안을 선택할 경우 나머지 투자 안들은 선택할 수 없는 경우이다. 예를 들면 공장에 필요한 전력을 공급하기 위해서는 한국전력으로부터 전력을 공급받거나, 공장에서 발생되는 폐열을 이용하여 발전하는 시스템을 갖추는 두 가지 안 중 하나만 선택할 수 있다면 이들 투자 안들은 상호배타적인 투자 안이 된다.

- 부수적인 안(contingent proposal)

  하나의 투자 안 A를 선택하려면 반드시 다른 투자 안 B가 먼저 선택되어야 하는 경우, 이들 투자 안들은 부수적 관계에 있는 투자 안이라고 하고, 투자 안 A는 투자 안 B에 부수적 투자 안이라고 한다. 컴퓨터 게임을 수행하기 위해서는 우선 컴퓨터를 구매하고 후에 게임소프트웨어를 구매하는 순서로 투자가 이루어진다. 이때 게임소프트웨어 구매투자는 컴퓨터 구매 투자의 부수적 투자가 된다. 이러한 투자 안의 특징은 이들 투자 안들이 일방적인 종속의 관계를 가지는 것이다. 즉 선행되는 투자 안 B는 투자 안 A에 무관하게 결정되나 부수적인 투자 안 A는 투자 안 B가 우선 결정되고 난 후에 투자의 여부가 결정된다. 위의 예의 경우 컴퓨터를 구매한 경우에만 게임소프트웨어를 구매하거나 다른 컴퓨터 소프트웨어를 구매하는 등의 투자가 결정되게 된다.

- 투자 안 간의 재무 의존관계(financial interdependencies among the proposals)

  조달 가능한 자본이 한정되어 있고 투자하고자 하는 안들의 초기 투자 금액의 합이 확보한 자본을 초과할 경우, 이들 투자 안들은 재무적 의존 관계를 가지게 된다. 이러한 경우의 투자 안은 일반적으로 투자 목적과 투자자의 의지에 따라 복잡한 상호의존 관계를 가지고 결정된다.

이제 이러한 투자 안으로부터 투자 의사결정을 위해 투자 대안을 구성하게 된다. 투자 대안은 여러 투자 안 중에서 투자 안 간의 특성을 반영하여 투자 목적을 최대로 달성하기 위한 실현 가능한 방안을 결정하는 의사결정 대안이다. 일반적으로 k개의 투자 안이 존재할 경우 검토 가능한 투자 대안의 수는 $N=2^k$개만큼 존재한다.

투자 대안을 구성한 후에는 이들 대안 중 투자 안 간의 상호관계를 고려하여 실현 불가능한 대안을 제외하고 나머지의 대안들에 대하여 여러 가지 경제성 평가 척도를 사용하여 투자에 대한 의사결정을 하게 된다. 예를 들면 두 가지 투자 안 $P1$과 $P2$가 있을 경우($k=2$), 이로부터 검토될 수 있는 투자 대안은 네 가지($N=2^2$)가 있다. 즉 검토 가능한 투자 대안은 두 개의 투자 안을 요소로 하는 집합 $\Omega=\{P1, P2\}$의 부분집합으로 보면 된다. 첫째 아무것도 하지 않는 대안($A0$), 즉 공집합 ϕ, 두 번째는 $\{P1\}$, 즉 $P1$만을 선택하는 대안($A1$), 세 번째는 $\{P2\}$, 즉 $P2$만을 선택하는 대안($A2$), 그리고 $\{P1, P2\}$, 즉 $P1$과 $P2$를 모두 선택하는 대안($A3$)이 있다. 이들 중 대안 간의 상호 의존관계를 검토하여 실현 불가능한 대안을 제외하고 실현 가능한 대안들의 집합을 구성한다. 예를 들면 투자 안 $P1$은 컴퓨터를 구입하는 안이고, $P2$는 게임소프트웨어를 구입하는 방안일 경우, 투자 안 $P2$는 $P1$에 부수적 투자 안이 된다. 즉 투자 안 $P2$가 선택되기 위해서는, 투자 안 $P1$의 선택이 선행되어야 한다. 따라서 투자 대안 A_2는 실현 불가능한 투자 대안이 된다. 따라서 나머지 투자 대안 $A0$, $A1$, $A3$는 모두 실현 가능한 상호 배타적인 대안으로 여러 가지 경제성 평가 척도를 사용하여 하나의 투자 대안을 선정하기 위한 의사결정을 하게 된다. 여기서 어느 투자안도 채택하지 않는 대안(Do nothing) $A0$의 의미는 다음 절에서 설명하기로 한다.

예제

10년간의 투자 계획을 수립하려고 한다. 4개의 투자 안 P1, P2, P3, P4를 고려하고 있고, 투자 안 P1과 P2는 상호 배타적이고, P3는 P1에 부수적인 안이며 P4는 P2에 부수적인 안이고 초기 투자 예산은 100만원을 확보하고 있다. 각 투자 안에 대한 현금흐름이 다음 표와 같을 때 검토할 수 있는 투자 대안을 구성하시오.

현금흐름	투자 안			
	P1	P2	P3	P4
초기투자(만)	30	22	82	70
연간 순이익(만)	8	6	18	14
잔존가치(만)	3	2	7	4

해답 검토 가능한 투자 대안은 다음 표와 같이 총 2^4개만큼 존재한다. 이들 대안 중에서 투자 안 간의 상호의존적 관계를 고려하여 실행 가능한 안을 선정하면 아무것도 하지 않는 대안 A0, P1만을 선택하는 대안 A1, P2만을 선택하는 대안 A2, P2와 P4를 동시에 선택하는 대안 A10 등 네 가지로 구성된다.

대안	투자 안				초기투자액	연간 순수익	잔존가치	투가가능성
	P1	P2	P3	P4				
A0	0	0	0	0	0	0	0	○
A1	1	0	0	0	30	8	3	○
A2	0	1	0	0	22	6	2	○
A3	1	1	0	0	52	14	5	×
A4	0	0	1	0	82	18	7	×
A5	1	0	1	0	112	26	10	×
A6	0	1	1	0	104	24	9	×
A7	1	1	1	0	134	32	12	×
A8	0	0	0	1	70	14	4	×
A9	1	0	0	1	100	22	7	×
A10	0	1	0	1	92	20	6	○
A11	1	1	0	1	122	28	9	×
A12	0	0	1	1	152	32	11	×
A13	1	0	1	1	182	40	14	×
A14	0	1	1	1	174	38	13	×
A15	1	1	1	1	204	46	16	×

6.2 투자 대안의 평가 척도

자금이 투자되는 프로젝트에 대한 경제성공학 문제는 해당 프로젝트로부터 수반되는 수익(편익)을 고려하여야 한다. 중요한 것은 고려 중인 투자 대안이 경제적인지를 평가해야 한다. 즉, 여러 시점에 걸쳐 투자되는 금액보다도 여러 시점에서 발생할 수익이 더 많아 경제적이어야 한다. 본 절에서는 앞장에서 설명한 경제적 등가 개념을 활용하여 경제성 여부를 평가할 여러 가지 척도에 대하여 설명한다.

6.2.1 최저허용수익률(MARR)의 결정

투자를 할 때에 투자자가 투자를 통해 얻고자 하는 최소한의 수익률을 MARR(minimum attractive rate of return)이라고 한다. 즉, 투자자는 MARR 이상이 보장되는 투자 대안에 대해서만 투자를 할 것이다. 이는 MARR 정도의 수익률이 기대되는 투자의 기회는 많이 있다는 뜻이 되기도 한다. 따라서 특정 투자 대안에 투자한다는 것은, MARR이 보장되는 다른 투자기회를 포기하는 것과 같은 의미가 되므로 기회비용(opportunity cost)으로 정의되기도 한다. 또한 현재의 투자에서 얻게 되는 이익은 장차 MARR 정도의 이익이 보장되는 다른 투자기회에 재투자하여 자본을 회수할 것으로 예상되므로 재투자수익률(reinvestment rate of return)이라 부르기도 한다. 투자 여부를 결정하기 위한 기준인 MARR을 정하는 문제는 기업 혹은 투자자 개인에 따라 다르며 객관적인 설정 기준은 없다. 만약 MARR을 높게 책정하면, 이윤이 높게 보장되는 투자 대안에만 투자를 하겠다는 의미이고, 이는 어느 정도 이익이 보장되는 여러 대안들에 대한 투자 기회를 상실하게 되는 보수적인 자본 운영 형태가 될 것이다. 반대로 MARR을 낮게 책정하면 수익률이 낮은 대안에 대한 투자도 진행되어 상대적으로 높은 투자이익이 기대되는 투자 기회를 잃거나, 투자 손실의 위험성도 내포되는 공격적인 자본 운영이 될 것이다. 따라서 투자수익률이 너무 높거나 낮지 않은 선에서 적절한 MARR을 결정하여야 하며, 이러한 결정은 자본의 운영에 있어서 가장 중요한 정책결정으로서 기업체의 경우 대부분 최고경영진에서 결정된다.

기업에서 MARR은 투자 환경이 열악한 사업 부문에서의 투자를 억제하고 상대적으로 투자환경이 좋은 부문의 투자를 늘려 기업 전체의 투자효율을 극대화하는 역할을 하며, 시기적으로도 투자환경이 좋지 않은 시점의 투자를 억제하여 투자환경이 호전되었을 때 투자역량을 집중할 수 있도록 하는 역할을 한다. 일반적으로 은행 정기예금에 의한 투자는 언제나 그 이율이 보장되므로

MARR은 최소한 은행의 정기예금 이율보다는 높은 수준에서 결정되게 된다.

6.2.2 아무것도 하지 않는 대안 고려

앞의 6.1.2항에서 설명한 네 가지 투자 대안 중 첫 번째 투자 대안 $A0$는 두 가지 투자 안 P_1과 P_2 중 어느 안에도 투자를 하지 않는 것이다. 이러한 경우를 "아무것도 하지 않는 대안에 투자(do nothing)"한다고 한다. 이 경우는 가용 자금을 실제 투자하지 않기 때문에 수익률이 0이 된다는 뜻이 아니고, 검토 중인 투자 대안 대신 MARR이 보장되는 다른 곳에 투자를 한다는 뜻이다. 예를 들어 검토 중인 투자 대안들이 기대에 미치지 못하여 투자 자금을 은행에 예금하여 둘 경우, 이때 "아무것도 하지 않는 대안에 투자하였다"라고 하며 투자자가 설정한 MARR은 은행의 예금 금리가 될 것이다. 이와 같이 투자 대안의 경제성을 분석할 경우에는 아무것도 하지 않은 대안을 추가하여 대안을 비교·분석하여야 한다. 계산상으로 "아무것도 하지 않는 투자 대안" $A0$는 현금흐름이 발생하지 않으므로 그 값이 0이 되나, 식 (6.1)에서 주어진 바와 같이 현가(혹은 연간등가, 미래가)가 0이 되는 이율(MARR)이 보장되는 대안에 투자한다는 뜻이 된다. 이것을 식으로 나타내면 다음과 같다.

$$i = \mathrm{MARR}$$
$$P(\mathrm{MARR})_{\mathrm{A0}} = \mathrm{A}(\mathrm{MARR})_{\mathrm{A0}} = \mathrm{F}(\mathrm{MARR})_{\mathrm{A0}} = 0 \tag{6.1}$$

6.2.3 현가, 미래가 및 연간등가

투자 대안을 비교, 평가하는 데 가장 많이 사용되는 척도는 투자 대안의 현금흐름에 대한 현가(present worth: P), 미래가(future worth: F) 혹은 연간등가(annual equivalent: A)라고 할 수 있다. 이 척도들은 각각 서로 다른 시점에서의 현금흐름으로 주어지는 투자 대안들을, 동일한 기준의 현금흐름으로 변환시켜주는 척도로서 계산 방법은 제 앞장에서 자세히 다루었다. 즉, 현가는 투자 대안에서 발생하는 현금흐름들과 등가가 되는 현재 시점($t = 0$)의 가치로 환산하여 비교 평가하는 척도이며, 미래가는 투자 대안에서 발생하는 현금흐름들과 등가가 되는 사업종료 시점($t = n$)의 가치로 환산하여 비교 평가하는 척도이고 연간등가는 투자 대안에서 발생하는 현금흐름과 등가가 되는 사업 기간에 걸친 균일지불 현금흐름으로 환산하여 비교 평가하는 척도이다.

투자 대안에 대한 현가 $P(i)$가 0보다 큰 경우는 투자 대안에 대한 투자 금액과 투자에 따른 수익을 현재 시점의 가치로 환산할 경우 투자 수익이 더 많다는 것을 의미하므로 해당 투자 대안은 경제성이 있다고 판단한다. 현가 $P(i)$가 0인 경우는 지출과 수입이 같아지는 경우로 투자를 보류하고 보다 면밀한 비용 분석을 할 필요가 있으며, 현가 $P(i)$가 0보다 작은 경우는 지출이 수입을 초과하는 안으로 비경제적인 대안으로 판단한다.

아래 현금흐름에 대한 $P(i)$는 다음과 같이 계산한다.

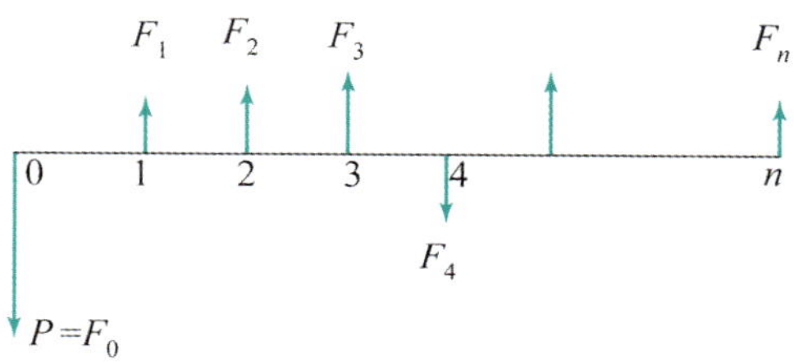

$$P(i) = F_0 + F_1(P/F,i,1) + F_2(P/F,i,2) + \ldots + F_n(P/F,i,n) \quad (6.2)$$
$$= \sum_{t=0}^{n} F_t (1+i)^{-t}$$

여기서

i : 이자계산 기간당 실질이율 혹은 MARR

F_t : 이자계산 기간t 말의 현금흐름 크기

n : 복리 이자계산 기간

$P(i)$는 식 (6.2)에서 보는 바와 같이 i값이 커지면 지속적으로 그 값이 감소하여 0보다 작은 값이 될 수도 있다. $P(i)$가 0보다 클 경우에는 경제적으로 타당성이 있다고 판단한다. 그리고 식 (6.2)는 이자계산 기간 동안 이율이 동일하다고 가정한 것이고 이율이 기간마다 다를 경우는 3장에서 설명한 바와 같이 순차적으로 이율을 반영하여 계산하면 된다.

한편 다음과 같이 엑셀 재무함수 NPV함수를 이용하여 주어진 현금흐름에 대한 현가를 계산할 수 있다.

$$\text{NPV}(rate, F_1, F_2, \cdots, F_n) + F_0 \text{ 또는 } \text{NPV}(rate, values) + F_0$$

여기서 rate는 MARR, F_t는 t시점에서의 현금흐름, values는 현금흐름을 나타내는 셀의 범위이다.

예제

어떤 회사의 엔지니어는 생산성 향상을 위하여 새로운 장비를 구입하고자 제안하였다. 장비 구입비용은 2,500백만 원이고, 수명은 5년이며 5년 뒤의 잔존가치는 500만원이다. 이 장비를 통한 생산성 향상으로 연간 800만원의 추가 순수익을 창출할 것으로 예상된다. 이 회사의 설비 투자에 대한 MARR=20%인 경우 이 제안을 수용해야 하는가? 현가를 기준으로 평가하시오.

해답 설비투자에 대한 현금흐름도는 다음과 같다.

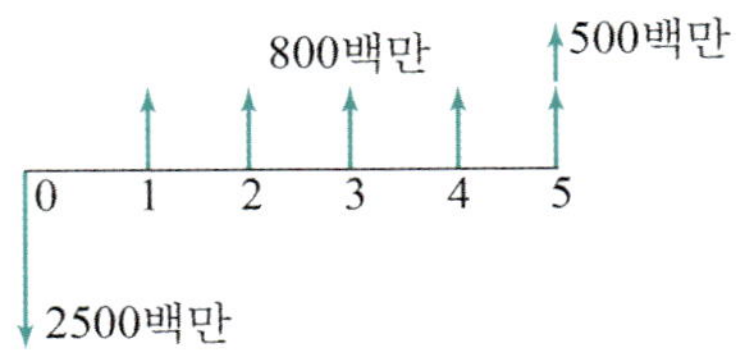

$$\begin{aligned} P(20\%) &= -2500 + 800(P/A, 20\%, 5) + 500(P/F, 20\%, 5) \\ &= -2500 + NPV(20\%, 800, 800, 800, 800, 1300) \\ &= 93.4\text{만원} \end{aligned}$$

따라서 $P(20\%) > 0$이므로 투자 제안은 경제적으로 타당하다. 한편 엑셀 재무함수 NPV함수로 이용하여 다음과 같이 현가로 계산할 수 있다.

	A	B	C
1	연도	현금흐름	PV(20%)
2	0	-2500	93.4
3	1	800	
4	2	800	
5	3	800	
6	4	800	
7	5	1300	

	A	B	C
1	연도	현금흐름	PV(20%)
2	0	-2500	=B2+NPV(0.2,B3:B7)
3	1	800	
4	2	800	
5	3	800	
6	4	800	
7	5	1300	

또한 제3장에서 이율 i, 이자기간 수 n일 경우의 현가(P)와 미래가(F) 및 연간등가(A)의 관계식은 다음과 같음을 보였다.

$$F = P(1+i)^n$$
$$A = P\left[\frac{i(1+i)^n}{(1+i)^n - 1}\right]$$

따라서 세 가지 척도 사이에는 다음과 같이 i와 n값에 의한 상수 배수의 관계가 성립한다.

$$P = F\left[\frac{1}{(1+i)^n}\right] = A\left[\frac{(1+i)^n - 1}{i(1+i)^n}\right]$$

즉, 현가에 일회지불 복리계수$(F/P, i, n)$를 곱한 것이 미래가이고, 균일지불 자본회수계수$(A/P, i, n)$를 곱한 것이 연간등가이므로, 대안 간의 비교를 현가, 미래가 혹은 연가등가 중 어느 척도를 선택하여 하더라도, 이율 i와 이자기간 n만 동일하면 이들 계수들의 값은 일정하다. 따라서 현가에 의한 대안들의 비교 결과는 미래가 및 연간등가에 의한 비교 결과와 항상 일치하게 된다.

즉, $P(i) > 0$이면 $F(i) > 0$, $A(i) > 0$이고, $P(i) = 0$이면 $F(i) = 0$, $A(i) = 0$이며, $P(i) < 0$이면 $F(i) < 0$, $A(i) < 0$이다.

또한 투자 대안 A1과 A2를 비교할 경우, 아래의 관계식으로부터 현가, 미래가 및 연간등가 사이의 비는 항상 일정함을 알 수 있다.

$$\frac{P(i)_{A1}}{P(i)_{A2}} = \frac{F(i)_{A1}}{F(i)_{A2}} = \frac{A(i)_{A1}}{A(i)_{A2}} \tag{6.3}$$

6.2.4 내부수익률

(1) 내부수익률의 의미

내부수익률(IRR: internal rate of return)은 어떤 투자로 인하여 발생되는 현금흐름에서 "수입과 지출의 등가가 같아지는 이율"로 정의된다. 여기서 등가는 현가, 연간등가, 미래가 혹은 어느 특정 시점을 기준으로 한 등가 등 어떠한 경우를 적용하여도 같은 결과가 된다. 만약 현가를 등가의 기준으로 한다면, IRR은 다음 식 (6.4)를 만족하는 i^*값이다.

$$P(i^*) = \sum_{t=0}^{n} F_t (1+i^*)^{-t} \tag{6.4}$$

$$= F_t(P/F, c^*, \ , -1) = 0$$

표 6.2의 현금흐름에 대한 현가는 다음 다항식으로부터 구할 수 있다.

$$P(i) = -1000 + \frac{500}{1+i} + \frac{360}{(1+i)^2} + \frac{230}{(1+i)^3} + \frac{110}{(1+i)^4}$$

표 6.2 투자에 대한 현금흐름

	A	B	C	D
1	연도	현금흐름	이율(i)	P(i)
2	0	-1000	0.0%	200.0
3	1	500	5%	91.9
4	2	360	10%	0.0
5	3	230	15%	-78.9
6	4	110	20%	-147.2
7			25%	-206.8

	A	B	C	D
1	연도	현금흐름	이율(i)	P(i)
2	0	-1000	0	=$B$2+NPV(C2,$B$3:$B$6)
3	1	500	0.05	=$B$2+NPV(C3,$B$3:$B$6)
4	2	360	0.1	=$B$2+NPV(C4,$B$3:$B$6)
5	3	230	0.15	=$B$2+NPV(C5,$B$3:$B$6)
6	4	110	0.2	=$B$2+NPV(C6,$B$3:$B$6)
7			0.25	=$B$2+NPV(C7,$B$3:$B$6)

위의 식으로부터, 이율 i에 따른 현가 $P(i)$를 그래프로 나타내면, 그림 6.2와 같다. 이것을 현가곡선(present worth curve)이라 한다. 현가곡선에서 보는 바와 같이 표 6.2에 주어진 현금흐름에 대한 IRR은 10%가 됨을 알 수 있다.

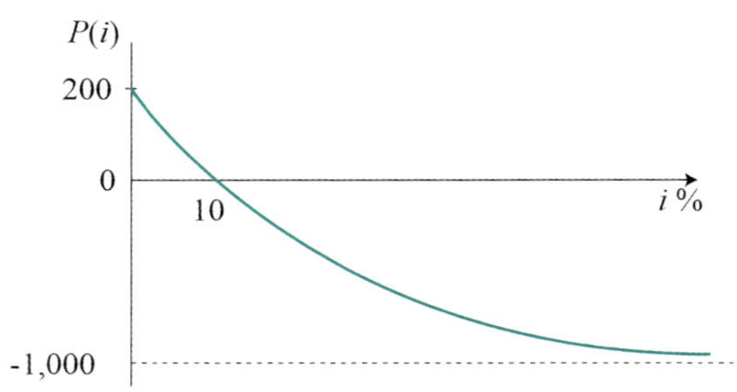

그림 6.2 현가 곡선

내부수익률은 투자기간이 끝나는 시점에서 투자한 모든 자본이 회수되도록(즉 투자 잔액이 0이 되도록) 하는 투자 수익률의 의미를 가진다. 예를 들어 표 6.2와 같이 주어지는 현금흐름의 경우 IRR = 10%의 의미는 다음과 같다. 우선 투자 후 1년이 경과하는 시점에서 초기투자액(100만원)

에 대하여 연이율(IRR = 10%)을 고려할 경우, 미회수 잔액은 110만원으르 늘어나게 되나, 1년 말에 50만원이 회수되므로 60만원의 미회수 잔액이 남는다. 따라서 2년 말에는 이자를 고려한 미회수 잔액은 66만원이 되고, 이때 다시 36만원이 회수되므로 2년째 말의 미회수 잔액은 30만원이 된다. 이를 반복하면 투자 기간 종료 시점인 4년 말에는 미회수 잔액이 0이 됨을 알 수 있다(표 6.3).

내부수익률 IRR을 이용하여 투자 대안의 경제성을 평가할 경우 그림 6.2의 현가곡선에서 볼 수 있는 바와 같이 $i = \text{MARR} < \text{IRR}$이면 $P(i) > 0$이므로 경제적으로 투자 타당한 대안이고, $i = \text{MARR} > \text{IRR}$이면 $P(i) < 0$이므로 비경제적인 투자 대안이다.

표 6.3 현금흐름에 대한 수익률 분석 (단위 : 천원)

연도 말	t년 말의 현금흐름	t년 초의 미회수 잔액	t년 중 미회수 잔액에 붙은 이자	t년 말의 미회수 잔액
t	F_t	B_{t-1}	$B_{t-1} \times 0.10$	$B_{t-1}(1+0.10)+F_t$
0	-1,000	–	–	-1,000
1	500	-1,000	-100	-600
2	360	-600	-60	-300
3	230	-300	-30	-100
4	110	-100	-10	0

이상에서 설명한 IRR의 의미를 식으로 나타내면 다음과 같다.

$$
\begin{aligned}
B_0 &= F_0 \\
B_t &= B_{t-1}(1+i^*) + F_t \\
B_n &= 0
\end{aligned}
\tag{6.5}
$$

여기서

B_t = 기간t 말에서 미회수된 잔액

F_t = 기간t 말에 회수한 금액(단, F_0 = 초기 투자비용)

i^* = 기간t 동안 미회수 잔액으로부터 얻는 이율

n = 투자 기간의 길이

(2) IRR의 계산

내부수익률을 계산하려면 식 (6.4)를 만족하는 해를 구해야 한다. IRR의 계산식을 보면, i^*는 투자기간 n에 대한 다항식으로 주어짐을 알 수 있다. 따라서 일반적으로 IRR을 구하기 위해서는, 시행착오법(try-and-error method)을 사용하거나 다항식의 해를 구하는 알고리즘을 이용하여 컴퓨터로 계산하면 된다. 또한 엑셀 재무함수 IRR을 이용하여 계산할 수도 있다.

예제

현금흐름이 표 6.4와 같이 주어지는 투자에 대하여 내부수익률을 계산하시오.

표 6.4 투자에 대한 현금흐름 (단위 : 천원)

t년도 말	현금흐름 F_t
0	-2,000
1	300
2	400
3	500
4	600
5	1,000

해답 내부수익률의 정의로부터 다음의 식을 만족하는 i^*를 구하여야 한다.

$$0 = P(i^*)$$
$$0 = -2{,}000{,}000 + (300{,}000 + 100{,}000(A/G, i^*, 4))(P/A, i^*, 4) + 1{,}000{,}000(P/F, i^*, 5)$$

만약 $i = 10\%$를 적용하여 계산하면

$$P(10\%) = -2{,}000{,}000 + (300{,}000 + 100{,}000(A/G, 10\%, 4))(P/A, 10\%, 4) + 1{,}000{,}000(P/F, 10\%, 5) = 9{,}696.588$$

$i = 11\%$를 적용하면

$$P(11\%) = -2{,}000{,}000 + (300{,}000 + 100{,}000(A/G, 11\%, 4))(P/A, 11\%, 4) + 1{,}000{,}000(P/F, 11\%, 5) = -50{,}751.2$$

따라서 IRR은 10%와 11% 사이에 존재함을 알 수 있고, 보간법을 사용하여 $P(i)=0$이 $IRR(=i^*)$을 구하면 된다.

$$i^* = 10\% + 1\%\left[\frac{9{,}696.588-0}{9{,}696.588-(-50{,}751.2)}\right] = 10\% + 1\%\left[\frac{9{,}696.588}{60{,}447.788}\right] = 10.16\%$$

또한, 엑셀 재무함수 IRR(value, guess)을 이용하여 다음과 같이 구할 수도 있다.

	A	B	C
1	연도	현금흐름	IRR
2	0	-1000	10.0%
3	1	500	
4	2	360	
5	3	230	
6	4	110	

	A	B	C
1	연도	현금흐름	IRR
2	0	-1000	=IRR(B2:B6)
3	1	500	
4	2	360	
5	3	230	
6	4	110	

(3) 복수의 IRR이 존재하는 경우

식 6.4에서 보는 바와 같이 IRR은 n차의 다항식을 만족하는 해이다. n차 다항식에서는 일반적으로 중근을 포함하여 n개의 근이 존재하므로 현금흐름의 형태에 따라서 IRR이 한 개[그림 6.3(a)] 혹은 여러 개[그림 6.3(b),(c)] 존재하게 된다. 복수 개의 IRR이 존재하는 경우에는 어떤 IRR을 투자의 진짜 수익률로 보아야 하는가를 결정할 수 있는 아무런 근거가 없기 때문에 투자 대안의 비교 평가에 IRR을 사용할 수 없다.

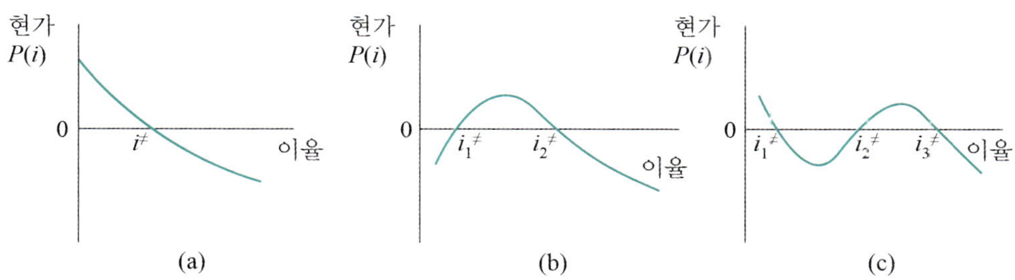

그림 6.3 한 개 또는 복수의 IRR이 존재하는 경우의 현가곡선

복수의 IRR이 존재하면 IRR이라는 평가척도를 사용할 수 없으므로 미리 평가하려는 대안들의 현금흐름이 유일한 IRR을 갖는지 확인해 보는 것이 바람직하다. 현가곡선이 그림 6.3(a)와 같은 형태, 즉 단순현금흐름임을 확인해 보는 간단한 방법의 하나는 현금흐름이 다음의 세 가지 조건을 만족시키는지의 여부를 확인해 보는 것이다.

조건1 : 첫 번째 현금 흐름은 지출의 형태로 일어난다(즉, $F_0 < 0$).

조건2 : 일련의 현금흐름에는 단 한 번의 지출에서 수입으로의 변화만 일어난다(즉, 일련의 지출 후 일련의 수입이 뒤따르는 형태).

조건3 : 시간적 가치를 고려하지 않은 수입액의 총합이 지출액의 총합보다 커야 한다.

이 세 개 조건이 만족되면 반드시 그림 6.3(a)와 같은 형태의 현가곡선이 되는 이유는 다음과 같다. 우선, 조건1은 $F_0 < 0$이어야 한다는 것인데, 이율이 무한대로 커지면 현가는 F_0와 같아지므로$[P(\infty) = F_0]$, 조건1은 결국 현가곡선의 우측 끝은 항상 음의 영역에 있게 된다는 것을 의미한다. 또한, 일련의 지출 후에 일련의 수입이 있는 현금흐름의 현가는 이율이 커지면 커질수록 지출의 현가보다 수입의 현가가 작아져서 감소하기 때문에, 조건2는 결국 현가곡선이 단조감소함수가 된다는 것을 의미한다. 그리고 $\sum_{t=0}^{n} F_t = P(0)$이므로, 시간적 가치를 고려하지 않는 현금흐름의 총합이 0보다 크다는 조건3은 현가곡선이 0보다 큰 $P(0)$에서 시작된다는 것을 의미한다. 따라서 이 세 조건이 만족되면, 현가곡선은 그림 6.3(a)와 같이 0보다 큰 값에서 시작하여 계속 감소하다가 어딘가에서 가로축과 만나고 결국 음수인 $F(0)$로 접근해 가는 형태가 된다. 일반적으로 투자 안들은 초기투자로서 지출이 일어난 후 일정 시점이 지나면 수입이 발생되는 형태를 가지므로 대부분 위의 조건들을 만족하게 된다. 따라서 실제 투자 사업에 대한 대안의 비교 분석에 있어서는 대부분 IRR이 하나로 주어지는 현금흐름 형태가 된다.

IRR은 투자에서 회수되지 않은 자금이 매년 벌어들이는 수익률을 의미하기 때문에 은행에 돈을 맡기고 매년 받는 이율의 개념과 같아서 현장에서는 투자 효율의 척도로 간주되어 많이 사용되고 있다. 그러나 IRR은 앞서 언급한 것처럼 하나의 IRR이 존재할 때에만 의미가 있고, 투자 의사결정의 관점에서 볼 때 IRR이 더 큰 투자가 반드시 더 바람직한 투자라고 말할 수 없기 때문에 사용에 주의를 기해야 한다.

예제

어떤 회사의 엔지니어는 생산성 향상을 위하여 새로운 장비를 구입하고자 제안하였다. 장비 구입비용은 2,500백만 원이고, 수명은 5년이며 5년 뒤의 잔존가치는 500만원이다. 이 장비를 통한 생산성 향상으로 연간 800만원의 추가 순수익을 창출할 것으로 예상된다. 이 회사의 설비 투자에 대한 MARR = 20%인 경우 이 제안을 수용해야 하는가? IRR를 기준으로 평가하시오.

해답 주어진 현금흐름은 단순현금흐름이 되기 위한 3가지 조건을 모두 만족한다. 따라서 단 한 개의 IRR이 존재한다. 이때 IRR은 다음 식을 만족하는 이율 i가 된다.

$$800(P/A, i, 5) + 500(P/F, i, 5) - 2500 = 0$$

혹은 엑셀 재무함수 IRR을 이용하여 내부수익률을 계산하면 IRR = 21.58%이다.

	A	B	C	D
1	연도	현금흐름	이율(i)	P(i)
2	0	-2500	0.0%	2000.0
3	1	800	5%	1355.3
4	2	800	10%	843.1
5	3	800	15%	430.3
6	4	800	20%	93.4
7	5	1300	25%	-184.7
8	IRR=	21.58%		

	A	B	C	D
1	연도	현금흐름	이율(i)	P(i)
2	0	-2500	0	=$B$2+NPV(C2,$B$3:$B$7)
3	1	800	0.05	=$B$2+NPV(C3,$B$3:$B$7)
4	2	800	0.1	=$B$2+NPV(C4,$B$3:$B$7)
5	3	800	0.15	=$B$2+NPV(C5,$B$3:$B$7)
6	4	800	0.2	=$B$2+NPV(C6,$B$3:$B$7)
7	5	1300	0.25	=$B$2+NPV(C7,$B$3:$B$7)
8	IRR=	=IRR(B2:B7)		

따라서 MARR<IRR이므로 본 투자 제안은 경제적으로 타당하다.

6.2.5 회수기간법

회수기간(payback period)은 투자에 소요된 총비용을 회수하는 데에 필요한 기간으로 정의된다. 일반적으로 투자자들은 회수기간이 짧은 투자 대안을 선택함으로써 투자에 따른 위험성을 최소화하려 한다. 즉 짧은 시간에 투자된 자본을 회수할 경우, 자금의 회전율을 높이고 투자 환경의 변화에 따른 경제적 손실의 기회를 줄여주는 이점이 있다. 그러나 투자 회수기간은 투자하고자 하는 업종의 특성에 따라 다르게 된다. 대체로 제조업의 경우 투자 회수기간이 짧은 반면 호텔업 등과 같은 서비스업종은 투자 회수기간이 길다. 따라서 투자 회수기간이라는 척도만으로 투자 대안들을 비교 평가하는 경우는 거의 없고, 앞에서 설명한 여러 가지 평가척도의 보조수단으로 이용하게 된다. 투자 회수기간을 계산하는 방법에는 투자 후에 발생하는 순 현금흐름에 대한 시간적 가치를 고려하지 않는 방법(무이자 회수기간)과 이를 고려하는 두 가지 방법이 있다.

(1) 무이자 회수기간(payback without interest)

이자를 고려하지 않을 경우, 투자에 대한 회수기간 n'은 다음의 식이 만족되는 가장 작은 정수로 주어진다.

$$\sum_{t=0}^{n'} F_t \geqq 0 \tag{6.8}$$

여기서 F_0는 초기 투자비용, F_t는 시간 t에서의 순 현금흐름을 나타낸다. 이러한 계산 방법은 돈의 시간적 가치를 완전히 무시하고 있다는 것과, 투자 회수기간 이후에 발생되는 순 현금흐름을 평가에 고려하지 않고 있다는 중대한 두 가지 결점을 가지고 있다.

예제

순 현금흐름이 표 6.5로 주어지는 투자에 대한 무이자 회수기간을 계산하시오.

해답 다음 계산식에서 보듯이 3년 말이 되면 누적 회수금액이 130,000천원이 되어 초기 투자비를 상회하게 되므로 이자를 고려하지 않은 회수기간은 3년이 된다.

$$\sum_{t=0}^{3} F_t = -120{,}000+50{,}000+40{,}000+40{,}000 \geqq 0$$

표 6.5 현금흐름에 대한 회수기간 분석 (단위 : 천원)

연말	투자안
0	-120,000
1	50,000
2	40,000
3	40,000
4	30,000
5	30,000

(2) 이자를 감안한 회수기간(payback with interest)

현금 흐름에 대한 시간적 가치를 고려하는 경우의 투자 회수기간 n‘은 다음의 식이 만족되는 가장 작은 정수로 주어진다.

$$\sum_{t=0}^{n'} F_t(1+i)^{-t} \geqq 0 \tag{6.9}$$

예를 들어, 이율 10%로 연속 복리계산하는 경우, 앞의 표 6.5에서 주어진 현금 흐름에 대한 투자 회수기간은 다음의 계산으로부터 4년이 되어 무이자 회수기간보다 길어짐을 알 수 있다.

$$\begin{aligned}\sum_{t=0}^{4} F_t(1.1)^{-t} &= -120{,}000{,}000 + 50{,}000{,}000[P/F, 10\%, 1] + 40{,}000{,}000[P/F, 10\%, 2] \\ &\quad + 40{,}000{,}000[P/F, 10\%, 3] + 30{,}000{,}000[P/F, 10\%, 4] \\ &= 7{,}729{,}000 \geq 0\end{aligned}$$

이 경우에 있어서도 투자 회수기간 이후에 발생되는 순 현금흐름을 고려하지 않는 문제점은 여전히 남아 있다.

6.2.6 사업수지(PB(i))

투자 대안들을 평가하는 척도로 지금까지 설명한 현가, 내부수익률, 회수기간 등은 모두 대안들에 대한 평가결과를 단일지표로 나타내주는 척도들이었다. 그러나 보다 자세한 경제성 분석을 위해서는 투자 대안들에 대하여 투자기간 동안 일어나는 현금흐름에 대한 미회수 잔액의 변화를 살펴볼 필요가 있다. 즉 투자기간 동안 매 시점에서의 미회수 잔액을 사업수지(project balance)라고 하고 그 값을 시간을 가로축으로 하여 도표로 나타내는 것을 사업수지도(project balance diagram)라고 한다. MARR이 i라고 할 때 투자 기간 중 임의의 시점 t에서의 사업수지 $PB(i)t$는 다음의 식으로 주어진다.

$$PB(i)_t = PB(i)_{t-1}(1+i) + F_t \qquad \text{for } t = 1, 2, \cdots, n \tag{6.10}$$

$$PB(i)_0 = F_0$$

이 식 (6.10)에서 보는 바와 같이 시점 t에서의 사업수지는 이전 시점 $(t-1)$까지의 사업수지로부터 이후 t시점까지 발생되는 이자에 의한 현금흐름의 변화와 이 기간 중 발생되는 현금의 유입 혹은 유출을 모두 합한 값이 된다. 이러한 개념은 IRR의 의미를 다룬 6.2.4절에서 보았던 식 (6.5)의 미회수 잔액의 개념과 유사한 것이다.

예제

표 6.6의 현금흐름에 대하여 사업수지를 분석하고 사업수지도를 그리시오. 이때 고려하는 MARR은 10%이다.

해답 각 시점에서의 사업수지는 식 (6.10)으로부터 표 6.6과 같이 계산된다. 사업수지도로 나타내면 그림 6.4와 같이 주어진다.

표 6.6 현금 흐름표 (단위 : 천원)

연말(t)	A	B	A+B
	F_t	$(1+i)PB(i)_{t-1}$	$PB(i)$
0	-1,000	0	-1,000.0
1	500	-1,100.0	-600.0
2	300	-660.0	-360.0
3	200	-396.0	-196.0
4	200	-215.6	-15.6
5	200	-17.2	182.8
6	200	201.1	401.1

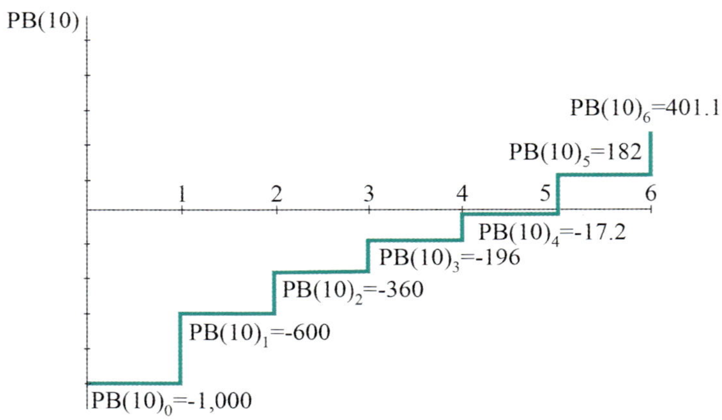

그림 6.4 **사업수지도**(단위 : 천원)

사업수지도로부터 다음의 네 가지 항목에 관한 정보를 동시에 얻을 수 있다.

(1) 투자에 대한 순 미래가치(PB$(i)_n$)

사업수지도로부터 투자 대안에 대하여 예상되는 순 미래가치를 알 수 있다. 상기 예제의 경우 6년 후의 순 미래가치는 40만원이 되는 것으로 분석되었다.

(2) 할인된 회수기간(n')

사업수지가 음에서 양으로 변하는 시점이 할인된 회수기간이 된다. 예제의 경우 할인된 회수기간은 5년임을 알 수 있다.

(3) 손해의 위험에 노출된 정도

사업수지가 음수로 나타나는 영역의 크기가 손해의 위험에 노출된 정도를 보여 준다. 예제의 경우 투자 후 첫 번째 기간이 경과할 때까지 손해의 위험이 커지나 이후 차차 줄어듦을 알 수 있다. 다른 대안들에 대해서도 사업수지도를 비교하여 봄으로써 대안 간의 손해의 위험에 대한 노출의 상대적 크기를 한눈에 파악할 수 있다.

(4) 이득의 가능성

사업수지가 양수로 나타나는 영역의 크기가 이득의 가능성을 나타내어주는 지표가 된다. 예제의 경우 투자 사업을 5년에서 종결시킬 경우 18.2만원의 투자이익이 기대되나 1년을 더 연장하여 6년에 종결할 경우, 40만원의 이익이 예상되어 1년 만에 21.8만원의 추가 이익이 발생됨을 알 수 있다. 이러한 분석기법은 투자 사업의 종결시점을 결정하는 데에 유용하게 활용될 수 있다.

예제

다음 네 가지 투자 대안에 대한 현금흐름도와 사업수지도는 다음과 같다(단위: 만원). 어느 대안이 경제적으로 가장 유리한 대안인지 평가하시오.

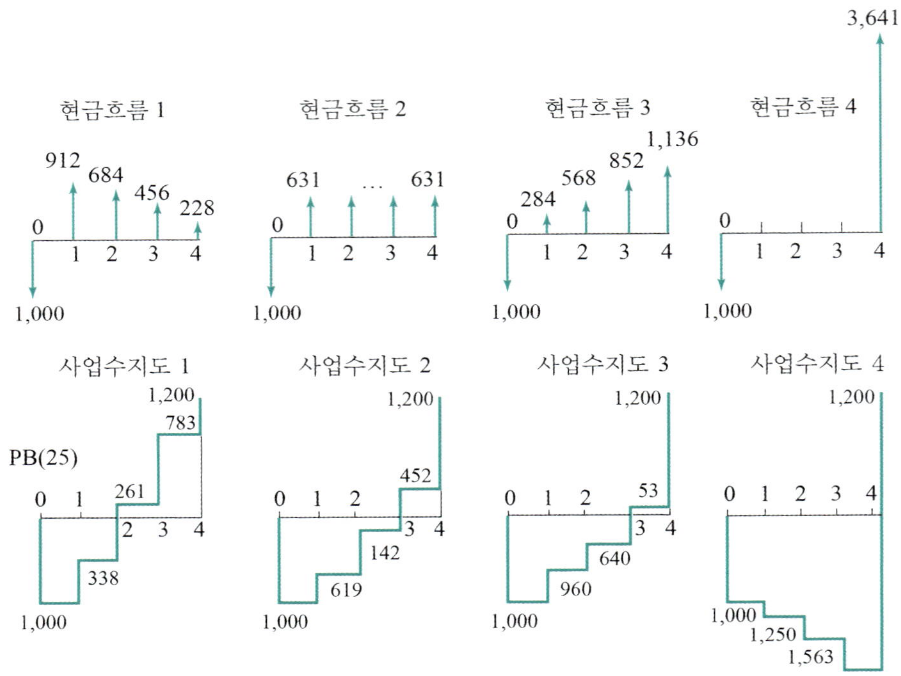

해답 4가지 투자 대안에 대한 미래가가 모두 1,200만원으로 동일하여, 현가, 연간등가도 동일하며 내부수익률도 동일하다. 그러나 사업수지도를 보면 투자 대안 1의 회수기간은 2년, 대안 2와 3은 3년, 대안 4의 회수기간은 4년으로 가장 길다. 따라서 동일한 조건에서 회수기간이 가장 짧은 대안 2가 가장 경제적으로 유리한 대안이라고 볼 수 있다.

6.2.7 자본회수비용(CR(i))

어떤 회사에서 새로운 제품을 생산하기 위하여 생산 장비를 구입하는 경우, 장비의 구입에 소요되는 비용은 자산화 비용이다. 즉 투자자가 생산 장비를 구입하였다는 의미는 유동자산(현금)을 고정자산(생산 장비)으로 교환하였다는 의미가 되며 자신의 자본이 사용되어 없어진 것은 아니다. 구입한 장비는 사용하는 시간에 따라 그 가치가 떨어지게 되고(자산가치의 상실; 감가상각), 이것이 생산 장비의 운영에 사용된 비용이 된다. 일반적으로 초기투자에 의하여 고정자산을 취득하는 경우, 고정자산은 사용 가능한 연수(수명기간)가 있고, 수명기간이 끝나는 시점에서 고정자산을 처분할 때에 발생되는 잔존가치(salvage value)가 있다. 이 경우 고정자산을 수명기간까지 사용하는 동안 연 평균 얼마의 비용이 사용되었는지를 초기투자비용, 수명기간, 잔존가치의 함수로 표시할 수 있다. 이렇게 고정자산에 대한 투자비용을 수명기간과 잔존가치를 고려하여 연등가액으로 나타낸 것을 자본회수비용(capital recovery with return: $CR(i)$)이라고 한다. 만약 자산의 초기투자비용을 P, 자산의 수명기간을 n, 잔존가치를 S라 하고 이 투자에 대한 MARR을 i라 하면 자산의 연등가액, 즉 자본회수비용 $CR(i)$는 초기투자비용의 연등가액에서 잔존가치의 연등가액을 뺀 것으로 정의되므로 다음의 식으로 주어진다(그림 6.5).

$$CR(i) = P(A/P,\ i,\ n) - S(A/F,\ i,\ n) \tag{6.11}$$

여기서

$$(A/F,\ i,\ n) = (A/P,\ i,\ n) - i \tag{6.12}$$

의 관계를 가지므로 이를 대입하면

$$\begin{aligned} CR(i) &= P(A/P,i,n) - S[(A/P,\ i,\ n) - i] \\ &= (P - S)(A/P,\ i,\ n) + Fi \end{aligned} \tag{6.13}$$

의 관계식을 얻을 수도 있다. 이 식에서 알 수 있듯이, $CR(i)$는 투자된 후 회수되지 못하는 자본 $(P-S)$의 연등가액과 회수되는 자본 S에 대한 연간 이자의 합이라고 할 수 있다.

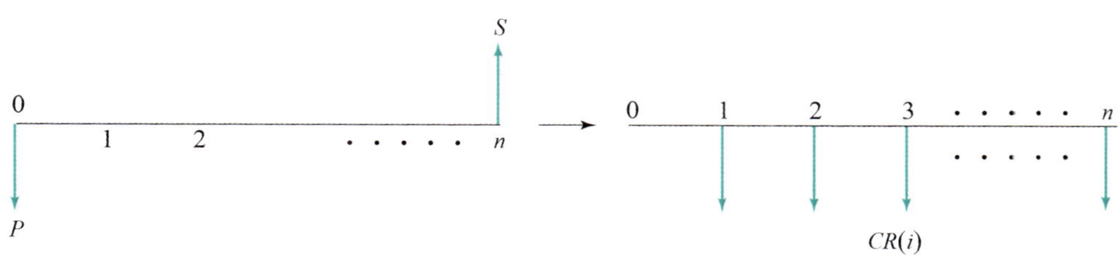

그림 6.5 **자본회수비용의 개념**(단위 : 천원)

예제

500만원에 구입한 반응기는 수명기간이 5년, 잔존가치는 100만원으로 예상된다. MARR을 10%로 하는 경우, 반응기 구입에 따른 자본회수비용을 구하시오.

해답 식(6.13)으로부터

$$CR(10\%) = (5{,}000{,}000 - 1{,}000{,}000)(A/P, 10\%, 5) + 1{,}000{,}000(0.10)$$
$$= (5{,}000{,}000 - 1{,}000{,}000)PMT(10\%, 5, -1) + 1{,}000{,}000(0.10)$$
$$= 1{,}155{,}200$$

이를 현금흐름도로 나타내면 그림 6.6과 같다.

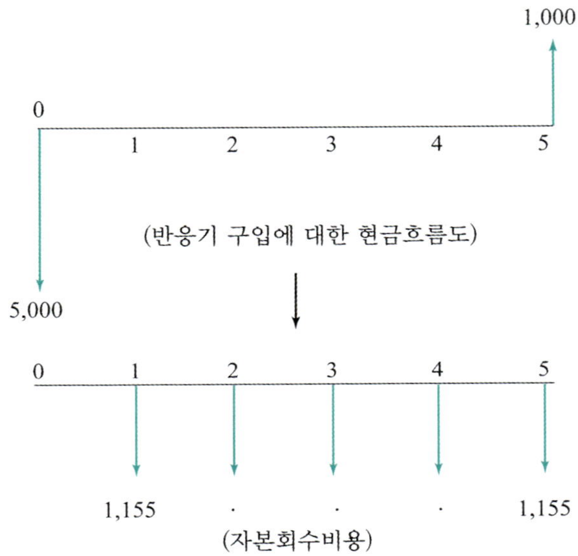

그림 6.6 **자본회수비용에 대한 현금흐름도**(단위 : 천원)

6.2.8 자본화등가 (CE(i))

자본화등가는 "투자가 이루어진 대상사업이 영원히 지속되기 위하여 필요한 현가"로 정의된다. 자본화는 지출이 일어난 시점에서 비용으로 처리하지 않고 자산이나 미지불된 비용으로 처리하는 경우에 일어난다. 자본화등가(capitalized equivalent)는 실제 자본화가 일어나는 것은 아니지만, 투자 대안을 대상으로 계산상 사업이 영속적으로 계속되기 위하여 필요한 현재 시점에서의 자본금을 검토하여 비교하는 방법이다. 따라서 자본화 등가는 현가에 의한 비교방법의 특수한 경우가 된다. 이의 계산 방법은 일반적인 투자 형태의 경우와 연간등가로 현금흐름이 나타나는 경우로 나누어 설명한다. 투자 대안은 크게 수익 투자 대안(revenue alternative : 투자와 그에 따른 수입이 발생되는 대안)의 경우와 서비스 투자 대안(service alternative : 특정한 서비스를 얻기 위한 투자로 인해 지출만 발생되는 대안)의 경우로 나눌 수 있는데, 일정한 서비스를 얻기 위하여 매년 지속적인 비용이 발생되는 서비스 투자 대안의 경우에는 연간등가로 계산하는 방식이 주로 사용된다.

초기 투자비용이 F_0이고, 수명기간이 n, 잔존가치가 S로 예상되는 사업이 영속적으로 진행되기 위하여 필요한 자본화등가를 구하여 보자. 수명기간이 끝나는 시점에서 재투자에 필요한 비용(C_R)은 초기투자비용에서 잔존가치를 제외한 비용, 즉 $C_R = F_0 - S$로 주어지는데, 이러한 재투자가 수명기간이 끝날 때마다 영구히 계속될 수 있도록 하기 위해서는 현재 시점에서 준비해 두어야 하는 비용 P에 대한 n년 동안의 이자가 C_R과 같아야 한다(그림 6.7).

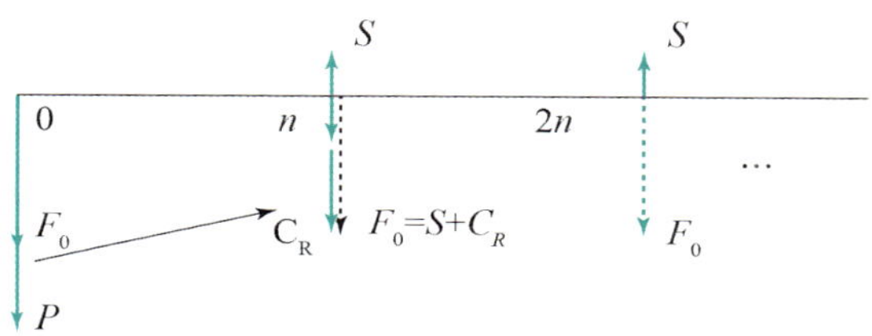

그림 6.7 자본화 등가

즉, n년 후의 P의 원리금을 F라고 하면

$$F - P = C_R \tag{6.14}$$

의 관계가 성립되어야 한다. MARR이 i일 때의 P와 F의 관계는

$$F = P(1+i)^n \tag{6.15}$$

으로 주어지므로, 두 식으로부터 투자사업의 종료시점마다 필요한 재투자를 영구히 지속하기 위하여 현재 준비하여야 할 추가 비용은

$$P = \frac{C_R}{(1+i)^n - 1} \tag{6.16}$$

이 됨을 알 수 있다. 이 비용과 초기의 투자비용 F_0을 합한 것이 자본화등가가 된다.

$$CE(i) = F_0 + \frac{C_R}{(1+i)^n - 1} \tag{6.17}$$

예제

초기투자비가 1,200만원이 소요되는 투자 대안이 제시되었다. 이 투자의 수명기간은 10년이며 잔존가치는 200만원으로 추정된다. 이율을 6%로 하였을 경우 이 투자 대안에 대한 자본화등가를 구하시오.

해답 이 투자 대안의 수명기간 종료시점에 필요한 재투자 비용은

$$\begin{aligned} C_R &= 12{,}000{,}000 - 2{,}000{,}000 \\ &= 10{,}000{,}000 \end{aligned}$$

이 된다. 따라서 자본화등가 비용은 식 (5.17)로부터

$$\begin{aligned} CE(6\%) &= 12{,}000{,}000 + \frac{10{,}000{,}000}{(1+0.06)^{10} - 1} \\ &= 12{,}000{,}000 + 12{,}650{,}000 \\ &= 24{,}650{,}000 \end{aligned}$$

으로 주어진다. 이 계산에서 1,200만원은 지금 투자에 필요한 비용이 되고, 잔액 1,265만원은 이율 6%로 10년간 적립할 경우,

$$\begin{aligned} F &= 12{,}650{,}000(F/P, 6\%, 10) \\ &= FV(6\%,\ 10,\ ,\ -12650000) \\ &= 22{,}650{,}000 \end{aligned}$$

이 된다. 따라서 10년 후에는 적립된 자본 2,265만원으로부터 1,000만원을 재투자 비용으로 사용하고 나머지 1,265만원을 다시 향후 10년을 위해 적립하면 되므로 본 투자 안은 영원히 지속되게 된다.

예제

신제품을 생산하기 위하여 투자수익이 동일한 반응기를 구입하고자 한다. 반응기 $A1$은 일반 철강 재질로 제작되었으며 구입비용은 500만원이고 수명기간은 3년으로 추정된다. 반응기 $A2$는 고급 스텐레스강으로 제작되었으므로 구입비용은 1,500만원이나, 수명기간은 더 긴 것으로 추정된다. 두 반응기

모두 잔존가치는 없다고 할 때, 반응기 $A2$의 투자 대안이 더 유리하기 위해서는 반응기 $A2$의 수명기간이 어느 정도 이상이 되어야 하는가? 이율은 6%로 하며 자본화등가를 사용하여 비교하시오.

해답 주어진 식으로부터 반응기 $A1$ 및 $A2$의 자본화등가는 각각 다음과 같이 주어진다.

$$CE(6\%)_{A1}=5,000,000+\frac{5,000,000}{(1+0.06)^3-1}=31,180,000$$

$$CE(6\%)_{A2}=15,000,000+\frac{15,000,000}{(1+0.06)^n-1}$$

두 식으로부터 $CE(6\%)_{A1}$과 $CE(6\%)_{A2}$ 값이 같아지기 위한 반응기 $A2$의 수명기간 $n=11.3$년으로 주어진다. 즉 반응기 $A2$의 수명이 11.3년 이상인 경우는 $A2$의 구입이 유리하나 그 이하인 경우는 $A1$을 구입하는 것이 더 경제적이다.

예제

어떤 사회 복지시설이 정상적으로 운영되려면 매년 5억원의 운영비가 필요하며 매 5년마다 전체보수비로 2억원의 추가경비가 필요하다. 방금 막 보수를 끝낸 이 사회복지시설에 앞으로 필요한 운영유지비를 영구적으로 모두 책임져 주고자 하는 독지가가 이 돈을 계속적으로 인출해 쓸 수 있는 기금을 은행에 예치시켜 주려면 얼마를 넣어 주어야 하는가? 단 은행이율은 연리 10%라고 가정하라.

해답 매 5년마다 소요되는 추가경비 2억원을 연간등가로 환산하면,

$$\begin{aligned}A(10\%)_{추가비용}&=200,000,000(A/F,\ 10\%,\ 5)\\&=PMT(10\%,\ 5,\ ,\ -200000000)\\&=32,760,000\end{aligned}$$

이 된다. 따라서 자본화등가는

$$\begin{aligned}CE(10\%)&=\frac{500,000,000+32,760,000}{0.1}\\&=5,327,600,000\end{aligned}$$

이 된다. 이 금액 중 50억원은 이율 10%로 적립하여 매년 발생되는 5억원의 이자소득을 운영비로 충당한다. 나머지 금액 32,760만원을 연리 10%로 5년간 투자할 경우,

$$327,600,000(F/P,\ 10\%,\ 5)=FV(10\%,\ 5,\ ,\ -327600000)=527,600,000원$$

이 되므로, 이로부터 보수에 필요한 추가경비 2억원을 충당하고 나머지 비용 32,760만원은 다음의 추가경비 충당을 위하여 적립하게 되어 영구히 필요한 경비를 충당할 수 있게 된다.

6.3 투자 대안 선정을 위한 의사결정기준

투자의 대안들 중 가장 경제성이 높은 대안을 선정하기 위해서는 6.2절에서 설명한 여러 가지 평가 척도들을 사용하게 된다. 즉 주어진 MARR에서 현가(혹은 미래가, 연등가)가 가장 큰 대안, IRR이 MARR보다 큰 대안, 회수기간이 짧은 대안, 자본화등가가 가장 적은 대안 등이 투자를 위한 일반적인 의사결정의 기준이 될 것이며, 이와 함께 투자 대안들의 형태와 투자 가능한 자본의 규모 등과 같은 여러 가지 제한 요건들이 함께 고려될 것이다. 투자 대안의 평가는 총투자 혹은 증분투자 현금흐름에 필요한 평가척도를 적용하여 비교 분석한다. 총 투자는 투자 대안 자체를 의미하며, 증분투자는 투자 대안 간의 차이를 의미한다.

예를 들어 표 6.7과 같은 현금흐름이 주어진 예상수명이 15년으로 추정되는 네 가지 투자 대안을 검토하는 경우를 살펴보자. 총 투자를 기준으로 볼 때 대안 $A0$는 아무것도 하지 않는 대안을 의미하며, 대안 $A1$은 3억원을 투자하여 향후 15년간 연간 예상수익에서 연간유지비를 뺀 금액, 즉 4,500만원의 연간 순수익이 기대되는 투자 대안임을 알 수 있다. 대안 $A2$의 경우는 33,000만원을 투자하여, 연간 5,500만원의 순수익이 기대되는 투자 대안이고, 대안 $A3$는 46,000만원을 투자하여 연간 7,000만원의 순이익이 발생하는 대안이다. 한편 대안 $A1$과 $A2$를 증분투자 ($A2-A1$) 개념에 입각하여 분석하면, 대안 $A2$는 대안 $A1$에 비하여 3,000만원의 추가 투자를 하고, 매년 1,000만원의 추가 이익이 기대된다는 의미가 된다. 다음 절에서는 현가와 내부수익률을 사용하여 투자 대안들의 총 투자 및 증분투자에 대한 분석을 실시하여 의사결정을 하는 방안에 관하여 설명한다.

표 6.7 네 가지 투자 대안에 대한 현금흐름 (단위 : 만원)

비용 및 수입	대안			
	A0	A1	A2	A3
초기 투자비	0	33,000	30,000	46,000
연간 유지비	0	2,000	7,500	4,000
연간 예상수입	0	7,500	12,000	11,000

6.3.1 증분투자에 대한 현가 기준

증분투자에 대한 현가를 기준으로 의사결정 방법은 다음의 두 가지 단계로 나누어 실시된다. 첫째, 투자 대안 간의 현금흐름의 차이를 구해 증분투자를 결정한다. 둘째, 증분투자에 대하여 현가를 계산하고 이를 기준으로 의사결정을 한다. 따라서 대안 $A1$와 $A2$의 차이($A2 = A1 + (A2 - A1)$인 증분투자($A2 - A1$)를 구한 후 그 증분투자에 대해 MARR을 적용하여 현가를 구한 결과 증분투자의 현가$P(i)_{A2-A1}$가 0보다 크면 증분투자의 수익률이 MARR보다 높다는 뜻이 되며 따라서 증분투자는 경제적 타당성이 있으므로 대안 $A1$보다는 대안 $A2$가 더 나은 대안이라고 결론 지을 수 있다. 한편 MARR을 적용한 증분투자의 현가가 0보다 적게 나왔다면 증분투자는 비경제적이 되어 대안 $A1$이 더 나은 대안이라고 결론 지을 수 있다. 일반적으로 2개 이상의 투자 대안을 놓고 최적 대안을 선정하는 경우, 증분투자에 대한 현가 기준을 적용하는 절차를 정리하면 다음과 같다.

제1단계 : 투자 대안들을 초기 투자비용이 가장 적은 대안부터 순서대로 늘어놓는다.

제2단계 : 초기비용이 가장 적은 대안을 "현재의 최적대안(current best alternative)"으로 설정한다. 따라서 최초의 최적대안은 대개의 경우 "아무것도 하지 않는 대안"이 된다. 이때의 현가는 MARR을 적용하였을 경우 0이 됨을 뜻한다.

제3단계 : 현재의 최적대안 다음으로 투자비용이 높은 투자 대안을 "도전대안(challenging alternative)"으로 선정하여 현재의 최적대안과 도전대안과의 현금흐름 차이(증분투자)에 대하여 현가를 계산한다. 그 결과가 0보다 크면 도전대안이 새로운 현재의 최적대안이 되고, 그렇지 않은 경우에는 현재의 최적대안이 그대로 유지된다. 즉, 현재의 최적대안이 $A1$, 도전대안이 $A2$라고 가정하면, 이 과정은 다음과 같은 규칙으로 설명될 수 있다.

$P(\mathrm{MARR})_{A2-A1} > 0$이라면 $A2$를 선택한다.
$P(\mathrm{MARR})_{A2-A1} < 0$이라면 $A1$을 선택한다.

제4단계 : 검토 대상이 되는 모든 대안에 대하여 제3단계의 비교 방법을 반복한다. 더 이상 검토할 대안이 없으면 현재의 최적대안이 최종 최적대안이 된다.

이러한 방법은 결국 고려 대상이 되는 투자 대안 중 MARR 기준으로 현가가 가장 높은 투자 대안을 최종적으로 선정하게 된다. 만약 모든 투자 대안들의 증분흐름에 대한 현가가 0보다 적다면 당연히 "아무것도 하지 않는 대안"을 선정하게 되고 이는 가용한 자본을 최소한 MARR이 보장되는 다른 투자로 돌리겠다는 뜻이 된다.

예제

표 6.7에 주어진 투자 대안들에 대하여 증분투자에 대한 현가 기준을 적용하여 최적 투자 대안을 선정하시오. 투자 대안들의 예상 수명은 15년이며, MARR은 12%이다.

해답 우선 초기투자비용에 대해 오름차순으로 대안을 나열하면 A_0, A_2, A_1, A_3가 된다. 대안 $A0$가 현재의 최적대안이 되고 그다음으로 투자비가 많은 대안 $A2$이 도전대안이 된다. 따라서 이들 대안 간의 증분투자에 대한 현금흐름(이 경우는 $A0$ 대안의 모든 값이 0이므로 증분투자의 현금흐름은 대안 $A2$ 자체가 된다)으로부터 현가를 계산하면,

$$\begin{aligned} P(12\%)_{A2-A0} &= -300{,}000{,}000 + 45{,}000{,}000(P/A, 12\%, 15) \\ &= -300{,}000{,}000 + PV(12\%,\ 5,\ -45000000) \\ &= 6{,}490{,}500 \end{aligned}$$

이 된다. 현가가 0보다 큰 값이므로 현재의 최적대안은 $A0$에서 $A2$으로 변경된다. 같은 방법으로 $A2$과 도전대안 $A1$에 대한 증분 투자 $A1-A2$은 초기 투자비는 330,000,000−300,000,000=30,000,000원이 된다. 한편 $A2$와 $A1$의 15년간의 연간 순이익은 각각 4,500만원과 5,500만원이므로 증분투자에 대한 현가를 계산하면

$$\begin{aligned} P(12\%)_{A1-A2} &= -30{,}000{,}000 + 10{,}000{,}000(P/A, 12\%, 15) \\ &= -30{,}000{,}000 + PV(12\%,\ 5,\ -10000000) \\ &= 38{,}109{,}000 \end{aligned}$$

이 되어 현가가 다시 양수가 되어 최적대안은 $A1$으로 변경된다. 그러나 대안 $A1$에 대한 도전대안 $A3$의 증분투자$(A3-A1)$에 대해 현가를 계산하면,

$$\begin{aligned} P(12\%)_{A3-A1} &= -130{,}000{,}000 + 15{,}000{,}000(P/A,\ 12\%,\ 15) \\ &= -130{,}000{,}000 + PV(12\%,\ 15,\ -15000000) \\ &= -27{,}836{,}500 \end{aligned}$$

으로 0보다 작아 대안 $A1$이 최종 최적 투자 대안이라고 할 수 있다. 이상의 결과로부터 투자 대안 $A1$은 MARR 이상의 수익을 보장하며 다른 투자 대안에 비하여 MARR로 평가한 현가가 가장 높은 투자 대안임을 알 수 있다.

이상의 투자 대안 선정에 대한 의사결정에서 현가 대신 연간등가 혹은 미래가를 사용하더라도 6.2절에서 설명한 바와 같이 동일한 결과를 얻게 된다. 따라서 현가 대신 연간등가나 미래가를 사용할 경우 앞서 설명한 최적대안 선정 단계 중 제3단계에서의 적용 식을 다음의 식으로 변경하여 적용하면 된다.

$A(\text{MARR})_{A2-A1} > 0$이면 $A2$를 채택한다.
$A(\text{MARR})_{A2-A1} < 0$이면 $A1$을 채택한다.

$F(\text{MARR})_{A2-A1} > 0$이면 $A2$를 채택한다.
$F(\text{MARR})_{A2-A1} < 0$이면 $A1$을 채택한다.

6.3.2 증분투자에 대한 내부수익률 기준

IRR에 의하여 투자 대안을 비교하는 방법은 앞 절에서 설명한 현가에 의한 투자 대안 비교방법과 동일하다. 다만 제3단계에서의 최적 대안을 결정하기 위한 식이 다음과 같이 다르게 주어진다.

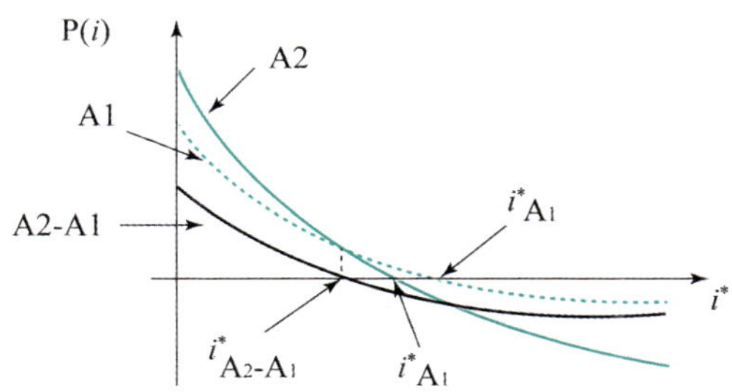

그림 6.8 증분투자에 대한 내부수익률

$i^*_{A2-A1} >$ MARR이면, A2를 선택한다.
$i^*_{A2-A1} \leq$ MARR이면, A1을 선택한다.

이 경우 각 투자 대안들의 IRR이 반드시 하나만 존재하여야 한다. 예를 들어 표 6.7에 주어진 투자 대안들에 대하여 IRR을 이용하여 투자 대안을 비교하여 보기로 한다. 우선 각 대안들은 하나의 IRR만이 존재하기 위한 세 가지 조건을 모두 만족시킨다. 초기투자비용이 적은 값에서부터 순서대로 나열 후 증분투자에 대한 내부수익률을 계산한다. 먼저 $A2-A0$에 대한 IRR계산은 다음의 식으로 주어진다.

$$0=-300,000,000+45,000,000(P/A,i,15)$$

혹은 IRR함수로 이용하여 계산하면

$$i^*_{A2-A0}=12.4\%$$

따라서 증분투자에 대한 IRR(i^*_{A1-A0})이 MARR(12%)을 초과함으로 대안 $A2$가 현재의 최적 투자 대안이 된다. 마찬가지로 $A1$과 $A2$에 대한 증분투자 $A1-A2$에 대해 IRR을 계산하면,

$$0=-30,000,000+10,000,000(P/A,i,15)$$

혹은 IRR함수로 이용하여 계산하면

$$i^*_{A1-A2}=32.9\%$$

이므로 증분투자에 대한 IRR이 MARR보다 크기 때문에 최적 투자 대안은 $A1$으로 바뀌게 된다. 마지막으로 대안 $A3$와 $A1$을 비교하면,

$$0=-130,000,000+15,000,000(P/A,i,15)$$
$$i^*_{A3-A1}=7.8\%$$

따라서 MARR보다 IRR이 작으므로 투자 대안 $A1$이 최종 최적 투자 대안이 되어 현가에 의한 투자 대안의 비교 결과와 일치한다. 참고로 투자 대안 $A1$과 $A3$ 및 이들의 증분투자 $A3-A1$에 대한 현가곡선은 그림 6.9와 같이 주어진다.

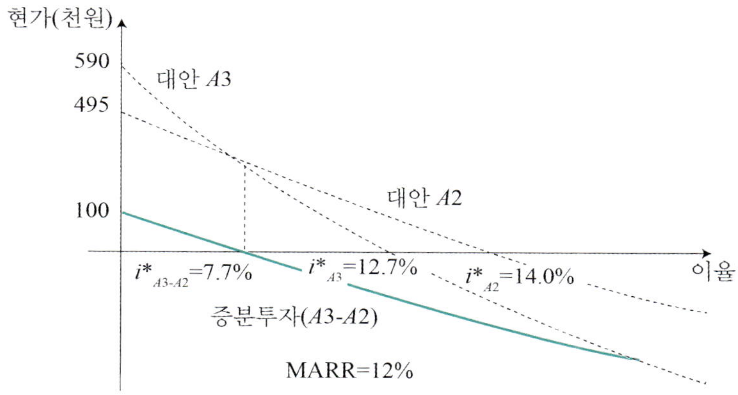

그림 6.9 증분투자 $A3-A1$의 현가곡선

그림 6.9에서 보는 바와 같이 $A1$에 대한 $A3$의 증분투자의 경우, IRR이 7.7%로서 MARR (12%)보다 낮으므로 경제적이지 못함을 알 수 있다. 또한 MARR 12%에서 증분투자에 대한 현가는 음수가 되므로 현가 기준과 일치함을 알 수 있다. 참고로 증분투자로부터 IRR을 구하는 식은 다음과 같이 주어진다.

$$\sum_{t=0}^{n}(F_{A3,t}-F_{A1,t})(1+i^*_{A3-A1})^{-t}=0 \tag{6.18}$$

식 (6.18)을 다시 정리하면,

$$\sum_{t=0}^{n}F_{A3,t}(1+i^*_{A3-A1})^{-t}=\sum_{t=0}^{n}F_{A1,t}(1+i^*_{A3-A1})^{-t} \tag{6.19}$$

혹은

$$P(i^*_{A3-A1})_{A1}=P(i^*_{A3-A1})_{A3}$$

로 주어진다. 즉 증분투자 $A3-A1$에 대한 IRR은 대안 $A1$과 대안 $A3$의 현가가 같아질 때의 이율이 된다.

예제

증분투자에 대한 현금흐름에 엑셀 재무함수 IRR함수를 이용하여 투자 대안 비교를 한 예를 스프레드 시트로 보여주고 있다. 셀 B7 : E12는 각 대안에 대한 현금흐름을 나타낸 것이고, 각 대안의 현금흐름에 대하여 내부수익률을 계산한 값이 B14 : E14셀에 나타나 있다. 대안 A의 내부수익률은 MARR보다 작기 때문에 비교 대상에서 제외하고, B안을 현 최적대안으로 하여 C안과 증분투자에 대한 IRR을 구한 것이 B20셀에 주어져 있다. 그런데 이 값은 −8.7%<MARR이므로 B안이 그대로 최적안이 되며 다음으로 B안과 D안에 대한 증분투자의 IRR을 구한 결과가 C20에 나타나 있는데 이 경우 MARR보다 큰 수치가 구해지므로 최적 투자 대안은 D안이 된다.

	A	B	C	D	E	F	G	H
1		각 대안 현금흐름				증분현금흐름		
2	연도	A	B	C	D	B-A	C-B	D-B
3	0	-10,000	-11,000	-13,000	-16,000	-1,000	-2,000	-5,000
4	1	2,500	3,500	3,800	5,000	1,000	300	1,500
5	2	2,500	3,500	3,800	5,000	1,000	300	1,500
6	3	2,500	3,500	3,800	5,000	1,000	300	1,500
7	4	2,500	3,500	3,800	5,000	1,000	300	1,500
8	5	2,500	3,500	3,800	5,000	1,000	300	1,500
9					IRR=	96.6%	-8.9%	15.2%

	A	B	C	D	E	F	G	H
1		각 대안 현금흐름				증분현금흐름		
2	연도	A	B	C	D	B-A	C-B	D-B
3	0	-10000	-11000	-13000	-16000	=C3-B3	=D3-C3	=E3-C3
4	1	2500	3500	3800	5000	=C4-B4	=D4-C4	=E4-C4
5	2	2500	3500	3800	5000	=C5-B5	=D5-C5	=E5-C5
6	3	2500	3500	3800	5000	=C6-B6	=D6-C6	=E6-C6
7	4	2500	3500	3800	5000	=C7-B7	=D7-C7	=E7-C7
8	5	2500	3500	3800	5000	=C8-B8	=D8-C8	=E8-C8
9					IRR=	=IRR(F3:F8)	=IRR(G3:G8)	=IRR(H3:H8)

6.3.3 총투자에 대한 현가 기준

각 투자 대안의 현금흐름에 대한 현가를 비교할 때의 대안 선정 기준은 다음과 같다.

$$P(\mathrm{MARR})_{A2} > \mathrm{P}(\mathrm{MARR})_{A1} \text{이면 } A2\text{를 채택한다.}$$

$$P(\mathrm{MARR})_{A2} \leq \mathrm{P}(\mathrm{MARR})_{A1} \text{이면 } A1\text{을 채택한다.}$$

이 기준을 사용하여 표 6.7에 주어진 네 가지 투자 대안들에 대하여 MARR=12%를 적용하여 현가를 계산하면,

$$P(12\%)_{A0} = 0\text{원}$$

$$\begin{aligned} P(12\%)_{A1} &= -330,000,000 + 55,000,000(P/A, 12\%, 15) \\ &= -330,000,000 + PV(12\%,\ 15,\ -55000000) \\ &= 44,599,500 \end{aligned}$$

$$\begin{aligned} P(12\%)_{A2} &= -300,000,000 + 45,000,000(P/A, 12\%, 15) \\ &= -300,000,000 + PV(12\%,\ 15,\ -45000000) \\ &= 6,490,500 \end{aligned}$$

$$\begin{aligned} P(12\%)_{A3} &= -460,000,000 + 70,000,000(P/A, 12\%, 15) \\ &= -460,000,000 + PV(12\%,\ 15,\ -70000000) \\ &= 16,763,000 \end{aligned}$$

이 되어 대안 A1이 가장 경제적인 투자 대안임을 알 수 있고 증분투자에 의한 결과와 일치한다. 총투자에 대한 현가를 비교하는 것이나 증분투자에 대한 현가를 비교하는 것이 동일한 결과를 준다는 것은 다음 식으로 알 수 있다.

$$\begin{aligned} P(i)_{A2} - P(i)_{A1} &= \sum_{i=0}^{n} F_{A2,t}(1+i)^{-t} - \sum_{t=0}^{n} F_{A1,t}(1+i)^{-t} \\ &= [F_{A2,0} - F_{A1,0}] + [F_{A2,1}(1+i)^{-1} - F_{A1,1}(1+i)^{-1}] \cdots \\ &\quad + [F_{A2,n}(1+i)^{-n} - F_{A1,n}(1+i)^{-n}] \\ &= F_{A2-A1,0} + F_{A2-A1,1}(1+i)^{-1} + \ldots + F_{A2-A1,n}(1+i)^{-n} \\ &= \sum_{t=0}^{n} F_{A2-A1,t}(1+i)^{-t} \\ &= P(i)_{A2-A1} \end{aligned}$$

또한 그림 6.9의 현가곡선에서 보는 바와 같이, 투자 대안 $A1$과 $A3$의 증분투자에 대한 IRR이 MARR보다 적을 경우, MARR에서의 증분투자의 현가는 음수가 되고, 투자 대안 $A3$의 MARR에서

의 현가가 투자 대안 $A1$의 MARR에서의 현가보다 적음을 알 수 있다. 즉 증분투자에 대한 현가 기준, 증분투자에 대한 내부수익률 기준 및 총투자에 대한 현가 기준은 모두 동일한 결과를 가져다주는 서로 일관성 있는 기준들이라는 것을 알 수 있다.

한편 증분투자의 경우와 마찬가지로 총투자에 대한 연간등가와 미래가 비교도 현가의 경우와 동일하다. 따라서 대안의 미래가와 연간 등가에 의한 선정기준은 다음과 같다.

$$A(\mathrm{MARR})_{A2} > A(\mathrm{MARR})_{A1} \ : A2\text{를 채택한다.}$$
$$A(\mathrm{MARR})_{A2} \leqq A(\mathrm{MARR})_{A1} \ : A1\text{을 채택한다.}$$
$$F(\mathrm{MARR})_{A2} > F(\mathrm{MARR})_{A1} \ : A2\text{를 채택한다.}$$
$$F(\mathrm{MARR})_{A2} \leqq F(\mathrm{MARR})_{A1} \ : A1\text{을 채택한다.}$$

6.3.4 총투자에 대한 내부수익률 기준의 문제점

증분투자의 경우와는 달리, 총 투자에 대해 IRR기준을 적용하는 것은 지금까지 본 의사결정 기준들과 상이한 결과를 줄 수 있으므로 주의하여야 한다. 예를 들어 표 6.7에 주어진 투자 대안 $A1$과 $A3$의 IRR을 계산하여 보면, $i^*_{A1} = 14.7\%$이고 $i^*_{A3} = 12.7\%$이어서 $A1$이 더 수익률이 높기 때문에 $A1$이 선택되면 앞에서 본 모든 기준들과 동일한 결과를 주는 것처럼 보인다. 그러나 그림 6.9에서 보듯이 MARR이 12%가 아닌 다른 값, 이를테면 5%로 변한다면, 이제까지 살펴본 다른 모든 기준들은 더 이상 $A1$이 최적대안이 아니고 $A3$가 최적대안으로 선정되도록 하지만, 총 투자에 대한 IRR기준은 MARR이 어떤 값이든 상관없이 항상 $A1$을 최적으로 선정하고 있으므로 상이한 결과를 얻게 된다.

총 투자에 대한 IRR기준의 문제점은 다음과 같은 간단한 예를 통해서도 설명할 수 있다. 만약 MARR을 20%로 책정하고 있는 어떤 기업에서 2억원의 투자자금으로 고려 중인 대안 $A1$에 2억원을 모두 투자하면 1년 뒤에 3억 5천만원의 수입을 가져다주는 대안이고, 대안 $A2$는 1억원을 투자하면 1년 뒤에 2억원의 수입을 가져다주는 대안이라고 할 경우, 대안 $A1$의 IRR은 75%이고 대안 $A2$의 IRR은 100%여서 대안 $A2$를 선택해야 할 것처럼 보인다. 그러나 대안 $A1$은 대안 $A2$와 동일한 투자를 하고 추가로 1억원의 여유자금을 1년 뒤 1억 5천만원의 수입을 가져다주는 대안(IRR= 50%)에 투자하는 것과 같지만, 대안 $A2$를 택하는 것은 나머지 1억원의 자금을 수익률이 MARR(20%)인 다른 곳에 투자하겠다는 것과 같은 뜻으로 간주되기 때문에 MARR을 적용하는 현가 기준에서는 $A1$을 선택하게 된다. 물론 이 경우에도 MARR이 50%보다 높다면 대안 $A2$가 현가 기준에 의해 선택될 것이다.

특별히 의사결정을 위한 대안의 집합을 형성하지 않고, 고려 중인 각 안들의 내부수익률을 구한 다음, 내부수익률이 제일 높은 안부터 투자자금의 한도 내에서 차례차례 선택해 나가는 의사결정방법을 내부수익률 순위법(RORR : rank on rate of return)이라고 한다. 이 방법 또한 보기에는 합리적인 기준으로 생각될 수 있으나, 모든 안들이 서로 독립적인 경우에만 채택될 수 있으며, 투자자금의 한도가 있는 경우에는 바로 위에서 든 예와 같은 문제가 발생할 수 있다.

6.4 수명기간이 다른 투자 대안의 비교

현재까지 검토한 투자 대안의 선정 방법들은 투자 대안들의 수명기간이 모두 등일한 경우를 전제로 한 것이다. 그러나 현실적으로는 수명기간이 서로 다른 투자 안들을 비교 평가해야 하는 경우가 자주 발생된다. 이 경우에는 "대안들의 경제성을 비교하는 기간은 언제나 동일하게 한다"는 원칙 하에 현재까지 언급된 의사결정 방법을 그대로 적용하여 사용한다. 예를 들어 투자기간이 3년인 대안과 투자기간이 5년인 대안에 대하여 투자기간을 각기 달리하여 비교할 경우, 투자기간이 3년인 대안은 이후 2년간의 투자 기회에 대한 고려를 하지 않은 결과가 되므로 투자기간이 5년인 대안과 동일한 기준으로 비교된 것이 아니기 때문에 공평한 평가가 이루어졌다고 보기 어렵다. 투자 대안들을 동일한 기간에 대해 비교하기 위하여 분석의 목적으로 설정하는 기간을 분석기간(planning horizon)이라 하며 n^*로 표시하기로 한다. 일반적으로 트자기간이 다른 대안에 대한 분석방법은 현금흐름을 추정하는 방법, 반복성을 가정하여 연간등가를 비교하는 방법, 재투자를 가정하여 미래가를 비교하는 방법 등의 세 가지를 사용한다.

6.4.1 현금흐름을 추정하는 방법

이 방법은 모든 대안들을 분석기간에 맞추기 위하여 실제로는 존재하지 않는 현금흐름을 적절하게 추정하여 평가하는 방법이다. 따라서 이 방법을 사용하려면 추정된 현금흐름은 모두 실제와 같다는 가정이 성립되어야 하기 때문에, 현금흐름 추정이 현실적으로 꽤 정확하게 이루어질 수 있을 때만 사용하는 것이 바람직하다.

표 6.8 수명이 다른 투자 대안 (단위 : 천원)

연말	대안 A1	대안 A2
0	-20,000	-25,000
1	-7,000	-3,000
2	-7,000	-3,000
3	-7,000	-3,000
4	-7,000	-
5	-7,000+4,000	-

표 6.8과 같이 주어지는 서비스 대안들을 비교하는 경우, 대안 $A1$의 수명은 5년, 대안 $A2$의 수명은 3년으로 서로 다르게 주어졌다. 분석기간을 3년으로 할 경우, 대안 $A1$의 3년 후의 잔존가치를 추정해야 하는데 이 잔존가치는 5년 후의 잔존가치인 400만원보다는 높을 것으로 추정된다.

만약 3년 후의 대안 $A1$의 잔존가치가 500만원으로 추정된다면, MARR을 20%로 하여 총 투자에 대한 연간등가를 비교하면,

$$\begin{aligned} A(20\%)_{A1} &= -20{,}000{,}000(A/P, 20\%, 3) - 7{,}000{,}000 + 5{,}000{,}000(A/F, 20\%, 3) \\ &= \text{PMT}(20\%,\ 3,\ 20000000) - 7{,}000{,}000 + \text{PMT}(20\%,\ 3,\ ,\ -5000000) \\ &= -15{,}120{,}500\text{원} \end{aligned}$$

$$\begin{aligned} A(20\%)_{A2} &= -25{,}000{,}000(A/P, 20\%, 3) - 3{,}000{,}000 \\ &= \text{PMT}(20\%,\ 3,\ 25000000) - 3{,}000{,}000 \\ &= -14{,}867{,}500\text{원} \end{aligned}$$

이 된다. 따라서 대안 $A2$를 채택하는 것이 유리함을 알 수 있다. 한편 분석기간을 5년으로 하고자 하는 경우에는 대안 $A2$의 4년 차 및 5년 차에서의 현금흐름을 추정하여야 한다. 이 기간 동안 원하는 서비스를 얻으려면 연간 400만원의 비용이 들 것으로 추정된다고 가정할 경우,

$$\begin{aligned} A(20\%)_{A1} &= -20{,}000{,}000(A/P,\ 20\%,\ 5) - 7{,}000{,}000 + 4{,}000{,}000(A/F,\ 20\%,\ 5) \\ &= \text{PMT}(20\%,\ 5,\ 20000000) - 7{,}000{,}000 + \text{PMT}(20\%,\ 5,\ ,\ -4000000) \\ &= -13{,}150{,}400\text{원} \end{aligned}$$

$$
\begin{aligned}
A(20\%)_{A2} &= -25{,}000{,}000(A/P, 20\%, 5) - 3{,}000{,}000 \\
&\quad -1{,}000{,}000(F/A, 20\%, 2)(A/F, 20\%, 5) \\
&= \text{PMT}(20\%,\ 5,\ 25000000) - 3{,}000{,}000 \\
&\quad -FV(20\%,\ 2,\ -1)\text{PMT}(20\%,\ 5,\ \ ,\ -1) \\
&= -11{,}655{,}680
\end{aligned}
$$

으로 대안 $A2$의 연간등가비용이 상대적으로 낮아 더 경제적인 대안이라고 할 수 있다.

6.4.2 반복가능성을 가정하여 연간등가를 비교하는 방법

이 방법은 각 대안의 수명기간에 대해 연간등가를 구하여 비교하는 방법으로, 이 방법을 적용하기 위해서는 우선 "투자의 반복가능성(repeatability)"이 가정될 수 있어야 한다. 즉, 분석기간보다 수명기간이 짧은 모든 대안들은 분석기간과 같거나 분석기간을 초과하게 될 때까지 동일한 대안으로 계속 반복될 수 있다고 가정할 수 있어야 한다. 이렇게 되면 모든 대안들의 수명은 언제나 분석기간과 동일하거나 길어지게 된다. 따라서 각 대안의 수명의 최소 공배수가 되는 기간에 수명이 동시에 끝난다. 따라서 그 기간 동안은 연간등가를 계산하여 비교하면 된다. 그러나 이 값은 동일한 현금흐름이 반복되므로, 각 대안의 연간등가와 동일하다. 또한 이 방법은 수명이 분석기간보다 길거나 또는 반복대안의 수명이 분석기간을 초과하는 경우에도 분석기간 동안의 연간등가가 수명기간의 연간등가와 같다는 것을 가정하고 있다.

예를 들어 표 6.8에 나타낸 수명이 다른 두 투자 대안을 비교하는 경우, 투자 대안 $A1$과 $A2$의 수명기간이 각각 5년, 3년이므로, 각 대안의 연간등가는 다음과 같이 계산된다.

$$
\begin{aligned}
A(20\%)_{A1} &= -20{,}000{,}000(A/P, 20\%, 5) - 7{,}000{,}000 + 4{,}000{,}000(A/F, 20\%, 5) \\
&= \text{PMT}(20\%,\ 5,\ 20000000) - 7{,}000{,}000 + \text{PMT}(20\%,\ 5,\ ,\ -4000000) \\
&= -13{,}150{,}400
\end{aligned}
$$

$$
\begin{aligned}
A(20\%)_{A2} &= -25{,}000{,}000(A/P, 20\%, 3) - 3{,}000{,}000 \\
&= \text{PMT}(20\%,\ 3,\ 25000000) - 3{,}000{,}000 \\
&= -14{,}867{,}500
\end{aligned}
$$

즉, 투자 대안 $A1$이 투자 대안 $A2$에 비하여 매년 1,717,100원 절약이 되는 투자임을 알 수 있다. 이 방법에서는 분석기간을 무엇으로 택하든 각 대안의 수명기간의 연간등가만 고려하여 비교하면 되므로, 분석기간 자체가 의사결정에 영향을 주지는 않는다. 다만, 수명기간이 분석기간을 초과할 때에도 분석기간까지의 연간등가는 수명기간의 연간등가와 같다는 가정 때문에, 암묵적으로 대안의 기대수명이 다 되기 전에 처분할 경우의 잔존가치를 특정한 값으로 가정하는 셈이 된다. 앞의 예제에서 만약 분석기간을 3년으로 잡으면 투자 대안 $A1$은 수명기간이 5년이기 때문에 개념적으로 3년 경과 후의 나머지 2년간의 미사용 가치에 해당하는 잔존가치를 암묵적으로 가정하는 셈이 되며, 이 잔존가치를 감안한 3년간의 연간등가는 가정에 의해 5년 수명기간으로 계산한 연간등가와 같아야 한다. 이와 같이 실제의 잔존가치는 아니나, "기대수명이 종료되기 전 어느 시점에서의 투자 대안의 미 사용자본"에 해당되는 값으로 분석방법에 의해 가정되는 잔존가치를 암묵적 잔존가치(implied salvage value)라 하며 F_{n^*}로 나타낸다.

위의 예제에서 분석기간이 3년일 경우, 투자 대안 $A1$에 대한 암묵적 잔존가치를 계산하여 보자. 우선 투자 대안 $A1$에 대한 수명기간 동안의 연간등가는 다음의 식으로 주어진다.

$$\begin{aligned}A(20\%)_{(5)} &= -20{,}000{,}000(A/P, 20\%, 5) - 7{,}000{,}000 + 4{,}000{,}000(A/F, 20\%, 5)\\ &= \text{PMT}(20\%,\ 5,\ 20000000) - 7{,}000{,}000 + \text{PMT}(20\%,\ 5,\ ,\ -4000000)\end{aligned}$$

한편 분석기간 동안의 연간등가는 암묵적 잔존가치를 가정하여

$$\begin{aligned}A(20\%)_{(3)} &= -20{,}000{,}000(A/P, 20\%, 3) - 7{,}000{,}000 + F_{n^*}(A/F, 20\%, 3)\\ &= \text{PMT}(20\%,\ 3,\ 20000000) - 7{,}000{,}000 + F_{n^*}(0.2797)\end{aligned}$$

으로 나타낼 수 있는데, 가정에 의해 두 연간등가는 같아야 하므로 $A(20\%)_{(5)} = A(20\%)_{(3)}$의 관계식으로부터 암묵적 잔존가치 $F_{n^*} = 11{,}954{,}237$원으로 계산된다. 이를 현금흐름도로 나타내면 그림 6.10과 같다.

참고로 암묵적 잔존가치를 이용하여 투자 대안 $A1$의 3년간의 연간등가를 계산하여 보면,

$$\begin{aligned}A(20\%)_{A1} &= -20{,}000{,}000(A/P, 20\%, 3) - 7{,}000{,}000 + 11{,}954{,}237(A/F, 20\%, 3)\\ &= \text{PMT}(20\%,\ 3,\ 20000000) - 7{,}000{,}000 + \text{PMT}(20\%,\ 3,\ ,\ -11954237)\\ &= -13{,}150{,}400\end{aligned}$$

이 되어 수명기간 5년에 대한 연간등가와 일치함을 알 수 있다.

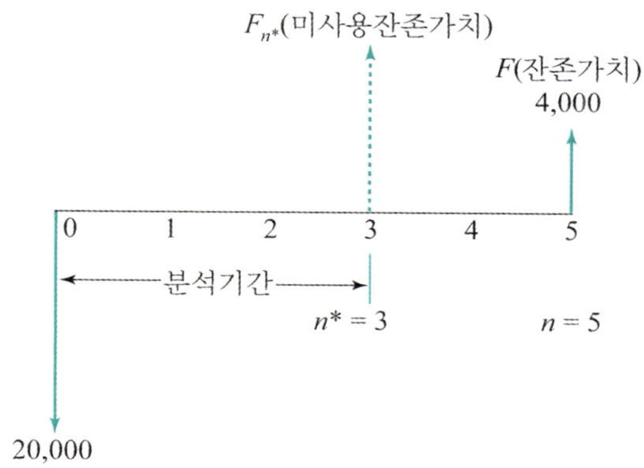

그림 6.10 투자 대안 A1의 미사용 잔존가치(단위 : 천원)

참고로, 수명기간이 n이고 분석기간이 n^*인 투자 대안의 미사용 잔존가치는 다음의 식으로부터 직접 구할 수 있다.

$$F_{n^*} = CR(i)(P/A,\, i,\, n-n^*) + F(P/F,\, i,\, n-n^*)$$

주어진 식을 사용하여 $A1$ 투자 대안에 대한 3년 후의 미사용 잔존가치를 계산하면 앞의 결과와 일치함을 확인할 수 있을 것이다.

6.4.3 재투자를 가정하여 미래가를 비교하는 방법

이 방법은 수명이 가장 긴 대안을 분석기간으로 하고, 이보다 수명이 짧은 대안은 나머지 기간 동안 MARR로 재투자된다는 가정에 의하여 미래가를 비교하는 방법이다. 예를 들어 표 6.9와

표 6.9 수명이 다른 투자 대안(분석기간 6년) (단위 : 천원)

연말	대안 B1	대안 B2
0	-35,000	-60,000
1	10,000	20,000
2	10,000	20,000
3	10,000	20,000
4	10,000	20,000 + 10,000
5	10,000	
6	10,000	

같이 주어지는 투자 대안들을 고려하여 보자. 이 투자분석에서는 MARR 15%를 적용이율로 한다고 가정하자.

이 경우 분석기간은 수명기간이 가장 긴 투자 대안 $B1$과 일치하는 6년이 되며, 투자 대안 $B2$는 4년의 수명기간이 끝난 후에는 MARR로 2년간 재투자되는 것으로 가정하게 된다. 따라서 두 투자 대안에 대한 미래가를 계산하여 보면,

$$\begin{aligned} F(15\%)_{B1} &= -35{,}000{,}000(F/P,15\%,6) + 10{,}000{,}000(F/A,15\%,6) \\ &= PV(15\%,\ 6,\ ,\ 35000000) + PV(15\%,\ 6,\ -10000000) \\ &= 6{,}585{,}000 \end{aligned}$$

$$\begin{aligned} F(15\%)_{B2} &= [-60{,}000{,}000(F/P,15\%,4) + 20{,}000{,}000(F/A,15\%,4) + 10{,}000{,}000](F/P,15\%,2) \\ &= [PV(15\%,\ 4,\ ,\ 60000000) + PV(15\%,\ 4,\ -20000000) + 10000000] \cdot PV(15\%,\ 2,\ ,\ -1) \\ &= 6{,}509{,}160 \end{aligned}$$

이 되어 투자 대안 $B1$의 경제성이 더 좋은 것으로 판단할 수 있다.

미래가를 사용할 때는 두 가지 주의할 점이 있다. 첫째는 이 방법을 서비스 대안들의 비교에 사용해서는 안 된다는 것이다. 예를 들어, 표 5.8의 서비스 대안 $A1$과 $A2$에 이 방법을 적용하면 분석기간을 5년으로 하여 미래가를 구하게 되는데, 이때 5년간의 서비스를 제공하는 대안 $A1$은 3년간의 서비스만 제공하는 대안 $A2$보다 당연히 비용이 많이 들어가는 것으로 평가되어 불리하게 평가된다. 따라서 언제나 수명이 짧은 대안들이 유리하게 평가되어 합리적이지 못하다.

두 번째는 앞서 언급한 대로 분석기간을 반드시 비교하고자 하는 대안들 중 가장 긴 수명기간과 동일하게 하도록 주의해야 한다는 것이다. 그렇지 않으면 긴 수명기간 동안 수익을 발생시키는 대안들은 분석기간 이후의 현금흐름이 무시되어 불리하게 평가된다. 표 5.9의 투자 대안 비교에서 분석기간을 4년으로 한다면, 대안 $B1$의 5년 차 6년 차에 발생되는 수익은 무시되어 대안 $B1$이 상대적으로 불리하게 평가된다.

6.5 설비 대체 대안의 경제성 분석과 의사결정

6.5.1 설비 대체 문제의 특성

설비 대체는 그 요인에 따라, 반드시 설비 대체가 이루어져야 하는 경우와 그렇지 않은 경우로 나눌 수 있다. 반드시 설비 대체가 이루어져야 하는 경우는 제품(혹은 서비스)의 공급은 지속되어야만 하는 상황에서 설비가 사용 불가능하게 되었거나, 물리적 마모 혹은 손상으로 인하여 요구하는 제품(혹은 서비스)의 생산량 또는 품질을 만족시키지 못하는 경우이다. 또한 시장 상황의 변화로 인하여 새로운 규격 제품의 출현으로 현재의 설비가 경제성을 상실한 경우에도 이에 해당된다. 한편 현 설비의 사용에는 문제가 없으나 기술의 진보로 인하여 적은 비용으로 더 많은 생산을 할 수 있는 설비가 출현하는 경우 혹은 생산 활동의 축소로 기존 설비보다 작은 설비로 대체하는 것이 유리한 경우 등은 반드시 설비의 대체가 필요한 것은 아니나 설비 대체에 따른 경제성 검토가 요구된다. 이와 같이 지속적인 기술의 발전과 설비의 개량으로 인하여 기존 설비보다 더 효율적인 설비가 출현할 경우 기존 설비가 진부화(obsolescence)되었다고 한다.

일반적으로 대체가 고려되고 있는 현재의 설비를 현유설비(defender)라고 하며, 이를 대체하기 위하여 고려대상이 되는 새로운 설비를 도전설비(challenger)라고 한다. 현유설비와 도전설비는 그 성격상 수명기간이 다르고 현금흐름형태도 매우 상이한 것이 특징이다. 보통 현유설비는 현재 사용하고 있는 낡은 장비이므로 잔여수명이 짧고 유지비가 많이 드는 것이 보통이지만, 과거에 얼마의 초기투자비용이 들었든 현유설비를 계속 사용하기로 한다면 즉각적인 추가투자는 거의 필요 없다. 이에 반하여 도전설비는 당장 많은 투자가 요구되지만 수명이 길고 유지비도 적게 드는 것이 보통이다. 따라서 설비대체 문제에는 이러한 대안 간의 현금흐름 특성 차이를 잘 고려하여 경제적으로 유리한 대안을 선정할 수 있는 합리적인 의사결정방법이 적용되어야 한다.

6.5.2 설비 대체 문제의 기본적 분석방법

설비 대체를 위한 비교에 있어서 가장 중요한 사항은 현유설비와 도전설비에 대한 현금흐름 분석이 동일한 조건 하에서 이루어져야 한다는 것이다. 즉 현유설비와 관련하여 과거에 발생된 비용은 모두 무시하고, 두 설비 모두 현재와 미래에 관련된 비용만을 고려하여야 한다. 이는 제2장의 매몰비용(sunk fund)과 관련하여 설명을 한 바와 같이, 장래에 발생되는 비용은 현재 시점에서 추정한 자료에 근거하는 것이므로 과거에 발생한 비용은 당면한 문제와는 관련이 없는 사항이고 따라서 고려 대상에서 제외되어야 한다는 원칙에 근거한 것이다. 이러한 매몰비용의 오류에 빠지지 않도록 하는 방법의 하나는 현유설비와 도전설비 어느 것도 소유하고 있지 않는 제3자(outsiders viewpoint)의 입장에서 설비대체 문제를 다룸으로써 공평한 기준 하에서 설비대체 안에 대한 비교가 이루어지도록 하는 것이다. 이러한 분석 방법을 흔히 제3자 관점에 입각한 분석이라고 한다.

이러한 개념을 보다 명확히 하기 위해 다음 예를 들어 보기로 하자. 어떤 회사에서 사무실용 소형 복사기를 2년 전에 70만원에 구입하였다. 구입 당시 이 복사기의 수명은 5년, 잔존가치는 10만원으로 예상되었다. 지난 2년간의 복사기 사용에 따른 지출 금액은 평균 370만원이었고, 앞으로도 이 정도의 금액이 소요될 것으로 예상된다. 이 복사기에 대한 감가상각은 정액법으로 하고 있다. 이 복사기의 현재 중고시장에서의 시세는 30만원이다. 복사기의 신 모델은 현재 100만원에 구입할 수 있으며, 신 모델 구입 시 기존 복사기는 50만원의 보상을 받을 수 있는 보상판매를 실시하고 있다. 신 모델 복사기의 연간 운영비는 350만원, 수명은 10년, 잔존가치는 20만원으로 예상된다. 이 회사에서 투자에 대한 MARR이 10%일 때 복사기의 대체 여부를 평가하고자 한다.

설비 대체 문제에서 가장 오류를 많이 범하는 부분이 기존 복사기의 현재 가치에 대한 평가 부분이다. 기업의 회계 장부상으로는 기존 복사기의 현재 가치는 2년간의 감가상각액을 제외한 액수로 평가된다. 즉 정액법으로 감가상각을 할 경우 매년 12만원의 감가상각이 일어나므로, 2년간 총 24만원의 감가상각이 발생되어 기존 복사기의 현재 장부가는 46만원으로 평가된다. 그러나 기존 복사기를 현재 처분할 경우 시장가치인 30만원만 받을 수 있어 결과적으로 16만원만큼의 자산가치는 미처 감가상각이 되지 못한 액수(미 상각액; unamortized value)로서, 이 값은 기존 복사기의 현금흐름분석에 포함되지 말았어야 할 매몰비용이 된다. 이러한 일은 복사기의 감가상각 관련 요소들을 잘못 추정하거나 복사기에 대한 적절한 유지 · 보수를 하지 못함으로써 자산의 시장가치 하락이 예상보다 많이 되어 일어날 수도 있다.

이러한 경우 복사기를 소유하지 않은 제3자의 입장에서 평가하는 기존 복사기의 현재가치는 시장가치인 30만원이 된다. 이것은 기존 복사기를 처분함으로써 얻게 되는 30만원에 대한 기회비용으로 볼 수 있어 이것을 기회비용 분석법이라고 하기도 한다. 한편 신 모델 복사기를 구입하는 경우, 기존 복사기에 대하여 50만원의 보상을 하여 주기 때문에 기존 복사기의 시중가인 30만원에 비하여 20만원의 투자 경감이 이루어지게 된다. 따라서 제3자의 입장에서 본 신 모델의 구입가는 80만원이 된다.

이상의 결과로부터 복사기 사용에 대한 의사결정 사항은 기존 복사기를 신 모델로 교체하거나, 기존의 복사기를 계속 사용하는 두 가지 대안뿐이다. 기존 복사기를 계속 사용하기로 결정한 경우(대안 $A1$)는 기존 복사기의 가치를 현재의 시장가격, 즉 30만원으로 계상함으로써 신 모델 복사기를 구입하는 대안(대안 $A2$)과 동일한 조건에서의 비교가 가능하게 된다. 이 경우 복사기를 소유하지 않은 제3자의 입장에서 두 대안을 분석하는 것으로 이해하면 편리할 것이다. 제3자의 입장에서 두 대안에 대한 현금흐름도를 그리면 그림 6.11과 같이 주어진다.

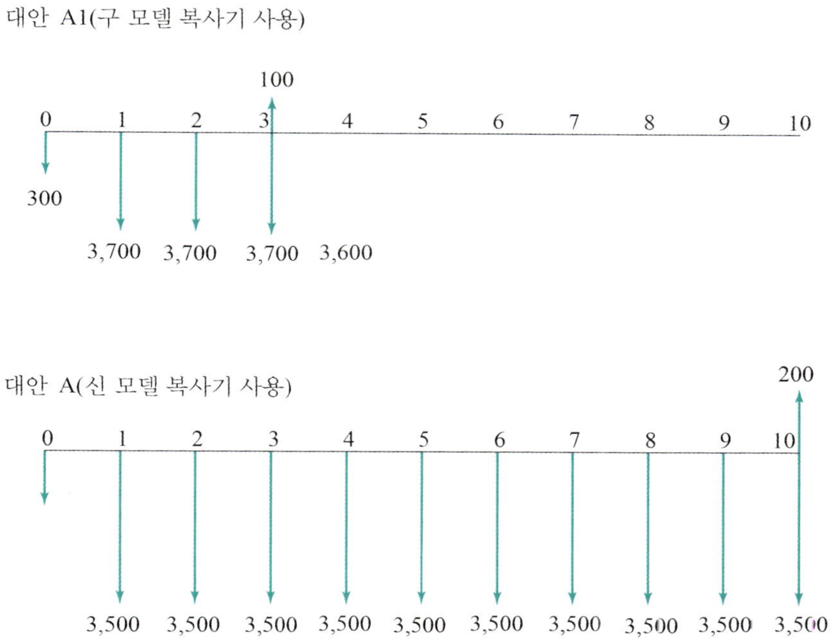

그림 6.11 제3자의 입장에 의한 대체 대안의 현금흐름도(단위 : 천원)

설비 대체의 경우는 대부분 기존 설비를 새로운 설비로 교체하는 문제를 고려하게 되므로 대안들의 수명기간이 다른 경우가 많다. 수명이 다른 대안에 대한 경제성 분석은 6.4절에서 언급한 대안의 비교방법을 사용할 수 있다. 다음의 두 가지 예를 통하여 알아보기로 하자.

예제

그림 6.11에 주어진 대안을 분석하여 설비의 대체 방안을 결정하시오. MARR은 10%로 한다.

해답 문제에서 기존 복사기의 수명기간은 3년인 반면, 신 모델 복사기의 수명기간은 10년으로 서로 다르다. 이 경우 3년까지는 기존 복사기의 계속 사용과 신 모델로의 대체에 의한 사용으로 비교가 되나, 3년 이후는 대안 $A1$에 대한 방안이 현재로는 마련되어 있지 않다. 따라서 여기서는 분석기간을 3년으로 하고 5.4.1절에서 기술한 동일한 대안이 반복된다고 가정하여 연간등가에 의한 방법으로 대체 대안을 분석한다. 대안 $A1$의 경우, 기존 복사기에 대한 자본회수비용은

$$\begin{aligned} CR(10\%)_{A1} &= (300{,}000-100{,}000)(A/P,10\%,3)+100{,}000(0.1) \\ &= (300{,}000-100{,}000)+\text{PMT}(10\%,\ 3,\ -1)+100{,}000(0.1) \\ &= 90{,}000\text{원} \end{aligned}$$

이므로, 연간운영비 370만원을 합하여 대안 $A1$에 대한 연간등가는 다음과 같다.

$$A(10\%)_{A1} = 90{,}000+3{,}700{,}000 = 3{,}790{,}000\text{원}$$

대안 $A2$인 신 모델에 대한 자본회수비용이

$$\begin{aligned} CR(10\%)_{A2} &= (800{,}000-200{,}000)(A/P,10\%,10)+200{,}000(0.1) \\ &= (800{,}000-200{,}000)\text{PMT}(10\%,\ 10,\ -1)+200{,}000(0.1) \\ &= 117{,}000 \end{aligned}$$

이고 연간운영비가 350만원이므로 $A(10\%)_{A2}=3{,}617{,}000$원임을 알 수 있다. 따라서 신 모델 복사기로 대체하는 것이 기존 복사기를 계속 사용하는 경우보다 연간비용이 3,790,000원 − 3,617,000원 = 173,000원만큼 절약됨을 알 수 있다. 이러한 분석은 분석기간 3년을 기준으로 한 것으로, 기존 복사기의 수명이 끝나는 3년 말 이후의 대체 방안이 결정이 되면 그에 따라 분석 결과도 달라질 수 있다.

예제

앞의 예제에서 기존 복사기를 계속 사용할 경우, 수명이 끝나는 3년 후에는 임대회사로부터 복사기를 임대하여 사용하는 방안이 제시되었다. 임대할 경우, 임대기간은 10년이며, 임대료를 포함한 연간 운영비는 360만원이다. 이 새로운 대안을 $A3$로 하고 앞의 대안 $A2$와 비교하여 어느 대안을 선택할 것인지를 결정하시오.

해답 대안 $A3$의 경우에는 두 가지 다른 투자가 하나의 대안 내에서 일어나고 있다. 그림 6.12는 대안 $A3$에 대한 현금흐름도를 나타낸 것이다.

대안 A3

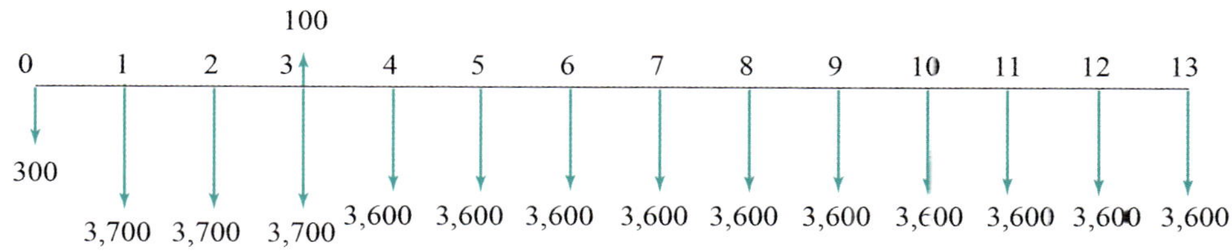

그림 6.12 **복합적인 설비대체 대안 A3의 현금흐름**(단위 : 천원)

이 경우 대안 $A2$의 수명은 10년인 데 비하여 대안 $A3$의 수명은 13년이 되기 때문에 적절한 분석기간이 선정되어야 한다. 대안 $A2$의 수명기간인 10년 이후의 상황을 예측하기 어려운 경우, 10년을 분석기간으로 하는 것이 자연스러울 것이다. 두 대안의 비교평가는 대안 $A3$에 대하여 임대 기간 중인 10년째 말에 추가적인 비용 없이 계약을 해지할 수 있다고 가정하고 현금흐름 추정 방법을 적용한다. 임대하여 사용하므로 10년째 말의 잔존가치는 0이다. 따라서 분석기간 10년으로 하여 현가를 기준으로 하면, 대안 $A3$에 대한 현가는 다음과 같다.

$$\begin{aligned}P(10\%)_{A3} &= 300{,}000+3{,}700{,}000(P/A,10\%,3)\\ &\quad +3{,}600{,}000(P/A,10\%,7)(P/F,10\%,3)\\ &= 300{,}000+PV(10\%,\ 7,\ -3600000)+PV(10\%,\ 7,\ -3600000)\ PV(10\%,\ 3,\ ,\ -1)\\ &= 25{,}196{,}000\end{aligned}$$

한편 대안 $A2$의 현가는

$$\begin{aligned}P(10\%)_{A2} &= 800{,}000+3{,}500{,}000(P/A,10\%,10)-200{,}000(P/F,10\%,10)\\ &= 800{,}000+PV(10\%,\ 10,\ -3500000)+PV(10\%,\ 10,\ ,\ -200000)\\ &= 22{,}229{,}000\end{aligned}$$

이므로 이 경우에도 신 모델 복사기로 대체하는 대안 $A2$를 채택하는 것이 더 경제적이다.

이상의 결과에서 보듯이 분석기간을 결정하는 문제는 의사결정에 큰 영향을 주는 매우 중요한 문제이다. 앞의 예에서처럼 매우 짧은 수명을 갖는 현유설비와 긴 수명을 갖는 도전설비를 비교하는 경우에는 분석의 신뢰성을 높이기 위해 현유설비의 수명이 끝난 이후의 대체방안까지 고려하여 분석을 하는 것이 더 현실성을 높일 수 있다. 그러나 분석기간을 무작정 길게 잡는 것은 먼 미래의 예측이 불확실해져서 바람직하지 않다. 적절한 분석기간을 결정하는 문제는 특별한 규칙이 있다기보다는 많은 경험과 실습을 통해 얻은 노하우(know-how)를 요하는 문제라고 할 수 있을 것이다.

6.5.3 복잡한 설비 대체 문제의 의사결정방법

일반적으로 설비 대체를 결정하기 위한 의사결정문제는 고려 중인 설비의 수가 많고 분석기간이 길수록 대안의 수가 기하급수적으로 늘기 때문에 더 복잡해진다. 또한 설비의 다양한 사용기간을 모두 고려하면 문제는 더욱 복잡해진다.

예를 들어 설비의 사용기간을 1년 단위로 고려하고, 수명이 각각 3년, 4년, 5년인 세 개의 설비 A, B, C를 놓고 분석기간을 10년으로 하여 최적의 설비 대체 방법을 결정하는 문제를 생각해 보자. 첫해에 선택할 수 있는 방법만 생각하여도 A를 1년, 2년, 또는 3년 사용하는 방법, B를 1년부터 4년까지 사용하는 방법, C를 1년부터 5년까지 사용하는 방법 등 열두 가지 방법이 있고, 그 각각의 선택에 따라 그 후 10년까지 수많은 경우의 다른 대체 방법이 존재하기 때문에 이론적으로 고려해야 할 대안의 수가 천문학적인 숫자가 된다. 따라서 경우의 수를 제한할 수 있는 여러 가지 가정을 세우지 않으면 실질적으로 해를 구할 수 있는 방법이 없으며 이 경우에도 정확한 해보다는 만족할 만한 해를 찾는 휴리스틱(heuristic)이 많이 개발되어 사용된다. 설비 대체 문제를 다루는 전문서적에는 이와 같은 휴리스틱이 다수 소개되고 있으나, 이 책에서는 다루지 않는다.

6.5.4 설비의 경제수명에 의한 대체 결정

일반적으로 설비를 운영하는 데에는 두 가지 비용이 관련된다. 즉 설비를 구입할 때 발생하는 초기비용과 이를 운영/유지하는 데에 소요되는 운영비이다. 초기비용은 구입시점에서 한 번 발생하는 비용으로 설비의 운영기간이 길어질수록 설비 가동시간당 초기비용에 의한 부담은 줄어들게 된다. 반면 시간이 경과함에 따라 설비가 노후화되므로 운영비는 늘어나는 경향을 보인다. 따라서 설비의 사용연한에 따라 이들 두 가지 비용을 합한 연간 총비용은 변하게 되는데 연간 총비용이 최소가 되는 시점을 해당 설비의 경제수명(economic life)이라고 한다. 이러한 개념을 도식화하여 나타내면 그림 6.13과 같다.

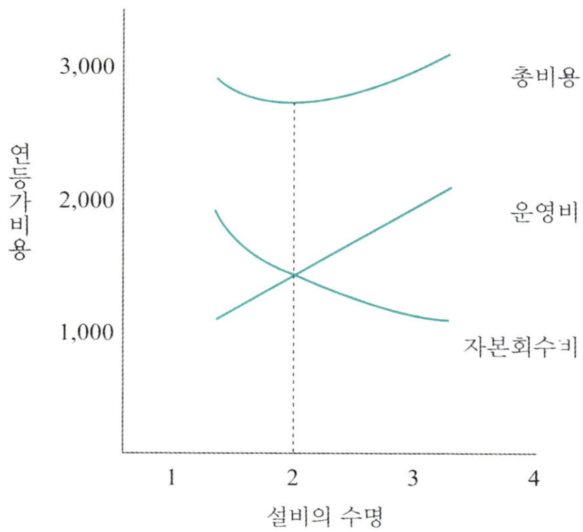

그림 6.13 설비의 경제적 수명

따라서 설비의 대체 문제에서 해당 설비에 가장 유리한 조건이 되는 경제수명을 계산하여 경제수명 주기로 대체하는 것을 고려할 수 있다. 이러한 개념은 새로운 투자 안에 관한 경제성 분석에도 활용될 수 있다. 설비의 경제수명 계산은 그림 6.13에서 보는 바와 같이 설비의 수명 기간 중의 매년 말의 총 연간등가를 계산하여 그 비용이 최소(혹은 이익이 최대)가 되는 기간을 찾아내면 된다.

예제

1,500만원에 구입한 승용차의 매년 소요되는 운영비와 중고시장에 되팔 때의 가격이 다음의 표 6.10과 같이 분석되었을 경우, 승용차 교체의 최적 시점을 결정하시오. MARR은 10%이다.

표 6.10 연도별 잔존가치, 운영비 (단위 : 천원)

연도	중고시장 가격	연간 운영비
1	9,000	4,500
2	6,900	4,800
3	5,100	5,700
4	3,900	6,900
5	3,300	8,400

해답 승용차의 매년 말의 자본회수비용과 연간 운영비를 고려한 연간등가 $A(i)_t$를 계산하면 다음과 같다.

$$A(10\%)_{1년} = (15{,}000{,}000 - 9{,}000{,}000)(A/P,10\%,1) + 9{,}000{,}000(0.1) + 4{,}500{,}000$$
$$= 12{,}000{,}000원$$

$$A(10\%)_{2년} = (15{,}000{,}000 - 6{,}900{,}000)(A/P,10\%,2) + 6{,}900{,}000(0.1)$$
$$+ [4{,}500{,}000(F/P,10\%,1) + 4{,}800{,}000](A/F,10\%,2)$$
$$= 10{,}000{,}000원$$

$$A(10\%)_{3년} = (15{,}000{,}000 - 5{,}100{,}000)(A/P,10\%,3) + 5{,}100{,}000(0.1)$$
$$+ [4{,}500{,}000(F/P,10\%,2) + 4{,}800{,}000(F/P,10\%,1)$$
$$+ 5{,}700{,}000](A/F,10\%,3)$$
$$= 9{,}452{,}000원$$

$$A(10\%)_{4년} = (15{,}000{,}000 - 3{,}900{,}000)(A/P,10\%,4) + 3{,}900{,}000(0.1)$$
$$+ [4{,}500{,}000(F/P,10\%,3) + 4{,}800{,}000(F/P,10\%,2)$$
$$+ 5{,}700{,}000(F/P,10\%,1) + 6{,}900{,}000](A/F,10\%,4)$$
$$= 9{,}270{,}000원$$

$$A(10\%)_{5년} = (15{,}000{,}000 - 3{,}300{,}000)(A/P,10\%,5) + 3{,}300{,}000(0.1)$$
$$+ [4{,}500{,}000(F/P,10\%,4) + 4{,}800{,}000(F/P,10\%,3)$$
$$+ 5{,}700{,}000(F/P,10\%,2) + 6{,}900{,}000(F/P,10\%,1)$$
$$+ 8{,}400{,}000](A/F,10\%,5)$$
$$= 9{,}290{,}000원$$

이상의 결과로부터 이 설비의 경제수명은 4년이 됨을 알 수 있다. 따라서 이 설비의 경우 경제수명인 4년을 주기로 설비 대체를 고려하는 것이 연간 비용을 최소화할 수 있다. 참고로 계산된 총 연간등가비용을 설비의 구입비용에 따른 부분과 운영비 부분으로 나누어 다시 정리하면 표 6.11과 같이 주어진다.

표 6.11 경제적 수명 계산결과 (단위 : 천원)

연도	중고 시장가격	연간 운영비	n년 차에 처분할 때의 총 연등가비용	n년간 연등가 운영비	n년 차에 처분할 때의 총 연등가비용
1	9,000	4,500	7,500	4,500	12,000
2	6,900	4,800	5,357	4,643	10,000
3	5,100	5,700	4,490	4,962	9,452
4	3,900	6,900	3,892	5,378	9,270
5	3,300	8,400	3,416	5,874	9,290

연습문제

01 토지개발 회사에서, 유휴지의 활용방안에 관한 프로젝트 검토를 실시하고 있다. 제안된 안은 연구소건립(C1), 제품저장창고 건립(C2) 및 제품 A/S센터 건립(C3)의 세 가지이며, 각각의 경우에 대한 소요비용 및 예상수익은 다음과 같다. 이 회사에서 채택하는 이율은 12%이고, 각 프로젝트의 예상수명은 모두 25년으로 동일할 경우, 어느 개발 안을 채택할 것인지, 현가를 기준으로 결정하시오. (단위 : 천원)

	C1	C2	C3
초기투자비	300,000	330,000	460,000
연간 보수 유지비	75,000	20,000	40,000
연간 예상 수익	120,000	75,000	110,000
잔존가치	100,000	40,000	50,000

02 어느 회사에서 중형 업무용 컴퓨터 시스템을 도입하기 위하여 두 가지 안을 검토하고 있다. 시스템 A는 도입비용이 1,000만원이며, 연간 운영비는 300만원으로 추정된다. 또한 시스템의 수명은 6년이고, 잔존가치는 200만원으로 분석되었다. 시스템 B의 도입비용 및 연간 운영비는 각각 1,200만원과 200만원이며, 수명은 6년, 잔존가치는 300단원으로 분석되었다. 이 회사에서 채택하는 MARR이 15%일 경우, 어느 시스템을 선택할 것인지를 현가를 기준으로 결정하시오.

03 다음의 네 가지 투자 안에 대하여 경비를 최소화하는 투자 안을 현가를 기준으로 하여 결정하시오. 이때 고려되는 MARR은 10%이다.

	연도	A	B	C	D
투자비(백만 원)	0	125	145	170	200
연간 경비(백만 원)	1	80	80	80	65
	2	80	75	70	65
	3	80	70	60	65
	4	80	65	50	65
잔존가치(백만 원)	4	20	30	40	50

04 어떤 제조시설에서 연간 1,200만원의 에너지 비용이 소요되고 있으며, 이 비용은 향후 10년간 매년 5%씩 증가될 것으로 분석되었다. 이 회사에서 최신 연료제어 설비를 도입하고자 한다. 이 설비의 도입가는 800만원이며, 수명은 10년으로 예상된다. 이 설비를 도입함으로써 매년 10%의 에너지 절감이 기대되며, 10년 후에는 이 설비를 200만원에 처분할 수 있을 것으로 분석되었다. 이 회사에서 고려하는 MARR이 15%일 경우, 연료제어설비를 도입할지를 결정하시오.

05 어느 회사에서 JIT(just-in-time) 관리시스템을 도입하여 재고부담을 줄이고 동시에 생산량 증대를 이루고자 한다. JIT시스템 도입을 위하여 최초에 관련 장치들의 개조, 컴퓨터 시스템의 도입 등으로 1억 8,500만원이 요구되며, 이들 시스템의 관리를 위하여 매년 800만원이 소요된다. 이 시스템을 채택할 경우, 첫해에 재고경감으로 절약되는 경비는 3,200만원에 이를 것으로 예상되나, 이후 4년간 절약되는 경비는 전년도에 비하여 매년 400만원씩 줄어들 것으로 예상된다. 생산량 증대 효과는 시스템 도입 첫해는 2,100만원으로 예상되며 이후 4년간 매년 200만원씩 증가하는 것으로 분석되었다. 5년 후 이 시스템의 잔존가치는 없다. 시스템의 도입 여부를 현가 분석을 통하여 판단하시오. 이 회사에서 적용하는 MARR은 10%이다.

06 어느 회사에서 제품제조를 위하여 필요한 장비를 구입하여 사용하거나 혹은 리스회사로부터 임차하여 사용할 수 있다. 구입 비용은 2,000만원이며 수명기간 6년 후에 400만원의 잔존가치를 가지게 된다. 임차할 경우, 매년 초에 300만원을 지급하여야 한다. 이 회사에서 고려하는 MARR이 15%일 경우, 연간등가 기준을 적용하여 어느 안을 선택할 것인지 결정하시오.

07 건설회사에서 구조물의 정확한 위치 선정을 결정하는 장비로써 다음의 두 가지 시스템 중 한 가지를 채택하고자 한다. 이 회사에서 채택하고 있는 MARR이 15%일 경우, 어느 시스템을 선택할 것인지를 결정하시오. (단위 : 천원)

항목	IC 시스템	UC 시스템
초기비용	5,000	3,200
잔존가치	1,000	0
연간운영비	600	950
세금 등의 기타비용/년	180	0
예상 수명(년)	4	4

08 다음의 세 가지 투자 대안이 주어졌다. (단위 : 천원)

항목	X	Y	Z
총투자비	6,000	12,000	18,000
연간수익	2,600	2,500	4,000
잔존가치	0	3,000	0
예상수명(년)	3	6	6

이 회사에서 고려하는 MARR이 10%일 때 다음의 물음에 답하시오.

1) 투자 대안들이 상호배타적일 경우, 최적 투자 대안을 선택하시오.

2) 투자 대안들이 독립적일 경우, 투자 대안을 선택하시오.

09 어느 회사에서 새로운 건물을 지으려고 한다. 에너지 절약을 위한 설계를 할 경우, 보온의 강화로 인하여 일반 건축비는 더 비싸게 되나, 난방시설비 및 연간 에너지 비용은 감소하게 된다. 이들의 비용이 다음의 표와 같이 주어질 경우, 어느 건축법을 채택하는 것이 타당한가를 연간등가 분석법을 적용하여 판단하시오. 이때 이율은 10%를 적용하며, 건축물의 예상 수명기간은 두 가지 경우 모두 40년으로 동일하다. (단위 : 천원)

항목	표준건축	에너지 절약형 건축
건물 건축비용	245,000	250,000
난방 시설비용	10,000	8,500
연간 에너지 비용	1,000	600

10 건설회사에서 건물의 지붕 마감재로 일반마감재, 고급마감재 및 금속마감재의 세 가지를 고려하고 있다. 마감재의 설치와 관련한 비용은 다음과 같은 것으로 추정된다(가격은 단위 면

적당의 비용). 건물의 수명을 75년으로 예상할 경우 다음 물음에 답하시오.

항목	일반 마감재	고급 마감재	금속 마감재
원자재비용	35,000	70,000	120,000
설치비용	70,000	70,000	100,000
연간 유지비	5,000	3,000	1,000
예상수명(년)	15	25	50

1) 이 회사에서 고려하는 MARR이 6%일 경우, 어떠한 마감재를 선택할 것인지 결정하시오.
2) 일반 마감재를 선택하기 위한 MARR의 범위를 결정하시오.

11 최근에 개발한 전기자동차의 판매가격은 2,100만원으로 예상된다. 이 자동차의 운영비는 충전설비비 등을 합하여 첫해는 35만원이 소요되고 이후 매년 5만원씩 증가할 것으로 예상되었다. 전기자동차의 5년 후 잔존가치는 650만원으로 예상된다. 새로 개발된 가솔린 자동차는 판매가격이 1,600만원이며 평균 가솔린 리터당 30킬로미터를 달릴 수 있다. 현재의 가솔린 가격은 리터당 1,260원이며, 향후 4년간 매년 리터당 50원씩 상승할 것으로 예상된다. 가솔린 차량의 차량 유지비는 매년 30만원이 소요되며 5년 후의 잔존가치는 150만원으로 예상된다. 매년 평균 20,000킬로미터를 운행한다고 가정할 경우, 어느 차량을 구입하는 것이 유리한가? 이율 10%를 적용한 현가 분석으로 비교하시오.

12 다음과 같은 다섯 가지 투자 안을 검토하고 있다.

항목	A	B	C	D	E
투자비(천원)	30,000	60,000	20,000	40,000	30,000
연간수익(천원)	7,500	13,755	5,000	10,000	7,500
잔존가치(천원)	0	10,000	0	10,000	5,000
예상수명(년)	5	5	5	5	5

투자 대안 검토 시 MARR은 9%를 기준하며 연간등가 분석을 실시하고자 한다.

1) 한 가지 투자 안만을 선택할 경우 채택될 수 있는 투자 안은 어느 것인가?
2) 각각의 투자 안들이 독립적이고 투자비의 제한이 없을 경우, 예상되는 총 투자비는 얼마인가?
3) 총 6,000만원을 투자하고자 한다. 한 가지 혹은 그 이상의 투자 안들에 투자하고 남은 투자비는 5년 동안 연 7.5%의 채권에 투자할 경우, 어떠한 투자방식이 최선인지를 결정하시오. 단, 각각의 투자 안은 서로 독립인 것으로 가정한다.

13 가구제작 회사에서, 가구제작 시 발생되는 나무토막과 톱밥 등을 스팀생산을 위한 가열로의 연료로 사용하고자 한다. 이를 위하여 가열로의 구조변경과, 송풍기를 이용한 나무토막 및 톱밥의 이송시설 설치에 모두 2억 2,500만원의 투자비가 소요되나, 이 시설로 인하여 절약되는 벙커-C 연료는 금액으로 연간 4,000만원이 되는 것으로 분석되었다. 이 설비의 수명이 15년이고, 잔존가치는 없는 것으로 할 경우, 이 프로젝트의 IRR을 계산하시오.

14 액면가가 100만원인 공채가 있다. 이 채권은 매 6개월마다 5만원의 이자를 채권소유자에게 지급하는 조건이며, 채권의 만료기간은 5년이다. 즉 채권 발행일로부터 5년째 말이 되는 시점에서, 이자 5만원과 채권 액면가 100만원이 전액 상환된다. 이 채권을 할인하여 92만원에 구입할 경우의 IRR을 계산하시오.

15 6억원의 투자를 할 경우, 5년에 걸쳐 첫해 2억원, 이후 4년간 매년 5,000만원씩 이익이 증가되는 투자가 제안되었다. 단 투자 후 3년째 말에 4억원의 시설개선 투자가 이루어져야 한다. 이 회사의 MARR이 15%일 경우, 제안된 투자 안에 대한 타당성을 IRR분석을 통하여 판단하시오.

16 어느 석유화학 회사에서 차년도 사업을 검토한 결과, 다음의 다섯 가지 안이 제시되었다.

(단위 : 백만원)

프로젝트명	초기투자비용	예상수명(년)	연간 예상수익	투자목적
A	100	10	20	시설확장
B	100	15	35.6	
C	120	15	36.7	
D	175	10	41.6	
E	90	20	21.5	에너지절감
F	50	5	16.2	공해방지
G	75	10	26.1	공정개선

1) 프로젝트의 투자 우선순위를 IRR을 기준으로 하여 결정하시오.
2) 프로젝트의 투자 우선순위를 현가 및 연간등가를 기준으로 하여 결정하시오. 이때 이율은 12%를 적용하시오.
3) 위의 문제에서 투자 우선순위가, IRR을 기준으로 한 경우와 현가를 기준으로 한 경우가 동일한지 여부를 판단하시오. 만약 다르다면 그 이유를 설명하시오.
4) 회사에서 새로운 시설에 투자할 자금으로 4억원을 확보하여 주었다면, 내년도에 수행 가능한 프로젝트는 어느 것인지를 IRR을 기준으로 결정하시오. 이 경우, 회사에서 적용하는

MARR은 얼마가 되는가?

17 다음과 같이 주어진 투자 안에 대하여 물음에 답하시오. (단위 : 천원)

투자 안	초기투자비용	예상수익
C1	200,000	80,000
C2	300,000	110,000
C3	100,000	35,000
C4	250,000	81,000
C5	150,000	46,500

1) 투자 안의 예상 수명이 5년으로 동일한 경우, IRR을 기준으로 한 투자 우선순위를 정하시오.
2) 이 회사의 MARR이 10%일 경우, 현가를 기준으로 한 투자 우선순위를 정하시오.
3) 이 회사의 투자 예산이 7억원으로 제한되어 있을 경우, 어느 투자 안들이 채택될 수 있는지 IRR을 기준으로 결정하고 이때의 MARR을 구하시오.

18 상호배타적인 다음의 세 가지 투자안에 대하여 물음에 답하시오. 투자 안의 수명은 모두 5년으로 동일하며, MARR은 10%이다. (단위 : 천원)

항목	C1	C2	C3
초기 투자비	10,000	15,000	18,000
연간 예상수익	2,913	4,266	5,037

1) 각각의 투자 안에 대한 IRR을 계산하고, 이를 기준으로 투자 안을 선택하시오.
2) 각각의 투자 안에 대한 현가를 계산하고, 이를 기준으로 투자 안을 선택하시오.
3) 증분투자에 대한 IRR기준을 적용하여 가장 타당성이 있는 투자 안을 선택하시오.

19 다음의 표로 주어지는 세 가지 투자 대안에 대하여 물음에 답하시오. 이율은 9%이다.

(단위 : 천원)

항목	C1	C2	C3
초기 투자비	10,000	15,000	21,000
연간 운영비	35,000	33,800	32,000
예상수명기간(년)	5	5	5

1) 각 투자 안의 현가를 구하고, 최선의 투자 안을 선택하시오.
2) 각 투자안의 미래가를 구하고, 최선의 투자 안을 선택하시오.

3) 각 투자 안의 연간등가를 구하고, 최선의 투자 안을 선택하시오.

4) 투자 안의 증분에 대한 IRR분석을 실시하고, 최선의 투자 안을 선택하시오.

20 다음의 네 가지 대안들에 대하여 경제성 검토를 실시하고자 한다. 각 대안들의 경제수명은 모두 10년으로 동일하고, MARR은 10%이다. (단위 : 천원)

항목	C1	C2	C3	C4
총 투자비	170,000	260,000	300,000	330,000
연간 수익	114,000	120,000	130,000	147,000
연간 지출 비용	70,000	71,000	64,000	79,000

1) 각 대안의 IRR을 구하시오. 이로부터 최적의 대안을 선택하시오.

2) 대안들의 증분에 대한 IRR을 구하고, 이로부터 가장 적절한 대안을 선택하시오.

3) 1)과 2)의 결과를 비교하시오.

4) 대안들의 현가를 구하고, 최적의 대안을 결정하시오.

5) 증분투자에 대한 현가 기준을 적용하여 가장 적절한 대안을 결정하시오.

6) 현재가 분석 결과와 IRR 분석 결과를 비교하시오.

21 다음과 같은 현금흐름이 예상되는 네 가지 독립적인 투자 안이 주어졌다. (단위 : 천원)

투자 안	매년 말 현금흐름			
	초기비용	1년 말	2년 말	3년 말
A	-1,000	550	550	550
B	-2,000	875	875	875
C	-3,000	1,400	1,400	1,400
D	-4,000	1,665	1,665	1,665

1) 투자 가능한 비용이 500만원으로 제한되어 있고, MARR이 10%일 경우, 투자 가능한 대안을 모두 열거하시오.

2) 각각의 경우에 대한 현금 흐름표를 작성하고 IRR을 구하시오.

3) 최적의 투자 대안을 선택하시오.

22 다음의 세 가지 투자 안 중에서 가장 적절한 투자 안을 선택하시오. 또한 IRR분석법이 이와 같은 각 대안의 비교 분석에 적절한지를 말하시오. 이때 고려되는 MARR은 6%이다.

	C1	C2	C3
초기 투자비(천원)	40,000	32,000	70,000
연간 운영비(천원)	11,000	14,500	14,500
연간 수익(천원)	18,000	18,000	24,500
잔존 가치(천원)	10,000	6,000	20,000
예상수명기간(년)	7	7	7

23 어떤 회사에서 자재관리를 위한 방안으로 다음의 세 가지 안이 검토되고 있다.

방안 A : 숙련된 사무원을 채용하고, 자재 입출고를 수동으로 입력하는 기기를 도입하는 방안. 이때 사무원의 인건비는 연 2,800만원이며, 기기비용은 280만원이다.

방안 B : 연봉 1,500만원의 비숙련 사무원을 채용하며, 바코드에 의하여 처리되고 컴퓨터 모니터로 관리되는 최신 관리기기를 도입할 경우. 이때 기기의 구입비용은 1,600만원이나 매달 30만원의 관리비가 소요된다.

방안 C : 관리 용역을 외주로 주며, 외주 비용은 매달 140만원이다. 이 경우, 연봉 1,000만원의 시간제 사무원을 채용하여 관리한다.

이 회사에서 채택하고 있는 MARR은 8%이며, 3년간 자재관리를 하고자 한다. 어느 방안을 선택할 것인가를 연간등가분석 방법을 사용하여 결정하시오.

24 어떤 독지가가 4년마다 대학 신입생 중 한 명을 선정하여 1학년 때, 500만원, 2, 3, 4학년 때 매년 400만원씩 지급하는 장학금을 계속할 수 있도록 모교에 일시불로 기부하고자 한다. 연리 10%의 이율을 적용한다면, 지금 얼마를 기부해야 하겠는가?

25 어느 투자회사에서 다음의 여섯 가지 투자안을 검토하고 있다. 각 투자 안의 예상 수명은 10년이다.

	A	B	C	D	E	F
투자비용(천원)	8,000	4,000	1,000	3,000	1,500	9,000
연간이득(천원)	1,100	800	200	715	250	1,400

1) 투자액의 제한이 없고, 각 투자안은 서로 독립적일 경우, 어느 투자안을 선택할 것인가? 이 회사에서 검토하는 MARR은 12%이다.

2) 900만원의 투자가 가능할 경우, 투자의 IRR을 최대로 하는 독립적인 투자 안들은 어느 것이며 이때의 IRR값은 얼마인가? 투자액이 900만원에 미치지 못할 경우, 남은 투자액은 전액 연 15%의 이익이 보장되는 곳에 투자가 가능한 것으로 가정하시오.

3) 투자 안들이 상호배타적일 경우, 어느 투자 안을 선택할 것인가?

26 제조장치의 원가절감 방안으로 다음의 여섯 가지 투자방안이 제시되었다. 투자 안에 대하여 최소한 20%의 자본회수율이 보장되어야 하며, 각 장치의 수명은 모두 5년으로 잔존가치는 없는 것으로 가정한다.

투자 안	원가절감방법	장치비(천원)	연간 절감비용(천원)
A	장치통합	25,000	9,500
B	장치 재구성	60,000	21,500
C	장치변형	20,000	7,000
D	장치의 단순화	20,000	9,000
E	장치성능개선	40,000	17,000
F	안전성 보완	30,000	10,000

1) 하나의 투자 안만을 선택할 경우, 어느 안을 선택할 것인가?
2) 각각의 투자 안이 독립적이고 투자비의 제한이 없을 경우 선택 가능한 투자 안들은 어느 것인가?
3) 투자 가능 금액이 5,000만원 이상, 1억원 이하인 경우, 최대 달성 가능한 IRR값은 얼마인가?
4) 투자금액이 1억원 이하인 경우, 어느 투자 안들의 선택이 연간 절감액을 최대로 하게 되는가?

27 다음의 세 가지 독립적인 투자 안은 모두 MARR 15%를 만족하는 투자 안이다. 각 투자 안의 수명이 4년일 경우, 다음의 물음에 답하시오.

투자 안	초기비용(천원)	매년 말 현금 흐름(천원)			
		1	2	3	4
A	17,000	10,000	8,000	6,000	4,000
B	22,200	4,000	7,000	10,000	13,000
C	20,700	8,000	8,000	8,000	8,000

1) 투자비의 제한이 없고 MARR을 20%로 할 경우, 어느 투자 안들을 채택할 것인가?
2) MARR은 15%이나, 최소한 연 1,400만원 이상의 수익이 요구될 경우, 어느 투자 안들을 선택할 것인가?

28 어느 회사에서 부산물 회수를 위한 시설 투자로 다음의 다섯 가지 투자 안을 검토하고 있다. 표에서 보는 바와 같이 투자비에 비례하여 예상 수익이 증대된다. 이 회사에서 고려하는 MARR이 12%이며 이들 투자 안 중 한 가지를 채택하고자 한다.

	연도	C1	C2	C3	C4	C5
투자비(백만원)	0	75	100	180	250	280
연간예상수익(백만원)	1-5	25	27	43	75	82

1) 이 회사의 가용자본이 3억원일 경우, 어느 투자안을 선택하는가? 연간등가로 비교하시오.
2) 이 회사의 가용자본이 2억원일 경우는 어느 투자안을 선택하게 되는가?

29 상호배타적인 다음의 네 가지 프로젝트를 검토하고 있다. MARR이 12%이고, 사용 가능한 자본이 4억 5,000만원으로 제약되어 있을 경우, 어느 프로젝트를 선정할 것인지 현가를 기준으로 결정하시오.

	연도	C1	C2	C3	C4
투자비(백만원)	0	150	250	300	450
연간예상수익(백만원)	1-4	32	70	90	125
잔존가치(백만원)	4	40	60	70	95

30 어느 제조회사에서 두 가지 재질의 펌프 중 한 가지를 채택하고자 한다. 일반탄소강 재질의 펌프는 구입비가 1,300만원이며, 연간 유지비는 220만원, 수명기간은 8년으로 예상된다. 스텐레스강 재질의 펌프는 구입가가 1,700만원, 연간 유지비는 195만원이며 수명기간은 12년이 예상된다. 두 펌프 모두 잔존가치는 없으며, 이 회사에서 고려하는 MARR이 12%일 경우, 어느 펌프를 선택할 것인지를 결정하시오.

31 두 가지 모형의 기계가 고려되고 있다. A모형은 초기구입비가 950만원, 수명기간은 4년이며, B모형은 초기 구입비 2,510만원이며 수명기간은 8년이다. 두 모델 모두 잔존가치는 없으며, A모형이 B모형에 비하여 운영비가 매년 190만원 더 소요된다. MARR 8%를 적용할 경우, 어느 모형을 선택하는 것이 유리한가?

32 다음과 같이 주어지는 두 가지 투자 안에 대하여 물음에 답하시오. 이때 고려되는 이율은 15%이다.

	A	B
투자비(백만원)	8,000	13,000
연간 소요비용(백만원)	12,000	10,000
잔존가치(백만원)	1,000	1,000
경제수명(년)	3	6

1) 두 가지 투자가 계속 반복된다는 가정 하에, 연간등가에 의한 투자 우선순위를 결정하시오.
2) B투자안의 경우, 3년 뒤의 예상 잔존가치가 50억원으로 추정될 경우, 3년을 분석기간으로 하여 현가 비교 방법으로 투자 우선순위를 결정하시오.

33 빌딩 내의 공조시설로써 두 가지 설비가 제안되었다. 설비 $C2$는 초기 투자 32억원이 소요되며, 수명기간 4년, 잔존가치는 4억원으로 분석되었다. 설비 $C1$은 $C2$에 비하여 초기투자비가 9억원 적게 드나, 수명기간은 3년이고 잔존가치는 없는 것으로 알려졌다 또한 연간 운영비는 $C2$에 비하여 2.5억원이 더 소요되는 것으로 알려졌다. 이 회사에서 고려하는 MARR이 15%일 경우,

1) 두 장비의 수명기간의 최소공배 값인 12년을 기준으로, 현재가 분석을 통하여 어느 장비를 선택할 것인지를 결정하시오.
2) 연간등가에 의한 분석을 실시하고, 1)의 결과와 비교하시오.
3) 분석기간을 2년으로 할 경우, 두 장비의 선택이 같은 경제적 효과를 가져오기 위해서는 2년 후 $C2$ 장비의 잔존가치가 얼마이어야 하는가? 2년 후의 C1장비의 잔존가치는 없는 것으로 간주하시오.

34 5년 전 5,200만원에 장비를 구입하였다. 구입 당시 예상수명기간은 8년, 잔존가치는 400만원이었다. 이 장비의 현재의 암묵적 잔존가치는 얼마인가? 이율은 12%를 적용하시오.

35 다음과 같이 두 가지 투자안에 대한 현금흐름이 주어졌다.

연도	기계 A	기계 B
0	-1,000	-2,000
1	900	2,500
2	800	800 + 200(잔존가치)
3	700	

만약 기계를 2년간 사용하고자 할 경우, 두 기계의 사용에 따른 경제성이 같아지기 위해서는 2년 후 기계 A를 얼마에 되팔 수 있어야 하는가? 이때 고려되는 이율은 10%이다.

36 에너지 변환 장치로써 다음의 두 가지가 제안되었다. 장비와 관련된 제반 비용은 아래의 표와 같으며, 고려하는 이율은 10%이다.

	A	B
구입비용(천원)	10,000	25,000
잔존가치(천원)	0	5,000
연간 운영비(천원)	2,500	1,200
예상 수명(년)	5	9

두 장비의 연간등가가 같아지기 위해서는 B장비의 9년 후 잔존가치가 얼마가 되어야 하는가?

37 상호배타적인 다음의 두 가지 투자 안이 제안되었다.

	투자 안 A	투자 안 B
초기비용(천원)	1,000	800
연간운영비(천원)	400	200
수명(년)	3	2
잔존가치(천원)	200	0

이 회사에서는 6년간의 사업을 검토하고 있으며, 제시된 투자 안은 계속 반복되어 시행될 수 있다. 이 회사에서 채택하고 있는 MARR이 12%일 경우, 두 가지 투자 안 중 어느 안을 채택할 것인가?

38 다음과 같이 주어진 투자 안에 대하여 내부수익률에 의한 경제성 분석을 실시하고자 한다. 이때 고려되는 MARR은 9%이다.

	A	B	C
추기투자비(천원)	20,000	16,000	10,000
연간비용(천원)	5,000	3,000	4,000
연간 수익(천원)	11,500	11,500	7,000
경제수명(년)	4	4	4

1) 투자 안 중 IRR이 가장 높은 투자 안은 어느 것인가?
2) 각 투자 안 간의 증분에 대한 투자 안 중 가장 높은 IRR을 보이는 것은 어느 투자 안 간의 증분이며 그 때의 IRR값은 얼마인가?

39 어느 회사에서 건물의 냉방시설을 검토하고 있다. 건물의 벽과 천장 등에 단열을 많이 할수록 필요한 냉방장치의 크기는 작아지고 냉방비는 적어지게 된다. 이와 관련하여 다음의 네 가지 방안이 제시되었다.

	A	B	C	D
단열비용(천원)	35,000	45,000	60,000	80,000
냉방장치비용(천원)	52,000	45,000	38,000	32,000
연간 전기료(천원)	6,500	5,100	4,100	3,500

단열재는 수명이 20년이고, 냉방장치의 수명은 10년이며 잔존가치는 없다. 매년 부과되는 보험료 및 세금 등의 제 비용은 단열과 냉방장치 비용의 2%이다. 이 회사에서 적용하는 MARR이 15%일 경우, 어느 투자안을 선택할 것인지 현재가 비교에 의한 방법으로 결정하시오. 또한 증분금액에 대한 IRR분석법으로 결과를 비교하시오.

40 어느 회사에서 현재 보유하고 있는 설비는 2년 전 700만원에 구입하였다. 구입 당시 장비의 수명은 5년, 잔존가치는 없는 것으로 추정되었다. 현재 이 장비의 시장가격은 500만원이며, 향후 3년간의 운영 경비는 각각 170만원, 200만원, 250만원으로 증가할 것으로 예상된다. 이 장비와 동일한 성능을 보이는 장비가 현재 개발되어 시판되고 있다. 새로운 장비의 가격은 900만원이나, 연간 운영비는 80만원에 불과하다. 이 장비의 수명은 3년으로 현재 장비의 잔존 수명과 일치하며 잔존가치는 없다. 새로운 장비의 제조업체에서 판촉의 일환으로 이 회사에서 보유하고 있는 장비를 대체할 경우, 현 장비의 가격을 600만원으로 되사주겠다고 제의하고 있다. 이 회사에서 채택하고 있는 MARR이 12%일 경우, 새르운 장비로의 대체 여부를 결정하시오.

41 어느 시에서 보유 중인 공과금 발급용 전산장비를 교체하는 방안을 고려하고 있다. 현재 보유 중인 장비의 매년 말 평가가격, 보수유지비, 운영비의 변동은 다음과 같다.

연도	보유장비의 평가가격(천원)	보수유지비(천원)	운영비(천원)
0	12,000	-	-
1	8,000	5,000	28,000
2	3,000	6,500	32,000

이 시에서 고려하는 MARR이 10%일 때 다음의 물음에 답하시오.

1) 보유장비를 2년간 계속 사용하는 경우의 자본회수비용와 연간등가를 구하시오.
2) 보유장비 사용에 따른 첫해의 연간비용을 계산하시오.
3) 보유장비 사용에 따른 둘째 해의 연간비용을 구하시오.
4) 검토되고 있는 새로운 장비의 연간등가가 4,000만원으로 평가될 경우, 교체여부를 판정하시오. 만약 교체를 한다면 어느 해에 교체하는 것이 타당한 것인지 분석하시오.

42 현재 보유하고 있는 설비는 250만원으로 평가되며, 1년 후에는 100만원의 가치 하락이 발생하고, 이후 매년 50만원씩의 가치 하락이 예상되며 4년 후 이 장비의 잔존가치는 없을 것으로 예상된다. 또한 이 장비의 연간 운영비는 현재 연 800만원이나, 장비의 노후화에 따라 매년 100만원씩 증가될 것으로 예상된다. 기존의 장비를 대체할 수 있는 새로운 장비는 구입가 1,600만원으로 수명기간 7년 동안 매년 600만원의 일정한 운영비가 소요되고 잔존가치는 150만원이 될 것으로 분석되었다. MARR 12%를 적용할 경우, 장비의 교체가 타당한지 분석하시오. 만약 타당하다면 최적 교체시점을 결정하시오.

43 산업단지 입구의 습지에 교량이 놓여 있다. 이 산업단지의 입주업체 수 증가에 따라, 공단에서는 교량에 대한 재검토를 하고 있다. 이 교량을 보강하여 통과 차량의 증가에 대처하는 방안과 교량을 철거하고 습지를 토사로 메워, 새로운 도로를 내는 두 가지 방안이 모색되고 있다. 현 교량의 잔존가치는 없으며, 교량보강에 드는 비용은 3,000만원으로 예상된다. 보강 후의 교량은 수명이 10년, 잔존가치는 800만원으로 예상된다. 토사로 기반을 보강하여 도로를 낼 경우의 공사비는 6,000만원으로 예상되며 50년간 사용가능하고, 잔존가치는 없는 것으로 가정한다. 이 경우 교량철거비용으로 200만원이 소요될 것으로 예상되나, 매년 교량유지비로 소요되는 220만원은 절감하게 된다. 공단에서 검토하는 MARR이 8%일 경우, 어느 방안이 채택될 것인가?

44 X사에서는 6년 전 반응기를 840만원에 구입하였다. 구입당시 반응기의 예상 수명은 12년, 잔존가치는 120만원으로 예상되었다. 이 장치의 연간 운영비는 210만원이다. 이 회사에서는 향후 생산량을 두 배로 확대하기 위하여 현재 보유 반응기와 동일한 장비를 하나 더 구입하는 방안과, 현재의 반응기에 비하여 생산량이 두 배가 되는 반응기를 구입하는 두 가지 방안을 검토하고 있다. 현재 보유 중인 장비와 동일한 성능의 새 반응기의 구입가격은 960만원이며, 연간 운영비 및 예상수명은 현재의 반응기와 동일하고 잔존가치는 160만원으로 예상된다. 생산량이 두 배가 되는 반응기의 구입가격은 1,700만원, 연간 운영비 310만원, 수명 10년 및 잔존가치 400만원 등으로 분석되었다. 이 경우 현재의 설비는 시장가격인 300만원에 처분하게 된다. 이 회사에서 적용하는 MARR이 10%인 경우, 연간 등가를 구하여 어느 안을 선택할 것인지를 결정하시오.

45 A사에서 보유 중인 소형 반도체 장착장비는 3년 전에 4,000만원에 구입하였다. 현재 시판 중인 동일 성능의 새 모델의 장비는 3,500만원에 판매되고 있으며, 운영비도 더 저렴하다. 현

장비와 신 장비의 운영비 및 연도별 잔존가치는 다음 표와 같다. A사에서 향후 4년간만 소형 반도체 장착장비를 사용하고, 이후에는 대용량 장비로 전면 교체하고자 할 경우, 현 시점에서 보유 중인 설비의 교체 여부를 결정하시오. 이 회사에서 채택하고 있는 MARR은 15%이다.

연도	구형장비		신형장비	
	운영비(천원)	잔존가치(천원)	운영비(천원)	잔존가치(천원)
0		12,000		35,000
1	3,400	7,000	200	30,000
2	3,900	4,000	1,000	27,000
3	4,600	2,500	1,200	24,000
4	5,600	1,000	1,500	20,000
5			2,000	17 000
6			2,600	15,000

46 어느 회사에서 사용 중인 펌프는 192만 5천원에 구입하였으며, 현재 연간 운영비는 90만원이다. 새로운 고효율 펌프의 구입가는 245만원으로 연간 운영비는 50만원이다. 새로운 펌프를 구입할 경우에는, 현 보유펌프를 시중가인 37만 5천원에 처분 가능하다. 현재의 펌프와 새 펌프 모두 10년간 사용 가능하며 10년 후의 잔존가치는 없는 것으로 예상된다. 이 회사에서 고려하는 MARR이 10%일 경우, 펌프의 교체여부를 현가 기준으로 결정하시오.

47 향후 2년간 더 사용할 수 있는 차량을 소유하고 있다고 가정하자. 이 차량의 현재 중고시장에서의 시세는 50만원이며, 1년 후의 시장가격은 25만원, 2년 후의 잔존가치는 10만원으로 예상된다. 향후 1년간의 차량유지비는 240만원이 될 것으로 예상되며, 그다음 해의 운영비는 295만원에 이를 것으로 추정된다. 새로 구입을 고려하고 있는 경차의 가격은 650만원이다. 새차를 구입할 경우, 7년간 유지할 예정이며 7년 후의 가격은 50만원이 될 것으로 예상된다. 새차를 구입할 경우, 딜러에게 현재의 차를 75만원에 되팔 수 있다. 이 경차의 첫해 차량 유지비는 120만원, 이후 매년 25만원씩 증가할 것으로 예상된다. 이율을 11%로 할 경우,

1) 새 차의 연간등가액은 얼마인가?
2) 현 소유 차를 앞으로 1년 더 소유하는 경우와 2년 더 소유하는 경우에 대한 각각의 연간 등가액을 구하시오.

48 어느 전자회사에서 반도체 조립관련 장비를 1,000만원에 구입하였다. 이 장비의 예상 수명은 5년이며, 기간의 경과에 따른 잔존가치 및 장비 유지비는 다음과 같이 예상된다. 이율을 8%

로 할 경우, 이 장비의 경제수명을 결정하시오.

연도	투자비(천원)	잔존가치(천원)	유지비(천원)
0	10,000		
1		7,000	0
2		5,000	750
3		3,500	1,500
4		2,500	2,250
5		2,000	3,000

49 어떤 건물의 작업실에서 사용되는 조명용 전구의 수명시간을 조사해본 결과 20,000, 21,000, 22,000, 23,000, 24,000시간의 동일한 일양분포(uniform distribution)를 이루고 있고, 평균수명시간은 22,000시간으로 밝혀졌다. 이들 전구들의 구입가격은 개당 350원이며, 수명이 다한 전구를 교체할 때마다 개당 150원의 비용이 소요된다. 그러나, 이들 전구를 어느 시점에서 일괄 교체할 경우에는 개당 25원의 비용이 소요된다. 이 건물의 작업실은 교대작업 관계로 항상 불이 밝혀 있어야 하며, 조명 관계로 최소 60% 이상의 전구가 켜 있어야 한다. 이 경우, 전구의 수명이 다할 때마다 낱개로 교체하는 경우와, 전체 조명의 40%가 꺼질 때마다(즉 매 21,000시간마다) 작업실 내의 전구를 일괄 교체하는 경우의 경제성을 비교하시오. 이 회사에서 검토하는 이율은 10%이다.

50 A운송회사에서는 3년이 경과된 중고 밴(van)의 교체를 검토하고 있다. 구매 여부를 검토하고 있는 트럭의 소비자가격은 689만 5천원이나, 판매원은 특별히 트럭의 판매가를 630만원으로 낮추어 주고, 밴은 270만원에 매입해 주겠다는 제안을 하였다. 밴의 중고시장에서의 가격은 250천원이며 매년 40%씩 가격하락이 예상된다. 밴의 운영비는 다음 1년간은 102만원, 이후 매년 40만원씩 증가할 것으로 예상된다. 새 트럭의 운영비는 최초 2년간은 70만원이며 이후 매년 30만원씩 증가하는 것으로 알려졌다. 이 트럭은 6년 후 소비자가의 10%로 중고시장에서 처분이 가능하다. 이 회사에서는 6년간 이들 차량을 사용할 예정이며 채택하고 있는 MARR은 8%이다. 향후 몇 년간 트럭의 가격에 변동이 일어나지 않을 경우, 밴의 최적 교체시점을 결정하시오.

51 반도체 조립회사에서 조립제품의 품질관리를 위한 최신 측정 장비를 구입하고자 한다. 장비의 구입비는 4,500만원이며 설치비는 500만원이다. 설치비 500만원은 장치를 교체할 때마다

발생한다. 측정 장비의 수명은 6년이며, 매년 말의 잔존가치는 1년 말, 3,000만원; 2년 말, 2,000만원; 3년 말, 1,500만원; 4년 말, 1,100만원; 5년 말, 800만원; 6년 말, 600만원이다. 운영비는 첫해 2,000만원이며 이후 매년 400만원씩 증가된다. 이 회사에서 채택하고 있는 이율은 20%이며, 주기적인 장비의 교체가 계속되는 경우, 장비의 경제수명을 구하시오.

section 3

투자 대안의 경제성 분석과 의사결정

제7장 공공투자의 경제성 분석

학습내용

이 장에서는 공공영역 투자의 경제성 분석을 다룬다. 공공 프로젝트의 경우에 수행주체는 정부기관이고, 고객은 정부나 지자체에 속한 일반 대중이 된다. 정부 기관은 고속도로, 전력발전 플랜트, 댐 등과 같은 대규모 인프라 프로젝트를 수행한다. 비용편익비율(Benefit-Cost ratio)은 공공 분야의 경제성 분석에 객관성을 확보해주는 주요 방법이다. 이 장에서는 공공프로젝트의 정의와 특성, 비용편익비율의 다양한 형태와 증분분석의 적용 과정, 조건부가치측정법, 사회적 할인율 도출에 대한 내용을 설명한다.

학습목표

1) 민간투자와 공공투자의 의사결정 목적이 어떻게 다른지 비교하여 설명할 수 있다.
2) 비용편익분석의 개념을 이해하고 의사결정에 적용할 수 있다.
3) 조건부가치측정법을 활용하여 공공프로젝트의 경제성 평가를 수행할 수 있다.

제7장 공공투자의 경제성 분석

7.1 공공분야 프로젝트

대부분의 경제성 평가는 기업에서 영위하는 사업에 의해서 개발되고 생산되는 제품이나 서비스에 관련된 민간 영역에 포함된다. 그러나 정부 기관과 일반 대중에 초점을 맞추는 과제의 경우에도 반드시 경제성 평가는 필요하다. 공공분야 프로젝트는 정부나 지자체에 속한 일반 대중에 의해 사용되고 소유되며 재정적으로 지원되는 제품, 서비스, 시스템을 의미한다. 이러한 프로젝트의 목적은 수익을 내는 것이 아닌 공공의 이익을 위해서 일반대중에게 서비스를 제공하는 것이다. 따라서 공공의료, 안전, 교통, 복지 등과 같은 분야가 이러한 영역에 속하며, 공공분야 프로젝트의 타당성 확보를 위해 경제성 평가가 수행된다.

공공투자와 민간투자의 특징은 다음과 같은 차이를 가지고 있다. 첫째, 투자 규모의 측면에서 공공투자는 대규모 프로젝트인 경우가 많고, 민간투자의 경우 일부분은 대규모이지만 대부분은 중간규모이거나 소규모인 경우가 많다. 고속도로나 대중교통 시스템, 대학, 공항 등의 프로젝트는 대규모 투자를 필요로 한다. 둘째, 프로젝트 수명 주기가 공공투자의 경우에는 대부분 30년에서 50년으로 길다. 민간분야는 이보다 더 짧은 기간 동안 지속되어 보통 1년에서 20년 정도로 프로젝트의 성격에 따라 차이가 크지만 상대적으로 프로젝트의 결과의 지속력은 짧다. 셋째, 현금흐름 추정의 관점에서 공공분야의 경우, 수익은 없고 비용(cost), 편익(benefit), 불편익(disbenefit)이 존재하는 반면, 민간분야는 매출, 비용, 수익이 존재한다. 민간분야에서는 종종 바람직하지 않은 결과는 고려되지 않지만, 공공분야의 투자의 경우, 그 결과가 공공의 이익에 반하는 영향도 보일 수 있기 때문에 불편익도 포함하게 된다. 공공투자에서 프로젝트를 평가하는 데 비용편익비율을 적용하기 위해서는 비용, 편익, 불편익이 금액적 가치로 정확하게 추정되어야 한다. 넷째, 이자율의 경우, 공공분야는 상대적으로 낮고, 민간분야는 자본 비용을 고려할 때 높다. 대부분의 공공프로젝트의 자금조달 방법이 세금, 채권 등과 같은 낮은 이자율을 지닌 것으로 분류될 수 있기 때문에, 이자율이 실제로 민간분야보다 항상 낮다. 금융권으로부터 저금리로 대출받거나 중앙정부로부터 지원형식으로 받기 때문에 공공 프로젝트의 이자율은 보통 4%에서 8% 사이에 분포한다. 민간투자의 이자율과 구분 짓기 위해서 공공투자의 이자율을 사회적 할인율이라고 부르기도 한다. 마지막으로 대안선정기준은 공공투자가 다수의 기준을 가지고 선정하는 반면, 민간투자는 주로 투자수익률(rate of return)을 바탕으로 선정하게 된다. 공공투자의 특징은 사용자, 경제적/비경제적 관심사 등의 다양한 부류가 존재하기 때문에 대안의 선정이 매우 어렵다. 순현가나 내부수익률 등과 같은 단일 기준으로 선정하는 것이 어렵기 때문에, 분석하기 전에 기준과 선정 방법 등을 목록화하고 명확한 내용을 제시하는 것이 필요하다. 표 7.1은 앞에서 제시한 공공 프로젝트와 민간 프로젝트의 차이를 정리한 것이다.

표 7.1 공공 프로젝트와 민간 프로젝트의 차이점

특성	공공 프로젝트	민간 프로젝트
투자 규모	대규모	대부분 중규모 혹은 소규모
수명 추정	장기간	단기간
현금 흐름 추정	비용, 편익, 불편익 추정	매출액, 수익, 비용 추정
이자율	낮음.	높음.
대안선정 기준	복수 기준	단일 기준(주로 투자수익률)

기업의 경제성 분석이 기대 이윤의 극대화를 목적으로 다양한 기술/사업 개발 프로젝트들을 분석하는 반면, 정부에서 추진하는 공공분야 프로젝트의 경우에는 기업이나 국민 개인이 생산할 수 없는 재화나 용역을 창출함으로써 다수에게 혜택이 돌아가는 것을 목표로 한다. 따라서 공공부문에서는 사업의 경제성을 평가하기 위해 기업에서 활용하는 방법과는 상이한 방식을 사용한다. 즉, 기업에서는 구체적인 수치를 활용한 현금흐름을 기반으로 순현가법 등을 이용하지만, 공공 프로젝트는 투입된 비용에 대해 얻을 수 있는 파급효과가 크고, 이윤이라는 것이 결부되기 어렵기 때문에 다른 접근방법이 필요하다. 공공분야 프로젝트에 대한 경제성 평가에 가장 널리 활용되는 방법은 비용편익(Benefit-Cost) 분석이다[1]. 비용 대비 수익(profit)의 개념보다는 그 범위를 확장하여 공공투자가 국가 전체에 주는 혜택이 어떤 것인지를 폭넓게 보고 수치화시킨 것이라고 할 수 있다.

정부의 경제성 평가의 경우, 어떤 투자가 보편적 복지를 촉진하는지 구별하는 것은 쉽지 않다. 예를 들어, 교통과 물류의 효율성을 제공할 수 있는 고속도로 건설의 경우, 고속도로를 이용하는 운전자들에게는 이익을 줄 수 있다. 그러나, 자세히 들여다보면, 그 주변에 사는 거주자들에게는 소음과 먼지 등의 악영향을 끼칠 수도 있고, 농지를 고속도로로 만들었다면 농부들이 경작하는 토지의 감소라는 결과를 낳을 수도 있다. 또한, 고속도로를 만들기 위해, 산을 깎고 터널을 만든다면, 자연 파괴의 측면에서 희귀종이나 환경적인 문제가 생길 수 있다. 이러한 프로젝트는 초기에 경제적으로 많은 이익을 가져다줄 수 있을 거라고 판단되지만, 다시 한번 면밀히 조사해보면,

1) Benefit-Cost Analysis에 대해서 비용편익분석 혹은 편익비용분석으로 명명하나, 대부분 비용편익분석이라는 용어를 쓰고 있어, 본 교재에서는 비용편익분석으로 표기함.

사회적으로나 자연적으로 부정적인 영향을 줄 수 있을 것이다. 이러한 충돌은 공공투자의 의사결정에서 항상 발생하는 특징이다. 공공 프로젝트 투자의 의사결정 과정에는 사기업의 투자의 경우보다 많은 이해당사자가 관여하기 때문에 결론에 도달하기 매우 어렵다. 이해당사자는 개인뿐만 아니라 시민단체, 정치단체, 정보조직, 기업 등을 모두 포함하기 때문에 각자의 이익을 대변하기 위한 주체들 간의 충돌은 항상 발생한다. 대부분 이러한 문제는 제안된 공공 프로젝트가 우리의 집, 학교, 사업장 등에 가까운 곳에서 수행될 것이라는 생각에 바탕을 두고 있다. 기술개발의 관점에서도 크게 다르지 않다. 기술개발을 수행하는 공공 프로젝트의 경우, 해당 기술개발의 결과가 수많은 이해당사자에게 줄 영향을 평가해야 한다. 예를 들어, 타국에서 들어오고 있는 외래생물들을 퇴치하기 위한 기술개발 프로젝트의 경우, 수작업으로 외래생물을 퇴치하여 정부로부터 보조금을 받는 사람들에 대한 불편익과 반대도 고려해야 한다. 이외에도 외래생물 퇴치의 결과로서 발생될 환경의 변화나 기존 기술개발 기업들에게 주는 영향도 고려하지 않을 수 없다.

공공분야 프로젝트는 다양한 유형이 존재할 수 있지만 대부분 문화계발 사업, 국민보호 사업, 경제적 편익제공 사업, 자연자원 사업 등 크게 네 가지로 구분할 수 있다. 첫째, 문화계발 사업은 교육, 레크리에이션, 문화재 보전 등과 관련된 프로젝트이다. 학교를 건설하거나 훼손된 문화재를 복원/보전하는 등은 대부분 수익사업은 아니지만 공공 서비스로 제공되어야 하는 것이다. 둘째, 국민보호 사업의 경우에는 군사 및 방위 시스템, 치안 및 소방 시스템, 사법 시스템 등이 속한다. 최근 국가 간 첨예한 대립, 범죄의 증가, 대형 사고의 발생 등이 심화되면서 국민 안전에 대한 관심이 높아지고 있다. 셋째, 경제적 편익제공 사업은 운송 시스템 개선, 발전시설 건립, 주택 마련 자금지원 프로그램 등과 같은 사업들이다. 마지막으로 자연자원 사업은 야생지 관리, 오염규제, 홍수조절 등과 관련된다. 특히 자연자원 사업은 지구 온난화 및 이상 자연현상 발생 등이 빈번히 발생하면서 그 필요성이 제기되고 있다.

7.2 비용편익분석

7.2.1 비용편익비율

비용편익분석은 비용편익비율(Benefit-Cost ratio : B/C ratio)을 분석하여 미래 프로젝트를 평가하는 방법으로서 공공투자분석에 많이 활용되고 있다. 비용편익분석은 공공분야경제에 대한 객관성을 확보하기 위해서 미국에서 처음 개발되었다. 매년 투자되는 공적 자금의 크기가 매우 크기 때문에 비용편익분석의 개념과 프로세스에 대해 정확히 이해할 필요가 있다.

비용편익비율을 공공투자의 의사결정에 사용하는 주된 이유는 이 방법의 적용이 복잡하지 않고 단순하기 때문이다. 이 비율은 공공 프로젝트를 수행하여 얻어질 수 있는 편익의 등가를 계산하고, 이를 프로젝트에 투입되는 비용의 등가로 나눈 값이다. 비용편익비율의 수식 구성은 다음과 같다.

$$\begin{aligned} \text{비용편익비율} &= \frac{\text{편익의 등가}}{\text{비용의 등가}} \\ &= \frac{\text{편익의 현재가}}{\text{비용의 현재가}} = \frac{\text{편익의 연간등가}}{\text{비용의 연간등가}} = \frac{\text{편익의 미래가}}{\text{비용의 미래가}} \\ &= \frac{\text{편익의 } P}{\text{비용의 } P} = \frac{\text{편익의 } A}{\text{비용의 } A} = \frac{\text{편익의 } F}{\text{비용의 } F} \end{aligned}$$

위에서 제시한 바와 같이 등가를 측정하는 모든 방법, 즉 현재가, 미래가, 연간등가 모두 B/C ratio를 계산하는 데 활용될 수 있다. 각 수식의 형태와 분모와 분자의 값은 다르지만 이 비율을 계산하는 데 세가지 방법의 결과는 모두 같다.

비용편익분석은 편익과 비용만이 발생하는 간단한 경우에는 이 두 요인을 활용하여 비율을 계산하지만, 공공 프로젝트가 불편익(disbenefit)을 발생시키는 경우에는 불편익을 포함하여 비율을 계산하게 된다. 불편익을 고려하는 다양한 형태가 존재할 수 있지만, 보편적으로 편익에서 불편익을 뺀 수치를 분자에 넣는 방식을 취한다.

$$\text{비용편익비율} = \frac{\text{편익} - \text{불편익}}{\text{비용}} = \frac{Benefit - Disbenefit}{Cost}$$

경제성 분석은 공공투자의 의사결정을 지원하기 위해 수행된다. 따라서 비용편익비율을 이용하는 경우에는 의사결정을 내리는 기준이 명확히 제시되어야 한다. 비용편익분석에서의 의사결정 규칙은 다음의 두 가지로 나뉘게 된다.

- 비용편익비율이 1.0보다 클 때, 의사결정은 '투자함'이 된다.
- 비용편익비율이 1.0보다 작을 때, 의사결정은 '투자하지 않음'이 된다.

비용편익비율이 1.0일 때는 순 현가가 0인 경우와 유사하다고 볼 수 있다. 즉, 의사결정을 위한 지표가 기준에 걸려 있는 상황이기 때문에, 입력 변수나 추정치에 대한 상세한 분석이 필요하고, 다른 투자 대안에 대한 고려도 필요하다. 특히, 공공투자의 의사결정에서는 비경제적인 요인을 상세히 분석하는 것이 의사결정을 내리는 데 도움이 된다.

만약, 불편익을 분자의 편익에서 차감하는 것이 아니고 분모의 비용에 부가하게 되면 비용편익비율의 값이 달라진다. 그러나 이런 경우에도 의사결정을 수행하는 1.0의 기준에 의한 결과는 같게 된다. 예를 들어, 어떤 공공투자 의사결정의 편익이 10억, 불편익이 7억, 비용이 5억이라고 할 때, 전형적인 비율 계산의 방식으로는 (10-7)/5=0.6이고, 불편익을 비용에 더하는 방식을 취하게 되면 10/(7+5)=0.83의 값을 갖게 되어 의사결정의 결과는 같게 된다.

비용편익비율은 분자와 분모 구조로 되어 있기 때문에, 이에 대한 몇 가지 다른 형태를 만들 수 있다. 특히, 비용의 구성요소를 세분화하여 수식을 구성할 수 있는데, 전통적 비용편익비율과 수정된 비용편익비율로 구분된다. 이는 앞에서 제시한 불편익을 분모에 두느냐 분자에 두느냐에 따른 수식의 변화와도 같은 맥락이다. 비용의 주요 구성요소인 초기 비용과 운영비용을 구분하여 전통적 비용편익비율과 모든 비용을 분모에 두고, 수정된 비용편익비율은 초기비용만을 분모에 두고 분자에 운영비용을 차감하는 방식으로 수식을 구성한다. 전통적 비용편익비율은 분자와 분모를 다음과 같이 정의한다.

$$\text{전통적인 B/C ratio} = \frac{\text{편익} - \text{불편익}}{\text{초기비용} + \text{운영비용}}$$

그러나 수정된 비용편익비율은 분모에 있는 모든 비용을 포함시키는 대신, 매년 발생하는 운영비용을 분자에 포함시켜 초기 비용에 대한 매년 발생하는 비용을 고려한 편익의 비율을 제시하고자 한다. 즉, 운영비용을 불편익과 같이 처리하여 분자에 포함시킨다.

$$\text{수정된 B/C ratio} = \frac{\text{편익} - \text{불편익} - \text{운영비용}}{\text{초기비용}}$$

투자 대안에 대해서 투자할지 말지에 대한 의사결정을 내릴 때는 두 가지 비율이 수치는 다를 수 있으나, 불편익의 경우와 같이 두 가지 비율이 결국 같은 결과를 얻게 된다.

예제

외래생물 퇴치를 위한 기술개발 프로젝트에 관련된 데이터는 다음과 같다. 전통적 비용편익비율과 수정된 B/C ratio 값을 구하시오(불편익은 존재하지 않음).

- 초기 개발 비용 1억
- 연간 운영 비용 5천만원
- 연간 농작물 제조업자들에 대한 편익 7천만원
- 내용 연수 이후의 잠재가치 9천만원
- 내용 연수 30년
- 이율 5%

• 전통적 비용편익비율 $= \{70,000,000\text{원}(P/A,5\%,30) + 90,000,000\text{원}(P/F,5\%,30)\}/$
$\{100,000,000\text{원} + 50,000,000\text{원}(P/A,5\%,30)\}$
$= (70,000,000\text{원} \times 15.372 + 90,000,000\text{원} \times 0.2314)/$
$(100,000,000\text{원} + 50,000,000\text{원} \times 15.327)$
$= 1.22$

• 수정된 비용편익비율 $= \{70,000,000\text{원}(P/A,5\%,30) + 90,000,000\text{원}(P/F,5\%,30)$
$- 50,000,000\text{원}(P/A,5\%,30)\}/100,000,000\text{원}$
$= (70,000,000\text{원} \times 15.372 + 90,000,000\text{원} \times 0.2314$
$- 50,000,000\text{원} \times 15.372)/100,000,000\text{원}$
$= 3.30$

두 비율의 값이 모두 의사결정 기준인 1을 초과하고 있어 투자하는 것으로 결정할 수 있다. 그러므로 두 비율은 1.22와 3.30으로 수치의 크기는 차이가 나지만, 의사결정 결과는 비율의 구성이 다르더라도 같다.

7.2.2 증분 비용편익분석

내부수익률법(IRR)에서 증분분석이 활용되는 것과 같이 증분 B/C ratio도 상호배타적인 대안들을 비교하는 데 활용될 수 있다. 다수의 투자 대안이 존재하는 경우, 증분 분석을 수행하게 되면, 가장 우수한 대안이 선택될 수 있다. 즉, 내부수익률에 대한 증분분석과 같이, 각 대안들의 B/C ratio를 단순하게 계산하여 가장 높은 값을 갖는 대안을 선택하는 것이 적절하지 않을 때 이용된다. 증분 비용편익분석을 적용하는 8단계는 다음과 같다.

단계1 : 모든 대안을 정의함

의사결정자가 선택의 대상이 되는 대안들의 집합을 먼저 정의한다. 따라서 모든 가능한 대안들을 먼저 확인하는 것이 중요하다. 의사결정 규칙이나 모델은 도출된 대안들의 집합을 고려하여 선택될 수 있기 때문이다. 비용편익비율 분석에서는 아무것도 하지 않는(A0) 대안은 항상 증분분석이 진행될 때 기본적인 대안으로 고려된다.

단계2 : 각 대안들에 대한 비용편익비율을 계산함

각 대안들의 현금흐름을 고려하여 B/C ratio를 계산한다. 각 대안들의 비용편익비율이 활용하여 이 값이 1.0을 넘지 않는 대안들은 이후의 과정을 진행하지 않도록 제외하고 1.0을 초과하는 대안들만 남기게 된다. 기본적으로 비용편익비율이 1.0을 넘지 않는 프로젝트는 투자의 가치를 지니고 있지 못하기 때문에 제외하게 된다. 따라서, 이 단계는 증분분석을 수행하기 전에 성과가 좋지 않은 대안을 사전에 제거하는 단계이다.

단계3 : 프로젝트를 순서대로 나열함

내부수익률 증분분석은 초기 비용을 활용하여 오름차순으로 대안들을 배열하고 각 대안들을 분석하게 된다. 이와 유사하게 증분 비용편익비율의 경우에도 비용편익비율의 분모를 오름차순으로 배열함으로써 대안들을 순서대로 나열한다. 따라서 먼저 비용편익비율의 분모(현재가, 미래가, 연간등가마다 다르게 계산됨)를 각 대안마다 계산하고 낮은 비용부터 높은 비용 순으로 나열한다. "아무것도 하지 않는" 대안은 항상 가장 빠른 순서에 위치시킨다.

단계4 : 증분의 대상을 선택함

첫 번째로 고려될 수 있는 증분은 "아무것도 하지 않는 대안"과 비용이 가장 낮은 첫 번째 대안에 대한 증분이다. 분석이 진행되는 과정에서 증분은 앞서 분석에 활용된 대안을 기준으로 고려한다.

단계5 : 증분 현금흐름에 대한 B/C ratio를 계산함

선택된 증분분석 대상이 되는 대안들에 대해서 증분 편익과 증분 비용을 계산한다. 두 개의 대안을 X, Y라고 한다면, 대안 X와 대안 Y에 대해서 증분 편익($\triangle B$)과 증분 비용($\triangle C$)이 결정된다. 증분은 X에서 Y로 가는 것을 표시하기 위해서 $X \rightarrow \text{Y}$로 쓰거나, Y의 현금흐름에서 X의 현금흐름을 빼는 것을 표시하기 위해서 $Y-X$로 표시할 수 있다. 두 가지 모두, 먼저 제시된 기본 대안 X(base alternative X)에 대해 대안 Y의 편익과 비용의 증분을 표시하는 형식이다. 이와 같이 도출된 $\triangle B$과 $\triangle C$ 값은 증분 B/C ratio($\triangle B/\triangle C$)값을 계산하는 데 활용된다.

단계6 : 기본 대안을 선정하기 위해 증분 B/C ratio를 활용함

증분 비용편익비율이 1.0 보다 크면 증분 결과는 증분분석의 의도에 맞는 것이라고 할 수 있다. 즉, 증분이 받아들여지게 되면, 추가된 투자와 관련된 대안($X \rightarrow Y$의 경우, Y)은 다음 증분분석을 위한 기본 대안이 될 수 있다. 만약 비용편익비율이 1.0보다 낮으면, 증분이 받아들여지지 않게 되며, 이런 경우에는 추가적인 투자와 관련된 대안은 탈락하고, 이전에 활용된 대안이 다음 증분분석을 위한 기본 대안이 된다. 즉, 기본 대안 X와 추가 대안 Y의 증분 비용편익비율이 1.0보다 낮으면 다음에 추가되는 대안 Z와 증분분석하게 되는 대상은 기본 대안 X가 된다.

단계7 : 모든 증분이 고려될 때까지 단계 4부터 단계 6까지 반복함

증분분석 과정은 단계 3에서 도출된 순위대로 모든 가능한 대안들을 평가하는 데 활용된다. 이전에 정의된 기본 대안들에 대한 부가적인 증분을 고려하여 모든 쌍에 대한 비교를 수행한다. 모든 대안들을 평가할 때까지 증분분석이 적용된다.

단계8 : 상호 배타적인 대안들로부터 최선의 대안을 선정함

증분 B/C ratio는 마지막 증분과 관련된 대안의 선택을 위해 활용된다. 이런 방식으로 하게 되면, 증분 편익의 등가 가치와 증분 비용의 등가 가치의 비율이 모두 1.0보다 크게 만드는 방식으로 최대의 투자를 할 수 있게 된다.

전통적인 비용편익비율과 수정된 비용편익비율 모두 증분 분석을 진행하는 데 활용될 수 있지만, 동일한 평가에서 두 가지 유형이 혼합하여 사용되면 안 된다. 이런 방식으로 적용하게 된다면, 순서대로 나열하는 데 영향을 줄 수 있기 때문에 결과 도출의 오류를 발생시킬 수 있다. 따라서, 분석을 시작하기 전에 전통적 비용편익비율로 할지 수정된 비용편익비율로 할지 사전에 정해놓고, 분석 중간에 변경하지 않아야 한다.

예제

정부는 전기를 충분히 공급하기 위해서 시설을 확충하고 운영하고자 한다. 이 시설을 건설 및 운영하

는 데 투입되는 주요 비용은 발전소 및 배전(distribution network) 건설비용과 유지보수 비용이다. 또한, 주요 편익은 현 전기공급자에 대한 지불비용 감소, 추가 전기 판매 매출, 일자리 창출 효과, 매각 대금(8년 후)이다. 현재 고려되고 있는 네 가지 설계 대안에 대한 비용과 편익은 아래와 같다. 이자율 7%로 8년간 운영하고, 민간에 매각하는 것을 고려하고 있을 때, 전통적인 비용편익비율을 활용한 증분분석을 통해 최적의 대안을 선정하시오.

(단위 : 억)

대안		1	2	3	4
비용	초기구축비용	38	40	46	60
	연간 유지보수비용	1.5	1.45	1.43	1.25
편익	연간 지불비용 감효과	7	6	10	10
	연간 추가전기 매출	0.025	0.035	0.05	0.08
	연간 일자리 창출효과	0.3	0.32	0.32	0.34
	매각 비용	10	14	12	15

(1) 모든 대안들에 대한 비용 및 편익의 연간등가를 계산하고 각 대안들의 비용편익비율을 계산하여 분석 대상을 선정함

대안	1	2	3	4
연간등가(비용)	7.865	8.15	9.135	11.3
연간등가(편익)	8.3	7.72	11.54	11.8825
B/C ratio	1.055	0.947	1.263	1.051

• 대안1

연간 비용 $= 38(A/P,7\%,8)+1.5 = 38\times0.1675+1.5 = 7.865$

연간 편익 $= 7+0.025+0.3+10(A/F,7\%,8) = 7.325+10\times0.0975 = 8.3$

• 대안2

연간 비용 $= 40(A/P,7\%,8)+1.45 = 40\times0.1675+1.45 = 8.15$

연간 편익 $= 6+0.035+0.32+14(A/F,7\%,8) = 6.355+14\times0.0975 = 7.72$

• 대안3

연간 비용 $= 46(A/P,7\%,8)+1.43 = 46\times0.1675+1.43 = 9.135$

연간 편익 $= 10+0.05+0.32+12(A/F,7\%,8) = 10.37+12\times0.0975 = 11.54$

- 대안4

  연간 비용 $= 60(A/P, 7\%, 8) + 1.25 = 60 \times 0.1675 + 1.25 = 11.3$

  연간 편익 $= 10 + 0.08 + 0.34 + 15(A/F, 7\%, 8) = 10.42 + 15 \times 0.0975 = 11.8825$

  대안 2의 비용편익비율의 값이 1보다 작으므로, 대안 2는 제외하고, 나머지 대안 1, 대안 3, 대안 4에 대해서 분석함.

(2) 초기비용을 기준으로 순서를 정함

대안 1, 대안 3, 대안 4의 초기 비용이 38, 46, 60이므로 대안 1, 대안 3, 대안 4로 순서를 정함.

(3) 증분 B/C ratio를 계산함

첫 번째 분석 대상은 아무것도 하지 않는 대안과 대안 1을 비교하는 것이므로, 두 대안에 대한 비용과 편익의 증분 비율을 구하면, 1.055가 된다. 따라서 다음 증분분석 대상은 대안 1이 선택된다.

$$\frac{\Delta B}{\Delta C} = \frac{7.865}{8.3} = 1.055$$

(4) 대안 선정과 증분 B/C ratio 계산을 반복함

- 대안 1과 대안 3의 증분 비용편익비율은 2.551임. 따라서 대안 1이 탈락하고, 대안 3이 다음 증분분석의 대상이 됨.

$$\frac{\Delta B}{\Delta C} = \frac{11.54 - 8.3}{9.135 - 7.865} = 2.551$$

- 대안 3과 대안 4의 증분 비용편익비율은 0.1581임. 따라서 대안 4가 탈락하고, 대안 3이 계속 남아 있게 되며, 다음 증분분석 대상이 존재하지 않으므로, 대안 3이 최종 대안으로 선정됨.

$$\frac{\Delta B}{\Delta C} = \frac{11.8825 - 11.54}{11.3 - 9.135} = 0.1581$$

7.3 조건부 가치측정법

조건부 가치측정법(contingent valuation method : CVM)은 시장에서 거래되지 않는 공공재의 가치를 측정하기 위해서 만들어진 방법론으로서 비시장재화의 가치측정을 위해서 가장 많이 활용되고 있다. 비용편익분석은 현금흐름을 기반으로 분석하기 때문에, 정확한 비용과 편익이 필요하다. 공공재의 경우, 공공 프로젝트의 결과로 발생될 수 있는 편익을 추정하기 어려운 경우가 많다. 자연휴양림이나 자전거 전용도로 구축, 학원공원화 등은 현금흐름을 추정하기 어려운 경우가 대부분이다. 이런 경우에는 현금흐름을 측정하지 않고도 경제성 분석을 수행할 수 있는 조건부 가치측정법을 활용할 수 있다. 이 방법은 설문 응답을 근거로 가치를 추정하는 방법으로서 가상의 시장을 설정하고, 여러 가지 시나리오에 따라 응답자가 대상 항목에 어느 정도의 가치를 지불할 의사가 있는지(willingness to pay: WTP) 혹은 선택할 의사가 있는지(willingness to accept : WTA)를 묻게 된다. 비용에 대한 추정은 프로젝트를 수행하는 주체가 분석에 의해 도출하는 것이고, 조건부 가치측정법은 편익을 추정하는 과정에 적용된다. 조건부 가치측정법으로 편익을 정확히 추정하기 위해서는 설문지 작성과 설문 수행과정에서 세심한 주의가 필요하다.

조건부 가치측정법을 활용하여 공공 프로젝트의 경제성 평가를 수행하는 절차는 다음과 같이 5단계로 진행된다. 1단계에서는 프로젝트 대안을 선정하고, 2단계에서는 프로젝트 대안들에 대해 내용을 정확하게 전달하고, 응답자들이 이해하기 쉽도록 시나리오를 작성한다. 사업의 목적과 기대효과를 인식시킬 수 있도록 작성하며, 사업의 시행을 위해서는 국민의 동의와 비용 지불이 필요함을 설명하도록 작성하게 된다. 3단계에서는 시나리오를 반영하여 설문지를 작성하고 보완하는 단계이며, 4단계에서는 설문을 시행하고, 5단계에서는 설문결과를 분석하여 지불의향 대푯값을 분석한다.

3단계에서 지불비용을 유도하는 방법에는 여러 가지가 있지만 양분선택형이 가장 많이 활용된다. 모집단에서 무작위로 추출된 표본의 응답자에게 공공재에 대해 정해진 특정금액을 기꺼이 낼 의사가 있는지를 예/아니오로 물어보는 형태를 취하게 된다. 양분선택형 질문유형은 한 번만 질문하는 단일경계 양분선택형과 후속질문을 한 번 더 하는 이중경계 양분선택형이 있다. 단일경계 유형은 각 금액에 동일한 수의 응답자를 배당하고, 응답자는 제시된 금액이 본인의 지불의향보다 같거나 작으면 "예"라고 하고, 높으면 "아니오"라고 답하게 된다. 이와 같이 얻은 자료를 이용하여 금액과 예라고 대답한 응답자의 비율을 분석함으로써 지불의향의 평균값을 추정하게 된다. 이중경계 유형은 응답자에게 2개의 금액을 제시하여 자신의 지불의향이 제시된 금액보다 크거나 같은지에 대해 "예" 또는 "아니오"의 응답을 요구하고, 두 번째 제시되는 금액은 첫 번째 제시된 금액에 대한 응답이 “예”이면 이보다 큰 금액을 제시하고, “아니오”면 작은 금액을 제시하여 응답자가 다시 선택하게 된다. 표 7.2에서와 같이 첫 번째 제시금액과 두 번째 제시금액을 설계할 수 있다. 만약 응답자에게 제시된 금액이 1,000원이었을 때, “예”라고 응답한다면 2,000원을 제시하고, “아니오”로 답하면 500원을 다시 제시하게 된다. 만약 “예”라고 답한 응답자가 두 번째(2,000원)에서 “아니오”라고 답을 하게 되면, 최종적으로 1,000원이 지불금액으로 결정된다.

표 7.2 조건부가치측정법의 설문 제시금액 설계 예시

첫 번째 제시금액 (X원/월)	두 번째 제시금액	
	(2X원/월)	(1/2X원/월)
1,000원	2,000원	500원
1,500원	3,000원	750원
2,000원	4,000원	1,000원

설문결과가 수집되면, 데이터를 기반으로 하여 확률모델을 이용하여 효용함수를 추정하고, 지불의향의 대푯값을 분석하게 된다. 효용함수의 추정의 과정을 설명하는 것은 교재의 범위를 벗어나기 때문에 본 교재에서는 제외하기로 한다. 이와 같이 도출된 가치는 1인 혹은 1가구에 해당하는 가치이기 때문에, 이를 전체 가치로 환산하기 위해서는 지불의향의 대푯값에 개체수를 곱해주어 최종 가치의 값을 도출하게 된다.

예제

스마트그리드 기술개발 프로젝트에 대한 평가를 위해서 조건부 가치측정법을 활용하고자 한다. 1,000가구에 지불의사 및 지불금액을 설문하여 지불의사금액을 도출한 결과 다음과 같은 결과를 얻었다. 이 프로젝트에 대한 경제적 가치를 계산하시오.

- 본조사 : 1,000가구, 지불의향자 : 650가구, 지불거부자 : 350가구
- 지불의향자의 가구당 WTP#이 2,000원으로 추정(연간금액이 아닌 총 지불금액으로 계산함)

해답

- 가구당 WTP = 가구당 WTP# × 지불의향자의 비율 = 2,000 × 650/1,000 = 1,300원/가구당
- 가구 수를 15,000,000으로 가정할 때, 최종적인 본 프로젝트의 가치는,
  1,300원 × 15,000,000 = 19,500,000,000원임.

7.4 사회적 할인율

공공 분야에서의 경제성 분석에 활용되는 할인율 도출 과정에는 민간 기업의 투자에서는 볼 수 없는 다양한 요인이 고려된다. 민간분야에서의 궁극적인 목적은 부의 최대화이고, 프로젝트 평가에 있어 활용되는 할인율은 이러한 목적에 부합해야 한다. 이 경우에는 할인율을 결정할 때 기회비용이나 자본비용의 관점을 주로 고려하게 된다. 반면, 공공 투자의 경우에는 그 목적이 복지 증진과 이익을 얻는 사람들에 대한 편익을 증대하는 측면에서 공공 자원을 활용하는 것이기 때문에 할인율은 이러한 방향으로 설정되어야 한다. 따라서 대부분의 사회적 할인율은 민간 기업의 할인율보다 공익을 우선시한다는 측면에서 낮게 책정될 수 있다. 몇 가지 관점에서 사회적 할인율을 바라보는 시각을 정리하면 다음과 같다.

(1) 돈의 시간적 가치 비존재 관점

정부의 입장에서는 돈은 세금을 통해서 얻어지는 것이고 얻어진 후 빠르게 소비된다. 세납자로부터 세금을 걷어들이고 이를 지출하는 데까지 걸리는 시간의 지연이 거의 없다고 보아야 한다. 세금의 수납과 지출이 연중에 지속적으로 이뤄지기 때문에 수납과 지출 사이의 시간적 차이가 거의 없거나 아예 없다고 생각하는 사람들이 많다. 이러한 관점에서 공공 프로젝트의 경제성 분석에 대한 할인율을 0%로 하자는 주장이 제기되고 있다.

(2) 자본 비용 관점

공공투자에서 할인율을 결정하는 두 번째 관점은 세금 이외에 자본 지출을 위해 정부가 돈을 빌리는 경우를 고려한다. 특정 프로젝트를 수행하기 위해서 돈을 빌릴 경우 대출 비용과 같은 할인율을 사용하게 된다.

(3) 기회비용 관점

특정 투자를 실행함에 따라 사라진 기회와 관련된 기회비용은 공공투자의 경제성 분석에서 정부의 기회비용과 납세자의 기회비용 두 가지로 고려될 수 있다. 공공투자의 의사결정의 경우, 할인율이 정부 기관에 대한 기회비용에 기반한다면, 이런 경우에 할인율은 가장 전망이 좋은 프로젝트의 이자율로 정해진다. 공공 투자에 사용되는 자금이 보통 세금을 통해서 걷어진 것이라는 관점에서는 납세자의 기회비용 측면이 고려된다. 정확한 할인율은 만약 정부가 세금을 통해서 돈을 거둬들이지 않았다면, 납세자가 얻을 수 있었던 이자율로 결정된다. 기본적으로 정부가 세금을 통해서 납세자의 기회비용을 가져가는 것으로 생각한다.

여러 가지 할인율을 결정하는 관점으로부터 할인율을 설정하는 방법은 앞에서 제시한 자본비용, 정부기회비용, 납세자기회비용 중 가장 높은 값으로 설정하는 것이다. 그러나 모든 결정 상황에 적용할 수 있는 단일한 방법이 존재하는 것이 아니고, 공공 프로젝트를 수행하는 정부기관마다 판단에 의해서 결정될 때가 많다. 표 7.3은 공공투자사업에서 활용되는 사회적 할인율을 정리한 것이다.

표 7.3 공공투자 사업의 사회적 할인율 적용 기준

구분	국가재정법의 예비타당성 조사	지방재정법의 타당성 조사	사회기반시설 민간투자법의 적격성조사	건설기준 진흥법의 타당성조사	행정규제 기본법의 타당성조사	서울시 투융자 심사제도
사회적 할인율	5.5%	5.5%	5.5%	조사기관별 다르게 적용	5.5% 또는 조사기관별 적용	5.5%
조사 기관	KDI 공공투자 관리센터	한국지방 행정연구원 지방투자사업 관리센터	KDI 공공투자관리 센터	연구소/ 엔지니어업체/ 회계법인 등	KDI 규제영향센터/ 개별부처	서울연구원의 서울공공투자 관리센터

연습문제

01 민간투자와 공공투자의 의사결정 목적이 어떻게 다른지 비교하시오.

02 공공투자 프로젝트의 유형을 제시하고, 그 특성을 설명하시오.

03 불편익(disbenefit)과 비용(cost)의 차이점은 무엇인지 설명하시오.

04 사회적 할인율을 결정하는 데 있어서 대안들을 설명하고, 이 값을 어떻게 설정하면 되는지 제안하시오.

05 비용-편익비율 분석에서 현재가, 미래가, 연간등가의 기준으로 계산하였을 때, 그 값이 모두 같게 나오는 이유에 대해서 설명하시오.

06 전통적 비용-편익비율과 수정된 비용-편익비율의 근본적인 차이가 무엇인지 설명하시오.

07 다음과 같은 투자 기회가 있을 때 비용편익비율을 구하시오(이자율은 7%로 정함).
초기 투자비용 : 1억
1년 말의 추가 비용 : 1억 5천만원
1년 말 편익 : 0
2년부터 10년 말까지 연간 편익 : 2천만원

08 경부고속도로의 교통체증을 낮추기 위한 공공 프로젝트의 비용편익비율은 1.4이다. (편익-불편익)의 연간등가는 5억 6천만원으로 계산되었다. 이자율은 매년 6%이고, 프로젝트가 20년의 연한을 지니고 있다고 할 때, 프로젝트의 초기 비용은 얼마인가?

09 정부는 4개의 댐 건설 설계 대안을 고려하고 있다. 대안들에 대한 비용 및 편익의 정보가 다음과 같을 때 비용편익비율을 활용하여 최선의 대안을 선정하시오(이자율 8%, 내용 연수 30년).
B/C ratio = EW(순 편익)/{EW(초기 비용) + EW(유지보수비용)} (단위 : 만원)

대안	A	B	C	D
초기 비용	9,500	12,500	14,000	15,750
연간편익	1,850	1,350	2,500	1,800
연간유지보수비용	550	175	325	145
잔재가치	1,000	6,000	3,500	7,500

3 section

투자 대안의 경제성 분석과 의사결정

제8장 불확실성을 고려한 경제성 분석

8.1 불확실성과 위험

8.2 확률의 개념을 사용하지 않는 분석방법

8.3 몬테카를로 시뮬레이션을 이용한 현금흐름분석

학습내용

이제까지 공학프로젝트의 경제성 평가를 위해 소개한 현금흐름분석은 분석에 필요한 모든 현금흐름의 추정치나 이자율 등이 확실한 값들로 추정 가능하며 다른 값을 가질 가능성은 없다고 가정하고 있다. 그러나 이러한 가정은 분석을 쉽게 하기 위한 방편일 뿐 실제 현실에서는 그렇지 않은 경우가 많다.

이 장에서는 현금흐름의 추정을 어렵게 하는 여러 가지 불확실성 요소를 감안하여 각 대안의 위험을 평가하는 전통적 분석방법을 소개한다. 또한 불확실성에 대한 확률적 접근법으로 컴퓨터 시뮬레이션을 이용하는 방법을 소개한다. 이 장은 기본적인 확률과 분포의 개념을 알고 있어야 이해할 수 있는 내용이 일부 포함되어 있다.

학습목표

1) 경제성 분석에 있어서 불확실성을 고려하는 것이 타당한지 아닌지를 판단할 수 있다.
2) 경제성 분석에 있어서 불확실성을 고려하여 의사결정사항에 대한 민감도분석을 할 수 있다.
3) 경제성 분석에 있어서 불확실성을 고려하여 의사결정에 대한 시나리오분석을 활용할 수 있다.
4) 경제성 분석에 있어서 불확실성을 고려하여 시뮬레이션을 활용할 수 있다.

제8장 불확실성을 고려한 경제성 분석

8.1 불확실성과 위험

지금까지 앞에서 다룬 현금흐름분석 방법들은 대부분 확정적 모형을 가정한 분석방법들이다. 즉, 각 시점에서 발생하는 수입과 지출을 포함한 현금흐름의 입력 자료들은 모두 각각 하나의 값으로 추정 가능할 뿐만 아니라 이 값들은 불변의 정해진 값들이라고 가정하고 분석을 수행한다. 이미 시행된 사업에 대한 사후평가나 감사의 목적으로 과거의 현금흐름을 분석하는 경우에는 확정된 데이터가 있으므로 이러한 가정이 타당할 수 있다. 그러나 제안된 투자안의 경제적 가치를 평가하는 경우처럼 미래의 현금흐름을 추정하여 분석하고자 할 때에는 이 가정은 정당성을 갖기 어렵다. 또한 현금흐름뿐만 아니라 각 기간에서의 이자율이나 인플레이션율, 또는 설비의 수명이나 잔존가치 등 분석에 필요한 모든 수치가 확정적인 값인 것으로 가정되어 분석이 이루어지는 점을 고려하면 분석의 타당성은 더욱 떨어질 수밖에 없다.

이와 같은 분석방법들이 여전히 현실에서 가장 널리 사용되고 있는 이유는 무엇보다도 앞서 1.3절에서 언급한 취급의 용이성(tractability), 즉 다루기 편하다는 이점 때문이다. 그러나 실제로 미래의 현금흐름을 정확히 예측한다는 것은 불가능하므로 현실성(realism) 측면에서 보면 분석의 신뢰도가 많이 떨어지는 문제점이 발생한다. 예를 들면, 기존 제품에 대한 소비자들의 불만을 충족시켜 줄 수 있는 신기술을 개발하여 기존제품을 업그레이드하는 방안이 경제적 타당성이 있는지 분석하고자 하는 경우, 신기술 개발에 얼마만 한 돈이 들지, 기술개발을 통해 업그레이드된 제품이 출시된다면 얼마만 한 수익이 발생할 수 있을지 아무도 100% 정확한 추정치를 제공할 수 없다. 기술개발 및 신제품 출시와 관련된 미래의 현금흐름은 개발비용 및 기간, 시장의 크기, 판매가격, 원자재의 가격, 시장의 경쟁 상황, 정부의 규제 등 지금은 정확히 알 수 없는 무수히 많은 불확실한 요소들에 의해 결정되기 때문이다.

분석모형에 불확실성(uncertainty)이 개입되는 이유는 크게 두 가지를 들 수 있다. 첫째는 현금흐름이나 인플레이션율 등에 영향을 미치는 요소들은 수없이 많지만 분석에 필요한 값을 추정할 때에는 그중 중요한 영향을 미친다고 생각되는 몇 가지만을 고려하여 추정할 수밖에 없고, 따라서 고려되지 못한 요소들의 영향은 불확실성으로 남게 된다는 점이다. 둘째는 추정에 고려된 요소들에 대해서조차 정확한 추정을 위한 완벽한 정보를 얻는 것이 불가능하고, 설사 정보를 얻는다 하더라도 우리가 통제할 수 없는 고유의 가변성(variability)은 늘 어느 정도 존재하므로 불확실성을 완전히 배제시킬 수 없다는 점이다. 이와 같은 두 가지 이유 때문에 우리가 경제성 분석에서 추정하여 사용하는 모든 현금흐름은 필연적으로 불확실성을 내포할 수밖에 없다.

그렇다고 모든 경제성 분석에서 불확실성이 언제나 문제가 되는 것은 아니다. 분석의 목적상 문제의 중요도가 그다지 높지 않아 불확실성에 따른 어느 정도의 오차가 발생하더라도 큰 문제가 안 되는 경우도 있을 수 있고, 대안 간의 차이가 워낙 현격하여 불확실성으로 인해 잘못된 의사결정을 할 가능성이 매우 낮은 경우도 있을 수 있기 때문이다. 다시 말해 불확실성 자체보다는 불확실성으로 인해 초래되는 의사결정 상황의 위험(risk)이 얼마나 큰가 하는 것이 더 중요하다.

일반적으로 주어진 의사결정 상황에서 어떤 대안을 선택할 경우 위험이 따른다는 말은 불확실성으로 인해 그 대안을 선택한 결과가 어떻게 될지 알 수 없음을 의미한다. 예를 들어, 성공하기만 한다면 큰 수익을 가져다줄 수 있지만 실패하면 투자한 돈을 모두 잃을 가능성이 있는 기술투자에 많은 자금을 투자하는 경우, 기술개발의 성공가능성이 매우 불확실하다면 이 투자의 위험은 아주 높다고 말할 수 있다. 반면에 성공가능성이 거의 100% 확실하다면 투자의 위험이 높다고 말하지 않는다. 마찬가지로 가지고 있는 돈을 비교적 안전한, 그러나 수익은 높지 않은 은행 정기예금에 모두 예치한다면 투자위험은 거의 없다고 볼 수 있다. 이와 같이 투자 대안의 위험은 불확실성이 얼마나 높은지, 그리고 대안 선택의 결과가 얼마나 심각한 결과를 가져올 수 있는지의 두 요소에 따라 그 크기가 결정된다고 할 수 있다.

경제성 분석의 관점에서 보면, 투자 대안의 위험은 현금흐름의 불확실성으로 인해 순현가나 연간등가, 또는 내부수익률 등으로 평가한 가치가 달라질 수 있는 상황을 말한다. 따라서 예를 들어 모든 투자의사결정에 MARR 10%를 적용하고 있는 기업에서 막대한 자본이 투입되어야 하는 어떤 대안에 대해 경제성을 평가해 본 결과, 내부수익률이 현금흐름의 불확실성 때문에 운이 좋으면 최고 25%도 될 수 있고 운이 나쁘면 최저 -10%도 될 수 있다고 판단한다면 이 투자 대안은 매우 위험이 높은 대안이라 할 수 있다. 반면에 내부수익률이 0%에 가까울 것이 거의 확실한 대안이 만약 있다면 이 대안은 좋지 못한 대안일 뿐 위험이 높은 대안은 아니다.

여러 대안들에 대한 경제성 분석을 통해 합리적인 의사결정을 하고자 한다면, 각 대안의 가치를 올바로 평가하기 위해 각 대안이 갖는 위험의 크기를 정확히 평가할 필요가 있다. 이 장에서는 투자 대안의 위험을 평가하는 방법으로 복잡한 확률모형을 사용하지 않는 전통적 방법 몇 가지와 확률분포의 개념과 함께 컴퓨터 시뮬레이션을 이용하는 방법을 간략히 소개한다.

8.2 확률의 개념을 사용하지 않는 분석방법

현금흐름의 불확실성으로 인한 투자 대안의 위험 크기를 가늠해 보기 위해 사용하는 전통적인 방법들로 분기점 분석, 민감도 분석, 그리고 시나리오 분석이 있다. 이 방법들은 모두 어려운 확률의 개념을 빌리지 않고도 어느 정도 대안선택에 따르는 위험을 평가해 볼 수 있는 방법이기 때문에 현장에서 많이 활용된다.

분기점 분석(break-even analysis)은 엄밀히 말해 위험의 크기를 평가해 보는 방법은 아니지만, 투자 대안들의 경제적 가치가 불확실성이 높은 어느 한 값에 의해 결정된다고 볼 수 있을 때, 그 값을 변수로 놓고 각 대안들의 경제적 가치를 그 변수의 함수로 취급하여 분석하는 방법이다. 변수의 값에 따라 바람직한 대안이 어떻게 달라지는지를 파악하여 의사결정에 활용한다.

민감도 분석(sensitivity analysis)은 확정적 모형으로 분석을 한 후, 분석모형에 사용된 여러 입력 자료의 값들이 혹시 다른 값을 갖는 경우에도 선택된 대안이 여전히 최적인지를 평가하는 모든 분석방법들을 통칭하는 용어로 쓰인다. 경제성 분석의 경우, 미래의 현금흐름을 일단 '가장 그럴듯한(best guess)' 추정치들을 사용하여 확정적인 값이라 가정하고 분석한 후, 불확실성이 높은 일부 값들에 대해 그 값들이 변할 수 있는 범주 안에서 각 대안의 가치가 어떻게 달라지는지를 파악하여 의사결정에 활용한다.

끝으로 시나리오 분석(scenario analysis)은 여러 가지 불확실성을 감안하여 미래에 전개될 수 있는 가능한 시나리오 몇 가지를 설정한 다음, 각 시나리오별로 그 시나리오가 참일 경우 발생할 현금흐름을 가정하여 대안의 가치를 파악하고 이것들을 비교해 의사결정에 활용하는 방법이다. 영어권에서는 다른 이름으로 'what-if analysis'라고도 한다. 경제성 분석에 가장 많이 쓰이는 시나리오분석 방법은 '가장 낙관적인(best-case)' 시나리오와 '가장 비관적인(worst-case)' 시나리오 두 가지에 대해 순현가 등의 등가를 계산한 후 '가장 그럴듯한(most-likely-case)' 시나리오의 등가와 비교하는 것이다. 이러한 세 가지 시나리오를 비교해 봄으로써 대안 선택에 따른 위험의 크기를 평가할 수 있고 이를 바탕으로 적절한 의사결정을 할 수 있다.

8.2.1 분기점 분석

투자 대안들의 비용을 공통변수에 의한 함수로 나타낼 수 있을 때, 두 대안의 비용이 같아지는 변수 값이 존재하게 되는데, 이를 비용의 분기점(break-even point)이라 한다. 예를 들면, 어떤 제품을 생산하는 설비를 구입하려고 하는 사업가가 완전 자동화된 고가의 최신 설비 A와 수동으로 가동되는 설비 B 중 하나를 구입하려 한다고 가정하자. 당연히 설비 A는 초기 구입비가 많이 드는 대신, 자동화되어 인력이 소요되지 않으므로 운영비가 적게 든다. 반면 설비 B는 초기 투자가 적은 대신 운영비가 많이 들게 된다. 따라서 오랜 기간 사용할 것으로 예상되면 설비 A를 구입하는 것이 유리하나, 사용기간이 짧은 경우에는 설비 B가 더 경제적이므로, 두 설비 중 어느 것을 선택하느냐 하는 문제는 설비의 사용시간에 의해 결정된다. 이때 두 설비 중 어느 것을 구입하여도 전체 사용 비용이 같게 되는 설비의 사용시간이 설비 구입을 결정하는 분기점이 된다.

만약 두 투자 대안에 영향을 주는 공통변수를 x라 하고(상기의 예에서는 설비의 사용시간), 투자 대안 $A1$과 $A2$의 단위 기간당 혹은 단위제품당의 총비용을 각각 $TC(x)_{A1}$과 $TC(x)_{A2}$라고 하자. 또 공통변수와 총비용 사이에는

$$TC(x)_{A1} = f_1(x) \text{와 } TC(x)_{A2} = f_2(x) \tag{6.1}$$

의 관계가 성립된다고 하자. 이 경우 두 투자 대안의 분기점은 $TC(x)_{A1} = TC(x)_{A2}$를 만족시키는 x값이 되므로

$$f_1(x) = f_2(x)$$

으로부터 구할 수 있게 된다. 이와 매우 유사한 개념으로 이미 2.1.1절에서 손익분기점의 개념을 소개한 바 있다. 분기점 분석의 개념을 다음의 예제를 통해 설명해 보자.

예제

어느 자치구에서 배수로에 설치할 150마력(단, 1마력 = 0.7457Kw)짜리 모터를 구입하고자 한다. 모터 A의 구입비용은 450만원이며, 운전효율은 83%의 성능을 가지고 있다. 모터 B의 경우, 구입비용은 360만원으로 다소 낮으나, 운전효율은 80%에 머무르고 있다. 두 모터 모두 수명은 10년이며, 잔존가치는 무시할 만하다. 연간 유지보수비는 구입가의 15%이며, 전기료는 50원/kw-hour이다. 이 자치구에서 고려하는 설비 투자에 대한 MARR이 6%일 경우, 어떠한 모터를 구입하는 것이 더 경제적인가?

해답 이러한 문제의 경우, 연간 양수장치의 가동시간이 대안의 결정을 위한 변수가 된다. 즉 모터 A를 구입하여 연간 H시간 가동할 경우의 연간 총비용 $TC(H)_A$는 전동펌프 구매에 따른 자본회수비용($CR(i)_A$)과 연간 유지비용(C_M) 및 가동시간에 따른 전기비용으로 나타낼 수 있다.

$$TC(H)_A = CR(i)_A + C_M + C_P \times H \tag{6.2}$$

여기서 C_P는 시간당 전기요금을 나타내며, 모터 A의 구입에 따른 자본회수비용은 다음의 식으로부터 구할 수 있다.

$$CR(6\%)_A = 4,500,000(A/P,6\%,10) = 4,500,000(0.1359) = 611,550\text{원}$$

연간유지보수비 및 가동시간에 따른 전기비용은 각각

$$C_M = 4,500,000 \times 0.15 = 675,000\text{원}$$

$$C_P = 150(hp) \times 0.7457(kw/hp) \times H(hours/year) \times 50(\text{원}/kwh) \div 0.83$$
$$= 6,738.3$$

으로 주어진다. 따라서 주어진 값을 대입하면, 모터 A 구입 시의 총 연간 비용은

$$TC(H)_A = 1,286,550 + 6,738H$$

이다. 한편 모터 B 구입에 따른 자본회수비용은

$$CR(6\%)_B = 3,600,000(A/P,6\%,10) = 3,600,000(0.1359) = 489,240\text{원}$$

이고, 연간유지보수비 및 가동시간에 따른 전기비용은 각각

$$C_M = 3,600,000 \times 0.15 = 540,000\text{원}$$

$$C_P = 150(hp) \times 0.7457(kw/hp) \times H(hours/year) \times 50(\text{원}/kwh) \div 0.8$$
$$= 6,990.9$$

이므로, 모터 B 구입 시의 총 연간 비용은

$$TC(H)_B = 1,029,240 + 6,990.9 \times H$$

가 된다. 따라서 두 대안의 비용이 같아지는 가동시간의 분기점 H는

$$TC(H)_A = TC(H)_B$$

로부터 $H = 1{,}018$시간임을 알 수 있다. 두 대안에 대하여 양수장치의 가동시간에 따른 연간 총 비용을 그래프로 나타내면 그림 8.1과 같다.

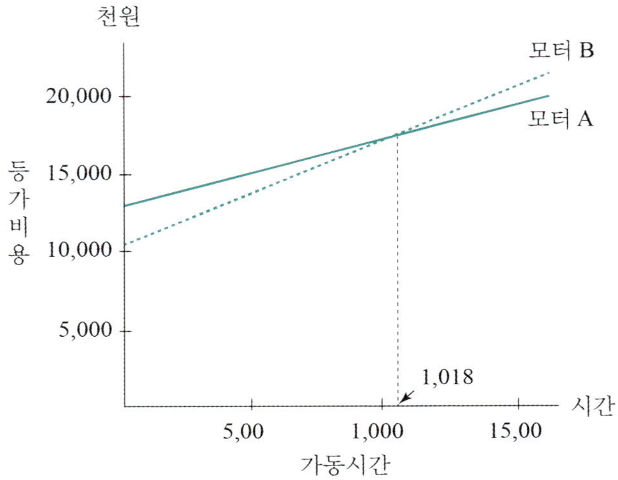

그림 8.1 연간 모터 가동시간에 따른 연간등가비용

즉, 그림에서 알 수 있듯이 연간 양수장치의 가동시간이 1,018시간 이하가 될 것으로 예상되면 모터 B가 경제적이나 그 이상의 가동시간이 예상되면 모터 A의 구입이 더 경제적이다. 이 경우 양수기를 설치하려고 하는 지역의 연간 강우량 등에 관한 과거의 기상자료를 참고하여 가동시간 H에 대한 불확실성을 더 줄이거나 명확히 할 수 있다면 더 신뢰할 수 있는 의사결정을 할 수 있을 것이다.

8.2.2 민감도 분석

자본의 투자와 이에 따른 예상 현금흐름, 투자기간, 기간 중의 이율 등 미래에 발생되는 값들은 실제로는 추정치이므로 항상 변화될 수 있는 수치이다. 이는 투자 등과 같은 경제활동은 인간에 의하여 이루어지는 것이므로 공학법칙과는 다르게 항상 변화될 수 있는 특징을 가지고 있기 때문이다. 따라서 이러한 예상 변수 값들의 변화가 투자 대안들의 경제성에 미치는 영향을 검토해 볼 필요가 있으며, 이러한 분석을 민감도 분석(sensitivity analysis)이라고 한다.

한 예로써 지금 800만원을 투자하면 향후 10년 동안 매년 150만원의 수익이 기대되는 투자 안이 제시되었으며 이 기간 중의 이율은 10%로 추정된다고 하자. 이 경우의 현가는 다음의 식으로부터 계산된다.

$$P(i) = -8,000,000 + 1,500,000(P/A, i, n) = -8,000,000 + 1,500,000(6.1446)$$
$$= 1,217,000$$

이러한 투자에서 향후 10년간 계속 투자된 사업이 유지될 수 있는지의 여부, 지속적으로 연간 150만원의 이익이 보장될 것인지의 여부 및 투자 기간 동안의 이율이 10%로 계속 유지될 것인지의 여부 등은 모두 미래의 예측치로서 불확실한 변수들이다. 따라서 투자기간 n, 연간수익 A 및 이율 i 등이 변화될 수 있고 이에 따라 이들로부터 계산되는 현가 P가 달라진다. 만약 A와 n의 값이 각각 150만원과 10년으로 정확한 반면, 이율 i가 변할 수 있다고 가정하면 상기의 식으로부터 이율의 변화에 따른 현가의 변화를 계산할 수 있다. 표 8.1에는 이율이 추정치 10%를 기준으로 ±30% 변화함에 따른 현가의 변화를 나타내었다. 마찬가지로 예상수익 A의 변화에 따른 현가 변화와 투자기간 n의 변화에 따른 현가 변화를 각각 표 8.2와 표 8.3에 나타내었다.

표 8.1 i 의 변화에 따른 현가의 변화

i(%)	이율변동	P(천원)	현가변동
7	-30%	2,535	+108%
8	-20%	2,065	+70%
9	-10%	1,627	+34%
10	0%	1,217	0%
11	10%	834	-31%
12	20%	475	-61%
13	30%	139	-89%

표 8.2 A의 변화에 따른 현가 변화 추이

A(천원)	연간등가변동	P(천원)	현가변동
1,050	-30%	-1,548	-227%
1,200	-20%	-626	-151%
1,350	-10%	295	-76%
1,500	0	1,217	0%
1,650	10%	2,139	+76%
1,800	20%	3,060	+151%
1,950	30%	3,982	+227%

표 8.3 기간(n)의 변화에 따른 현가 변화 추이

기간(년)	기간변동	P(천원)	현가변동
7	-30%	-697	-157%
8	-20%	2	-100%
9	-10%	639	-48%
10	0%	1,217	0%
11	10%	1,743	+43%
12	20%	2,221	+82%
13	30%	2,655	+118%

이 표들로부터, 현가가 양의 값을 갖기 위해서는 이율의 변화가 추정치의 +30%(즉 $i=13\%$) 이내거나, 투자의 지속기간이 추정치의 -20%인 8년 이상, 연간 수익은 추정치의 -10%인 135만원 이상 유지되어야 함을 알 수 있다. 즉 연간 수익의 경우 현재 추정치는 150만원이나 경제 상황의 변화로 연간 예상 수익이 135만원까지 줄어들어도 투자의 타당성이 보장되고 있음을 알 수 있으며(이율 및 투자기간이 변하지 않을 경우), 이율 및 투자기간의 변화에 대하여도 유사한 해석을 할 수 있다. 또한 현가에 영향을 미치는 세 가지 변수 중 연간수익의 변화가 현가에 미치는 영향이 가장 큼을 알 수 있으므로, 이러한 투자를 계획하는 경우에는 연간 수익의 추정에 따른 불확실성이 좀 더 줄어들거나 위험의 성격이 명확해지도록 노력할 필요가 있다. 이와 같이 민감도 분석을 실시할 경우, 투자 의사결정의 정확도를 높이는 데에 많은 도움을 받을 수 있으며 투자된 사업의 운영을 위한 지침을 결정하는 데에도 참고자료가 된다. 확정적 모형에 기초하여 사업을 위한 투자계획을 작성할 때에 이러한 민감도 분석을 함께 실시하는 이유가 거기에 있다.

8.2.3 시나리오 분석

분기점 분석이나 민감도 분석은 다른 변수들의 불확실성은 없다고 가정하고 한두 개의 변수가 투자 대안의 가치에 미치는 영향만을 파악하고자 할 때 유용하게 사용할 수 있는 방법들이다. 그러나 여러 개의 불확실한 변수가 동시에 현금흐름의 현가에 어떤 영향을 미치는지 파악하고자 할 때에는 이런 방법들을 사용하는 데에는 한계가 있다. 더욱이 이 변수들이 서로 연관성을 갖고 종속적일 경우 변수들과 현가의 관계는 더욱 복잡해진다. 이러한 경우에 많이 사용되는 방법이 시나리오 분석(scenario analysis)이다. 불확실성이 있는 핵심변수들에 대해 각 변수가 가질 수 있는

값의 범위를 결정한 다음 '가장 낙관적인(best-case)' 시나리오와 '가장 비관적인(worst-case)' 시나리오대로 일이 진행될 경우의 현금흐름을 각각 추정하고 이를 '가장 그럴듯한(most-likely-case)' 또는 '기본(base-case)' 시나리오의 현금흐름과 비교하는 방법이 가장 일반적인 방법이다.

예를 들어 어떤 기업에서 기술개발 투자를 통해 기존제품을 업그레이드하여 시장에 출시하는 방안에 대한 경제적 타당성을 검토하고자 하는데, 기술개발비가 어느 정도 들어갈지, 그에 따라 제품의 가격은 어느 정도로 책정되게 될지, 소비자의 반응에 따라 판매량은 얼마가 될지, 제품 생산 및 판매 등에 소요되는 개당 변동비와 고정비는 얼마가 될지에 따라 현금흐름이 달라질 수 있다고 판단하고 이에 대한 여러 가지 검토를 통해 다음 표 8.4와 같이 추정하였다 하자. 또 기술개발 및 생산시스템 수정에 필요한 시간은 향후 1년 정도이고 업그레이드된 제품의 판매는 그 후 3년 정도 가능한 것으로 보고 있으며 MARR은 10%를 적용한다고 하자. 이 예의 경우, 개발비 및 제품의 가격과 생산비용은 물론 제품 판매량 등의 불확실성을 동시에 고려했을 때 투자의 위험은 어느 정도인가를 분석하려면 민감도 분석보다 시나리오 분석이 더 적절할 수 있다.

표 8.4 **제품 업그레이드에 따른 세 가지 시나리오**

고려해야 할 변수	비관적 시나리오	가장 그럴듯한 시나리오	낙관적 시나리오
개발비(천원)	300,000	200,000	150,000
제품 가격(천원)	210	200	190
제품 개당 변동비(천원)	150	130	110
연간 고정비(천원)	550,000	500,000	450,000
연간 판매량(개)	10,000	15,000	25,000

우선 가장 그럴듯한 시나리오대로 앞으로의 상황이 전개된다고 가정할 경우, 첫해 200,000천원을 투자한 다음, 2차년도부터 3년간 매년 발생되는 순현금흐름은 (제품가격)×(판매량)−{(변동비)×(판매량)+(고정비)}이므로, 현가는

$$P(10\%)_{base} = [-200,000 + \{200 \times 15,000 - 130 \times 15,000 - 500,000\}(P/A, 10\%, 3)]$$
$$(P/F, 10\%, 1)$$
$$= [-200,000 + 550,000 \times 2.4869] \times 0.9091$$
$$= 1,061,642\text{천원}$$

이 되어 10억 원 이상의 가치를 갖는 괜찮은 투자로 보인다. 그러나 비관적 시나리오대로 상황이 전개되면 이때의 현가는

$$\begin{aligned} P(10\%)_{worst} &= [-300,000+\{210\times 10,000-150\times 10,000-550,000\}(P/A,10\%,3)] \\ &\quad (P/F,10\%,1) \\ &= [-300,000+50,000\times 2.4869]\times 0.9091 \\ &= -159,670\text{천원} \end{aligned}$$

으로 음의 값을 갖게 된다. 또 낙관적 시나리오대로 상황이 전개되면 현가는

$$\begin{aligned} P(10\%)_{best} &= [-150,000+\{190\times 25,000-110\times 25,000-450,000\}(P/A,10\%,3)] \\ &\quad (P/F,10\%,1) \\ &= [-150,000+150,000\times 2.4869]\times 0.9091 \\ &= 33,679,382\text{천원} \end{aligned}$$

이 되어 큰 이익을 볼 수 있는 것으로 나타나므로 편차가 매우 커서 투자의 위험이 아주 크다는 것을 알 수 있다. 물론 시나리오 분석에서 얻은 양 극단의 현금흐름은 실제로 발생할 가능성이 별로 없다고 볼 수 있다. 일반적으로는 그 사이에 해당하는 현금흐름과 현가를 갖게 될 것이라고 예측할 수 있으나 시나리오 분석만으로는 이에 대한 자세한 정보를 얻기 어렵다. 다음 절에 소개할 몬테카를로 시뮬레이션을 이용하는 방법은 시나리오 분석의 이와 같은 단점을 보완할 수 있는 방법으로 확률분포의 개념을 적용하여 훨씬 풍부하고 유용한 정보를 얻을 수 있는 방법이다.

8.3 몬테카를로 시뮬레이션을 이용한 현금흐름분석

이 절에서는 몬테카를로 시뮬레이션은 무엇인지 간략히 소개하고, 이 시뮬레이션 기법을 현금흐름분석에 적용하여 투자 대안의 위험을 파악하는 방법을 소개한다. 이 방법은 현금흐름의 여러 불확실성 요소들을 확률변수(즉, 어떤 값이 될지는 정확히 알 수 없으나 확률의 법칙에 따라 변하는 값)들이라고 가정하고, 이러한 확률변수들의 함수로 표현되는 현금흐름의 현가는 어떤 확률분포를 따르는지 컴퓨터시뮬레이션을 통해 근사적으로 도출하는 방법이다. 이 방법을 제대로 이해하려면 확률변수와 확률분포의 개념 등 확률통계의 기본 이론을 알아야 하므로 이에 대한 기초지식이 없는 독자는 이 절을 생략하고 넘어가도 좋다. 그러나 최소한의 기본지식만으로도 이해할 수 있도록, 이론적 설명을 최소화하고 널리 쓰이는 몬테카를로 시뮬레이션 소프트웨어를 활용하는 방법만 앞에서 든 예를 통해 간단히 보여주고자 한다.

8.3.1 몬테카를로 시뮬레이션

몬테카를로 시뮬레이션(Monte Carlo simulation)은 컴퓨터의 난수발생(random number generation) 기능을 이용하여 불확실한 변수들에 대한 표본 값들을 무작위로 추출하는 방식으로 많은 수의 시나리오를 만들어 내어 이를 시스템의 분석에 사용하는 기법이다. 예를 들어 현실에서 주사위를 만 번 던져 어떤 숫자가 나오는지를 관찰하는 실험은 많은 시간이 걸리고 실험방법에 따라 의도치 않은 편의(bias)가 발생할 수 있지만, 몬테카를로 표본추출(Monte Carlo sampling) 방법을 사용하면 동전의 앞면이 나올 확률이 일정하게(이를테면 50%) 되도록 적은 시간 내에 만 번의 값을 추출하여 표본을 만들 수 있다. 이렇게 만들어진 표본은 무작위로 추출된 값이지만 실제로 앞면이 나온 비율을 살펴보면 50%에 매우 가깝게 되도록 컴퓨터가 결과를 만들어 낸다는 뜻이다. 실제로 이런 방식의 표본추출법은 어떤 형태의 확률분포에도 다 적용할 수 있기 때문에 여러 가지 불확실한 변수들에 의해 결정되는 복잡한 시스템의 확률적 성질을 결정하는 데에 매우 유용하게 활용할 수 있다.

몬테카를로 시뮬레이션이 적용되는 상황을 간단한 예를 통해 설명해 보자. 어떤 사람이 자신의 승용차를 향후 일 년간 운행하는 데 소요되는 비용을 추정해 보기 위해 다음과 같은 비용의 모형을 세웠다고 가정해 보자.

$$\begin{aligned} \text{총비용 } T &= (\text{운행거리}) \times (\text{단위당 연료비}) + \text{유지보수비} + \text{고정비} \\ &= D \cdot F + M + C \end{aligned}$$

즉 이 모형에 따르면 자동차 운행에 일 년간 소요될 총비용 T는 일 년 동안 자동차로 운행할 거리(D)와 단위 거리당 소요되는 연료비(F)의 곱에다가 수리비 등의 유지보수비(M), 그리고 보험료, 세금, 감가상각비 등의 고정비(C)를 합한 값으로 결정된다. 더욱이 운행거리 D와 단위당 연료비 F, 그리고 유지보수비 M은 정해진 값이라고 보기 어려워 각각 정해진 확률분포를 따르는 확률변수라고 가정하고 고정비만 정해진 상수라고 가정했다면, 이때의 총비용 T 또한 값을 확정할 수 없는 확률변수가 되는데, 이 T가 어떤 확률분포를 따르게 되는지를 해석적으로 결정하는 것은 D, F, M, C의 분포와 변수들 간의 관계에 따라 매우 어려운 일이 될 수 있다. 이와 같은 경우 몬테카를로 시뮬레이션을 사용하면 이론적으로 정확한 분포는 아니어도 이와 매우 근접한 분포를 손쉽게 얻을 수 있다. 몬테카를로 시뮬레이션에서는 우선 과거의 데이터나 여러 추정의 근거를 사용하여 확률변수 D, F, M 각각의 확률분포를 결정한 다음, 몬테카를로 표본추출을 이용하여 각각의 분포로부터 무작위로 한 값을 추출한다. 이렇게 추출된 값은 발생 가능한 하나의 시나리오로 간주되고 이 값을 사용해 총비용 T를 한 번 계산한다. 몬테카를로 시뮬레이션에서는 이것을 일 회 반복(iteration)이라 부른다. 컴퓨터는 빠른 계산능력을 통해 이러한 과정을 짧은 시간 안에 여러 번 반복할 수 있으므로, 천 번 또는 만 번의 반복을 통해 천 개 또는 만 개의 총비용 값 T의 표본을 얻게 되고, 이 값들을 모아 히스토그램 등으로 그려보면 총비용의 확률분포를 매우 가깝게 추정해 볼 수 있다.

앞서 소개한 분석법들에 비해 몬테카를로 시뮬레이션은 여러 가지 장점을 가지고 있다. 무엇보다도 불확실성이 있는 변수들을 분포의 형태에 구애받지 않고 가장 적절한 확률변수로 표현할 수 있을 뿐만 아니라 변수 간의 종속성이나 높은 상관관계가 있어도 쉽게 다룰 수 있다. 또한 기초적인 확률지식만으로도 쉽게 분석을 수행할 수 있으면서도 타 분석방법에 비해 훨씬 더 구체적인 정보를 얻을 수 있다. 시중에는 사용이 간편한 컴퓨터 소프트웨어도 많이 나와 있다.

8.3.2 몬테카를로 시뮬레이션을 이용한 현금흐름분석

현금흐름을 확정적인 값들로 가정하여 분석하기에는 불확실성이 너무 커서 투자의 위험을 제대로 파악하기 어렵다고 판단될 때에는 몬테카를로 시뮬레이션을 사용하는 것이 바람직하다. 매 기간의 순현금흐름이나 이자율 같은 요소들을 불확실한 변수들이라 가정할 경우, 이것들의 복잡한 함수로 표현되는 현가나 내부수익률 같은 기준들의 확률분포를 해석적 방법으로 결정하기는 너무 어렵기 때문이다.

현금흐름분석에 몬테카를로 시뮬레이션을 적용하는 예를 들기 위해 앞 8.2.3절 시나리오분석에서 제시했던 예를 다시 사용해 보자. 예에서 세 가지 시나리오로 제시되었던 개발비, 제품가격, 변동비, 고정비, 판매량의 다섯 가지 변수를 모두 확률변수로 보고 현가의 분포를 도출하면 어떤 분포가 될까?

우선 이 예에서 개발비를 d, 제품가격을 p, 변동비를 C_v, 고정비를 C_f, 그리고 판매량을 q라고 하고, 다섯 가지 변수에 의해 결정되는 현가의 식을 다시 표현해 보면 다음과 같다.

$$P(10\%) = \{-d + (px - C_v x - C_f)(P/A, 10\%, 3)\}(P/F, 10\%, 1)$$
$$= [-d + \{(p - C_v)x - f\}(2.4869)](0.9091)$$

이 식에서 현가를 구하기 위한 다섯 가지 변수 d, p, C_v, C_f, q는 모두 가장 그럴듯한 값과 함께 상한 값과 하한 값이 제시되어 있으므로 편의상 모두 그림 8.2와 같은 간단한 삼각분포(triangle density)를 따른다고 가정해보자.

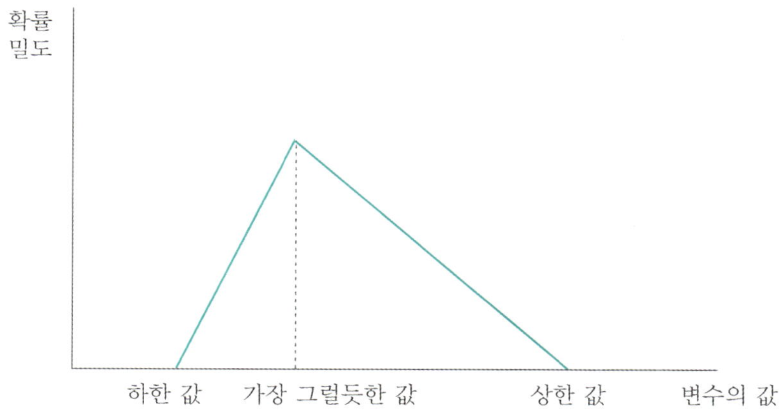

그림 8.2 **삼각분포의 일반적 형태**

그림 8.3은 이와 같은 가정 하에서 현가의 분포를 얻기 위한 몬테카를로 시뮬레이션을 수행하기 위해 소프트웨어에 입력한 기초자료를 엑셀차트로 보여준 것이다. 몬테카를로 시뮬레이션 소프트웨어는 분석가들이 가장 많이 사용하는 상용소프트웨어 중의 하나인 크리스탈볼(CrystalBall)을 사용하였다.

	비관적 시나리오	가장 그럴듯한 시나리오	낙관적 시나리오		(P/A,10%,3)	2.4869
개발비	300,000	200,000	150,000	0	(P/F,10%,1)	0.9091
제품 가격	210	200	190	0		
제품 개당 변동비	150	130	110	0		
연간 고정비	550,000	500,000	450,000	0		
연간 판매량	10,000	15,000	25,000	0		
현가	-159687.9605	1061642.435	3367938.225	0		

그림 8.3 **크리스탈볼에 입력한 엑셀차트**

크리스탈볼이 시뮬레이션을 수행하는 과정을 요약하면 다음과 같다. 소프트웨어에 현가의 계산식과 함께 입력변수들의 분포를 지정해주고(우리의 예에서는 모두 삼각분포) 아울러 반복수도 지정해 주면, 컴퓨터는 각 분포로부터 표본값을 한 개씩 추출하여 계산식에 대입하 현가를 계산한 후 이 값을 저장하는 과정을 반복수만큼 수행하게 되며, 이렇게 얻은 현가의 분포를 다양한 형태의 정보로 제시해 준다.

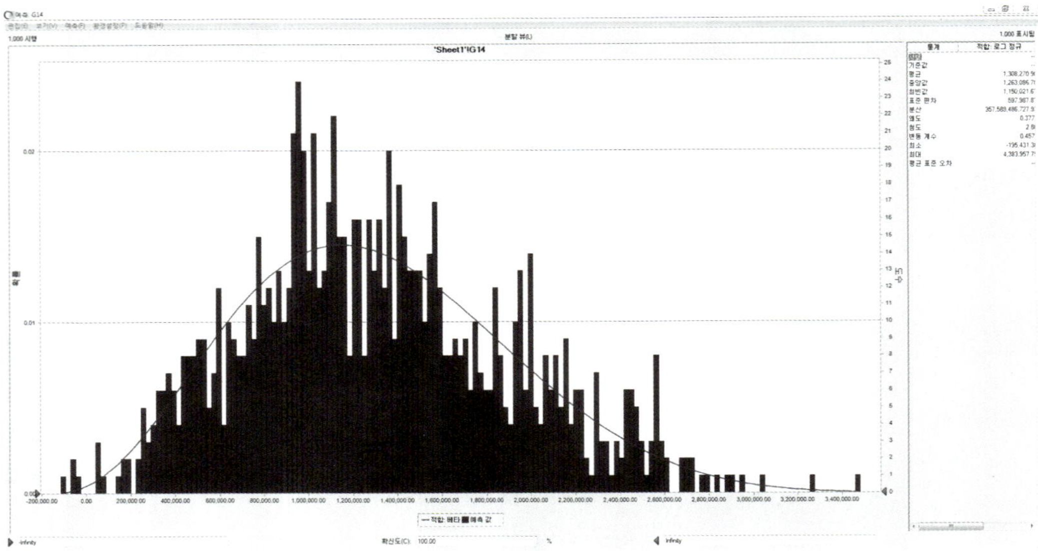

그림 8.4 몬테카를로 시뮬레이션으로 천 번의 반복을 수행한 결과

그림 8.4는 천 번의 반복(iterations)을 통해 얻은 현가의 분포를 히스토그램과 밀도함수(실선으로 나타낸 곡선)의 형태로 나타낸 것이다. 이 히스토그램을 보면 이미 시나리오분석 결과를 통해 알 수 있었듯이 몬테카를로 시뮬레이션을 이용해 얻은 현가의 천 개의 표본 값들은 모두 비관적 시나리오의 현가(-159,687천원)와 낙관적 시나리오의 현가 사이에 분포하고 있다. 그러나 좀 더 자세히 들여다보면 실제로 대부분의 표본 값들은 중앙 쪽으로 몰려 있고 양 극단의 값들 근처에는 거의 분포하고 있지 않음을 알 수 있다. 분포의 중앙값(median)은 1,255,716천원으로, 그림 8.5는 대안을 채택해 실행에 옮겼을 때 얻게 될 현가가 그보다 큰 값이 될 가능성이나 작은 값이 될 가능성이 같다는 것을 보여주고 있다. 특히 그림 8.6에서 볼 수 있듯이 현가가 0보다 작은 값이 될 가능성은 1% 미만으로 아주 낮다는 것을 알 수 있다. 즉 수익률이 $MARR$ 10%보다 낮은 값이 될 가능성은 거의 없다고 시뮬레이션의 결과가 말해주고 있으므로, 더 수익성이 높은 확실한 좋은 대안이 없는 한 이 대안을 선택하여 안심하고 투자해도 좋다고 말할 수 있다. 이러한 분석결과는 단순한 시나리오분석이나 민감도분석만으로는 알기 어려운 결과로서, 몬테카를로 시뮬레이션을 현금흐름분석에 활용하면 대안 선택에 따른 위험의 크기를 더 정확히 파악할 수 있음을 잘 보여주고 있다.

한편, 이상의 결과는 몬테카를로 시뮬레이션을 한 번 수행한 결과이므로 다시 천 번의 반복을 수행해 본다면 매번 약간씩 다른 결과를 얻게 될 것이다. 그러나 실제로 그 차이는 매우 미미하여 분석의 신빙성을 크게 저해하지 않으며, 반복수를 더 늘리면 계산 시간이 크게 늘지 않으면서 이 차이를 더 현격하게 줄일 수 있다.

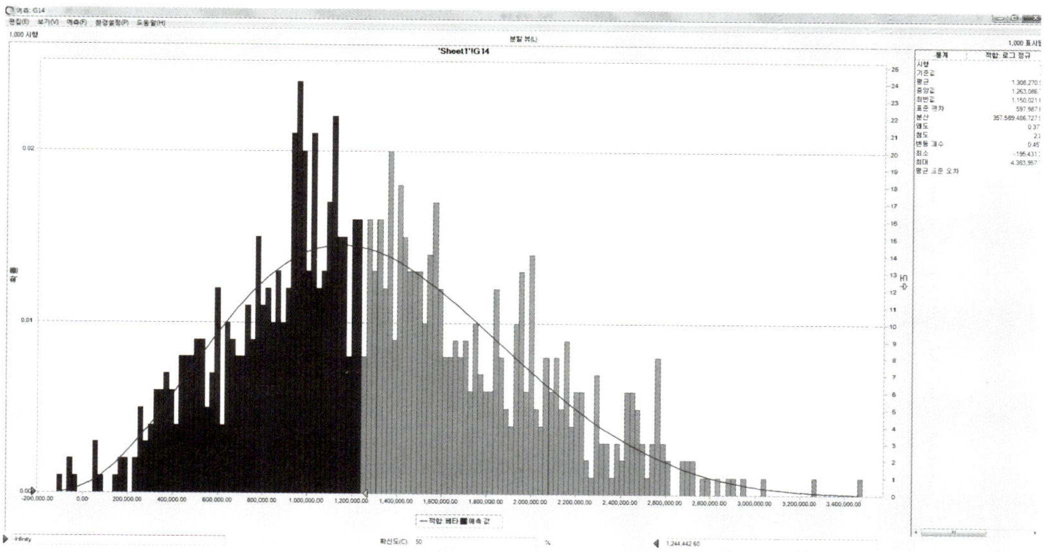

그림 8.5 시뮬레이션 결과 얻은 분포의 중앙값

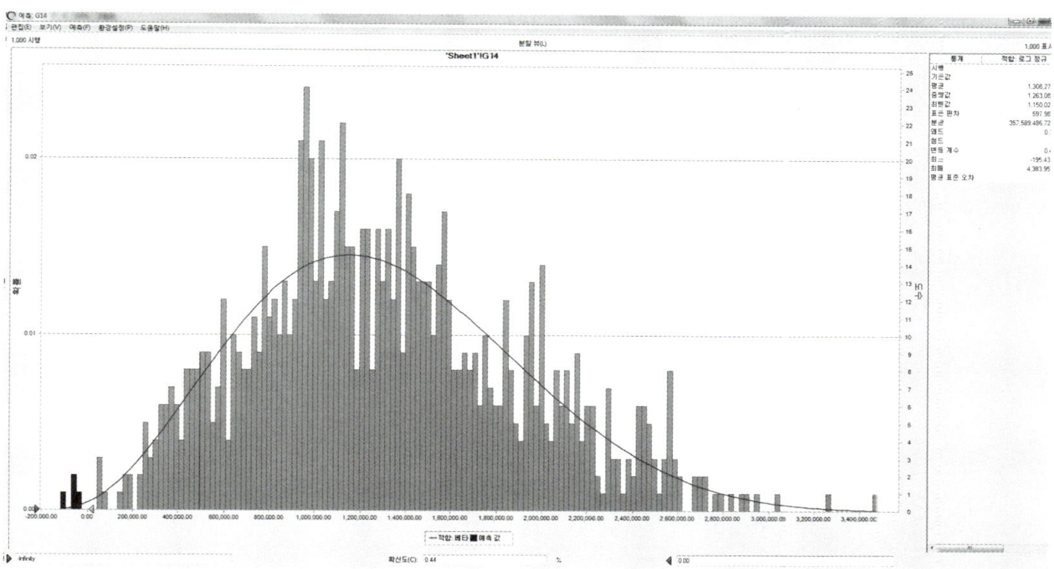

그림 8.6 현가가 음수일 확률이 0.44%임을 보여주는 시뮬레이션 결과

연습문제

01 현금흐름의 모든 요소들을 확실한 하나의 값으로 추정 가능하다고 가정하여 분석하는 것과 불확실성이 높은 일부 요소들을 변할 수 있는 값으로 가정하여 분석하는 것은 서로 어떤 점에서 장점과 단점이 있는지 설명하라.

02 일반적으로 투자 대안이 얼마나 위험한지를 평가하는 데 사용되는 두 가지 요소는 무엇인지 기술하라. 또한 당신이 아르바이트를 통해 모은 돈 100만원을 투자하는 방법 중 매우 위험이 큰 경우와 반대로 매우 위험이 적은 경우를 하나씩 예로 들고, 앞에서의 위험평가의 두 요소로 그 이유를 설명하라.

03 A제품을 생산하기 위하여 소요되는 고정비는 매월 35억원, 변동비는 제품 단위 생산당 3만2천원으로 계산되었다. 제품 단위당 판매단가가 4만7천원일 경우, 손익분기점에 이르기 위하여 매월 생산되어야 하는 A제품의 생산량을 계산하시오. 만약 제품 A를 월 24,000단위 생산할 경우, 월 예상 수익(혹은 적자)은 얼마인지 계산하시오.

04 X사에서는, 제품생산에 소요되는 부품을 외부에서 구입하는 방안과 자신들의 회사에 부품생산 시설을 갖추는 경우를 검토하고 있다. 이 부품을 외부에서 구입할 경우에는 제품단위당 2만3천원에 구입할 수 있다. 부품생산 시설을 갖추기 위해서는 4,000만원의 투자비가 소요되며, 생산시설은 8년 후 500만원에 처분 가능할 것으로 분석되었다. 부품생산에 소요되는 연간 고정비는 200만원이며, 제품단위당의 변동비는 9천원으로 예상된다. 이 회사에서 적용하는 MARR이 16%일 경우, 부품의 생산이 구매의 경우보다 유리하기 위해서는, 이 회사에서 연간 사용하는 부품의 양이 얼마 이상이어야 하는가?

05 제품의 불량 여부를 검사하는 장비를 현대화하려고 한다. 새로운 장비를 이용할 경우, 불량률 판정의 정확도가 향상됨으로써 매년 2,700만원의 비용절감이 기대된다. 이 장비의 가동으로 추가되는 연간 운영비는 200만원이며, 장비의 수명은 6년, 잔존가치는 없는 것으로 분석되었다. 이 회사에서 검토하는 MARR이 16%일 경우, 장비를 도입하기 위하여 최대 허용 가능한 장비도입가격은 얼마인가?

06 어느 생산부서에서 설비 부품의 가치공학(value engineering)분석을 실시하고 있다. 현재 사용하고 있는 부품의 재질은 알루미늄으로 단가는 2만원이며, 수명은 평균 10년 정도이다. 이 부품을 테플론 재질로 교체할 경우, 단가는 1만원으로 낮출 수 있으나, 예상 수명은 알루미늄 재질에 비하여 짧은 것으로 예상된다. 테플론 재질의 부품으로 교체하기 위해서는 이 부품의 수명이 최소 얼마 이상이 되어야 하는가? 이 회사에서 고려하는 MARR은 16%이다.

07 100마력(hp)의 힘을 낼 수 있는 두 종류의 전기모터가 있다. 1,250단원에 살 수 있는 모터 A는 수명이 10년이고, 에너지 효율은 74%이며 매년 50만원의 유지비용이 든다. 92%로 이보다 더 효율이 높은 모터 B의 가격은 1,600만원인데, 수명은 10년으로 같고, 연간유지비는 25만원으로 더 저렴하다. 세금과 보험료는 매년 구매가의 1.5%이고, MARR 15%를 적용한다고 할 때, 연간 총비용이 같아지려면 모터를 최대 부하로 사용하는 시간이 몇 시간이어야 하는가? 10년 후의 잔존가치는 둘 다 없고, 전기에너지의 가격은 킬로와트시(kWh)당 50원이라고 가정하라(참고 : 1hp＝0.74kW).

08 어떤 회사에서 배달을 맡은 직원의 운송문제를 해결하는 수단으로 두 가지 방법을 고려 중이다. 한 가지 방법은 배달원에게 회사에서 차를 마련해 주는 방법이고 또 다른 방법은 배달원 자신의 차를 이용하도록 하고 회사업무에 이용한 주행거리 km당 320원만을 지불하는 것이다. 자동차를 사는 경우, 구입비는 800만원이고 수명은 4년으로 잔존가치는 100만원이며, 연간 주차비는 50만원, 보험료 50만원, 타이어와 연료비 등 변동비는 km당 200원으로 추정한다. MARR 15%를 적용하여 배달원이 연간 얼마 이상의 거리를 운전해야 자동차를 구입하는 것이 유리한지 결정하라.

09 어떤 물류회사에서 운영하는 700대의 트럭에 연료저감 장치를 달려고 한다. 제안된 장치는 다음의 세 가지인데 각각의 대당 설치비용과 특성은 다음과 같다. 트럭 한 대당 평균 연간 운행거리가 어떤 값일 때 각 장치가 가장 경제적인지 결정하라. 단, 트럭의 연료소비율은 평균 10km당 2리터이며, 연료의 가격은 리터당 1,000원인 것으로 가정한다. 또한 MARR은 10%, 각 장비의 잔존가치는 없다고 가정한다. 이 문제를 풀기 위해서 추가적으로 어떤 가정이 필요한가?

	장치 A	장치 B	장치 C
설치비용(천원)	1,000	500	800
저감효과(%)	10	5	12
연간 유지비용(천원)	20	10	10
수명(년)	10	10	5

10 어떤 마을에서 양수기를 구입하려 한다. 양수기는 사용 연료에 따라 세 가지 종류가 있다. 휘발유를 사용하는 양수기는 구입가가 300만원이고 연간유지비는 30만원, 시간당 소모하는 연료비는 5,400원이다. 디젤을 연료로 사용하는 양수기는 구입가격 420만원, 연간유지비는 연간 36만원이고 시간당 연료비는 5,000원이다. 부탄가스를 사용하는 양수기는 구입가격이 500만원, 연간유지비 45만원, 연료비는 시간당 4,500원이다. 양수기의 수명은 5년이고 잔존가치는 다 같아서 무시하기로 한다. 다른 비용은 모두 동일하고 이자율은 15%를 적용한다고 가정한다.

1) 세 가지 양수기의 총 연간비용을 연간가동시간의 함수로 표현하고, 하나의 도표 위에 그림으로 나타내라.
2) 각 양수기의 종류별로 경제적인 가동시간의 범위를 구하라.

11 물류창고에서의 작업 효율을 높이기 위해 현재 일부 수작업으로 이루어지는 창고 내에서의 운반 작업을 대신할 포크리프트를 구매하자는 안이 제시되었다. 포크리프트의 구입가격은 1,000만원 정도이고 수명은 10년, 10년 뒤의 잔존가치는 100만원으로 보고 있다. 포크리프트의 사용이 회사의 수입에 영향을 주지는 않지만, 연간 인건비를 500만원 정도 절감할 수 있고 포크리프트의 연간 유지비는 300만원 정도 들 것으로 보고 있다. 이 회사는 MARR 12%를 적용한다고 할 때, 다음 물음에 답하라.

1) 주어진 값들이 모두 확정적이라는 가정 하에서 포크리프트 구매여부를 결정하라.
2) 다른 추정치는 확정적이라는 가정 하에, 포크리프트의 연간 유지비가 매우 불확실해서 200만원에서 400만원까지 변할 수 있다고 본다면 이에 따른 구입 의사결정이 어떻게 달라질 수 있는지 검토하라.
3) 다른 추정치는 확정적이라는 가정 하에, 인건비 절감액이 매우 불확실해서 300만원에서 800만원까지 변할 수 있다고 본다면 이에 따른 구입 의사결정이 어떻게 달라질 수 있는지 검토하라.
4) 잔존가치만 0에서 최대 200만원까지 변할 수 있다면, 잔존가치는 의사결정에 영향을 줄 수 있는 민감한 변수라 할 수 있는가?

12 어떤 독지가가 자신의 모교에 1억원의 장학금을 출연하고 매년 한 명의 장학생을 뽑아 장학금을 수여해 달라는 요청을 하였다. 독지가는 출연금을 안전한 은행정기예금에 맡기고 이자와 원금을 이용하여 향후 20년간 장학금이 수여될 수 있기를 희망하고 있다.

1) 은행 이자로 벌어들이는 수익이 세금을 제하고 연 2%에서 4%까지 변할 수 있다고 가정할 경우, 선발된 장학생에게 매년 일정액으로 수여할 수 있는 장학금은 얼마나 달라지는지 분석하라. 장학금 운영과 관련된 기타 비용은 무시한다.
2) 은행 정기예금을 통해 벌어들이는 세후 수익율은 1)과 같이 연 2%에서 4%까지 변할 수 있다고 가정하고 연간 인플레율은 1%에서 5%까지 변할 수 있다고 가정할 때, 현재의 불변화폐가치로 일정한 금액을 20년간 수여하고 싶다면 장학생에게 매년 수여되는 장학금의 불변화폐가치는 어떻게 달라지는가?

13 호텔을 지어 10년간 운영하고 매각할 계획을 가진 사업가가 호텔건립 및 운영과 관련하여 현금흐름을 추정해 본 결과 다음 표와 같은 결과를 얻었다. 호텔건립 기간은 1년이며 1년 뒤에는 바로 운영하는 것으로 가정하고, MARR은 12%를 적용하라.

현금흐름	하한값	가장 그럴듯한 값	상한값
초기투자비	17억원	20억원	25억원
연간운영수익	5억원	8억원	10억원
연간운영비	3억원	4억원	5억원
11년 후 처분 가격	10억원	15억원	20억원

1) 초기투자비, 연간운영수익, 연간운영비, 처분가격의 각 변수에 대하여 다른 값들은 가장 그럴듯한 값으로 고정되어 있다고 가정하고 이 사업계획의 현가에 대한 1차원 민감도분석을 실시하라.
2) 네 변수 중 어떤 변수가 가장 사업시행 여부 의사결정에 민감한 영향을 미치는가?

14 앞 11번 문제에서 연간유지비 400만원, 인건비 절감액 300만원, 잔존가치 0원을 비관적 시나리오라 하고, 연간유지비 200만원, 인건비 절감액 800만원, 잔존가치 200만원을 낙관적 시나리오라 가정해서 가장 그럴듯한 시나리오와 연간등가를 비교하여 투자의 위험성을 평가하라.

15 앞 13번 문제에 대해 초기투자비는 17억원, 연간운영수익은 10억원, 연간운영비는 3억원, 처분가격은 20억원이 되는 가장 낙관적인 시나리오와 반대로 초기투자비는 25억원, 연간운영수익은 5억원, 연간운영비는 5억원, 처분가격은 10억원이 되는 가장 비관적인 시나리오에 대

해 현가를 구하고 가장 그럴듯한 값대로 전개되는 시나리오의 현가와 비교하여 사업의 위험성을 진단하라.

16 몬테카를로 시뮬레이션을 이용하여 투자 대안의 위험성을 평가하는 방법은 확률적인 개념을 이용하지 않는 시나리오분석에 비해 어떤 장점이 있는지 앞의 14번 문제의 시나리오분석을 예로 들어 설명하라.

section 3

투자 대안의 경제성 분석과 의사결정

제9장 회계와 공학경제

학습내용

회계는 기업의 재정적 활동을 기록한 것이다. 이 책에서 다루고 있는 경제성 분석은 기업의 재무예측과 함께 이루어지는 것이 보통이므로 공학자도 최소한의 회계관련 기본지식을 갖고 있는 것이 바람직하다. 이 장에서는 회계의 기초개념을 소개하고 공학자도 기본적인 재무제표를 이해하고 분석하는 능력을 가질 수 있도록 관련내용을 요약하여 소개한다. 아울러 제2장에서 다룬 각종 비용의 개념은 회계상에서 어떻게 배분되고 원가는 어떻게 측정되는지를 간략히 소개한다.

제9장 회계와 공학경제

회계는 기업의 재정적 활동에 관한 기록이다. 기업의 재정적 활동에는 투자, 개발, 생산, 영업, 관리, 자산운용 등 여러 형태가 있는데 회계는 이러한 기업활동에 의해 발생하는 수익과 비용정보를 제공하는 수단이 된다. 또한 회계는 기업의 이해관계자들에게 기업의 재정적 상황을 알리는 매체의 역할을 하게 된다.

이러한 회계와 공학경제는 내용상 직접적인 관련을 갖는다고 하긴 어렵다. 그러나 기업활동에서의 대안선택은 경제성 분석을 바탕으로 이루어져야 하며, 대안선택의 잘잘못은 기업의 재정에 영향을 주고 결과적으로 회계시스템에 의해 가시적으로 나타난다는 점에서 양자는 서로 연결되어 있다고 할 수 있다. 말하자면 기업재무에서 회계는 기업의 과거활동을 기록하여 평가한다는 측면이 강조되는 반면 공학경제는 기업의 대안선택에 있어서 현금흐름을 바탕으로 최적의 의사결정을 내리기 위한 도구의 역할을 하는 것이다. 특히 기업의 경영자는 신규투자와 같은 대안의 선택 시 기업의 재무구조를 파악하고 있어야 하며 재무구조는 회계시스템에 의해 보고되므로 회계시스템은 공학경제의 바탕이 된다고 할 수 있다. 공학경제의 기본이 되는 현금흐름분석은 기업의 재무예측업무와 함께 이루어지는 것이 바람직하며 이러한 측면에서 공학경제분석 담당자는 회계시스템을 잘 이해할 필요가 있는 것이다. 그림 9.1은 기업의 과거 경영성과가 회계로 기록되고 기업경영자는 공학경제 분석을 통해 대안을 선택하며 이러한 공학경제의 분석을 위해 회계의 재정정보와 대안의 현금흐름정보가 바탕이 된다는 것을 보여주고 있다.

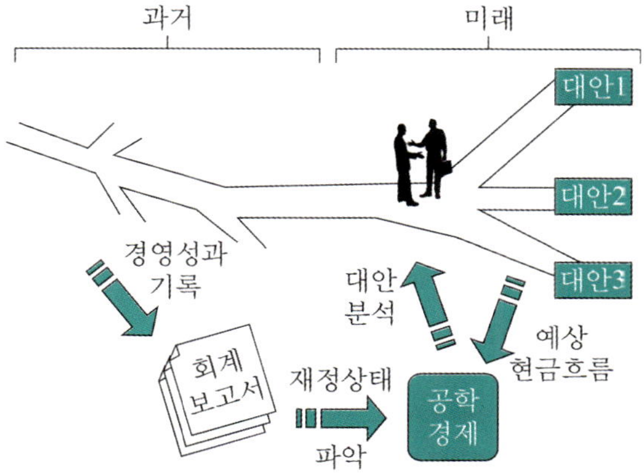

그림 9.1 회계와 공학경제

회계는 그 기능상 재무회계(financial accounting)와 관리회계(managerial accounting)로 구분하는 것이 일반적인데 재무회계는 기업의 경영자, 주주, 채권자, 정부, 금융기관, 노조 등 이해관계자들에게 기업의 재정적 상황을 정확하게 보고하는 것을 주요 기능으로 한다. 또한 관리회계는 기업의 경영자에게 기업에 재정적 변화를 주게 되는 의사결정을 내리기 위한 유용한 정보의 제공을 주요 기능으로 한다. 재무회계의 경우 기업의 경영자보다는 기업 외부의 이해관계자에게 재정 정보를 알리는 것이 주목적이며 이를 위해 회계기준을 따른 회계보고서를 담당 회계 부서에서 작성하게 된다. 반면 관리회계는 기업의 경영자와 같은 기업내부의 의사결정자에게 유용한 정보를 제공하는 것을 목적으로 하며 이를 위해 생산원가, 수익성, 부문별 업적분석, 투자안의 평가 등과 같은 특수목적의 회계보고서를 작성한다. 특히 관리회계에서의 각종 보고서는 영업, 생산, 구매, 투자 등 프로세서 담당 부서에서 주로 작성하게 되며 특정 회계기준을 따르지 않는 경우가 많다. 최근 전사적자원관리(ERP)와 같이 기업의 활동과 회계과정을 통합하여 유용한 정보를 실시간에 파악하고자 하는 정보기술기반의 방법론이 등장하면서 재무회계와 관리회계를 통합하고자 하는 움직임이 있으며 정보기술의 발전과 함께 그러한 경향이 더욱 두드러질 것으로 보인다.

기업의 회계업무 중 제품과 서비스 생산에 소비된 원가를 기록, 계산, 집계하는 분야를 원가 회계(cost accounting)라고 하는데 원가정보는 재무제표의 작성, 생산원가 통제, 그리고 생산활동과 관련된 의사결정에 사용된다. 원가회계는 매월 수행되는 것이 보통이며 이는 6개월 또는 1년을 주기의 타 회계업무에 비해 훨씬 빈번히 이루어지는 것이다. 또한 원가회계에서는 외부기업과의 거래뿐 아니라 제조활동을 위한 기업 내부의 거래를 기록하기 위해 여러 가지 계정을 설정하게 된다. 이러한 원가회계는 제조기업뿐 아니라 금융, 보험, 창고, 운송, 매매, 기타 서비스업 등 모든 업종에 적용된다.

기업의 회계와 관련한 또 다른 중요한 분야로 세무회계가 있다. 세무회계는 기업이 세법에 따라 정부 및 지방자치단체에 대해 납부하게 되는 법인세, 부가가치세, 관세, 그리고 소득세 등의 세금을 산정하기 위한 회계이다. 여기서 법인세는 주식회사와 같이 법인 형태를 갖는 기업의 소득에 부과되며, 소득세는 개인기업의 소득에 대해 부과되는 세금이다. 이러한 세무회계와 관련한 주요업무에는 과세표준과 세액결정, 세무신고서 작성, 세무계획 및 관리 등이 있다.

그밖에 기업이 작성한 재무제표에 대하여 제3의 전문가가 그 적정성 여부를 판단하는 회계감사도 회계의 중요한 분야이며 정부의 각종기금이나 비영리단체 등 특수한 기관의 회계문제를 다루는 비영리회계도 회계의 한 분야이다.

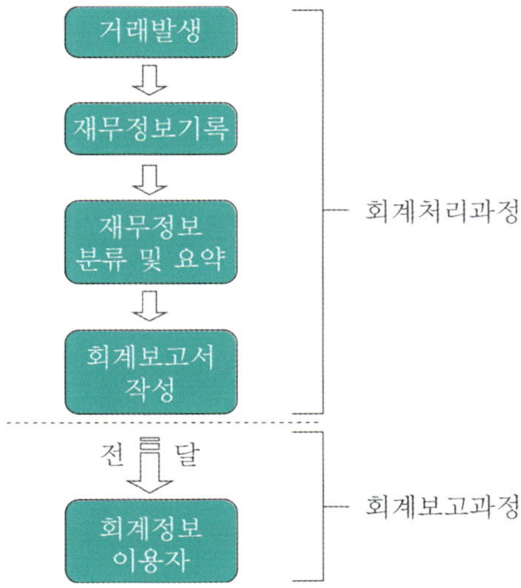

그림 9.2 회계과정

기업회계의 기능을 달성하기 위해서는 기업활동과정에 수반되는 회계관련 자료를 수집하고 계정별로 분류, 화폐가치로 측정하여 각종 재무제표와 회계보고서를 정기적으로 작성하는 일련의 수행과정이 필요하다. 이를 회계과정이라고 하며 회계과정은 회계처리과정과 회계보고과정으로 나누어진다. 회계처리과정은 각종 거래발생부터 회계보고서의 작성까지 자료를 기록, 분류, 요약하는 과정을 말한다. 그리고 회계보고과정은 이와 같이 측정된 회계정보를 회계정보이용자에게 전달하는 과정을 말한다. 최근 정보기술의 발전과 함께 이러한 회계과정을 전산화여 체계적으로 처리할 수 있도록 하는 회계정보시스템이 사용되고 있다. 회계정보시스템은 회계시스템이라고도 하는데 기업의 재정적 활동에 대하여 경영자 및 외부정보이용자가 합리적인 의사결정을 내릴 수 있도록 회계정보의 흐름을 중심으로 회계처리과정과 회계보고과정을 수행하도록 되어 있다. 그림 9.2는 회계과정을 순서적으로 나타낸 것이다.

회계과정의 각 요소에 대해 자세히 기술하는 것은 본 저서의 의도와 범위를 벗어나는 것이므로 여기서는 공학경제 분석가로서 반드시 이해해야 할 회계지식에 한정하여 설명하기로 한다.

9.1 재무제표

재무회계에서 주로 사용되는 재무제표(Financial Statements)는 기업의 재무상태와 경영성과를 보고하기 위해 작성되는 결산보고서이다. 여기서 경영성과란 일정기간동안 기업의 경영활동의 결과로 나타난 경제적 성과를 말한다. 우리나라 기업회계기준에서 정하고 있는 기본적인 재무제표는 대차대조표(Balance Sheet), 손익계산서(Income Statement), 이익잉여금처분계산서(Statement of Retained Earnings) 또는 결손처리계산서, 그리고 현금흐름표(Cash Flow Statement)로 구성되어 있다.

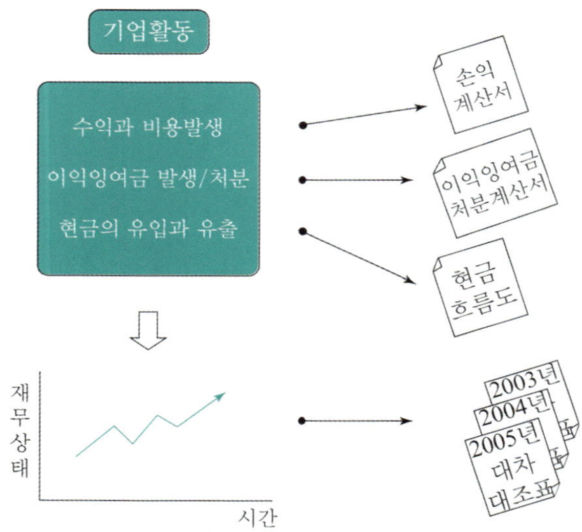

그림 9.3 기업활동과 재무제표

재무제표상의 회계정보는 회계기간이라고 하는 단위기간을 정하여 기술되는 데 가장 많이 사용되는 회계기간은 1년이다. 대차대조표는 각 회계기간이 끝나는 결산일에서의 기업의 재무상태, 즉 기업의 자산, 부채 및 자본을 기술한 표이며 손익계산서는 한 회계기간 동안의 기업의 경영성과, 즉 수익과 비용을 기술한 표이다. 현금흐름표는 한 회계기간 동안의 현금의 변동내용, 즉 현금의 유입과 유출을 표시하며 이익잉여금처분계산서는 한 회계기간이 끝나는 시점에서 그 회계기간 동안의 이익잉여금의 처분내용을 나타낸 것이다. 이러한 재무제표는 기업의 안정성, 활동성, 수익성 등을 파악할 수 있는 기본자료가 된다. 그림 9.3은 재무제표가 나타내는 정보를 보여주고 있다.

대차대조표로 요약되는 기업의 재무상태는 결산일이라고 하는 특정시점에서 측정된 것이므로 스톡(stock)의 개념에 의하여 측정되지만, 손익계산서에 나타난 경영성과는 회계기간 동안의 기업의 성과를 측정하므로 플로우(flow)의 개념에 의하여 측정된다는 점에 차이가 있다. 이와 같은 재무제표들의 상관관계가 그림 9.4에 나타나 있다.

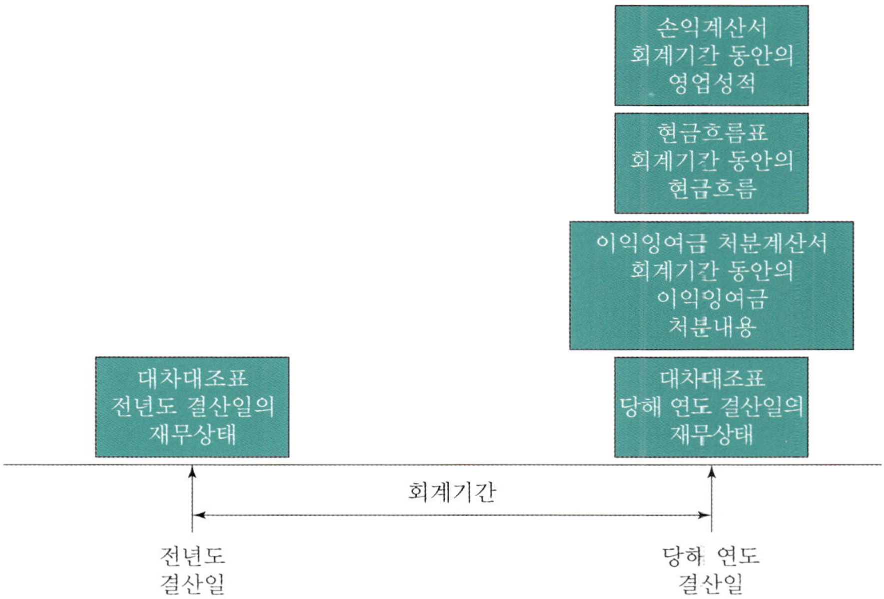

그림 9.4 **재무제표의 상관관계**

9.1.1 대차대조표

대차대조표(Balance Sheet)는 결산일에서의 기업의 재무상태를 나타낸 것으로 기업의 자산(assets), 부채(liabilities), 자본(capital)을 표로 나타낸 것이다. 자산은 거래라고 하는 기업의 경제적 활동의 결과로 얻어진, 미래가치를 보유한 재산이나 권리를 말한다. 이러한 자산은 기업이 미래에 상환하여야 할 부분인 부채와 기업의 소유주들의 투자부분인 자본으로 파악된다. 따라서 대차대조표상에서 자산으로 열거된 계정과목의 화폐액은 부채로 열거된 계정과목의 화폐액과 자본으로 열거된 계정과목의 화폐액의 합과 정확히 일치되어야 한다. 즉,

$$\text{자산} = \text{부채} + \text{자본} \tag{9.1}$$

은 회계의 기본등식이며 반드시 만족되어야 한다. 이 관계는 그림 9.5에 상징적으로 표현되어 있다.

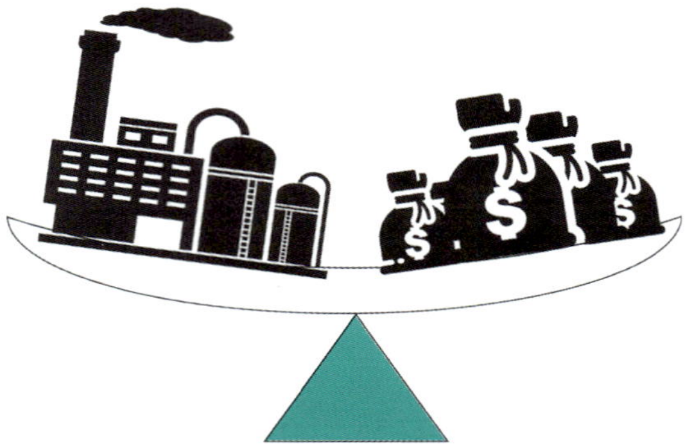

그림 9.5 자산, 자본, 부채의 관계

대차대조표의 양식에는 계정식(account form)과 보고식(report form)의 형태가 있는데 계정식은 자산을 표의 왼쪽에, 부채와 자본을 표의 오른쪽에 기입한 것이고 보고식은 자산, 부채, 자본의 각 항목을 표의 위에서 아래로 차례차례 기입한 것이다. 표 9.1에는 계정식으로 작성된 기업의 대차대조표의 예가 나타나 있다.

표 9.1 대차대조표의 예

대차대조표

한국주식회사 20××년 12월 31일 현재 (단위 : 백만원)

자산		부채	
유동자산		유동부채	
현금	15,000	매입채무	80,000
유가증권	20,000	단기차입금	75,000
매출채권	50,000	고정부채	
선 급 금	10,000	사채	40,000
상 품	60,000	부채총액	195,000
유동자산 총액	155,000	자본	
고정자산		보통주자본금	50,000
투자자산	60,000	자본잉여금	10,000
유형자산	70,000	이익잉여금	25,000
무형자산	35,000	자기주식	40,000
고정자산 총액	165,000	부채총액	125,000
자산총액	320,000	부채와 자본 총액	320,000

대차대조표에서 자산은 유동자산과 고정자산으로 구분되어 기입되어 있는데 유동자산은 단기간(1년) 이내에 현금화되거나 기업활동에 의해 소진될 자산이다. 반면 고정자산은 장기간 유지될 자산으로 유형자산, 무형자산, 그리고 투자자산으로 구분된다. 여기서 유형자산이란 기업의 영업활동을 위해 장기적으로 보유하기 위한 토지, 건물, 기계 등을 말하며 무형자산이란 유형자산처럼 물리적 특성을 갖고 있진 않지만 기업의 영업권, 지적재산권 등과 같이 기업이 장기간 효익을 누릴 수 있는 권리를 말한다. 그리고 투자자산이란 기업의 고유한 영업목적이 아니라 자금의 증식을 목적으로 보유한 자산으로 부동산이나 타기업에 대한 투자, 장기금융상품이나 대여금, 유가증권 등을 말한다. 또한 자산은 현금, 매출채권, 유가증권 등을 포함하는 화폐성 자산과 재고, 선급임차료, 선급 보험료, 토지, 건물, 장비 등을 포함하는 비화폐성 자산으로 구분하기도 하는데 이러한 구분은 대차대조표의 작성에는 쓰이지 않는다.

대차대조표상의 부채는 상환기간이 1년 이내인 유동부채와 1년 이상인 고정부채로 구분된다. 유동부채에는 고용자들에 대한 미지급급여, 거래처에 대한 매입채무, 주주들에 대한 미지급배당금, 대여자에 대한 미지급이자, 세무서에 대한 미지급 법인세 등이 있으며 고정부채에는 장기사채, 장기차입금, 그리고 이연법인세대와 같은 장기조정항목 등이 있다. 또한 자본은 투자에 의한 자본금, 자본거래로부터 발생한 자본잉여금, 기업의 경영활동으로 발생한 이익잉여금, 그리고 기타 조정항목으로 구성된다.

이와 같은 대차대조표는 기업의 재무상태를 나타내고자 하는 것이지만 기업의 모든 자산을 완벽히 나타내주는 데에는 한계가 있다. 가장 문제가 되는 것은, 대차대조표상의 금액이 해당항목의 발생시점의 화폐가치를 기준으로 기입된 것이기 때문에 시간이 지날수록 정확한 경제적 가치를 표현하지 못하게 된다는 것이다. 또한 거래와 상관없이 발생하는 기업의 경제적 가치, 예를 들면 홍보에 의해 기업이미지가 제고되었다든가 특정산업분야의 사업자 선정과 같은 이벤트가 발생하였을 때 기업의 경제적 가치는 크게 향상된 것이 사실이지만 이를 대차대조표상에 나타낼 수는 없다.

9.1.2 손익계산서

손익계산서는 회계기간 동안 기업의 경영활동의 성과를 수익과 비용 항목으로 요약한 표이다. 간단한 조직업무에서 손익계산서는 프로젝트추진에 따라 발생한 수익항목을 먼저 열거하고 다음으로 비용항목을 열거한 후 총수익에서 총비용을 차감하여 순이익을 표시하는 방식으로 정리되기도 한다. 그러나 회계기간 동안의 기업의 경영성과를 체계적으로 평가하기 위해서는 당기순이익

(net income)을 구해 가는 과정을 기업의 매출액으로부터 시작하여 매출총이익(gross margin), 영업이익(operating income), 경상이익(income before extraordinary items), 법인세비용차감전순이익(income before taxes) 등의 단계를 따라 항목별로 나타내게 된다.

매출액은 회계기간 동안 판매된 모든 상품과 서비스의 합계액, 즉 회계기간 동안 기업이 판매에 의해 벌어들인 금액이다. 판매에는 현금판매와 신용판매가 있으며 계산서가 발부된 금액만을 포함하되 에누리 또는 불량품발생에 의해 환급된 금액이 있다면 차감하여야 한다. 매출총이익은 매출액에서 매출원가를 뺀 것이다. 즉,

$$\text{매출총이익} = \text{매출액} - \text{매출원가}$$

인데 여기서 매출원가란 회계기간 동안 매출을 실현하기 위해 생산이나 구매과정에서 발생된 상품과 서비스의 소비액 및 기타 경비를 말한다. 판매업의 경우 매출원가는 전기의 이월액인 기초상품 재고액과 당기상품 매입액의 합계액에서 기말상품 재고액을 차감하여 산출된다. 즉,

$$\text{판매업의 매출원가} = \text{기초상품재고액} + \text{당기상품매입액} - \text{기말상품재고액} \tag{9.2}$$

이 된다. 제조업의 경우 매출원가는 기초제품 재고액과 당기제품 제조원가의 합계액에서 기말제품 재고액을 차감하여 산출된다. 즉,

$$\text{제조업의 매출원가} = \text{기초제품재고액} + \text{당기제품제조원가} - \text{기말제품재고액} \tag{9.3}$$

이 된다. 매출원가를 구하는 방법에는 판매가 이루어질 때마다 매출원가를 기록하여 구하는 계속기록법(perpetual inventory method)과 회계기말에 재고를 파악함으로써 구하는 재고실사법(periodic inventory method)이 있으며 후자의 방법이 편리하게 사용된다.

영업이익은 매출총이익에서 판매 및 일반관리비를 제외한 금액이다. 즉,

$$\text{영업이익} = \text{매출총이익} - \text{판매 및 일반관리비} \tag{9.4}$$

인데 판매 및 일반관리비란 판매비와 일반관리비란 판매사원의 임금이라든가 건물임대료와 같이 판매활동 또는 기업의 관리 · 유지활동과 관련하여 발생하는 비용으로서 매출원가에 속하지 않는 영업비용을 말한다.

경상이익은 영업이익에서 영업외 비용을 차감하고 영업 외의 수익을 추가한 금액을 말한다. 즉,

$$\text{경상이익} = \text{영업이익} - \text{영업외비용} + \text{영업외수익} \tag{9.5}$$

인데 영업외비용이란 은행이자와 같이 판매와 직접 관련이 없이 지불되는 비용이며 마찬가지로 영업외수익이란 주식배당금과 같이 판매와 직접 관련이 없이 발생한 수익을 말한다.

표 9.2 손익계산서의 예

손익계산서

한국주식회사 20××년 1월 1일 ~ 20××년 12월 31일 (단위 : 백만원)

항목	금액	항목	금액
매출액	250,320	영업외수익	7,050
매출원가	100,300	이자수익	4,000
기초재고액	800	배당금	550
당기매입액	150,000	외환차익	1,500
기말재고액	50,500	기타	1,000
매출총익익	150,020	영업외비용	10,500
판매비와 관리비	56,070	이자비용	4,000
임금	15,600	이연자산상각	4,000
감가상각비	11,600	외환차손	500
복리후생비	1,820	기타	2,000
광고선전비	5,000	경상이익	90,500
운반비	4,000	특별이익	1,500
사후관리비	8,000	특별손실	3,000
기타	10,050	법인세 차감전 순이익	89,000
영업이익	93,950	법인세 등	18,000
		당기순이익	71,000

법인세비용차감전순이익이란 경상이익에서 특별수익을 더하고 특별손실과 세금을 뺀 것인데 특별수익이나 특별손실이란 예상하지 않았던 사건에 의해 발생한 수익과 손실을 말한다. 즉,

$$\text{법인세비용차감전순이익} = \text{경상이익} + \text{특별수익} - \text{특별손실} \tag{9.6}$$

이며, 여기에서 법인세(income taxes)를 차감한 금액이 당기순이익이다. 즉,

$$\text{당기순이익} = \text{법인세비용차감전순이익} - \text{법인세} \tag{9.7}$$

이다. 표 9.2에는 이러한 손익계산서의 예가 나타나 있다.

손익계산서는 연속한 두 결산일에 작성되는 대차대조표들에서의 금액 변화와 일관성 있게 작성되어야 한다. 즉, 어떤 회계기간의 직전 회계기간에 작성된 대차대조표와 당해 회계기간에 작성된 대차대조표의 상태변화에 관한 정보를 당해 회계기간의 손익계산서로부터 파악될 수 있어야

한다. 그림 9.6은 이러한 관계를 나타내고 있다.

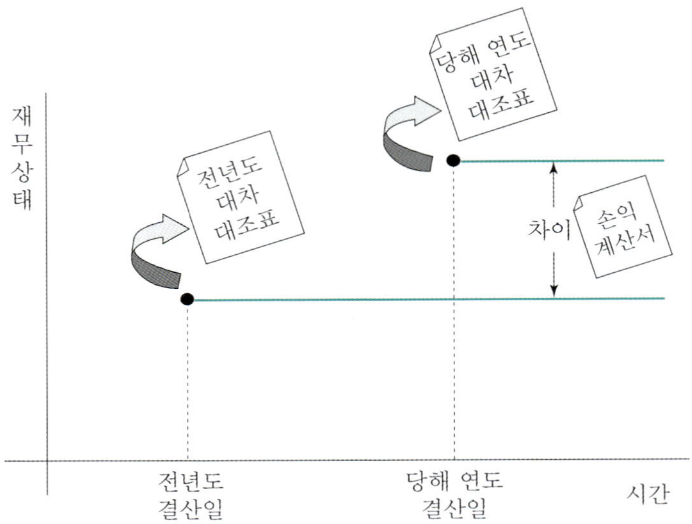

그림 9.6 대차대조표와 손익계산서의 관계

9.1.3 현금흐름표

현금흐름표는 기업자금이 되는 현금 및 현금등가물의 흐름을 파악하기 위한 재무제표이다. 이는 회계기간 동안 변화한 현금 및 현금등가물의 변동내역을 요약한 것으로 기업자금의 조달, 사용내역, 지급능력, 그리고 기업의 유동성을 평가할 수 있는 근거가 된다. 여기서 현금 및 현금등가물이란 통화, 타인발행수표, 당좌 및 보통예금, 만기 1년 이내의 예금, 3개월 이내에 만기가 되는 채권, 3개월 이내에 상환되는 우선주와 환매체 등이 있으나 목적에 따라 대상범위를 달리 정할 수 있다.

현금흐름표는 기업의 영업, 투자, 재무활동 등의 결과로 발생한 현금흐름을 보고한 것으로 여기서의 현금흐름은 경제성 분석에서 특정 대안을 선택함으로써 발생하는 현금흐름의 개념과는 다소 차이가 있다. 즉, 공학경제의 바탕이 되는 현금흐름은 현금변화의 실제발생시점이 중요한 반면, 현금흐름표에서 다루는 현금흐름은 현금의 변화를 일으키게 되는 사건의 발생을 기본으로 작성된다는 점이다.

현금흐름표를 작성하기 위해서는 현금흐름을 수반하는 거래별로 현금유입과 현금유출내역을 상세하게 표시할 수 있으나 이는 너무나 번거로운 방법이므로 기업활동의 결과라고 할 수 있는 당기순이익으로부터 현금흐름을 일으키지 않는 수익과 비용항목을 차감하는 방법을 많이 사용한다. 아래에는 이러한 방식에 의한 현금흐름표의 작성 예를 보여주고 있다. 표 9.3의 현금흐름표에서 괄호 안의 수치는 순현금흐름을 구하기 위해 빼야 할 금액임을 의미한다.

표 9.3 현금흐름표의 예

현금흐름표

한국주식회사	20××년 1월 1일 ~ 20××년 12월 31일	(단위 : 백만원)
영업활동으로 인한 현금흐름		
당기순이익	150,000	
현금유출이 없는 비용	10,000	
현금유입이 없는 수익	(5,000)	
영업활동으로 인한 자산증가	(30,000)	
영업활동으로 인한 부채감소	(20,000)	105,000
투자활동으로 인한 현금흐름		
투자활동으로 인한 현금유입액	200,000	100,000
투자활동으로 인한 현금유출액	(100,000)	
재무활동으로 인한 현금흐름	(50,000)	
재무활동으로 인한 현금유입액	50,000	
재무활동으로 인한 현금유출액	(100,000)	(50,000)
현금증가액		155,000
기초의 현금		5,000
기말의 현금		160,000

9.1.4 재무제표분석

재무제표는 투자자, 금융기관 및 채권자, 세무기관 등의 이해관계자들에게 기업의 상태를 평가할 수 있는 유용한 정보를 제공한다. 투자자의 입장에서 재무제표는 대상기업의 수익성과 안전성을 분석하여 투자의사결정을 할 수 있는 근거가 된다. 또한 채권자의 입장에서는 기업의 신용상태와 지불능력 등을 평가하며 세무기관의 입장에서는 과세액을 사정하는 기준이 된다. 재무제표의 분석은 기업의 신용분석(credit analysis)을 위해 주로 이용되지만 기업이 자신의 수익성을 파악하고자 하는 경영분석(business analysis)의 목적으로도 널리 사용되고 있다.

재무제표의 분석방법으로는 재무제표의 항목 간의 관계를 비율로 구하는 분석하는 비율분석(ratio analysis)이 많이 사용된다. 비율분석에는 구성비율법, 추세비율법, 관계비율법 등이 있다.

(1) 구성비율법

구성비율법은 대차대조표나 손익계산서의 각 항목이 전체금액에서 차지하는 비율을 백분율로 구하여 항목 간의 균형을 파악하기 위한 것이다. 대차대조표의 경우 자산총액을 기준으로 한 자산, 부채, 그리고 자본항목들의 비율을 구하며 손익계산서의 경우 매출액을 기준으로 하여 매출원가, 매출총이익, 판매비와 관리비, 영업이익 등의 비율을 구하게 된다.

표 9.4 자산총액에 대한 항목별 구성비율이 표시된 백분율 손익계산서

대차대조표

한국주식회사 20××년 12월 31일 현재 (단위 : 백만원)

자산		비율(%)	부채		비율(%)
유동자산			유동부채		
현금	15,000	4.69	매입채무	80,000	25.00
유가증권	20,000	6.25	단기차입금	75,000	23.44
매출채권	50,000	15.63	고정부채		
선 급 금	10,000	3.13	사채	40,000	12.5060
상 품	60,000	18.75	부채총액	195,000	60.94
유동자산 총액	155,000	48.44	자본		
고정자산			보통주자본금	50,000	15.63
투자자산	60,000	18.75	자본잉여금	10,000	3.13
유형자산	70,000	21.88	이익잉여금	25,000	7.81
무형자산	35,000	10.94	자기주식	40,000	12.50
고정자산 총액	165,000	51.56	부채총액	125,000	39.06
자산총액	320,000	100.00	부채와 자본 총액	320,000	100.00

이러한 각 항목이 전체에서 차지하는 비율에 대한 적정수준은 산업분야마다 달라진다. 표 9.4는 자산총액에 대한 항목별 금액과 더불어 구성비율을 표시한 백분률대차대조표의 예이다.

(2) 추세비율법

추세비율법은 재무제표의 특정 항목의 금액이 시간이 진행됨에 따라 변화하는 시계열적인 정보를 얻기 위한 것이다. 이를 위해 기준연도를 선정, 해당 항목의 수치를 100으로 두고 연도별로 변화하는 항목별 금액을 기준연도의 해당항목의 금액과의 비율로 나타낸 것이다. 이러한 시간적 비교방법에 의해 기업의 재무제표의 항목별 수치가 향후 어떻게 변화하게 될지 예측할 수 있게 된다. 그림 9.7은 기업의 자산총액변화를 연도별로 나타내고 있는 그래프이다.

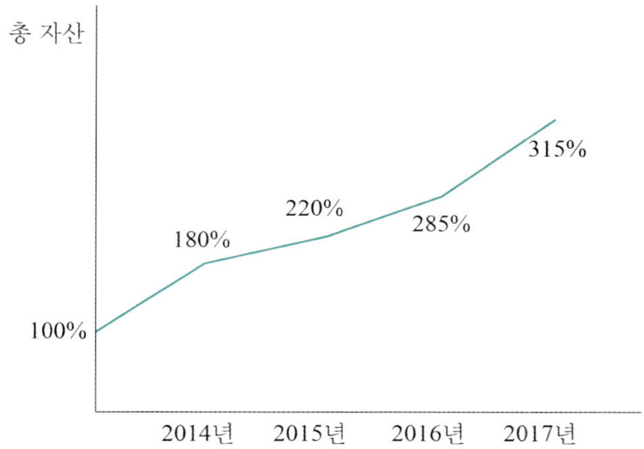

그림 9.7 자산총액의 연도별 변화

(3) 관계비율법

관계비율법은 재무제표상에서 특별한 항목들 간의 상호관계를 비율로 나타냄으로써 기업의 유동성, 안정성, 활동성 등을 평가하는 방법으로 비율분석의 주된 내용이 된다. 먼저, 유동성은 기업의 유동부채에 대한 단기지급능력을 말하는데 이를 평가할 수 있는 비율로서 유동자산과 유동부채을 비교하는 유동비율(liquidity ratio)과 당좌자산과 유동부채를 비교하는 당좌비율(acid test ratio)이 있다. 당좌자산은 유동자산에서 재고자산을 뺀 것이다. 기업의 단기지급능력을 보다 엄격하게 평가하는 데에는 당좌비율이 더 적당하다고 할 수 있다. 즉,

$$\text{유동비율} = (\text{유동자산}/\text{유동부채}) \times 100\% \quad (9.8)$$

이고,

$$\text{당좌비율} = (\text{당좌자산}/\text{유동부채}) \times 100\% \quad (9.9)$$

로 정의된다. 앞(표 9.1)의 대차대조표의 경우

$$\text{유동비율} = (155{,}000/155{,}000) \times 100\% = 100\%$$

가 된다.

기업의 안정성을 평가하기 위한 관계비율에는 자본부채비율이 있다. 이는 부채의 자기자본에 대한 비율로서 기업의 자본이 부채에 의존하고 있는 정도를 나타낸다. 즉,

$$\text{자본부채비율} = (\text{부채}/\text{자본}) \times 100\% \tag{9.10}$$

이다. 앞(표 9.1)의 대차대조표의 경우

$$\text{자본부채비율} = (195{,}000/125{,}000) \times 100\% = 156\%$$

가 된다.

기업의 수익성을 평가하기 위한 관계비율에는 당기순이익의 자본에 대한 비율인 자기자본 이익률, 당기순이익의 자산에 대한 비율인 총자산순이익율, 당기순이익의 매출액에 대한 비율인 매출액순이익율, 매출총이익의 매출액에 대한 비율인 매출총이익율 등이 있다. 즉,

$$\begin{aligned}
&\text{자기자본이익률} = (\text{당기순이익}/\text{자기자본}) \times 100\% \\
&\text{총자산순이익률} = (\text{당기순이익}/\text{총자산}) \times 100\% \\
&\text{매출액순이익률} = (\text{당기순이익}/\text{매출액}) \times 100\% \\
&\text{매출총이익률} = (\text{매출총이익}/\text{매출액}) \times 100\%
\end{aligned} \tag{7.11}$$

으로 정의된다. 여기서 자기자본이란 사채나 장 · 단기 차입금과 같은 타인자본이 아닌 출자자의 지분을 말하는 것으로 납입자본금과 잉여금으로 구성된다. 앞(표 9.1, 표 9.2)의 손익계산서와 대차대조표의 경우

$$\begin{aligned}
&\text{자기자본이익률} = (71{,}000/125{,}000) \times 100\% = 56.8\%, \\
&\text{총자산순이익률} = (71{,}000/320{,}000) \times 100\% = 22.19\%, \\
&\text{매출액순이익률} = (71{,}000/250{,}320) \times 100\% = 28.36\%, \\
&\text{매출총이익률} = (150{,}020/250{,}320) \times 100\% = 59.93\%
\end{aligned}$$

가 된다.

이 밖에도 기업이 자본을 얼마나 효과적으로 활용하는가를 파악하는 활동성을 평가하기 위한 관계비율에는 매출액의 자기자본 또는 총자본에 대한 비율인 자본회전율, 매출액의 유형자산에 대한 비율인 유형자산회전율 등이 있다. 즉,

$$\begin{aligned}
&\text{자본회전율} = (\text{매출액}/\text{자기자본}) \times 100\% \text{ 또는 } (\text{매출액}/\text{총자본}) \times 100\% \\
&\text{유형자산회전율} = (\text{매출액}/\text{유형자산}) \times 100\%
\end{aligned} \tag{9.12}$$

로 정의된다. 앞(표 9.1, 표 9.2)의 손익계산서와 대차대조표의 경우

자본회전율 = (250,320/125,000) × 100% = 200.26%
유형자산회전율 = (250,320/70,000) × 100% = 357.6%

가 된다. 위에서 기술한 비율 이외에도 기업의 업적평가를 위한 여러 가지 관계비율이 사용되고 있다.

9.2 원가회계

제조원가란 재화나 용역을 생산하는 데 사용한 원재료, 노동력, 생산설비 및 용역 등의 소비액이다. 제조기업에서 이러한 원가를 기록, 계산, 집계하는 회계를 원가회계라고 한다. 제조기업이란 원재료, 노동력, 생산설비와 용역을 이용하여 제품을 제조하는 기업을 말하는데 원가회계는 제조기업뿐 아니라 매매업, 금융업, 보험업, 창고업, 운송업, 서비스업에서 활용되고 있다.

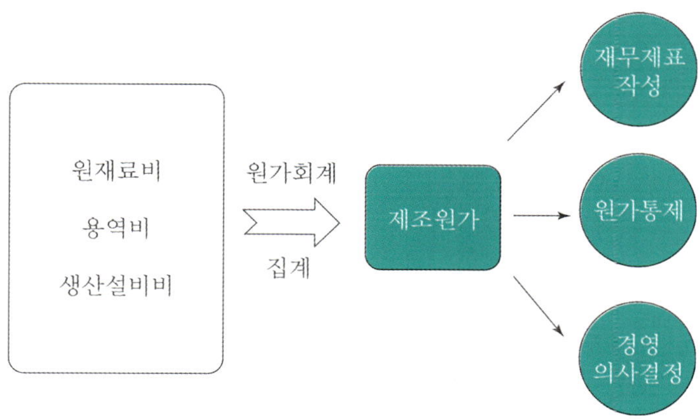

그림 9.8 원가회계의 기능

원가회계의 목적은 재무제표 작성 목적, 원가 통제 목적, 그리고 경영의사결정 목적으로 나누어 볼 수 있다. 재무제표 작성 목적이란 손익계산서상에 제조원가와 매출원가 정보를, 대차대조표상에 재공품과 제품의 재고자산 가액 제공하는 것이다. 원가 통제 목적이란 기업이 사전에 설정한 표준원가와 실제로 발생한 원가를 비교하여 원가를 관리, 통제하는 것을 말하며 경영의사결정 목적이란 경영자의 가격결정, 예산편성과 통제 등 경영자의 의사결정을 지원하기 위한 원가 정보를 제공하는 것이다. 그림 9.8은 원가회계의 기능을 나타낸 것이다.

원가 회계는 일반 기업회계와 달리 원가흐름의 파악에 초점이 모아져 있으며 일반 기업회계의 회계연도가 6개월 또는 1년인 데 반해 원가 회계는 보통 1개월 주기로 수행된다. 원가의 흐름은 매우 복잡하게 전개되는데 이는 외부기업과의 외부거래뿐 아니라 기업 내부적으로 이루어지는 내부거래를 감안하여야 하기 때문이다, 이를 위해 원가회계에서는 제조기업의 내부 거래를 기록하기 위한 재료비 계정, 노무비 계정, 제조 경비 계정 재공품 계정, 제품 계정 등을 추가 설정하므로 계정의 수가 많다. 또한 원가회계에서는 관련 계정 간의 대체 기입이 많고 집합계정의 수가 많다. 원가회계의 세부계정에 관한 내용은 본 저서의 범위를 벗어나므로 언급하지 않기로 한다.

9.2.1 원가의 개념과 분류

원가회계에서 다루는 제조원가는 일반회계에서의 비용과는 다른 개념이다. 즉, 비용(expense)은 일정기간 동안 수익을 얻기 위하여 소비한 경제적 가치를 뜻하지만, 제조원가(cost)는 재화나 용역의 생산을 위하여 소비한 경제적 가치를 뜻한다. 제조원가는 정상적인 제조과정에서 발생한 것만 포함한다.

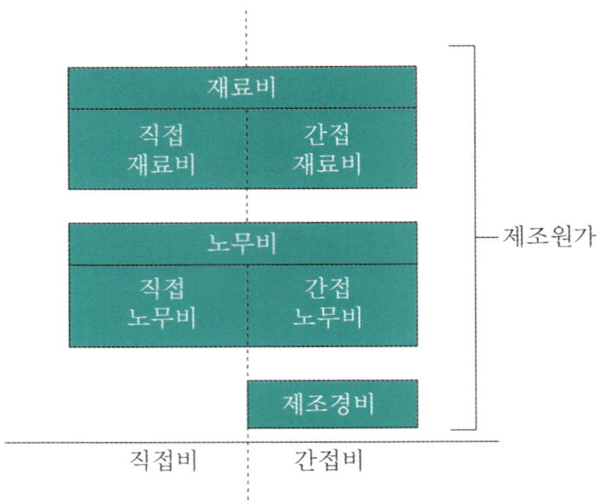

그림 9.9 제조원가의 구성

따라서 판매관리비와 같이 제조활동과 관계가 없이 소비된 경제적 가치, 파업시의 임금이나 유휴설비의 감가상각비와 같이 제조활동과 관계가 있지만 비정상적인 상태에서 발생한 경제적 가치감소, 그리고 화재나 도난과 같이 기업목적과 무관하게 발생한 경제적 가치감소 등은 제조원가에 포함시키지 않는다.

제조원가는 발생형태, 생산제품별 추적가능성, 그리고 제품생산량과의 관련성에 따라 몇 가지로 분류한다. 먼저 제조원가는 발생형태에 따라 재료비, 노무비, 그리고 제조경비로 분류한다. 재료비란 제품 제조를 위한 재료의 소비액이며 노무비는 제품 제조를 위하여 투입된 노동력에 대한 대가이다. 그리고 제조경비는 재료비와 노무비를 제외한 모든 원가요소를 말하는데 예를 들면 감가상각비, 전력비, 가스수도비 등이 있다. 또한 제조원가는 생산제품별 추적가능성에 다라 직접비와 간접비로 분류한다. 직접비는 각 제품별로 추적이 가능하여 각 제품에 직접 부과할 수 있는 원가이며 간접비는 여러 제품에 대해 통합적으로 소비되어 제품별로 추적이 곤란하므로 공통적으로 배부하는 원가이다. 마지막으로 제조원가는 생산량에 상관없이 일정하게 발생하는 부분을 고정비, 생산량의 증가에 따라 증가하는 부분을 변동비로 분류한다. 그림 9.9는 원가의 구성요소를 나타내고 있다.

직접비와 간접비는 각각 재료비와 노무비로 세분된다. 즉, 직접비는 직접재료비(direct material cost)와 간접재료비(indirect material cost)로, 간접비는 직접노무비(indirect labor cost)와 간접노무비(indirect labor cost)로 구분된다.

9.2.2 직접재료비(direct material cost)와 간접재료비(indirect material cost)

제품을 만들기 위해 직접 제품에 할당되어 제품별 할당량을 추적할 수 있는 재료를 직접재료라고 한다. 예를 들면 PC조립공장에서 메모리는 PC별 할당내역이 결정되어 있으며 발행한 자재청구서에 의해 제품별 할당내역이 파악된다. 이러한 직접재료에 드는 비용을 직접재료비라고 하며 제품별로 부과하는 것이 용이하다. 직접재료와 달리 간접재료는 제품별로 구분하여 할당되지 않는 재료로 예를 들면 PC본체를 조립하는 데 들어가는 나사못은 제품별로 정확한 사용량을 파악하는 것이 현실적으로 어려울 뿐 아니라 관리상 바람직하지도 않다. 이러한 재료에 들어가는 비용은 간접재료비용으로 처리한다.

9.2.3 직접노무비(direct labor cost)와 간접노무비(indirect labor cost)

직접노무비와 간접노무비도 직접재료비와 간접재료비의 구분과 같은 맥락으로 구분된다. 직접노무비는 각 제품의 생산을 위해 직접적으로 요구되어 제품별로 부과되는 노무비를 말한다. 예를 들면 PC조립라인에서 기술자가 PC조립을 위해 작업한 시간에 대한 급여는 조립된 PC대수와 연관한 직접노무비로 추적이 가능하다. 이에 비해 PC조립장비를 관리하는 기능공에 대한 급여는 조립된 PC대수와 직접 연관시키기 어려우며 이는 간접노무비로 처리한다.

9.2.4 제조원가와 판매원가, 판매가격

제조원가 중 직접비의 합을 직접원가라고 한다. 즉,

$$\text{직접원가} = \text{직접재료비} + \text{직접노무비} + \text{직접제조경비} \tag{9.13}$$

이다. 제조원가는 직접원가와 간접비를 합한 금액이 된다. 즉,

$$\text{제조원가} = \text{직접원가} + \text{제조간접비}(\text{간접재료비} + \text{간접노무비} + \text{간접제조경비}) \tag{9.14}$$

이다. 일반적으로 원가는 제조원가를 일컫는다. 판매원가는 제조원가에 판매 및 관리비를 합한 것을 말한다. 즉,

$$\text{판매원가} = \text{제조원가} + \text{판매비} + \text{관리비} \tag{9.15}$$

이다. 여기서 판매비는 생산된 제품을 판매하는 데 발생하는 비용으로서 판매와 관련한 인력의 급여, 시장조사비, 전시비, 판매공간 유지비, 판매수수료 등이 포함된다. 또한 관리비는 생산이나 판매활동과는 별도로 기업의 관리를 위해 발생하는 비용으로서 경영자의 급여, 사무실 관리비, 감사비 등이 포함된다. 판매비는 판매활동의 효율을 극대화하기 위해 제품의 종류와 지역, 판매담당자 별로 구분하여 분석하는 것이 바람직하며 관리비는 기업의 효율과 전체적인 생산성을 높이기 위해 적절한 수준의 비용을 책정하여 효과적으로 집행하여야 한다. 이러한 비용들은 제품의 판매가격에 반영되는데 예를 들어 판매 및 관리비가 제조원가 총액의 10% 수준으로 발생하였다면 제품의 판매가격에는 제조원가와 함께 이의 10%에 해당하는 판매 및 관리비가 포함되는 것이다.

마지막으로, 판매가격은 판매원가에 이익을 추가한 것이다. 즉,

$$\text{판매가격} = \text{판매원가} + \text{이익} \tag{9.15}$$

이 된다. 그림 9.10은 제조원가와 판매원가, 판매가격 간의 관계를 나타내고 있다.

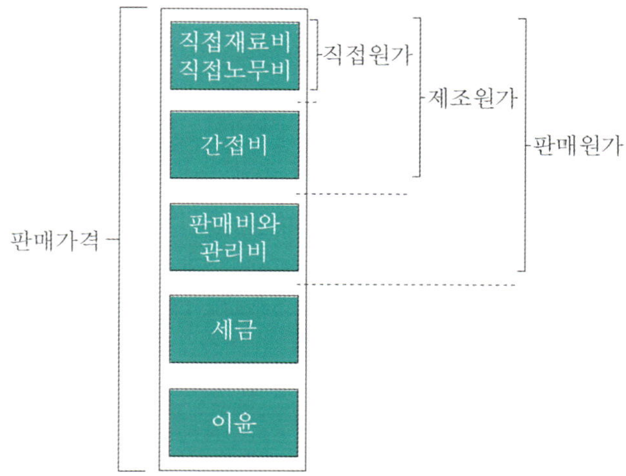

그림 9.10 제조원가와 판매원가 및 가격의 관계

이상에서 살펴본 바와 같이 제조원가에는 직접재료비, 직접노무비, 그리고 간접비가 있으며 간접비는 다시 간접재료비, 간접노무비, 그리고 경비로 구분된다. 이러한 제조원가는 제품판매 시의 판매원가에 포함된다. 참고로, 기업의 업적을 나타내는 손익계산서에서 회계기간 동안 발생한 판매원가는 매출원가로 집계되며, 판매비와 관리비는 이와 별도로 집계된다.

9.2.5 원가계산

원가계산업무는 계산시기를 기준으로 실제원가 계산과 예정원가 계산으로 구눈한다. 실제 원가 계산은 제품이 생산된 후 제조 과정에서 실제로 발생한 원가를 집계하여 계산하는 방법이다. 이 방법은 재무제표 작성 시 이용되는 것으로 사후원가 계산의 개념이 된다. 이에 반해 예정원가계산은 과거의 실제원가를 기초로 미래를 예상하여 원가 계산하는 방법으로 추산원가계산이라고도 한다. 이 방법은 생산되지 않은 주문품의 가격을 결정할 때나 입찰 시 가격을 산정할 때 이용되며 사전 원가 계산의 개념이 된다. 참고로, 표준원가계산이란 사전에 설정된 표준가격 및 표준 사용량을 이용하여 원가 계산하는 방법으로서 표준원가(standard cost)는 제품의 생산이 정상적으로, 그리고 효율적으로 이루어지는 상황에서 예상되는 원가를 뜻하게 된다, 표준원가계산은 제품생산에 따른 실제원가를 통제하고 관리하는 것이 목적이 된다.

또한 원가계산은 대상 제조기업의 생산형태에 따라 성능, 규격이 다른 여러 종류의 제품을 생산하는 기업에서 각 제품별로 원가를 계산하는 개별 원가 계산과 성능, 규격이 동일한 제품을 대량생산하는 기업에서 일정기간의 총 원가를 생산품 수량으로 나누어 제품의 운가를 구하는 종합원가 계산방식으로 구분되기도 한다. 개별원가계산의 경우 제조간접비는 기준에 따라 제품별로 배부해야 하나 종합원가계산의 경우 제조 직접비와 제조 간접비를 구태여 구분할 필요가 없게 된다.

그 밖에도 원가계산은 변동비와 고정비 모두를 포함하여 계산하는 경우와 변동비만을 대상으로 원가계산을 하는 경우로 나누어 볼 수 있다. 올바른 원가를 구하기 위해서는 변동비와 고정비를 모두 포함해야 하며 이는 재무제표 작성방법에 해당된다. 반면 변동비만을 대상으로 원가계산을 하는 경우는 제품 한 단위의 생산비가 어떻게 변화하는지를 파악하기 위한 것으로 경영자의 의사결정을 위한 정보로 이용된다.

9.2.6 제조원가명세서

제조원가명세서는 회계기간 동안 발생한 제조원가를 상세히 집계하기 위한 것이다. 이는 회계기간 당기의 제조활동 결과를 기말에 요약한 것이다.

표 9.5는 제조원가명세서의 예이다. 제조원가명세서에서 당기제품제조원가는 다음의 식에 의해 구해진다.

$$\begin{aligned}\text{당기제품제조원가} &= \text{당기 총 제조비용} + \text{기초재공품원가} \\ &\quad - \text{기말재공품원가} - \text{타 계정으로 대체액}\end{aligned} \tag{9.16}$$

표 9.5 제조원가명세서의 예

제조원가명세서

한국주식회사	20××년 1월 1일 ~ 20××년 12월 31일	(단위 : 백만원)
재료비		80,000
기초재료재고액	50,000	
당기재료매입액	100,000	
기말재료재고액	70,000	
노무비		30,000
급여	20,000	
상여금	10,000	
경비		14,000
전력비	2,000	
운반비	500	
감가상각비	5,000	
보험료	1,000	

복리후생비	1,000	
특허사용료	1,500	
기타경비	3,000	
당기 총 제조비용		124,000
기초재공품 원가		5,000
기말재공품 원가		3,500
타 계정으로 대체액		5,500
당기 제품 제조원가		120,000

9.2.7 간접비의 배부

제품의 원가를 구하는 데 있어서 어려운 점의 하나는 간접비를 제품별로 어떻게 배부하는 가 하는 것이다. 간접비에는 위에서 설명한 간접재료비와 간접노무비 이외에 제조에 따르는 경비가 포함된다. 경비에는 전력비, 감가상각비, 보험료 등이 있다. 간접비는 각 제품의 생산에 직접 할당할 수 없는 모든 비용을 포함한다. 간접비는 직접비에 비해 비중이 큰 경우가 많고 기업의 수익을 정확하게 파악하기 위해서는 이를 정확히 추정해야 한다. 특히 다양한 제품을 생산하는 기업이나 신제품을 생산하게 되는 경우에 있어서 적절한 방법으로 간접비를 제품별로 배부하여 수익을 예측하는 것이 매우 중요하다. 그림 9.11은 간접비가 제품별로 배부되고 직접비와 합쳐져 제조원가가 되는 과정을 나타내고 있다.

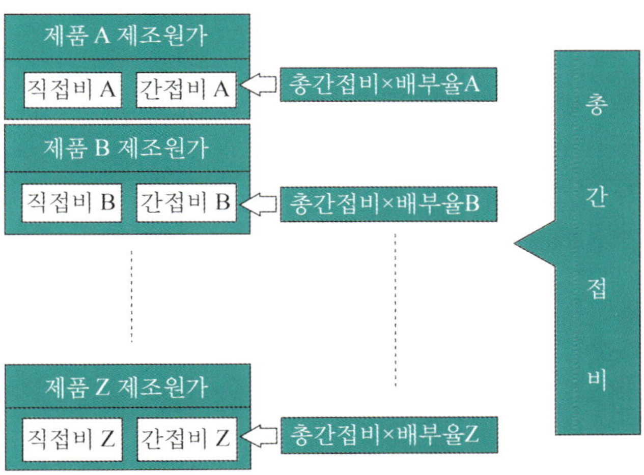

그림 9.11 간접비 배부

간접비를 제품별로 배부하기 위해 회계기간 동안 발생한 간접비 총액을 기준이 되는 직접비 항목으로 나누어 그 비율을 적용하는 방법이 많이 사용되어 왔다. 주로 사용되는 기준은 직접노무비, 직접노무시간, 직접재료비, 직접비, 그리고 기계가동시간 등이 있다. 직접노무비를 기준으로 할 경우 제품단위당 제조간접비는

$$\text{총간접비} \times (\text{제품단위당 직접노무비} / \text{연간직접노무비}) \tag{9.17}$$

가 되며 직접노무시간을 기준으로 할 경우 제품단위당 제조간접비는

$$\text{총간접비} \times (\text{제품단위당 직접노무시간} / \text{연간직접노무시간}) \tag{9.18}$$

직접재료비를 기준으로 할 경우 제품단위당 제조간접비는

$$\text{총간접비} \times (\text{제품단위당 직접재료비} / \text{연간직접재료비}) \tag{9.19}$$

직접비를 기준으로 할 경우 제품단위당 제조간접비는

$$\text{총간접비} \times (\text{제품단위당 직접비} / \text{연간직접비}) \tag{9.20}$$

그리고 기계가동시간을 기준으로 할 경우 제품단위당 제조간접비는

$$\text{총간접비} \times (\text{제품단위당 기계가동시간} / \text{연간기계가동시간}) \tag{9.21}$$

등으로 구해지게 된다. 표 9.6은 제조간접비를 구하는 예이다.

표 9.6 직접노무비, 직접노무시간, 직접재료비, 그리고 직접비

기준	전체제품	제품A	제품A의 제조간접비 배부액
직접노무비	4,000만원	1,500만원	6,000×(1,500/4,000) = 2,250만원
직접노무시간	2,500시간	1,000시간	6,000×(1,000/2,500) = 2,400만원
직접재료비	3,000만원	1,300만원	6,000×(1,300/3,000) = 2,600만원
직접비	7,000만원	2,800만원	6,000×(2,800/7,000) = 2,400만원

어떤 공장의 연간 제조간접비가 6,000만원이다. 그리고 연간 직접노무비는 4,000만원, 연간 직접노무시간은 2,500시간, 연간 직접재료비는 3,000만원이다. 그리고 이 공장의 제품 A를 생산하는 데 소요되는 연간 직접노무비는 1,500만원, 연간 직접노무시간은 1,000시간, 연간 직접재료비

는 1,200만원이다. 이때 이 제품에 대한 제조간접비를 직접노무비, 직접노무시간, 직접재료비, 직접비 등의 기준으로 구하면 표 9.6과 같다.

표 9.7 기계가동시간에 의한 제품별 제조간접비 배부액의 계산예

	제품단위당 기계가동시간			연간 가동시간	연간 제조간접비
	제품A	제품B	제품C		
기계1	2.5시간	3.5시간	4시간	2,500시간	3,000만원
기계2	3시간	4시간	3시간	2,500시간	3,000만원
제품단위당 제조간접비 배부액(만원)	3,000×(2.5/2,500) +3,000×(3/3,000) = 6	3,000×(3.5/2,500) +3,000×(4/3,000) = 8.2	3,000×(4/2,500) +3,000×(3/3,000) =7.8		

앞 예에서의 공장이 제품A와 제품B, 그리고 제품C를 생산한다고 하자. 그리고 이 공장은 이들 제품을 생산하기 위해 기계1과 기계2를 가동하는데, 기계1과 기계2의 연간제조간접비는 각각 3,000만원이라고 하자. 기계1과 기계2는 모두 연간 2,500시간 가동된다. 각 기계가 각각의 제품을 1단위 생산하기 위해 필요한 가동시간, 그리고 이 자료를 이용하여, 기계가동시간에 의한 제품별 제조간접비 배부액의 계산결과가 표 9.7에 나타나 있다.

제품의 제조간접비 배부액은 위에서 설명한 각 방법에 따라 다른 결과가 도출된다. 제조간접비는 제품의 수익성 평가에서 중요한 자료가 되므로 적합한 방법을 선택하지 않으면 안 된다. 제조간접비를 보다 합리적으로 추정하기 위해 제품생산에 필요한 활동을 기준으로 한 측정방법은 뒤 절에서 설명한다.

9.2.8 활동기준원가측정방법

제품 또는 서비스의 원가 계산에 있어서 간접비는 생산활동의 수행에 따라 발생하는 비용이면서도 직접비에 비해 생산제품별 산정이 어려운 비용이다. 이러한 간접비의 제품단위당 간접비를 구하기 위하여, 총액상의 간접비의 직접비에 대한 비율을 구한 다음 이를 각 제품의 직접비에 곱하여 배부하는 비율계산법을 전통적으로 사용하여 왔다. 그러나 이러한 방법으로는 생산과정에 따라 다르게 발생하는 제품별 간접비를 정확하게 추정할 수 없으며 관리체계의 변화 또는 생산환경의 변화에 따른 간접비의 추이를 파악하기 곤란하다. 특히 생산제품의 종류는 많으나 각 제품의 생산량은 작은, 오늘날의 생산환경에서 이러한 방법은 무시하지 못할 수준의 오차를 발생시

킬 수 있다. 결과적으로 이러한 회계방법은 각 제품의 원가를 부정확하게 추정함으로써 제품의 가격을 불합리하게 설정하게 할 뿐 아니라, 이득이 거의 없는 제품이나 공정에 대한 구조개선을 어렵게 하는 결과를 낳게 한다.

제품의 간접비를 생산활동요소에 의거하여 보다 정확하게 산정하고 그 변화를 추적하기 위한 방법이 활동기준원가측정(Activity-Based Cost : ABC)방법이다. 이 방법은 전통적인 회계방법이 생산량을 기반으로 원가를 산정하는 데 비해, 생산에 필요한 활동을 기반으로 원가를 산정한다는 점에 차이가 있다. 따라서 이 방법은 전통적인 회계의 개념을 보다 개선시킨 것이라고 할 수 있다. 이 방법에 따르면, 먼저 제품의 생산에 필요한 간접활동을 분류하고, 각 활동과 관련한 비용발생요인 및 이와 관련한 소모자원들을 정리한다. 그다음으로, 각 제품에 대해 비용발생요인에 따른 소모자원의 규모를 파악하고 이에 따른 실제발생비용을 조사, 간접비를 계산하게 되는 것이다. 그림 9.12는 이와 같이 간접비가 제품별로 계산되어 제조원가에 포함되는 것을 나타내고 있다.

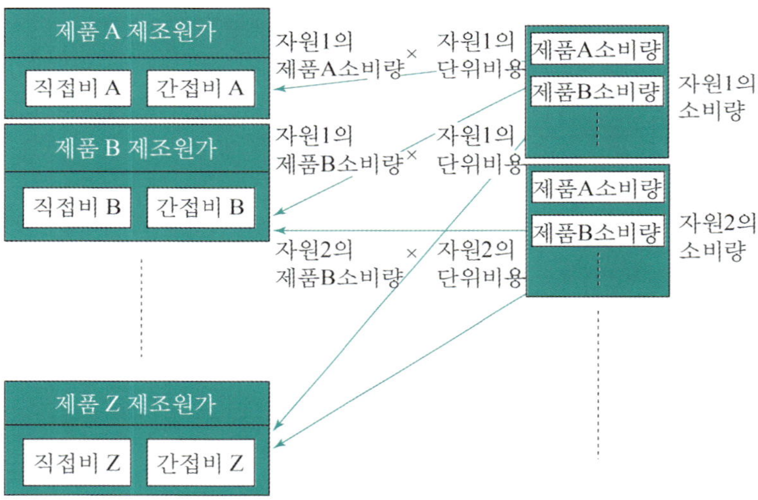

그림 9.12 활동기준원가측정에서의 간접비 배부

ABC방법을 도입하기 위해서는 생산을 위한 간접활동을 정확하게 분류하고 활동에 따른 원가발생요인과 이에 따른 각종 소모자원의 양에 대한 정확한 통계자료를 구해야 한다. 생산을 위한 간접활동이란 제품이나 서비스 생산에 직접적으로 영향을 끼치지 않는 활동으로, 구매 및 자재관리, 마케팅활동, 라인의 가동을 위한 준비활동, 품질관리, 각종 보전 및 점검활동 등 여러 종류가 있으며 이들과 관련하여 소모되는 인간 및 기계의 활동시간과 각종 간접재료의 소모량을 기간별로 조사하여야 한다.

표 9.8은 두 종류의 제품을 생산하는 어떤 가상기업의 제품별 간접비를 구하는 과정을 요약한 것이다. 먼저, 제품1과 제품2의 직접재료비, 직접노무비, 그리고 간접비 총액은 표 9.8과 같다.

표 9.8 제품 1과 제품 2의 직접비구성과 간접비총액 (단위 : 억원)

	제품1	제품2	계
연간 직접 재료비	10	6	16
연간 직접 노무비	6	4	10
연간 간접비 총액	25		

제품별 제조간접비를 구하기 위해 전통적인 방법 중 직접노무비를 기준으로 할 경우

표 9.9 간접활동비용 및 소모자원의 단위비용

간접활동	자원 소모량	간접활동비용 (총액 25억원)	소도자원의 단위 비용
설계	500 설계작업시간	5억원	5억/500＝100만원/설계작업시간
생산	3,000 기계가동시간	15억원	15억/3,000＝50만원/기계가동시간
품질보증	3,000회의 품질검사	3억원	3억/3,000＝10만원/회
주문 및 배달	1,000건의 처리회수	2억원	2억/1,000＝20만원/회

제품 1의 연간 제조간접비

$$= 600,000,000 \times (2,500,000,000\ /\ 1,000,000,000) = 1,500,000,000\text{원}$$

제품 2의 연간 제조간접비

$$= 400,000,000 \times (2,500,000,000\ /\ 1,000,000,000) = 1,000,000,000\text{원}$$

으로 추정된다. 다음은 ABC방법에 의해 제품별 간접비를 구해 보기로 한다. 이 기업에서 제품의 간접비를 발생시키는 활동들과 각 활동의 비용발생요인 및 자원소모량, 그리고 활동별로 발생한 비용은 표 9.9와 같다. 아래 표에는 이 기업이 비용발생요인별로 소모되는 자원의 단위비용을 구하고 있다.

마지막으로, 표 9.10에는 제품별로 활동에 따른 소모 자원의 규모와 이를 근거로 활동별 비용을 구하고 이를 활동별 비용을 합계하여 제품별 간접비를 구하는 과정을 보여주고 있다.

표 9.10 각 제품의 활동에 따른 자원소모량 및 간접비 계산

간접활동	소모자원의 단위 비용	제품1		제품2	
		자원소모량	활동비용	자원 소모량	활동비용
설계	100만원/설계작업시간	200 설계작업시간	2억원	300 설계작업시간	3억원
생산	50만원/기계가동시간	1,550 기계가동시간	7.75억원	1,450 기계가동시간	7.25억원
품질보증	10만원/회	1,600회의 품질검사	1.6억원	1,400회의 품질검사	1.4억원
주문 및 배달	20만원/회	500건의 처리회수	1억원	500건의 처리회수	1억원
연간 간접비			12.35억원		12.65억원

위의 예에서 제품1은 제품2에 비해 직접노무비가 더 크기 때문에 전통적인 회계방법에 의하면 한다면 제품1의 간접비가 제품2에 비해 더 크게 추정된다. 그러나 활동기준원가측정방법에 의하면 오히려 제품1의 간접비가 더 적은 것으로 나타났다. 위의 예에서 보여주듯이 ABC방법은 보다 정확하게 제품의 간접비를 추정할 수 있는 강점을 갖고 있어 많은 기업에서 점차 이 방법을 도입하고 있는 추세에 있다.

연습문제

01 기업에서 사용하는 재무제표의 종류와 기능을 설명하시오.

02 공학경제와 회계의 관계를 설명하시오.

03 손익계산서를 작성해 가는 과정을 설명하시오.

04 대차대조표와 손익계산서 간의 관계를 설명하시오.

05 현금흐름표에서 나타내는 현금흐름과 공학경제의 분석을 위한 현금흐름과의 차이점을 설명하시오.

06 재무제표의 분석에 사용되는 비율분석에는 어떤 종류가 있는지 설경하시오.

07 기업의 유동성, 안정성, 그리고 활동성을 평가하는 방법에는 어떤 것들이 있는지 설명하시오.

08 원가계산에서 제조원가의 계산과정과 제조원가명세서의 작성과정을 설명하시오.

09 간접비를 배분하는 방법들을 설명하고 문제점을 지적하시오.

10 활동기준 원가측정방법이 갖는 이점과 적용상의 어려움을 설명하시오.

11 활동기준 원가측정과정에 이용되는 자원의 종류에는 어떤 것들이 있는지 나열하고 각 자원의 단위와 기준, 그리고 적용방법에 관해 설명하시오.

12 연간 제조간접비가 1억원인 어떤 기업이 있다. 이 기업은 두 제품 A, B를 생산하는데 제품 A의 연간 직접노무비는 3,000만원, 연간 직접 노무시간은 1,000시간, 연간 직접재료비는 2,000만원이다. 또한 제품 B의 연간 직접노무비는 4,000만원, 연간 직접노므시간은 1,100시간, 연간 직접 재료비는 3,000만원이다. 제품 A, B의 연간 제조 간접비를 직접노무비, 직접노무시간, 직접재료비, 직접비 등의 기준으로 구하시오.

13 위의 문제에서 제품A는 연간 10,000개를 생산하며 제품B는 연간 15,000개를 생산한다고 한다. 제품A의 단위당 직접 재료비를 15,000원, 제품B의 단위당 직접재료비를 7,000원이라고 할 때 위의 각 간접제조비 측정방법에 따른 제품별 단위 제조원가를 구하시오.

14 14번 문제에서 각 제품의 자원소모량과 총비용이 다음과 같이 주어져 있을 때 각 제품의 단위 제조원가를 구하시오.

간접활동	간접활동비용 (총액 25억원)	제품A의 자원소모량	제품B의 자원소모량
설계	2,000만원	400 설계작업시간	600 설계작업시간
생산	6,000만원	1,500 기계가동시간	2,500 기계가동시간
품질보증	1,500만원	2,000회의 품질검사	3,000회의 품질검사
주문 및 배달	500만원	800건의 처리회수	1,200건의 처리회수

부 록

표 A.1 이율 = 1%에 대한 연간 복리 이자계수

n	일회 지불		균일지불				등차지불 계수	등비지불 계수
	복리계수	현가계수	복리계수	적립기금 계수	자본회수 계수	현가계수		
	(F/P,i,n)	(P/F,i,n)	(F/A,i,n)	(A/F,i,n)	(A/P,i,n)	(P/A,i,n)	(A/G,i,n)	g=5%
1	1.0100	0.9901	1.0000	1.0000	1.0100	0.9901	0.0000	0.9901
2	1.0201	0.9803	2.0100	0.4975	0.5075	1.9704	0.4975	2.0194
3	1.0303	0.9706	3.0301	0.3300	0.3400	2.9410	0.9934	3.0895
4	1.0406	0.9610	4.0604	0.2463	0.2563	3.9020	1.4876	4.2019
5	1.0510	0.9515	5.1010	0.1960	0.2060	4.8534	1.9801	5.3585
6	1.0615	0.9420	6.1520	0.1625	0.1725	5.7955	2.4710	6.5608
7	1.0721	0.9327	7.2135	0.1386	0.1486	6.7282	2.9602	7.8107
8	1.0829	0.9235	8.2857	0.1207	0.1307	7.6517	3.4478	9.1101
9	1.0937	0.9143	9.3685	0.1067	0.1167	8.5660	3.9337	10.4610
10	1.1046	0.9053	10.4622	0.0956	0.1056	9.4713	4.4179	11.8654
11	1.1157	0.8963	11.5668	0.0865	0.0965	10.3676	4.9005	13.3254
12	1.1268	0.8874	12.6825	0.0788	0.0888	11.2551	5.3815	14.8433
13	1.1381	0.8787	13.8093	0.0724	0.0824	12.1337	5.8607	16.4212
14	1.1495	0.8700	14.9474	0.0669	0.0769	13.0037	6.3384	18.0617
15	1.1610	0.8613	16.0969	0.0621	0.0721	13.8651	6.8143	19.7671
16	1.1726	0.8528	17.2579	0.0579	0.0679	14.7179	7.2886	21.5400
17	1.1843	0.8444	18.4304	0.0543	0.0643	15.5623	7.7613	23.3832
18	1.1961	0.8360	19.6147	0.0510	0.0610	16.3983	8.2323	25.2994
19	1.2081	0.8277	20.8109	0.0481	0.0581	17.2260	8.7017	27.2914
20	1.2202	0.8195	22.0190	0.0454	0.0554	18.0456	9.1694	29.3624
21	1.2324	0.8114	23.2392	0.0430	0.0530	18.8570	9.6354	31.5154
22	1.2447	0.8034	24.4716	0.0409	0.0509	19.6604	10.0998	33.7536
23	1.2572	0.7954	25.7163	0.0389	0.0489	20.4558	10.5626	36.0805
24	1.2697	0.7876	26.9735	0.0371	0.0471	21.2434	11.0237	38.4995
25	1.2824	0.7798	28.2432	0.0354	0.0454	22.0232	11.4831	41.0143
26	1.2953	0.7720	29.5256	0.0339	0.0439	22.7952	11.9409	43.6287
27	1.3082	0.7644	30.8209	0.0324	0.0424	23.5596	12.3971	46.3467
28	1.3213	0.7568	32.1291	0.0311	0.0411	24.3164	12.8516	49.1723
29	1.3345	0.7493	33.4504	0.0299	0.0399	25.0658	13.3044	52.1098
30	1.3478	0.7419	34.7849	0.0287	0.0387	25.8077	13.7557	55.1637
35	1.4166	0.7059	41.6603	0.0240	0.0340	29.4086	15.9871	72.3458
40	1.4889	0.6717	48.8864	0.0205	0.0305	32.8347	18.1776	93.2108
45	1.5648	0.6391	56.4811	0.0177	0.0277	36.0945	20.3273	118.5478
50	1.6446	0.6080	64.4632	0.0155	0.0255	39.1961	22.4363	149.3156
55	1.7285	0.5785	72.8525	0.0137	0.0237	42.1472	24.5049	186.6781
60	1.8167	0.5504	81.6697	0.0122	0.0222	44.9550	26.5333	232.0488
65	1.9094	0.5237	90.9366	0.0110	0.0210	47.6266	28.5217	287.1441
70	2.0068	0.4983	100.6763	0.0099	0.0199	50.1685	30.4703	354.0485
75	2.1091	0.4741	110.9128	0.0090	0.0190	52.5871	32.3793	435.2930
80	2.2167	0.4511	121.6715	0.0082	0.0182	54.8882	34.2492	533.9514
85	2.3298	0.4292	132.9790	0.0075	0.0175	57.0777	36.0801	653.7560
90	2.4486	0.4084	144.8633	0.0069	0.0169	59.1609	37.8724	799.2392
95	2.5735	0.3886	157.3538	0.0064	0.0164	61.1430	39.6265	975.9051
100	2.7048	0.3697	170.4814	0.0059	0.0159	63.0289	41.3426	1190.4372

표 A.2 이율 = 2%에 대한 연간 복리 이자계수

n	일회 지불		균일지불				등차지불 계수	등비지불 계수
	복리계수	현가계수	복리계수	적립기금 계수	자본회수 계수	현가계수		
	(F/P,i,n)	(P/F,i,n)	(F/A,i,n)	(A/F,i,n)	(A/P,i,n)	(P/A,i,n)	(A/G,i,n)	g=5%
1	1.0200	0.9804	1.0000	1.0000	1.0200	0.9804	0.0000	0.9804
2	1.0404	0.9612	2.0200	0.4950	0.5150	1.9416	0.4950	1.9896
3	1.0612	0.9423	3.0604	0.3268	0.3468	2.8839	0.9868	3.0285
4	1.0824	0.9238	4.1216	0.2426	0.2626	3.8077	1.4752	4.0980
5	1.1041	0.9057	5.2040	0.1922	0.2122	4.7135	1.9604	5.1989
6	1.1262	0.8880	6.3081	0.1585	0.1785	5.6014	2.4423	6.3322
7	1.1487	0.8706	7.4343	0.1345	0.1545	6.4720	2.9208	7.4989
8	1.1717	0.8535	8.5830	0.1165	0.1365	7.3255	3.3961	8.6998
9	1.1951	0.8368	9.7546	0.1025	0.1225	8.1622	3.8681	9.9361
10	1.2190	0.8203	10.9497	0.0913	0.1113	8.9826	4.3367	11.2087
11	1.2434	0.8043	12.1687	0.0822	0.1022	9.7868	4.8021	12.5188
12	1.2682	0.7885	13.4121	0.0746	0.0946	10.5753	5.2642	13.8673
13	1.2936	0.7730	14.6803	0.0681	0.0881	11.3484	5.7231	15.2556
14	1.3195	0.7579	15.9739	0.0626	0.0826	12.1062	6.1786	16.6847
15	1.3459	0.7430	17.2934	0.0578	0.0778	12.8493	6.6309	18.1558
16	1.3728	0.7284	18.6393	0.0537	0.0737	13.5777	7.0799	19.6702
17	1.4002	0.7142	20.0121	0.0500	0.0700	14.2919	7.5256	21.2291
18	1.4282	0.7002	21.4123	0.0467	0.0667	14.9920	7.9681	22.8339
19	1.4568	0.6864	22.8406	0.0438	0.0638	15.6785	8.4073	24.4859
20	1.4859	0.6730	24.2974	0.0412	0.0612	16.3514	8.8433	26.1864
21	1.5157	0.6598	25.7833	0.0388	0.0588	17.0112	9.2760	27.9370
22	1.5460	0.6468	27.2990	0.0366	0.0566	17.6580	9.7055	29.7391
23	1.5769	0.6342	28.8450	0.0347	0.0547	18.2922	10.1317	31.5942
24	1.6084	0.6217	30.4219	0.0329	0.0529	18.9139	10.5547	33.5038
25	1.6406	0.6095	32.0303	0.0312	0.0512	19.5235	10.9745	35.4696
26	1.6734	0.5976	33.6709	0.0297	0.0497	20.1210	11.3910	37.4932
27	1.7069	0.5859	35.3443	0.0283	0.0483	20.7069	11.8043	39.5763
28	1.7410	0.5744	37.0512	0.0270	0.0470	21.2813	12.2145	41.7207
29	1.7758	0.5631	38.7922	0.0258	0.0458	21.8444	12.6214	43.9282
30	1.8114	0.5521	40.5681	0.0246	0.0446	22.3965	13.0251	46.2006
35	1.9999	0.5000	49.9945	0.0200	0.0400	24.9986	14.9961	58.6053
40	2.2080	0.4529	60.4020	0.0166	0.0366	27.3555	16.8885	72.9448
45	2.4379	0.4102	71.8927	0.0139	0.0339	29.4902	18.7034	89.5207
50	2.6916	0.3715	84.5794	0.0118	0.0318	31.4236	20.4420	108.6820
55	2.9717	0.3365	98.5865	0.0101	0.0301	33.1748	22.1057	130.8317
60	3.2810	0.3048	114.0515	0.0088	0.0288	34.7609	23.6961	156.4362
65	3.6225	0.2761	131.1262	0.0076	0.0276	36.1975	25.2147	186.0340
70	3.9996	0.2500	149.9779	0.0067	0.0267	37.4986	26.6632	220.2482
75	4.4158	0.2265	170.7918	0.0059	0.0259	38.6771	28.0434	259.7987
80	4.8754	0.2051	193.7720	0.0052	0.0252	39.7445	29.3572	305.5178
85	5.3829	0.1858	219.1439	0.0046	0.0246	40.7113	30.6064	358.3676
90	5.9431	0.1683	247.1567	0.0040	0.0240	41.5869	31.7929	419.4602
95	6.5617	0.1524	278.0850	0.0036	0.0236	42.3800	32.9189	490.0813
100	7.2446	0.1380	312.2323	0.0032	0.0232	43.0984	33.9863	571.7170

표 A.3 이율 = 3%에 대한 연간 복리 이자계수

n	일회 지불		균일지불				등차지불 계수	등비지불 계수
	복리계수	현가계수	복리계수	적립기금 계수	자본회수 계수	현가계수		
	(F/P,i,n)	(P/F,i,n)	(F/A,i,n)	(A/F,i,n)	(A/P,i,n)	(P/A,i,n)	(A/G,i,n)	g = 5%
1	1.0300	0.9709	1.0000	1.0000	1.0300	0.9709	0.0000	0.9709
2	1.0609	0.9426	2.0300	0.4926	0.5226	1.9135	0.4926	1.9606
3	1.0927	0.9151	3.0909	0.3235	0.3535	2.8286	0.9803	2.9695
4	1.1255	0.8885	4.1836	0.2390	0.2690	3.7171	1.4631	3.9981
5	1.1593	0.8626	5.3091	0.1884	0.2184	4.5797	1.9409	5.0466
6	1.1941	0.8375	6.4684	0.1546	0.1846	5.4172	2.4138	6.1155
7	1.2299	0.8131	7.6625	0.1305	0.1605	6.2303	2.8819	7.2051
8	1.2668	0.7894	8.8923	0.1125	0.1425	7.0197	3.3450	8.3158
9	1.3048	0.7664	10.1591	0.0984	0.1284	7.7861	3.8032	9.4482
10	1.3439	0.7441	11.4639	0.0872	0.1172	8.5302	4.2565	10.6025
11	1.3842	0.7224	12.8078	0.0781	0.1081	9.2526	4.7049	11.7793
12	1.4258	0.7014	14.1920	0.0705	0.1005	9.9540	5.1485	12.9789
13	1.4685	0.6810	15.6178	0.0640	0.0940	10.6350	5.5872	14.2018
14	1.5126	0.6611	17.0863	0.0585	0.0885	11.2961	6.0210	15.4484
15	1.5580	0.6419	18.5989	0.0538	0.0838	11.9379	6.4500	16.7192
16	1.6047	0.6232	20.1569	0.0496	0.0796	12.5611	6.8742	18.0148
17	1.6528	0.6050	21.7616	0.0460	0.0760	13.1661	7.2936	19.3354
18	1.7024	0.5874	23.4144	0.0427	0.0727	13.7535	7.7081	20.6818
19	1.7535	0.5703	25.1169	0.0398	0.0698	14.3238	8.1179	22.0542
20	1.8061	0.5537	26.8704	0.0372	0.0672	14.8775	8.5229	23.4533
21	1.8603	0.5375	28.6765	0.0349	0.0649	15.4150	8.9231	24.8796
22	1.9161	0.5219	30.5368	0.0327	0.0627	15.9369	9.3186	26.3336
23	1.9736	0.5067	32.4529	0.0308	0.0608	16.4436	9.7093	27.8158
24	2.0328	0.4919	34.4265	0.0290	0.0590	16.9355	10.0954	29.3268
25	2.0938	0.4776	36.4593	0.0274	0.0574	17.4131	10.4768	30.8671
26	2.1566	0.4637	38.5530	0.0259	0.0559	17.8768	10.8535	32.4373
27	2.2213	0.4502	40.7096	0.0246	0.0546	18.3270	11.2255	34.0381
28	2.2879	0.4371	42.9309	0.0233	0.0533	18.7641	11.5930	35.6699
29	2.3566	0.4243	45.2189	0.0221	0.0521	19.1885	11.9558	37.3334
30	2.4273	0.4120	47.5754	0.0210	0.0510	19.6004	12.3141	39.0292
35	2.8139	0.3554	60.4621	0.0165	0.0465	21.4872	14.0375	48.0150
40	3.2620	0.3066	75.4013	0.0133	0.0433	23.1148	15.6502	57.9078
45	3.7816	0.2644	92.7199	0.0108	0.0408	24.5187	17.1556	68.7992
50	4.3839	0.2281	112.7969	0.0089	0.0389	25.7298	18.5575	80.7898
55	5.0821	0.1968	136.0716	0.0073	0.0373	26.7744	19.8600	93.9906
60	5.8916	0.1697	163.0534	0.0061	0.0361	27.6756	21.0674	108.5238
65	6.8300	0.1464	194.3328	0.0051	0.0351	28.4529	22.1841	124.5239
70	7.9178	0.1263	230.5941	0.0043	0.0343	29.1234	23.2145	142.1389
75	9.1789	0.1089	272.6309	0.0037	0.0337	29.7018	24.1634	161.5318
80	10.6409	0.0940	321.3630	0.0031	0.0331	30.2008	25.0353	182.8820
85	12.3357	0.0811	377.8570	0.0026	0.0326	30.6312	25.8349	206.3872
90	14.3005	0.0699	443.3489	0.0023	0.0323	31.0024	26.5667	232.2648
95	16.5782	0.0603	519.2720	0.0019	0.0319	31.3227	27.2351	260.7542
100	19.2186	0.0520	607.2877	0.0016	0.0316	31.5989	27.8444	292.1192

표 A.4 이율 = 4%에 대한 연간 복리 이자계수

n	일회 지불		균일지불				등차지불 계수	등비지불 계수
	복리계수	현가계수	복리계수	적립기금 계수	자본회수 계수	현가계수		
	(F/P,i,n)	(P/F,i,n)	(F/A,i,n)	(A/F,i,n)	(A/P,i,n)	(P/A,i,n)	(A/G,i,n)	g = 5%
1	1.0400	0.9615	1.0000	1.0000	1.0400	0.9615	0.0000	0.9615
2	1.0816	0.9246	2.0400	0.4902	0.5302	1.8861	0.4902	1.9323
3	1.1249	0.8890	3.1216	0.3203	0.3603	2.7751	0.9739	2.9124
4	1.1699	0.8548	4.2465	0.2355	0.2755	3.6299	1.4510	3.9020
5	1.2167	0.8219	5.4163	0.1846	0.2246	4.4518	1.9216	4.9010
6	1.2653	0.7903	6.6330	0.1508	0.1908	5.2421	2.3857	5.9097
7	1.3159	0.7599	7.8983	0.1266	0.1666	6.0021	2.8433	6.9281
8	1.3686	0.7307	9.2142	0.1085	0.1485	6.7327	3.2944	7.9562
9	1.4233	0.7026	10.5828	0.0945	0.1345	7.4353	3.7391	8.9943
10	1.4802	0.6756	12.0061	0.0833	0.1233	8.1109	4.1773	10.0423
11	1.5395	0.6496	13.4864	0.0741	0.1141	8.7605	4.6090	11.1004
12	1.6010	0.6246	15.0258	0.0666	0.1066	9.3851	5.0343	12.1687
13	1.6651	0.6006	16.6268	0.0601	0.1001	9.9856	5.4533	13.2472
14	1.7317	0.5775	18.2919	0.0547	0.0947	10.5631	5.8659	14.3361
15	1.8009	0.5553	20.0236	0.0499	0.0899	11.1184	6.2721	15.4355
16	1.8730	0.5339	21.8245	0.0458	0.0858	11.6523	6.6720	16.5455
17	1.9479	0.5134	23.6975	0.0422	0.0822	12.1657	7.0656	17.6661
18	2.0258	0.4936	25.6454	0.0390	0.0790	12.6593	7.4530	18.7975
19	2.1068	0.4746	27.6712	0.0361	0.0761	13.1339	7.8342	19.9398
20	2.1911	0.4564	29.7781	0.0336	0.0736	13.5903	8.2091	21.0930
21	2.2788	0.4388	31.9692	0.0313	0.0713	14.0292	8.5779	22.2574
22	2.3699	0.4220	34.2480	0.0292	0.0692	14.4511	8.9407	23.4330
23	2.4647	0.4057	36.6179	0.0273	0.0673	14.8568	9.2973	24.6198
24	2.5633	0.3901	39.0826	0.0256	0.0656	15.2470	9.6479	25.8181
25	2.6658	0.3751	41.6459	0.0240	0.0640	15.6221	9.9925	27.0279
26	2.7725	0.3607	44.3117	0.0226	0.0626	15.9828	10.3312	28.2493
27	2.8834	0.3468	47.0842	0.0212	0.0612	16.3296	10.6640	29.4825
28	2.9987	0.3335	49.9676	0.0200	0.0600	16.6631	10.9909	30.7275
29	3.1187	0.3207	52.9663	0.0189	0.0589	16.9837	11.3120	31.9845
30	3.2434	0.3083	56.0849	0.0178	0.0578	17.2920	11.6274	33.2536
35	3.9461	0.2534	73.6522	0.0136	0.0536	18.6646	13.1198	39.7844
40	4.8010	0.2083	95.0255	0.0105	0.0505	19.7928	14.4765	46.6353
45	5.8412	0.1712	121.0294	0.0083	0.0483	20.7200	15.7047	53.8219
50	7.1067	0.1407	152.6671	0.0066	0.0466	21.4822	16.8122	61.3608
55	8.6464	0.1157	191.1592	0.0052	0.0452	22.1086	17.8070	69.2691
60	10.5196	0.0951	237.9907	0.0042	0.0442	22.6235	18.6972	77.5651
65	12.7987	0.0781	294.9684	0.0034	0.0434	23.0467	19.4909	86.2676
70	15.5716	0.0642	364.2905	0.0027	0.0427	23.3945	20.1961	95.3967
75	18.9453	0.0528	448.6314	0.0022	0.0422	23.6804	20.8206	104.9732
80	23.0498	0.0434	551.2450	0.0018	0.0418	23.9154	21.3718	115.0190
85	28.0436	0.0357	676.0901	0.0015	0.0415	24.1085	21.8569	125.5571
90	34.1193	0.0293	827.9833	0.0012	0.0412	24.2673	22.2826	136.6118
95	41.5114	0.0241	1012.7846	0.0010	0.0410	24.3973	22.6550	148.2082
100	50.5049	0.0198	1237.6237	0.0008	0.0408	24.5050	22.9800	160.3730

표 A.5 이율 = 5%에 대한 연간 복리 이자계수

n	일회 지불		균일지불				등차지불 계수	등비지불 계수
	복리계수	현가계수	복리계수	적립기금 계수	자본회수 계수	현가계수		
	(F/P,i,n)	(P/F,i,n)	(F/A,i,n)	(A/F,i,n)	(A/P,i,n)	(P/A,i,n)	(A/G,i,n)	g = 5%
1	1.0500	0.9524	1.0000	1.0000	1.0500	0.9524	0.0000	0.9524
2	1.1025	0.9070	2.0500	0.4878	0.5378	1.8594	0.4878	1.9048
3	1.1576	0.8638	3.1525	0.3172	0.3672	2.7232	0.9675	2.8571
4	1.2155	0.8227	4.3101	0.2320	0.2820	3.5460	1.4391	3.8095
5	1.2763	0.7835	5.5256	0.1810	0.2310	4.3295	1.9025	4.7619
6	1.3401	0.7462	6.8019	0.1470	0.1970	5.0757	2.3579	5.7143
7	1.4071	0.7107	8.1420	0.1228	0.1728	5.7864	2.8052	6.6667
8	1.4775	0.6768	9.5491	0.1047	0.1547	6.4632	3.2445	7.6190
9	1.5513	0.6446	11.0266	0.0907	0.1407	7.1078	3.6758	8.5714
10	1.6289	0.6139	12.5779	0.0795	0.1295	7.7217	4.0991	9.5238
11	1.7103	0.5847	14.2068	0.0704	0.1204	8.3064	4.5144	10.4762
12	1.7959	0.5568	15.9171	0.0628	0.1128	8.8633	4.9219	11.4286
13	1.8856	0.5303	17.7130	0.0565	0.1065	9.3936	5.3215	12.3810
14	1.9799	0.5051	19.5986	0.0510	0.1010	9.8986	5.7133	13.3333
15	2.0789	0.4810	21.5786	0.0463	0.0963	10.3797	6.0973	14.2857
16	2.1829	0.4581	23.6575	0.0423	0.0923	10.8378	6.4736	15.2381
17	2.2920	0.4363	25.8404	0.0387	0.0887	11.2741	6.8423	16.1905
18	2.4066	0.4155	28.1324	0.0355	0.0855	11.6896	7.2034	17.1429
19	2.5270	0.3957	30.5390	0.0327	0.0827	12.0853	7.5569	18.0952
20	2.6533	0.3769	33.0660	0.0302	0.0802	12.4622	7.9030	19.0476
21	2.7860	0.3589	35.7193	0.0280	0.0780	12.8212	8.2416	20.0000
22	2.9253	0.3418	38.5052	0.0260	0.0760	13.1630	8.5730	20.9524
23	3.0715	0.3256	41.4305	0.0241	0.0741	13.4886	8.8971	21.9048
24	3.2251	0.3101	44.5020	0.0225	0.0725	13.7986	9.2140	22.8571
25	3.3864	0.2953	47.7271	0.0210	0.0710	14.0939	9.5238	23.8095
26	3.5557	0.2812	51.1135	0.0196	0.0696	14.3752	9.8266	24.7619
27	3.7335	0.2678	54.6691	0.0183	0.0683	14.6430	10.1224	25.7143
28	3.9201	0.2551	58.4026	0.0171	0.0671	14.8981	10.4114	26.6667
29	4.1161	0.2429	62.3227	0.0160	0.0660	15.1411	10.6936	27.6190
30	4.3219	0.2314	66.4388	0.0151	0.0651	15.3725	10.9691	28.5714
35	5.5160	0.1813	90.3203	0.0111	0.0611	16.3742	12.2498	33.3333
40	7.0400	0.1420	120.7998	0.0083	0.0583	17.1591	13.3775	38.0952
45	8.9850	0.1113	159.7002	0.0063	0.0563	17.7741	14.3644	42.8571
50	11.4674	0.0872	209.3480	0.0048	0.0548	18.2559	15.2233	47.6190
55	14.6356	0.0683	272.7126	0.0037	0.0537	18.6335	15.9664	52.3810
60	18.6792	0.0535	353.5837	0.0028	0.0528	18.9293	16.6062	57.1429
65	23.8399	0.0419	456.7980	0.0022	0.0522	19.1611	17.1541	61.9048
70	30.4264	0.0329	588.5285	0.0017	0.0517	19.3427	17.6212	66.6667
75	38.8327	0.0258	756.6537	0.0013	0.0513	19.4850	18.0176	71.4286
80	49.5614	0.0202	971.2288	0.0010	0.0510	19.5965	18.3526	76.1905
85	63.2544	0.0158	1245.0871	0.0008	0.0508	19.6838	18.6346	80.9524
90	80.7304	0.0124	1594.6073	0.0006	0.0506	19.7523	18.8712	85.7143
95	103.0347	0.0097	2040.6935	0.0005	0.0505	19.8059	19.0689	90.4762
100	131.5013	0.0076	2610.0252	0.0004	0.0504	19.8479	19.2337	95.2381

표 A.6 이율 = 6%에 대한 연간 복리 이자계수

n	일회 지불		균일지불				등차지불 계수	등비지불 계수
	복리계수	현가계수	복리계수	적립기금 계수	자본회수 계수	현가계수		
	(F/P,i,n)	(P/F,i,n)	(F/A,i,n)	(A/F,i,n)	(A/P,i,n)	(P/A,i,n)	(A/G,i,n)	g = 5%
1	1.0600	0.9434	1.0000	1.0000	1.0600	0.9434	0.0000	0.9434
2	1.1236	0.8900	2.0600	0.4854	0.5454	1.8334	0.4854	1.8779
3	1.1910	0.8396	3.1836	0.3141	0.3741	2.6730	0.9612	2.8036
4	1.2625	0.7921	4.3746	0.2286	0.2886	3.4651	1.4272	3.7205
5	1.3382	0.7473	5.6371	0.1774	0.2374	4.2124	1.8836	4.6288
6	1.4185	0.7050	6.9753	0.1434	0.2034	4.9173	2.3304	5.5285
7	1.5036	0.6651	8.3938	0.1191	0.1791	5.5824	2.7676	6.4198
8	1.5938	0.6274	9.8975	0.1010	0.1610	6.2098	3.1952	7.3026
9	1.6895	0.5919	11.4913	0.0870	0.1470	6.8017	3.6133	8.1771
10	1.7908	0.5584	13.1808	0.0759	0.1359	7.3601	4.0220	9.0434
11	1.8983	0.5268	14.9716	0.0668	0.1268	7.8869	4.4213	9.9015
12	2.0122	0.4970	16.8699	0.0593	0.1193	8.3838	4.8113	10.7514
13	2.1329	0.4688	18.8821	0.0530	0.1130	8.8527	5.1920	11.5934
14	2.2609	0.4423	21.0151	0.0476	0.1076	9.2950	5.5635	12.4274
15	2.3966	0.4173	23.2760	0.0430	0.1030	9.7122	5.9260	13.2536
16	2.5404	0.3936	25.6725	0.0390	0.0990	10.1059	6.2794	14.0720
17	2.6928	0.3714	28.2129	0.0354	0.0954	10.4773	6.6240	14.8826
18	2.8543	0.3503	30.9057	0.0324	0.0924	10.8276	6.9597	15.6856
19	3.0256	0.3305	33.7600	0.0296	0.0896	11.1581	7.2867	16.4810
20	3.2071	0.3118	36.7856	0.0272	0.0872	11.4699	7.6051	17.2689
21	3.3996	0.2942	39.9927	0.0250	0.0850	11.7641	7.9151	18.0494
22	3.6035	0.2775	43.3923	0.0230	0.0830	12.0416	8.2166	18.8225
23	3.8197	0.2618	46.9958	0.0213	0.0813	12.3034	8.5099	19.5883
24	4.0489	0.2470	50.8156	0.0197	0.0797	12.5504	8.7951	20.3469
25	4.2919	0.2330	54.8645	0.0182	0.0782	12.7834	9.0722	21.0984
26	4.5494	0.2198	59.1564	0.0169	0.0769	13.0032	9.3414	21.8427
27	4.8223	0.2074	63.7058	0.0157	0.0757	13.2105	9.6029	22.5801
28	5.1117	0.1956	68.5281	0.0146	0.0746	13.4062	9.8568	23.3105
29	5.4184	0.1846	73.6398	0.0136	0.0736	13.5907	10.1032	24.0339
30	5.7435	0.1741	79.0582	0.0126	0.0726	13.7648	10.3422	24.7506
35	7.6861	0.1301	111.4348	0.0090	0.0690	14.4982	11.4319	28.2338
40	10.2857	0.0972	154.7620	0.0065	0.0665	15.0463	12.3590	31.5557
45	13.7646	0.0727	212.7435	0.0047	0.0647	15.4558	13.1413	34.7239
50	18.4202	0.0543	290.3359	0.0034	0.0634	15.7619	13.7964	37.7454
55	24.6503	0.0406	394.1720	0.0025	0.0625	15.9905	14.3411	40.6270
60	32.9877	0.0303	533.1282	0.0019	0.0619	16.1614	14.7909	43.3753
65	44.1450	0.0227	719.0829	0.0014	0.0614	16.2891	15.1601	45.9963
70	59.0759	0.0169	967.9322	0.0010	0.0610	16.3845	15.4613	48.4961
75	79.0569	0.0126	1300.9487	0.0008	0.0608	16.4558	15.7058	50.8801
80	105.7960	0.0095	1746.5999	0.0006	0.0606	16.5091	15.9033	53.1538
85	141.5789	0.0071	2342.9817	0.0004	0.0604	16.5489	16.0620	55.3222
90	189.4645	0.0053	3141.0752	0.0003	0.0603	16.5787	16.1891	57.3902
95	253.5463	0.0039	4209.1042	0.0002	0.0602	16.6009	16.2905	59.3626
100	339.3021	0.0029	5638.3681	0.0002	0.0602	16.6175	16.3711	61.2436

표 A.7 이율 = 7%에 대한 연간 복리 이자계수

n	일회 지불		균일지불				등차지불 계수	등비지불 계수
	복리계수	현가계수	복리계수	적립기금 계수	자본회수 계수	현가계수		
	(F/P,i,n)	(P/F,i,n)	(F/A,i,n)	(A/F,i,n)	(A/P,i,n)	(P/A,i,n)	(A/G,i,n)	g = 5%
1	1.0700	0.9346	1.0000	1.0000	1.0700	0.9346	0.0000	0.9346
2	1.1449	0.8734	2.0700	0.4831	0.5531	1.8080	0.4831	1.8517
3	1.2250	0.8163	3.2149	0.3111	0.3811	2.6243	0.9549	2.7517
4	1.3108	0.7629	4.4399	0.2252	0.2952	3.3872	1.4155	3.6348
5	1.4026	0.7130	5.7507	0.1739	0.2439	4.1002	1.8650	4.5014
6	1.5007	0.6663	7.1533	0.1398	0.2098	4.7665	2.3032	5.3519
7	1.6058	0.6227	8.6540	0.1156	0.1856	5.3893	2.7304	6.1864
8	1.7182	0.5820	10.2598	0.0975	0.1675	5.9713	3.1465	7.0054
9	1.8385	0.5439	11.9780	0.0835	0.1535	6.5152	3.5517	7.8090
10	1.9672	0.5083	13.8164	0.0724	0.1424	7.0236	3.9461	8.5976
11	2.1049	0.4751	15.7836	0.0634	0.1334	7.4987	4.3296	9.3715
12	2.2522	0.4440	17.8885	0.0559	0.1259	7.9427	4.7025	10.1309
13	2.4098	0.4150	20.1406	0.0497	0.1197	8.3577	5.0648	10.8761
14	2.5785	0.3878	22.5505	0.0443	0.1143	8.7455	5.4167	11.6074
15	2.7590	0.3624	25.1290	0.0398	0.1098	9.1079	5.7583	12.3250
16	2.9522	0.3387	27.8881	0.0359	0.1059	9.4466	6.0897	13.0292
17	3.1588	0.3166	30.8402	0.0324	0.1024	9.7632	6.4110	13.7203
18	3.3799	0.2959	33.9990	0.0294	0.0994	10.0591	6.7225	14.3984
19	3.6165	0.2765	37.3790	0.0268	0.0968	10.3356	7.0242	15.0639
20	3.8697	0.2584	40.9955	0.0244	0.0944	10.5940	7.3163	15.7169
21	4.1406	0.2415	44.8652	0.0223	0.0923	10.8355	7.5990	16.3577
22	4.4304	0.2257	49.0057	0.0204	0.0904	11.0612	7.8725	16.9865
23	4.7405	0.2109	53.4361	0.0187	0.0887	11.2722	8.1369	17.6036
24	5.0724	0.1971	58.1767	0.0172	0.0872	11.4693	8.3923	18.2091
25	5.4274	0.1842	63.2490	0.0158	0.0858	11.6536	8.6391	18.8033
26	5.8074	0.1722	68.6765	0.0146	0.0846	11.8258	8.8773	19.3865
27	6.2139	0.1609	74.4838	0.0134	0.0834	11.9867	9.1072	19.9587
28	6.6488	0.1504	80.6977	0.0124	0.0824	12.1371	9.3289	20.5202
29	7.1143	0.1406	87.3465	0.0114	0.0814	12.2777	9.5427	21.0712
30	7.6123	0.1314	94.4608	0.0106	0.0806	12.4090	9.7487	21.6119
35	10.6766	0.0937	138.2369	0.0072	0.0772	12.9477	10.6687	24.1677
40	14.9745	0.0668	199.6351	0.0050	0.0750	13.3317	11.4233	26.4933
45	21.0025	0.0476	285.7493	0.0035	0.0735	13.6055	12.0360	28.6096
50	29.4570	0.0339	406.5289	0.0025	0.0725	13.8007	12.5287	30.5354
55	41.3150	0.0242	575.9286	0.0017	0.0717	13.9399	12.9215	32.2878
60	57.9464	0.0173	813.5204	0.0012	0.0712	14.0392	13.2321	33.8824
65	81.2729	0.0123	1146.7552	0.0009	0.0709	14.1099	13.4760	35.3334
70	113.9894	0.0088	1614.1342	0.0006	0.0706	14.1604	13.6662	36.6538
75	159.8760	0.0063	2269.6574	0.0004	0.0704	14.1964	13.8136	37.8554
80	224.2344	0.0045	3189.0627	0.0003	0.0703	14.2220	13.9273	38.9487
85	314.5003	0.0032	4478.5761	0.0002	0.0702	14.2403	14.0146	39.9437
90	441.1030	0.0023	6287.1854	0.0002	0.0702	14.2533	14.0812	40.8490
95	618.6697	0.0016	8823.8535	0.0001	0.0701	14.2626	14.1319	41.6729
100	867.7163	0.0012	12381.6618	0.0001	0.0701	14.2693	14.1703	42.4226

표 A.8 이율 = 8%에 대한 연간 복리 이자계수

n	일회 지불		균일지불				등차지불 계수	등비지불 계수
	복리계수	현가계수	복리계수	적립기금 계수	자본회수 계수	현가계수		
	(F/P,i,n)	(P/F,i,n)	(F/A,i,n)	(A/F,i,n)	(A/P,i,n)	(P/A,i,n)	(A/G i,n)	g = 5%
1	1.0800	0.9259	1.0000	1.0000	1.0800	0.9259	0.0000	0.9259
2	1.1664	0.8573	2.0800	0.4808	0.5608	1.7833	0.4808	1.8261
3	1.2597	0.7938	3.2464	0.3080	0.3880	2.5771	0.9487	2.7013
4	1.3605	0.7350	4.5061	0.2219	0.3019	3.3121	1.4040	3.5522
5	1.4693	0.6806	5.8666	0.1705	0.2505	3.9927	1.8465	4.3795
6	1.5869	0.6302	7.3359	0.1363	0.2163	4.6229	2.2763	5.1837
7	1.7138	0.5835	8.9228	0.1121	0.1921	5.2064	2.6937	5.9657
8	1.8509	0.5403	10.6366	0.0940	0.1740	5.7466	3.0985	6.7259
9	1.9990	0.5002	12.4876	0.0801	0.1601	6.2469	3.4910	7.4650
10	2.1589	0.4632	14.4866	0.0690	0.1490	6.7101	3.8713	8.1836
11	2.3316	0.4289	16.6455	0.0601	0.1401	7.1390	4.2395	8.8822
12	2.5182	0.3971	18.9771	0.0527	0.1327	7.5361	4.5957	9.5614
13	2.7196	0.3677	21.4953	0.0465	0.1265	7.9038	4.9402	10.2217
14	2.9372	0.3405	24.2149	0.0413	0.1213	8.2442	5.2731	10.8637
15	3.1722	0.3152	27.1521	0.0368	0.1168	8.5595	5.5945	11.4878
16	3.4259	0.2919	30.3243	0.0330	0.1130	8.8514	5.9046	12.0947
17	3.7000	0.2703	33.7502	0.0296	0.1096	9.1216	6.2037	12.6846
18	3.9960	0.2502	37.4502	0.0267	0.1067	9.3719	6.4920	13.2582
19	4.3157	0.2317	41.4463	0.0241	0.1041	9.6036	6.7697	13.8158
20	4.6610	0.2145	45.7620	0.0219	0.1019	9.8181	7.0369	14.3580
21	5.0338	0.1987	50.4229	0.0198	0.0998	10.0168	7.2940	14.8851
22	5.4365	0.1839	55.4568	0.0180	0.0980	10.2007	7.5412	15.3975
23	5.8715	0.1703	60.8933	0.0164	0.0964	10.3711	7.7786	15.8958
24	6.3412	0.1577	66.7648	0.0150	0.0950	10.5288	8.0066	16.3801
25	6.8485	0.1460	73.1059	0.0137	0.0937	10.6748	8.2254	16.8511
26	7.3964	0.1352	79.9544	0.0125	0.0925	10.8100	8.4352	17.3089
27	7.9881	0.1252	87.3508	0.0114	0.0914	10.9352	8.6363	17.7540
28	8.6271	0.1159	95.3388	0.0105	0.0905	11.0511	8.8289	18.1868
29	9.3173	0.1073	103.9659	0.0096	0.0896	11.1584	9.0133	18.6075
30	10.0627	0.0994	113.2832	0.0088	0.0888	11.2578	9.1897	19.0166
35	14.7853	0.0676	172.3168	0.0058	0.0858	11.6546	9.9611	20.8976
40	21.7245	0.0460	259.0565	0.0039	0.0839	11.9246	10.5699	22.5314
45	31.9204	0.0313	386.5056	0.0026	0.0826	12.1084	11.0447	23.9506
50	46.9016	0.0213	573.7702	0.0017	0.0817	12.2335	11.4107	25.1834
55	68.9139	0.0145	848.9232	0.0012	0.0812	12.3186	11.6902	26.2541
60	101.2571	0.0099	1253.2133	0.0008	0.0808	12.3766	11.9015	27.1842
65	148.7798	0.0067	1847.2481	0.0005	0.0805	12.4160	12.0602	27.9921
70	218.6064	0.0046	2720.0801	0.0004	0.0804	12.4428	12.1783	28.6939
75	321.2045	0.0031	4002.5566	0.0002	0.0802	12.4611	12.2658	29.3034
80	471.9548	0.0021	5886.9354	0.0002	0.0802	12.4735	12.3301	29.8329
85	693.4565	0.0014	8655.7061	0.0001	0.0801	12.4820	12.3772	30.2928
90	1018.9151	0.0010	12723.9386	0.0001	0.0801	12.4877	12.4116	30.6923
95	1497.1205	0.0007	18701.5069	0.0001	0.0801	12.4917	12.4365	31.0393
100	2199.7613	0.0005	27484.5157	0.0000	0.0800	12.4943	12.4545	31.3407

표 A.9 이율 = 9%에 대한 연간 복리 이자계수

n	일회 지불		균일지불				등차지불 계수	등비지불 계수
	복리계수	현가계수	복리계수	적립기금 계수	자본회수 계수	현가계수		
	(F/P,i,n)	(P/F,i,n)	(F/A,i,n)	(A/F,i,n)	(A/P,i,n)	(P/A,i,n)	(A/G,i,n)	g = 5%
1	1.0900	0.9174	1.0000	1.0000	1.0900	0.9174	0.0000	0.9174
2	1.1881	0.8417	2.0900	0.4785	0.5685	1.7591	0.4785	1.8012
3	1.2950	0.7722	3.2781	0.3051	0.3951	2.5313	0.9426	2.6525
4	1.4116	0.7084	4.5731	0.2187	0.3087	3.2397	1.3925	3.4726
5	1.5386	0.6499	5.9847	0.1671	0.2571	3.8897	1.8282	4.2626
6	1.6771	0.5963	7.5233	0.1329	0.2229	4.4859	2.2498	5.0236
7	1.8280	0.5470	9.2004	0.1087	0.1987	5.0330	2.6574	5.7567
8	1.9926	0.5019	11.0285	0.0907	0.1807	5.5348	3.0512	6.4629
9	2.1719	0.4604	13.0210	0.0768	0.1668	5.9952	3.4312	7.1431
10	2.3674	0.4224	15.1929	0.0658	0.1558	6.4177	3.7978	7.7984
11	2.5804	0.3875	17.5603	0.0569	0.1469	6.8052	4.1510	8.4297
12	2.8127	0.3555	20.1407	0.0497	0.1397	7.1607	4.4910	9.0378
13	3.0658	0.3262	22.9534	0.0436	0.1336	7.4869	4.8182	9.6235
14	3.3417	0.2992	26.0192	0.0384	0.1284	7.7862	5.1326	10.1878
15	3.6425	0.2745	29.3609	0.0341	0.1241	8.0607	5.4346	10.7314
16	3.9703	0.2519	33.0034	0.0303	0.1203	8.3126	5.7245	11.2550
17	4.3276	0.2311	36.9737	0.0270	0.1170	8.5436	6.0024	11.7594
18	4.7171	0.2120	41.3013	0.0242	0.1142	8.7556	6.2687	12.2453
19	5.1417	0.1945	46.0185	0.0217	0.1117	8.9501	6.5236	12.7134
20	5.6044	0.1784	51.1601	0.0195	0.1095	9.1285	6.7674	13.1642
21	6.1088	0.1637	56.7645	0.0176	0.1076	9.2922	7.0006	13.5986
22	6.6586	0.1502	62.8733	0.0159	0.1059	9.4424	7.2232	14.0170
23	7.2579	0.1378	69.5319	0.0144	0.1044	9.5802	7.4357	14.4200
24	7.9111	0.1264	76.7898	0.0130	0.1030	9.7066	7.6384	14.8083
25	8.6231	0.1160	84.7009	0.0118	0.1018	9.8226	7.8316	15.1823
26	9.3992	0.1064	93.3240	0.0107	0.1007	9.9290	8.0156	15.5426
27	10.2451	0.0976	102.7231	0.0097	0.0997	10.0266	8.1906	15.8896
28	11.1671	0.0895	112.9682	0.0089	0.0989	10.1161	8.3571	16.2240
29	12.1722	0.0822	124.1354	0.0081	0.0981	10.1983	8.5154	16.5460
30	13.2677	0.0754	136.3075	0.0073	0.0973	10.2737	8.6657	16.8563
35	20.4140	0.0490	215.7108	0.0046	0.0946	10.5668	9.3083	18.2448
40	31.4094	0.0318	337.8824	0.0030	0.0930	10.7574	9.7957	19.3966
45	48.3273	0.0207	525.8587	0.0019	0.0919	10.8812	10.1603	20.3520
50	74.3575	0.0134	815.0836	0.0012	0.0912	10.9617	10.4295	21.1445
55	114.4083	0.0087	1260.0918	0.0008	0.0908	11.0140	10.6261	21.8019
60	176.0313	0.0057	1944.7921	0.0005	0.0905	11.0480	10.7683	22.3472
65	270.8460	0.0037	2998.2885	0.0003	0.0903	11.0701	10.8702	22.7995
70	416.7301	0.0024	4619.2232	0.0002	0.0902	11.0844	10.9427	23.1747
75	641.1909	0.0016	7113.2321	0.0001	0.0901	11.0938	10.9940	23.4859
80	986.5517	0.0010	10950.5741	0.0001	0.0901	11.0998	11.0299	23.7441
85	1517.9320	0.0007	16854.8003	0.0001	0.0901	11.1038	11.0551	23.9582
90	2335.5266	0.0004	25939.1842	0.0000	0.0900	11.1064	11.0726	24.1358
95	3593.4971	0.0003	39916.6350	0.0000	0.0900	11.1080	11.0847	24.2832
100	5529.0408	0.0002	61422.6755	0.0000	0.0900	11.1091	11.0930	24.4054

표 A.10 이율 = 10%에 대한 연간 복리 이자계수

n	일회 지불		균일지불				등차지불	등비지불
	복리계수	현가계수	복리계수	적립기금 계수	자본회수 계수	현가계수	계수	계수
	(F/P,i,n)	(P/F,i,n)	(F/A,i,n)	(A/F,i,n)	(A/P,i,n)	(P/A,i,n)	(A/G,i,n)	g = 5%
1	1.1000	0.9091	1.0000	1.0000	1.1000	0.9091	0.0000	0.9091
2	1.2100	0.8264	2.1000	0.4762	0.5762	1.7355	0.4762	1.7769
3	1.3310	0.7513	3.3100	0.3021	0.4021	2.4869	0.9366	2.6052
4	1.4641	0.6830	4.6410	0.2155	0.3155	3.1699	1.3812	3.3959
5	1.6105	0.6209	6.1051	0.1638	0.2638	3.7908	1.8101	4.1506
6	1.7716	0.5645	7.7156	0.1296	0.2296	4.3553	2.2236	4.8710
7	1.9487	0.5132	9.4872	0.1054	0.2054	4.8684	2.6216	5.5587
8	2.1436	0.4665	11.4359	0.0874	0.1874	5.3349	3.0045	6.2151
9	2.3579	0.4241	13.5795	0.0736	0.1736	5.7590	3.3724	6.8417
10	2.5937	0.3855	15.9374	0.0627	0.1627	6.1446	3.7255	7.4398
11	2.8531	0.3505	18.5312	0.0540	0.1540	6.4951	4.0641	8.0107
12	3.1384	0.3186	21.3843	0.0468	0.1468	6.8137	4.3884	8.5557
13	3.4523	0.2897	24.5227	0.0408	0.1408	7.1034	4.6988	9.0759
14	3.7975	0.2633	27.9750	0.0357	0.1357	7.3667	4.9955	9.5724
15	4.1772	0.2394	31.7725	0.0315	0.1315	7.6061	5.2789	10.0464
16	4.5950	0.2176	35.9497	0.0278	0.1278	7.8237	5.5493	10.4989
17	5.0545	0.1978	40.5447	0.0247	0.1247	8.0216	5.8071	10.9307
18	5.5599	0.1799	45.5992	0.0219	0.1219	8.2014	6.0526	11.3430
19	6.1159	0.1635	51.1591	0.0195	0.1195	8.3649	6.2861	11.7365
20	6.7275	0.1486	57.2750	0.0175	0.1175	8.5136	6.5081	12.1121
21	7.4002	0.1351	64.0025	0.0156	0.1156	8.6487	6.7189	12.4706
22	8.1403	0.1228	71.4027	0.0140	0.1140	8.7715	6.9189	12.8129
23	8.9543	0.1117	79.5430	0.0126	0.1126	8.8832	7.1085	13.1396
24	9.8497	0.1015	88.4973	0.0113	0.1113	8.9847	7.2881	13.4514
25	10.8347	0.0923	98.3471	0.0102	0.1102	9.0770	7.4580	13.7491
26	11.9182	0.0839	109.1818	0.0092	0.1092	9.1609	7.6186	14.0332
27	13.1100	0.0763	121.0999	0.0083	0.1083	9.2372	7.7704	14.3044
28	14.4210	0.0693	134.2099	0.0075	0.1075	9.3066	7.9137	14.5633
29	15.8631	0.0630	148.6309	0.0067	0.1067	9.3696	8.0489	14.8104
30	17.4494	0.0573	164.4940	0.0061	0.1061	9.4269	8.1762	15.0463
35	28.1024	0.0356	271.0244	0.0037	0.1037	9.6442	8.7086	16.0744
40	45.2593	0.0221	442.5926	0.0023	0.1023	9.7791	9.0962	16.8890
45	72.8905	0.0137	718.9048	0.0014	0.1014	9.8628	9.3740	17.5347
50	117.3909	0.0085	1163.9085	0.0009	0.1009	9.9148	9.5704	18.0463
55	189.0591	0.0053	1880.5914	0.0005	0.1005	9.9471	9.7075	18.4517
60	304.4816	0.0033	3034.8164	0.0003	0.1003	9.9672	9.8023	18.7731
65	490.3707	0.0020	4893.7073	0.0002	0.1002	9.9796	9.8672	19.0277
70	789.7470	0.0013	7887.4696	0.0001	0.1001	9.9873	9.9113	19.2295
75	1271.8954	0.0008	12708.9537	0.0001	0.1001	9.9921	9.9410	19.3894
80	2048.4002	0.0005	20474.0021	0.0000	0.1000	9.9951	9.9609	19.5161
85	3298.9690	0.0003	32979.6903	0.0000	0.1000	9.9970	9.9742	19.6165
90	5313.0226	0.0002	53120.2261	0.0000	0.1000	9.9981	9.9831	19.6961
95	8556.6760	0.0001	85556.7605	0.0000	0.1000	9.9988	9.9889	19.7592
100	13780.6123	0.0001	137796.123	0.0000	0.1000	9.9993	9.9927	19.8092

표 A.11 이율 = 11%에 대한 연간 복리 이자계수

n	일회 지불		균일지불				등차지불 계수	등비지불 계수
	복리계수	현가계수	복리계수	적립기금 계수	자본회수 계수	현가계수		
	(F/P,i,n)	(P/F,i,n)	(F/A,i,n)	(A/F,i,n)	(A/P,i,n)	(P/A,i,n)	(A/G,i,n)	g = 5%
1	1.1100	0.9009	1.0000	1.0000	1.1100	0.9009	0.0000	0.9009
2	1.2321	0.8116	2.1100	0.4739	0.5839	1.7125	0.4739	1.7531
3	1.3676	0.7312	3.3421	0.2992	0.4092	2.4437	0.9306	2.5592
4	1.5181	0.6587	4.7097	0.2123	0.3223	3.1024	1.3700	3.3218
5	1.6851	0.5935	6.2278	0.1606	0.2706	3.6959	1.7923	4.0432
6	1.8704	0.5346	7.9129	0.1264	0.2364	4.2305	2.1976	4.7255
7	2.0762	0.4817	9.7833	0.1022	0.2122	4.7122	2.5863	5.3710
8	2.3045	0.4339	11.8594	0.0843	0.1943	5.1461	2.9585	5.9815
9	2.5580	0.3909	14.1640	0.0706	0.1806	5.5370	3.3144	6.5591
10	2.8394	0.3522	16.7220	0.0598	0.1698	5.8892	3.6544	7.1055
11	3.1518	0.3173	19.5614	0.0511	0.1611	6.2065	3.9788	7.6223
12	3.4985	0.2858	22.7132	0.0440	0.1540	6.4924	4.2879	8.1112
13	3.8833	0.2575	26.2116	0.0382	0.1482	6.7499	4.5822	8.5736
14	4.3104	0.2320	30.0949	0.0332	0.1432	6.9819	4.8619	9.0111
15	4.7846	0.2090	34.4054	0.0291	0.1391	7.1909	5.1275	9.4249
16	5.3109	0.1883	39.1899	0.0255	0.1355	7.3792	5.3794	9.8164
17	5.8951	0.1696	44.5008	0.0225	0.1325	7.5488	5.6180	10.1866
18	6.5436	0.1528	50.3959	0.0198	0.1298	7.7016	5.8439	10.5369
19	7.2633	0.1377	56.9395	0.0176	0.1276	7.8393	6.0574	10.8683
20	8.0623	0.1240	64.2028	0.0156	0.1256	7.9633	6.2590	11.1817
21	8.9492	0.1117	72.2651	0.0138	0.1238	8.0751	6.4491	11.4782
22	9.9336	0.1007	81.2143	0.0123	0.1223	8.1757	6.6283	11.7586
23	11.0263	0.0907	91.1479	0.0110	0.1210	8.2664	6.7969	12.0239
24	12.2392	0.0817	102.1742	0.0098	0.1198	8.3481	6.9555	12.2749
25	13.5855	0.0736	114.4133	0.0087	0.1187	8.4217	7.1045	12.5123
26	15.0799	0.0663	127.9988	0.0078	0.1178	8.4881	7.2443	12.7368
27	16.7386	0.0597	143.0786	0.0070	0.1170	8.5478	7.3754	12.9493
28	18.5799	0.0538	159.8173	0.0063	0.1163	8.6016	7.4982	13.1502
29	20.6237	0.0485	178.3972	0.0056	0.1156	8.6501	7.6131	13.3403
30	22.8923	0.0437	199.0209	0.0050	0.1150	8.6938	7.7206	13.5201
31	25.4104	0.0394	221.9132	0.0045	0.1145	8.7331	7.8210	13.6902
32	28.2056	0.0355	247.3236	0.0040	0.1140	8.7686	7.9147	13.8511
33	31.3082	0.0319	275.5292	0.0036	0.1136	8.8005	8.0021	14.0033
34	34.7521	0.0288	306.8374	0.0033	0.1133	8.8293	8.0836	14.1472
35	38.5749	0.0259	341.5896	0.0029	0.1129	8.8552	8.1594	14.2834
36	42.8181	0.0234	380.1644	0.0026	0.1126	8.8786	8.2300	14.4122
37	47.5281	0.0210	422.9825	0.0024	0.1124	8.8996	8.2957	14.5341
38	52.7562	0.0190	470.5106	0.0021	0.1121	8.9186	8.3567	14.6494
39	58.5593	0.0171	523.2667	0.0019	0.1119	8.9357	8.4133	14.7584
40	65.0009	0.0154	581.8261	0.0017	0.1117	8.9511	8.4659	14.8616
45	109.5302	0.0091	986.6386	0.0010	0.1110	9.0079	8.6763	15.2995
50	184.5648	0.0054	1668.7712	0.0006	0.1106	9.0417	8.8185	15.6311

표 A.12 이율 = 12%에 대한 연간 복리 이자계수

n	일회 지불		균일지불				등차지불 계수	등비지불 계수
	복리계수	현가계수	복리계수	적립기금 계수	자본회수 계수	현가계수		
	(F/P,i,n)	(P/F,i,n)	(F/A,i,n)	(A/F,i,n)	(A/P,i,n)	(P/A,i,n)	(A/G,i,n)	g = 5%
1	1.1200	0.8929	1.0000	1.0000	1.1200	0.8929	0.0000	0.8929
2	1.2544	0.7972	2.1200	0.4717	0.5917	1.6901	0.4717	1.7299
3	1.4049	0.7118	3.3744	0.2963	0.4163	2.4018	0.9246	2.5146
4	1.5735	0.6355	4.7793	0.2092	0.3292	3.0373	1.3589	3.2503
5	1.7623	0.5674	6.3528	0.1574	0.2774	3.6048	1.7746	3.9401
6	1.9738	0.5066	8.1152	0.1232	0.2432	4.1114	2.1720	4.5867
7	2.2107	0.4523	10.0890	0.0991	0.2191	4.5638	2.5515	5.1928
8	2.4760	0.4039	12.2997	0.0813	0.2013	4.9676	2.9131	5.7612
9	2.7731	0.3606	14.7757	0.0677	0.1877	5.3282	3.2574	6.2939
10	3.1058	0.3220	17.5487	0.0570	0.1770	5.6502	3.5847	6.7934
11	3.4785	0.2875	20.6546	0.0484	0.1684	5.9377	3.8953	7.2617
12	3.8960	0.2567	24.1331	0.0414	0.1614	6.1944	4.1897	7.7007
13	4.3635	0.2292	28.0291	0.0357	0.1557	6.4235	4.4683	8.1123
14	4.8871	0.2046	32.3926	0.0309	0.1509	6.6282	4.7317	8.4981
15	5.4736	0.1827	37.2797	0.0268	0.1468	6.8109	4.9803	8.8598
16	6.1304	0.1631	42.7533	0.0234	0.1434	6.9740	5.2147	9.1989
17	6.8660	0.1456	48.8837	0.0205	0.1405	7.1196	5.4353	9.5169
18	7.6900	0.1300	55.7497	0.0179	0.1379	7.2497	5.6427	9.8149
19	8.6128	0.1161	63.4397	0.0158	0.1358	7.3658	5.8375	10.0943
20	9.6463	0.1037	72.0524	0.0139	0.1339	7.4694	6.0202	10.3563
21	10.8038	0.0926	81.6987	0.0122	0.1322	7.5620	6.1913	10.6019
22	12.1003	0.0826	92.5026	0.0108	0.1308	7.6446	6.3514	10.8321
23	13.5523	0.0738	104.6029	0.0096	0.1296	7.7184	6.5010	11.0480
24	15.1786	0.0659	118.1552	0.0085	0.1285	7.7843	6.6406	11.2503
25	17.0001	0.0588	133.3339	0.0075	0.1275	7.8431	6.7708	11.4400
26	19.0401	0.0525	150.3339	0.0067	0.1267	7.8957	6.8921	11.6179
27	21.3249	0.0469	169.3740	0.0059	0.1259	7.9426	7.0049	11.7846
28	23.8839	0.0419	190.6989	0.0052	0.1252	7.9844	7.1098	11.9410
29	26.7499	0.0374	214.5828	0.0047	0.1247	8.0218	7.2071	12.0875
30	29.9599	0.0334	241.3327	0.0041	0.1241	8.0552	7.2974	12.2249
31	33.5551	0.0298	271.2926	0.0037	0.1237	8.0850	7.3811	12.3537
32	37.5817	0.0266	304.8477	0.0033	0.1233	8.1116	7.4586	12.4744
33	42.0915	0.0238	342.4294	0.0029	0.1229	8.1354	7.5302	12.5877
34	47.1425	0.0212	384.5210	0.0026	0.1226	8.1566	7.5965	12.6938
35	52.7996	0.0189	431.6635	0.0023	0.1223	8.1755	7.6577	12.7933
36	59.1356	0.0169	484.4631	0.0021	0.1221	8.1924	7.7141	12.8866
37	66.2318	0.0151	543.5987	0.0018	0.1218	8.2075	7.7661	12.9740
38	74.1797	0.0135	609.8305	0.0016	0.1216	8.2210	7.8141	13.0560
39	83.0812	0.0120	684.0102	0.0015	0.1215	8.2330	7.8582	13.1328
40	93.0510	0.0107	767.0914	0.0013	0.1213	8.2438	7.8983	13.2049
45	163.9876	0.0061	1358.2300	0.0007	0.1207	8.2825	8.0572	13.5030
50	289.0022	0.0035	2400.0182	0.0004	0.1204	8.3045	8.1597	13.7189

표 A.13 이율 = 13%에 대한 연간 복리 이자계수

n	일회 지불		균일지불				등차지불 계수	등비지불 계수
	복리계수	현가계수	복리계수	적립기금 계수	자본회수 계수	현가계수		
	(F/P,i,n)	(P/F,i,n)	(F/A,i,n)	(A/F,i,n)	(A/P,i,n)	(P/A,i,n)	(A/G,i,n)	g = 5%
1	1.1300	0.8850	1.0000	1.0000	1.1300	0.8850	0.0000	0.8850
2	1.2769	0.7831	2.1300	0.4695	0.5995	1.6681	0.4695	1.7073
3	1.4429	0.6931	3.4069	0.2935	0.4235	2.3612	0.9187	2.4713
4	1.6305	0.6133	4.8498	0.2062	0.3362	2.9745	1.3479	3.1813
5	1.8424	0.5428	6.4803	0.1543	0.2843	3.5172	1.7571	3.8411
6	2.0820	0.4803	8.3227	0.1202	0.2502	3.9975	2.1468	4.4541
7	2.3526	0.4251	10.4047	0.0961	0.2261	4.4226	2.5171	5.0237
8	2.6584	0.3762	12.7573	0.0784	0.2084	4.7988	2.8685	5.5530
9	3.0040	0.3329	15.4157	0.0649	0.1949	5.1317	3.2014	6.0448
10	3.3946	0.2946	18.4197	0.0543	0.1843	5.4262	3.5162	6.5018
11	3.8359	0.2607	21.8143	0.0458	0.1758	5.6869	3.8134	6.9265
12	4.3345	0.2307	25.6502	0.0390	0.1690	5.9176	4.0936	7.3211
13	4.8980	0.2042	29.9847	0.0334	0.1634	6.1218	4.3573	7.6877
14	5.5348	0.1807	34.8827	0.0287	0.1587	6.3025	4.6050	8.0284
15	6.2543	0.1599	40.4175	0.0247	0.1547	6.4624	4.8375	8.3450
16	7.0673	0.1415	46.6717	0.0214	0.1514	6.6039	5.0552	8.6391
17	7.9861	0.1252	53.7391	0.0186	0.1486	6.7291	5.2589	8.9125
18	9.0243	0.1108	61.7251	0.0162	0.1462	6.8399	5.4491	9.1665
19	10.1974	0.0981	70.7494	0.0141	0.1441	6.9380	5.6265	9.4025
20	11.5231	0.0868	80.9468	0.0124	0.1424	7.0248	5.7917	9.6218
21	13.0211	0.0768	92.4699	0.0108	0.1408	7.1016	5.9454	9.8255
22	14.7138	0.0680	105.4910	0.0095	0.1395	7.1695	6.0881	10.0149
23	16.6266	0.0601	120.2048	0.0083	0.1383	7.2297	6.2205	10.1908
24	18.7881	0.0532	136.8315	0.0073	0.1373	7.2829	6.3431	10.3543
25	21.2305	0.0471	155.6196	0.0064	0.1364	7.3300	6.4566	10.5062
26	23.9905	0.0417	176.8501	0.0057	0.1357	7.3717	6.5614	10.6474
27	27.1093	0.0369	200.8406	0.0050	0.1350	7.4086	6.6582	10.7785
28	30.6335	0.0326	227.9499	0.0044	0.1344	7.4412	6.7474	10.9004
29	34.6158	0.0289	258.5834	0.0039	0.1339	7.4701	6.8296	11.0136
30	39.1159	0.0256	293.1992	0.0034	0.1334	7.4957	6.9052	11.1189
31	44.2010	0.0226	332.3151	0.0030	0.1330	7.5183	6.9747	11.2166
32	49.9471	0.0200	376.5161	0.0027	0.1327	7.5383	7.0385	11.3075
33	56.4402	0.0177	426.4632	0.0023	0.1323	7.5560	7.0971	11.3919
34	63.7774	0.0157	482.9034	0.0021	0.1321	7.5717	7.1507	11.4704
35	72.0685	0.0139	546.6808	0.0018	0.1318	7.5856	7.1998	11.5433
36	81.4374	0.0123	618.7493	0.0016	0.1316	7.5979	7.2448	11.6110
37	92.0243	0.0109	700.1867	0.0014	0.1314	7.6087	7.2858	11.6739
38	103.9874	0.0096	792.2110	0.0013	0.1313	7.6183	7.3233	11.7324
39	117.5058	0.0085	896.1984	0.0011	0.1311	7.6268	7.3576	11.7868
40	132.7816	0.0075	1013.7042	0.0010	0.1310	7.6344	7.3888	11.8373
45	244.6414	0.0041	1874.1646	0.0005	0.1305	7.6609	7.5076	12.0409
50	450.7359	0.0022	3459.5071	0.0003	0.1303	7.6752	7.5811	12.1820

표 A.14 이율 = 14%에 대한 연간 복리 이자계수

n	일회 지불		균일지불				등차지불 계수	등비지불 계수
	복리계수	현가계수	복리계수	적립기금 계수	자본회수 계수	현가계수		
	(F/P,i,n)	(P/F,i,n)	(F/A,i,n)	(A/F,i,n)	(A/P,i,n)	(P/A,i,n)	(A/G,i,n)	g = 5%
1	1.1400	0.8772	1.0000	1.0000	1.1400	0.8772	0.0000	0.8772
2	1.2996	0.7695	2.1400	0.4673	0.6073	1.6467	0.4673	1.6851
3	1.4815	0.6750	3.4396	0.2907	0.4307	2.3216	0.9129	2.4293
4	1.6890	0.5921	4.9211	0.2032	0.3432	2.9137	1.3370	3.1147
5	1.9254	0.5194	6.6101	0.1513	0.2913	3.4331	1.7399	3.7460
6	2.1950	0.4556	8.5355	0.1172	0.2572	3.8887	2.1218	4.3274
7	2.5023	0.3996	10.7305	0.0932	0.2332	4.2883	2.4832	4.8630
8	2.8526	0.3506	13.2328	0.0756	0.2156	4.6389	2.8246	5.3563
9	3.2519	0.3075	16.0853	0.0622	0.2022	4.9464	3.1463	5.8106
10	3.7072	0.2697	19.3373	0.0517	0.1917	5.2161	3.4490	6.2291
11	4.2262	0.2366	23.0445	0.0434	0.1834	5.4527	3.7333	6.6145
12	4.8179	0.2076	27.2707	0.0367	0.1767	5.6603	3.9998	6.9695
13	5.4924	0.1821	32.0887	0.0312	0.1712	5.8424	4.2491	7.2965
14	6.2613	0.1597	37.5811	0.0266	0.1666	6.0021	4.4819	7.5976
15	7.1379	0.1401	43.8424	0.0228	0.1628	6.1422	4.6990	7.8750
16	8.1372	0.1229	50.9804	0.0196	0.1596	6.2651	4.9011	8.1305
17	9.2765	0.1078	59.1176	0.0169	0.1569	6.3729	5.0888	8.3658
18	10.5752	0.0946	68.3941	0.0146	0.1546	6.4674	5.2630	8.5825
19	12.0557	0.0829	78.9692	0.0127	0.1527	6.5504	5.4243	8.7822
20	13.7435	0.0728	91.0249	0.0110	0.1510	6.6231	5.5734	8.9660
21	15.6676	0.0638	104.7684	0.0095	0.1495	6.6870	5.7111	9.1354
22	17.8610	0.0560	120.4360	0.0083	0.1483	6.7429	5.8381	9.2913
23	20.3616	0.0491	138.2970	0.0072	0.1472	6.7921	5.9549	9.4350
24	23.2122	0.0431	158.6586	0.0063	0.1463	6.8351	6.0624	9.5673
25	26.4619	0.0378	181.8708	0.0055	0.1455	6.8729	6.1610	9.6892
26	30.1666	0.0331	208.3327	0.0048	0.1448	6.9061	6.2514	9.8015
27	34.3899	0.0291	238.4993	0.0042	0.1442	6.9352	6.3342	9.9049
28	39.2045	0.0255	272.8892	0.0037	0.1437	6.9607	6.4100	10.0001
29	44.6931	0.0224	312.0937	0.0032	0.1432	6.9830	6.4791	10.0878
30	50.9502	0.0196	356.7868	0.0028	0.1428	7.0027	6.5423	10.1686
31	58.0832	0.0172	407.7370	0.0025	0.1425	7.0199	6.5998	10.2430
32	66.2148	0.0151	465.8202	0.0021	0.1421	7.0350	6.6522	10.3115
33	75.4849	0.0132	532.0350	0.0019	0.1419	7.0482	6.6998	10.3747
34	86.0528	0.0116	607.5199	0.0016	0.1416	7.0599	6.7431	10.4328
35	98.1002	0.0102	693.5727	0.0014	0.1414	7.0700	6.7824	10.4864
36	111.8342	0.0089	791.6729	0.0013	0.1413	7.0790	6.8180	10.5357
37	127.4910	0.0078	903.5071	0.0011	0.1411	7.0868	6.8503	10.5811
38	145.3397	0.0069	1030.9981	0.0010	0.1410	7.0937	6.8796	10.6229
39	165.6873	0.0060	1176.3378	0.0009	0.1409	7.0997	6.9060	10.6615
40	188.8835	0.0053	1342.0251	0.0007	0.1407	7.1050	6.9300	10.6970
45	363.6791	0.0027	2590.5648	0.0004	0.1404	7.1232	7.0188	10.8366
50	700.2330	0.0014	4994.5213	0.0002	0.1402	7.1327	7.0714	10.9291

표 A.15 이율 = 15%에 대한 연간 복리 이자계수

n	일회 지불		균일지불				등차지불 계수	등비지불 계수
	복리계수	현가계수	복리계수	적립기금 계수	자본회수 계수	현가계수		
	(F/P,i,n)	(P/F,i,n)	(F/A,i,n)	(A/F,i,n)	(A/P,i,n)	(P/A,i,n)	(A/G,i,n)	g = 5%
1	1.1500	0.8696	1.0000	1.0000	1.1500	0.8696	0.0000	0.8696
2	1.3225	0.7561	2.1500	0.4651	0.6151	1.6257	0.4651	1.6635
3	1.5209	0.6575	3.4725	0.2880	0.4380	2.2832	0.9071	2.3884
4	1.7490	0.5718	4.9934	0.2003	0.3503	2.8550	1.3263	3.0503
5	2.0114	0.4972	6.7424	0.1483	0.2983	3.3522	1.7228	3.6546
6	2.3131	0.4323	8.7537	0.1142	0.2642	3.7845	2.0972	4.2064
7	2.6600	0.3759	11.0668	0.0904	0.2404	4.1604	2.4498	4.7102
8	3.0590	0.3269	13.7268	0.0729	0.2229	4.4873	2.7813	5.1702
9	3.5179	0.2843	16.7858	0.0596	0.2096	4.7716	3.0922	5.5902
10	4.0456	0.2472	20.3037	0.0493	0.1993	5.0188	3.3832	5.9736
11	4.6524	0.2149	24.3493	0.0411	0.1911	5.2337	3.6549	6.3237
12	5.3503	0.1869	29.0017	0.0345	0.1845	5.4206	3.9082	6.6434
13	6.1528	0.1625	34.3519	0.0291	0.1791	5.5831	4.1438	6.9353
14	7.0757	0.1413	40.5047	0.0247	0.1747	5.7245	4.3624	7.2018
15	8.1371	0.1229	47.5804	0.0210	0.1710	5.8474	4.5650	7.4451
16	9.3576	0.1069	55.7175	0.0179	0.1679	5.9542	4.7522	7.6673
17	10.7613	0.0929	65.0751	0.0154	0.1654	6.0472	4.9251	7.8701
18	12.3755	0.0808	75.8364	0.0132	0.1632	6.1280	5.0843	8.0553
19	14.2318	0.0703	88.2118	0.0113	0.1613	6.1982	5.2307	8.2244
20	16.3665	0.0611	102.4436	0.0098	0.1598	6.2593	5.3651	8.3788
21	18.8215	0.0531	118.8101	0.0084	0.1584	6.3125	5.4883	8.5198
22	21.6447	0.0462	137.6316	0.0073	0.1573	6.3587	5.6010	8.6485
23	24.8915	0.0402	159.2764	0.0063	0.1563	6.3988	5.7040	8.7660
24	28.6252	0.0349	184.1678	0.0054	0.1554	6.4338	5.7979	8.8733
25	32.9190	0.0304	212.7930	0.0047	0.1547	6.4641	5.8834	8.9713
26	37.8568	0.0264	245.7120	0.0041	0.1541	6.4906	5.9612	9.0608
27	43.5353	0.0230	283.5688	0.0035	0.1535	6.5135	6.0319	9.1424
28	50.0656	0.0200	327.1041	0.0031	0.1531	6.5335	6.0960	9.2170
29	57.5755	0.0174	377.1697	0.0027	0.1527	6.5509	6.1541	9.2851
30	66.2118	0.0151	434.7451	0.0023	0.1523	6.5660	6.2066	9.3473
31	76.1435	0.0131	500.9569	0.0020	0.1520	6.5791	6.2541	9.4040
32	87.5651	0.0114	577.1005	0.0017	0.1517	6.5905	6.2970	9.4558
33	100.6998	0.0099	664.6655	0.0015	0.1515	6.6005	6.3357	9.5032
34	115.8048	0.0086	765.3654	0.0013	0.1513	6.6091	6.3705	9.5464
35	133.1755	0.0075	881.1702	0.0011	0.1511	6.6166	6.4019	9.5858
36	153.1519	0.0065	1014.3457	0.0010	0.1510	6.6231	6.4301	9.6218
37	176.1246	0.0057	1167.4975	0.0009	0.1509	6.6288	6.4554	9.6547
38	202.5433	0.0049	1343.6222	0.0007	0.1507	6.6338	6.4781	9.6847
39	232.9248	0.0043	1546.1655	0.0006	0.1506	6.6380	6.4985	9.7121
40	267.8635	0.0037	1779.0903	0.0006	0.1506	6.6418	6.5168	9.7372
45	538.7693	0.0019	3585.1285	0.0003	0.1503	6.6543	6.5830	9.8332
50	1083.6574	0.0009	7217.7163	0.0001	0.1501	6.6605	6.6205	9.8942

표 A.16 이율 = 16%에 대한 연간 복리 이자계수

n	일회 지불		균일지불				등차지불 계수	등비지불 계수
	복리계수	현가계수	복리계수	적립기금 계수	자본회수 계수	현가계수		
	(F/P,i,n)	(P/F,i,n)	(F/A,i,n)	(A/F,i,n)	(A/P,i,n)	(P/A,i,n)	(A/G,i,n)	g = 5%
1	1.1600	0.8621	1.0000	1.0000	1.1600	0.8621	0.0000	0.8621
2	1.3456	0.7432	2.1600	0.4630	0.6230	1.6052	0.4630	1.6424
3	1.5609	0.6407	3.5056	0.2853	0.4453	2.2459	0.9014	2.3487
4	1.8106	0.5523	5.0665	0.1974	0.3574	2.7982	1.3156	2.9881
5	2.1003	0.4761	6.8771	0.1454	0.3054	3.2743	1.7060	3.5668
6	2.4364	0.4104	8.9775	0.1114	0.2714	3.6847	2.0729	4.0906
7	2.8262	0.3538	11.4139	0.0876	0.2476	4.0386	2.4169	4.5648
8	3.2784	0.3050	14.2401	0.0702	0.2302	4.3436	2.7388	4.9940
9	3.8030	0.2630	17.5185	0.0571	0.2171	4.6065	3.0391	5.3825
10	4.4114	0.2267	21.3215	0.0469	0.2069	4.8332	3.3187	5.7341
11	5.1173	0.1954	25.7329	0.0389	0.1989	5.0286	3.5783	6.0525
12	5.9360	0.1685	30.8502	0.0324	0.1924	5.1971	3.8189	6.3406
13	6.8858	0.1452	36.7862	0.0272	0.1872	5.3423	4.0413	6.6014
14	7.9875	0.1252	43.6720	0.0229	0.1829	5.4675	4.2464	6.8375
15	9.2655	0.1079	51.6595	0.0194	0.1794	5.5755	4.4352	7.0512
16	10.7480	0.0930	60.9250	0.0164	0.1764	5.6685	4.6086	7.2446
17	12.4677	0.0802	71.6730	0.0140	0.1740	5.7487	4.7676	7.4197
18	14.4625	0.0691	84.1407	0.0119	0.1719	5.8178	4.9130	7.5781
19	16.7765	0.0596	98.6032	0.0101	0.1701	5.8775	5.0457	7.7216
20	19.4608	0.0514	115.3797	0.0087	0.1687	5.9288	5.1666	7.8514
21	22.5745	0.0443	134.8405	0.0074	0.1674	5.9731	5.2766	7.9690
22	26.1864	0.0382	157.4150	0.0064	0.1664	6.0113	5.3765	8.0754
23	30.3762	0.0329	183.6014	0.0054	0.1654	6.0442	5.4671	8.1717
24	35.2364	0.0284	213.9776	0.0047	0.1647	6.0726	5.5490	8.2588
25	40.8742	0.0245	249.2140	0.0040	0.1640	6.0971	5.6230	8.3377
26	47.4141	0.0211	290.0883	0.0034	0.1634	6.1182	5.6898	8.4092
27	55.0004	0.0182	337.5024	0.0030	0.1630	6.1364	5.7500	8.4738
28	63.8004	0.0157	392.5028	0.0025	0.1625	6.1520	5.8041	8.5323
29	74.0085	0.0135	456.3032	0.0022	0.1622	6.1656	5.8528	8.5853
30	85.8499	0.0116	530.3117	0.0019	0.1619	6.1772	5.8964	8.6332
31	99.5859	0.0100	616.1616	0.0016	0.1616	6.1872	5.9356	8.6766
32	115.5196	0.0087	715.7475	0.0014	0.1614	6.1959	5.9706	8.7159
33	134.0027	0.0075	831.2671	0.0012	0.1612	6.2034	6.0019	8.7515
34	155.4432	0.0064	965.2698	0.0010	0.1610	6.2098	6.0299	8.7837
35	180.3141	0.0055	1120.7130	0.0009	0.1609	6.2153	6.0548	8.8128
36	209.1643	0.0048	1301.0270	0.0008	0.1608	6.2201	6.0771	8.8392
37	242.6306	0.0041	1510.1914	0.0007	0.1607	6.2242	6.0969	8.8631
38	281.4515	0.0036	1752.8220	0.0006	0.1606	6.2278	6.1145	8.8847
39	326.4838	0.0031	2034.2735	0.0005	0.1605	6.2309	6.1302	8.9042
40	378.7212	0.0026	2360.7572	0.0004	0.1604	6.2335	6.1441	8.9219
45	795.4438	0.0013	4965.2739	0.0002	0.1602	6.2421	6.1934	8.9882
50	1670.7038	0.0006	10435.6488	0.0001	0.1601	6.2463	6.2201	9.0285

표 A.17 이율 = 17%에 대한 연간 복리 이자계수

n	일회 지불		균일지불				등차지불 계수	등비지불 계수
	복리계수	현가계수	복리계수	적립기금 계수	자본회수 계수	현가계수		
	(F/P,i,n)	(P/F,i,n)	(F/A,i,n)	(A/F,i,n)	(A/P,i,n)	(P/A,i,n)	(A/G,i,n)	g = 5%
1	1.1700	0.8547	1.0000	1.0000	1.1700	0.8547	0.0000	0.8547
2	1.3689	0.7305	2.1700	0.4608	0.6308	1.5852	0.4608	1.6217
3	1.6016	0.6244	3.5389	0.2826	0.4526	2.2096	0.8958	2.3101
4	1.8739	0.5337	5.1405	0.1945	0.3645	2.7432	1.3051	2.9279
5	2.1924	0.4561	7.0144	0.1426	0.3126	3.1993	1.6893	3.4823
6	2.5652	0.3898	9.2068	0.1086	0.2786	3.5892	2.0489	3.9798
7	3.0012	0.3332	11.7720	0.0849	0.2549	3.9224	2.3845	4.4263
8	3.5115	0.2848	14.7733	0.0677	0.2377	4.2072	2.6969	4.8271
9	4.1084	0.2434	18.2847	0.0547	0.2247	4.4506	2.9870	5.1867
10	4.8068	0.2080	22.3931	0.0447	0.2147	4.6586	3.2555	5.5094
11	5.6240	0.1778	27.1999	0.0368	0.2068	4.8364	3.5035	5.7990
12	6.5801	0.1520	32.8239	0.0305	0.2005	4.9884	3.7318	6.0590
13	7.6987	0.1299	39.4040	0.0254	0.1954	5.1183	3.9417	6.2922
14	9.0075	0.1110	47.1027	0.0212	0.1912	5.2293	4.1340	6.5016
15	10.5387	0.0949	56.1101	0.0178	0.1878	5.3242	4.3098	6.6895
16	12.3303	0.0811	66.6488	0.0150	0.1850	5.4053	4.4702	6.8581
17	14.4265	0.0693	78.9792	0.0127	0.1827	5.4746	4.6162	7.0094
18	16.8790	0.0592	93.4056	0.0107	0.1807	5.5339	4.7488	7.1452
19	19.7484	0.0506	110.2846	0.0091	0.1791	5.5845	4.8689	7.2670
20	23.1056	0.0433	130.0329	0.0077	0.1777	5.6278	4.9776	7.3764
21	27.0336	0.0370	153.1385	0.0065	0.1765	5.6648	5.0757	7.4745
22	31.6293	0.0316	180.1721	0.0056	0.1756	5.6964	5.1641	7.5626
23	37.0062	0.0270	211.8013	0.0047	0.1747	5.7234	5.2436	7.6417
24	43.2973	0.0231	248.8076	0.0040	0.1740	5.7465	5.3149	7.7126
25	50.6578	0.0197	292.1049	0.0034	0.1734	5.7662	5.3789	7.7763
26	59.2697	0.0169	342.7627	0.0029	0.1729	5.7831	5.4362	7.8334
27	69.3455	0.0144	402.0323	0.0025	0.1725	5.7975	5.4873	7.8847
28	81.1342	0.0123	471.3778	0.0021	0.1721	5.8099	5.5329	7.9307
29	94.9271	0.0105	552.5121	0.0018	0.1718	5.8204	5.5736	7.9720
30	111.0647	0.0090	647.4391	0.0015	0.1715	5.8294	5.6098	8.0091
31	129.9456	0.0077	758.5038	0.0013	0.1713	5.8371	5.6419	8.0423
32	152.0364	0.0066	888.4494	0.0011	0.1711	5.8437	5.6705	8.0722
33	177.8826	0.0056	1040.4858	0.0010	0.1710	5.8493	5.6958	8.0989
34	208.1226	0.0048	1218.3684	0.0008	0.1708	5.8541	5.7182	8.1230
35	243.5035	0.0041	1426.4910	0.0007	0.1707	5.8582	5.7380	8.1446
36	284.8991	0.0035	1669.9945	0.0006	0.1706	5.8617	5.7555	8.1639
37	333.3319	0.0030	1954.8936	0.0005	0.1705	5.8647	5.7710	8.1813
38	389.9983	0.0026	2288.2255	0.0004	0.1704	5.8673	5.7847	8.1969
39	456.2980	0.0022	2678.2238	0.0004	0.1704	5.8695	5.7967	8.2109
40	533.8687	0.0019	3134.5218	0.0003	0.1703	5.8713	5.8073	8.2234
45	1170.4794	0.0009	6879.2907	0.0001	0.1701	5.8773	5.8439	8.2694
50	2566.2153	0.0004	15089.5017	0.0001	0.1701	5.8801	5.8629	8.2961

표 A.18 이율 = 18%에 대한 연간 복리 이자계수

n	일회 지불		균일지불				등차지불 계수	등비지불 계수
	복리계수	현가계수	복리계수	적립기금 계수	자본회수 계수	현가계수		
	(F/P,i,n)	(P/F,i,n)	(F/A,i,n)	(A/F,i,n)	(A/P,i,n)	(P/A,i,n)	(A/G,i,n)	g = 5%
1	1.1800	0.8475	1.0000	1.0000	1.1800	0.8475	0.0000	0.8475
2	1.3924	0.7182	2.1800	0.4587	0.6387	1.5656	0.4587	1.6016
3	1.6430	0.6086	3.5724	0.2799	0.4599	2.1743	0.8902	2.2726
4	1.9388	0.5158	5.2154	0.1917	0.3717	2.6901	1.2947	2.8697
5	2.2878	0.4371	7.1542	0.1398	0.3198	3.1272	1.6728	3.4010
6	2.6996	0.3704	9.4420	0.1059	0.2859	3.4976	2.0252	3.8737
7	3.1855	0.3139	12.1415	0.0824	0.2624	3.8115	2.3526	4.2944
8	3.7589	0.2660	15.3270	0.0652	0.2452	4.0776	2.6558	4.6688
9	4.4355	0.2255	19.0859	0.0524	0.2324	4.3030	2.9358	5.0019
10	5.2338	0.1911	23.5213	0.0425	0.2225	4.4941	3.1936	5.2983
11	6.1759	0.1619	28.7551	0.0348	0.2148	4.6560	3.4303	5.5620
12	7.2876	0.1372	34.9311	0.0286	0.2086	4.7932	3.6470	5.7967
13	8.5994	0.1163	42.2187	0.0237	0.2037	4.9095	3.8449	6.0056
14	10.1472	0.0985	50.8180	0.0197	0.1997	5.0081	4.0250	6.1914
15	11.9737	0.0835	60.9653	0.0164	0.1964	5.0916	4.1887	6.3567
16	14.1290	0.0708	72.9390	0.0137	0.1937	5.1624	4.3369	6.5039
17	16.6722	0.0600	87.0680	0.0115	0.1915	5.2223	4.4708	6.6348
18	19.6733	0.0508	103.7403	0.0096	0.1896	5.2732	4.5916	6.7513
19	23.2144	0.0431	123.4135	0.0081	0.1881	5.3162	4.7003	6.8550
20	27.3930	0.0365	146.6280	0.0068	0.1868	5.3527	4.7978	6.9472
21	32.3238	0.0309	174.0210	0.0057	0.1857	5.3837	4.8851	7.0293
22	38.1421	0.0262	206.3448	0.0048	0.1848	5.4099	4.9632	7.1024
23	45.0076	0.0222	244.4868	0.0041	0.1841	5.4321	5.0329	7.1673
24	53.1090	0.0188	289.4945	0.0035	0.1835	5.4509	5.0950	7.2252
25	62.6686	0.0160	342.6035	0.0029	0.1829	5.4669	5.1502	7.2766
26	73.9490	0.0135	405.2721	0.0025	0.1825	5.4804	5.1991	7.3224
27	87.2598	0.0115	479.2211	0.0021	0.1821	5.4919	5.2425	7.3632
28	102.9666	0.0097	566.4809	0.0018	0.1818	5.5016	5.2810	7.3994
29	121.5005	0.0082	669.4475	0.0015	0.1815	5.5098	5.3149	7.4317
30	143.3706	0.0070	790.9480	0.0013	0.1813	5.5168	5.3448	7.4604
31	169.1774	0.0059	934.3186	0.0011	0.1811	5.5227	5.3712	7.4860
32	199.6293	0.0050	1103.4960	0.0009	0.1809	5.5277	5.3945	7.5087
33	235.5625	0.0042	1303.1253	0.0008	0.1808	5.5320	5.4149	7.5289
34	277.9638	0.0036	1538.6878	0.0006	0.1806	5.5356	5.4328	7.5469
35	327.9973	0.0030	1816.6516	0.0006	0.1806	5.5386	5.4485	7.5629
36	387.0368	0.0026	2144.6489	0.0005	0.1805	5.5412	5.4623	7.5772
37	456.7034	0.0022	2531.6857	0.0004	0.1804	5.5434	5.4744	7.5899
38	538.9100	0.0019	2988.3891	0.0003	0.1803	5.5452	5.4849	7.6012
39	635.9139	0.0016	3527.2992	0.0003	0.1803	5.5468	5.4941	7.6112
40	750.3783	0.0013	4163.2130	0.0002	0.1802	5.5482	5.5022	7.6201
45	1716.6839	0.0006	9531.5771	0.0001	0.1801	5.5523	5.5293	7.6520
50	3927.3569	0.0003	21813.0937	0.0000	0.1800	5.5541	5.5428	7.6698

표 A.19 이율 = 19%에 대한 연간 복리 이자계수

n	일회 지불		균일지불				등차지불 계수	등비지불 계수
	복리계수	현가계수	복리계수	적립기금 계수	자본회수 계수	현가계수		
	(F/P,i,n)	(P/F,i,n)	(F/A,i,n)	(A/F,i,n)	(A/P,i,n)	(P/A,i,n)	(A/G,i,n)	g = 5%
1	1.1900	0.8403	1.0000	1.0000	1.1900	0.8403	0.0000	0.8403
2	1.4161	0.7062	2.1900	0.4566	0.6466	1.5465	0.4566	1.5818
3	1.6852	0.5934	3.6061	0.2773	0.4673	2.1399	0.8846	2.2361
4	2.0053	0.4987	5.2913	0.1890	0.3790	2.6386	1.2844	2.8133
5	2.3864	0.4190	7.2966	0.1371	0.3271	3.0576	1.6566	3.3227
6	2.8398	0.3521	9.6830	0.1033	0.2933	3.4098	2.0019	3.7721
7	3.3793	0.2959	12.5227	0.0799	0.2699	3.7057	2.3211	4.1687
8	4.0214	0.2487	15.9020	0.0629	0.2529	3.9544	2.6154	4.5186
9	4.7854	0.2090	19.9234	0.0502	0.2402	4.1633	2.8856	4.8273
10	5.6947	0.1756	24.7089	0.0405	0.2305	4.3389	3.1331	5.0997
11	6.7767	0.1476	30.4035	0.0329	0.2229	4.4865	3.3589	5.3401
12	8.0642	0.1240	37.1802	0.0269	0.2169	4.6105	3.5645	5.5522
13	9.5964	0.1042	45.2445	0.0221	0.2121	4.7147	3.7509	5.7393
14	11.4198	0.0876	54.8409	0.0182	0.2082	4.8023	3.9196	5.9044
15	13.5895	0.0736	66.2607	0.0151	0.2051	4.8759	4.0717	6.0501
16	16.1715	0.0618	79.8502	0.0125	0.2025	4.9377	4.2086	6.1787
17	19.2441	0.0520	96.0218	0.0104	0.2004	4.9897	4.3314	6.2921
18	22.9005	0.0437	115.2659	0.0087	0.1987	5.0333	4.4413	6.3922
19	27.2516	0.0367	138.1664	0.0072	0.1972	5.0700	4.5394	6.4805
20	32.4294	0.0308	165.4180	0.0060	0.1960	5.1009	4.6268	6.5584
21	38.5910	0.0259	197.8474	0.0051	0.1951	5.1268	4.7045	6.6272
22	45.9233	0.0218	236.4385	0.0042	0.1942	5.1486	4.7734	6.6879
23	54.6487	0.0183	282.3618	0.0035	0.1935	5.1668	4.8344	6.7414
24	65.0320	0.0154	337.0105	0.0030	0.1930	5.1822	4.8883	6.7886
25	77.3881	0.0129	402.0425	0.0025	0.1925	5.1951	4.9359	6.8303
26	92.0918	0.0109	479.4306	0.0021	0.1921	5.2060	4.9777	6.8671
27	109.5893	0.0091	571.5224	0.0017	0.1917	5.2151	5.0145	6.8995
28	130.4112	0.0077	681.1116	0.0015	0.1915	5.2228	5.0468	6.9281
29	155.1893	0.0064	811.5228	0.0012	0.1912	5.2292	5.0751	6.9534
30	184.6753	0.0054	966.7122	0.0010	0.1910	5.2347	5.0998	6.9757
31	219.7636	0.0046	1151.3875	0.0009	0.1909	5.2392	5.1215	6.9954
32	261.5187	0.0038	1371.1511	0.0007	0.1907	5.2430	5.1403	7.0127
33	311.2073	0.0032	1632.6698	0.0006	0.1906	5.2462	5.1568	7.0280
34	370.3366	0.0027	1943.8771	0.0005	0.1905	5.2489	5.1711	7.0415
35	440.7006	0.0023	2314.2137	0.0004	0.1904	5.2512	5.1836	7.0535
36	524.4337	0.0019	2754.9143	0.0004	0.1904	5.2531	5.1944	7.0640
37	624.0761	0.0016	3279.3481	0.0003	0.1903	5.2547	5.2038	7.0733
38	742.6506	0.0013	3903.4242	0.0003	0.1903	5.2561	5.2119	7.0814
39	883.7542	0.0011	4646.0748	0.0002	0.1902	5.2572	5.2190	7.0887
40	1051.6675	0.0010	5529.8290	0.0002	0.1902	5.2582	5.2251	7.0950
45	2509.6506	0.0004	13203.4242	0.0001	0.1901	5.2611	5.2452	7.1173
50	5988.9139	0.0002	31515.3363	0.0000	0.1900	5.2623	5.2548	7.1292

표 A.20 이율 = 20%에 대한 연간 복리 이자계수

n	일회 지불		균일지불				등차지불 계수	등비지불 계수
	복리계수	현가계수	복리계수	적립기금 계수	자본회수 계수	현가계수		
	(F/P,i,n)	(P/F,i,n)	(F/A,i,n)	(A/F,i,n)	(A/P,i,n)	(P/A,i,n)	(A/G,i,n)	g = 5%
1	1.2000	0.8333	1.0000	1.0000	1.2000	0.8333	0.0000	0.8333
2	1.4400	0.6944	2.2000	0.4545	0.6545	1.5278	0.4545	1.5625
3	1.7280	0.5787	3.6400	0.2747	0.4747	2.1065	0.8791	2.2005
4	2.0736	0.4823	5.3680	0.1863	0.3863	2.5887	1.2742	2.7588
5	2.4883	0.4019	7.4416	0.1344	0.3344	2.9906	1.6405	3.2473
6	2.9860	0.3349	9.9299	0.1007	0.3007	3.3255	1.9788	3.6747
7	3.5832	0.2791	12.9159	0.0774	0.2774	3.6046	2.2902	4.0487
8	4.2998	0.2326	16.4991	0.0606	0.2606	3.8372	2.5756	4.3759
9	5.1598	0.1938	20.7989	0.0481	0.2481	4.0310	2.8364	4.6623
10	6.1917	0.1615	25.9587	0.0385	0.2385	4.1925	3.0739	4.9128
11	7.4301	0.1346	32.1504	0.0311	0.2311	4.3271	3.2893	5.1321
12	8.9161	0.1122	39.5805	0.0253	0.2253	4.4392	3.4841	5.3239
13	10.6993	0.0935	48.4966	0.0206	0.2206	4.5327	3.6597	5.4917
14	12.8392	0.0779	59.1959	0.0169	0.2169	4.6106	3.8175	5.6386
15	15.4070	0.0649	72.0351	0.0139	0.2139	4.6755	3.9588	5.7671
16	18.4884	0.0541	87.4421	0.0114	0.2114	4.7296	4.0851	5.8796
17	22.1861	0.0451	105.9306	0.0094	0.2094	4.7746	4.1976	5.9779
18	26.6233	0.0376	128.1167	0.0078	0.2078	4.8122	4.2975	6.0640
19	31.9480	0.0313	154.7400	0.0065	0.2065	4.8435	4.3861	6.1394
20	38.3376	0.0261	186.6880	0.0054	0.2054	4.8696	4.4643	6.2053
21	46.0051	0.0217	225.0256	0.0044	0.2044	4.8913	4.5334	6.2629
22	55.2061	0.0181	271.0307	0.0037	0.2037	4.9094	4.5941	6.3134
23	66.2474	0.0151	326.2369	0.0031	0.2031	4.9245	4.6475	6.3576
24	79.4968	0.0126	392.4842	0.0025	0.2025	4.9371	4.6943	6.3962
25	95.3962	0.0105	471.9811	0.0021	0.2021	4.9476	4.7352	6.4300
26	114.4755	0.0087	567.3773	0.0018	0.2018	4.9563	4.7709	6.4596
27	137.3706	0.0073	681.8528	0.0015	0.2015	4.9636	4.8020	6.4855
28	164.8447	0.0061	819.2233	0.0012	0.2012	4.9697	4.8291	6.5081
29	197.8136	0.0051	984.0680	0.0010	0.2010	4.9747	4.8527	6.5279
30	237.3763	0.0042	1181.8816	0.0008	0.2008	4.9789	4.8731	6.5453
31	284.8516	0.0035	1419.2579	0.0007	0.2007	4.9824	4.8908	6.5605
32	341.8219	0.0029	1704.1095	0.0006	0.2006	4.9854	4.9061	6.5737
33	410.1863	0.0024	2045.9314	0.0005	0.2005	4.9878	4.9194	6.5854
34	492.2235	0.0020	2456.1176	0.0004	0.2004	4.9898	4.9308	6.5955
35	590.6682	0.0017	2948.3411	0.0003	0.2003	4.9915	4.9406	6.6044
36	708.8019	0.0014	3539.0094	0.0003	0.2003	4.9929	4.9491	6.6122
37	850.5622	0.0012	4247.8112	0.0002	0.2002	4.9941	4.9564	6.6190
38	1020.6747	0.0010	5098.3735	0.0002	0.2002	4.9951	4.9627	6.6250
39	1224.8096	0.0008	6119.0482	0.0002	0.2002	4.9959	4.9681	6.6302
40	1469.7716	0.0007	7343.8578	0.0001	0.2001	4.9966	4.9728	6.6347
45	3657.2620	0.0003	18281.3099	0.0001	0.2001	4.9986	4.9877	6.6503
50	9100.4382	0.0001	45497.1908	0.0000	0.2000	4.9995	4.9945	6.6583

표 A.21 이율 = 25%에 대한 연간 복리 이자계수

n	일회 지불		균일지불				등차지불 계수	등비지불 계수
	복리계수	현가계수	복리계수	적립기금 계수	자본회수 계수	현가계수		
	(F/P,i,n)	(P/F,i,n)	(F/A,i,n)	(A/F,i,n)	(A/P,i,n)	(P/A,i,n)	(A/G,i,n)	g = 5%
1	1.2500	0.8000	1.0000	1.0000	1.2500	0.8000	0.0000	0.8000
2	1.5625	0.6400	2.2500	0.4444	0.6944	1.4400	0.4444	1.4720
3	1.9531	0.5120	3.8125	0.2623	0.5123	1.9520	0.8525	2.0365
4	2.4414	0.4096	5.7656	0.1734	0.4234	2.3616	1.2249	2.5106
5	3.0518	0.3277	8.2070	0.1218	0.3718	2.6893	1.5631	2.9089
6	3.8147	0.2621	11.2588	0.0888	0.3388	2.9514	1.8683	3.2435
7	4.7684	0.2097	15.0735	0.0663	0.3163	3.1611	2.1424	3.5245
8	5.9605	0.1678	19.8419	0.0504	0.3004	3.3289	2.3872	3.7606
9	7.4506	0.1342	25.8023	0.0388	0.2888	3.4631	2.6048	3.9589
10	9.3132	0.1074	33.2529	0.0301	0.2801	3.5705	2.7971	4.1255
11	11.6415	0.0859	42.5661	0.0235	0.2735	3.6564	2.9663	4.2654
12	14.5519	0.0687	54.2077	0.0184	0.2684	3.7251	3.1145	4.3829
13	18.1899	0.0550	68.7596	0.0145	0.2645	3.7801	3.2437	4.4817
14	22.7374	0.0440	86.9495	0.0115	0.2615	3.8241	3.3559	4.5646
15	28.4217	0.0352	109.6868	0.0091	0.2591	3.8593	3.4530	4.6343
16	35.5271	0.0281	138.1085	0.0072	0.2572	3.8874	3.5366	4.6928
17	44.4089	0.0225	173.6357	0.0058	0.2558	3.9099	3.6084	4.7419
18	55.5112	0.0180	218.0446	0.0046	0.2546	3.9279	3.6698	4.7832
19	69.3889	0.0144	273.5558	0.0037	0.2537	3.9424	3.7222	4.8179
20	86.7362	0.0115	342.9447	0.0029	0.2529	3.9539	3.7667	4.8470
21	108.4202	0.0092	429.6809	0.0023	0.2523	3.9631	3.8045	4.8715
22	135.5253	0.0074	538.1011	0.0019	0.2519	3.9705	3.8365	4.8921
23	169.4066	0.0059	673.6264	0.0015	0.2515	3.9764	3.8634	4.9093
24	211.7582	0.0047	843.0329	0.0012	0.2512	3.9811	3.8861	4.9238
25	264.6978	0.0038	1054.7912	0.0009	0.2509	3.9849	3.9052	4.9360
26	330.8722	0.0030	1319.4890	0.0008	0.2508	3.9879	3.9212	4.9463
27	413.5903	0.0024	1650.3612	0.0006	0.2506	3.9903	3.9346	4.9549
28	516.9879	0.0019	2063.9515	0.0005	0.2505	3.9923	3.9457	4.9621
29	646.2349	0.0015	2580.9394	0.0004	0.2504	3.9938	3.9551	4.9682
30	807.7936	0.0012	3227.1743	0.0003	0.2503	3.9950	3.9628	4.9732
31	1009.7420	0.0010	4034.9678	0.0002	0.2502	3.9960	3.9693	4.9775
32	1262.1774	0.0008	5044.7098	0.0002	0.2502	3.9968	3.9746	4.9811
33	1577.7218	0.0006	6306.8872	0.0002	0.2502	3.9975	3.9791	4.9841
34	1972.1523	0.0005	7884.6091	0.0001	0.2501	3.9980	3.9828	4.9867
35	2465.1903	0.0004	9856.7613	0.0001	0.2501	3.9984	3.9858	4.9888
36	3081.4879	0.0003	12321.9516	0.0001	0.2501	3.9987	3.9883	4.9906
37	3851.8599	0.0003	15403.4396	0.0001	0.2501	3.9990	3.9904	4.9921
38	4814.8249	0.0002	19255.2994	0.0001	0.2501	3.9992	3.9921	4.9934
39	6018.5311	0.0002	24070.1243	0.0000	0.2500	3.9993	3.9935	4.9944
40	7523.1638	0.0001	30088.6554	0.0000	0.2500	3.9995	3.9947	4.9953

표 A.22 이율 = 30%에 대한 연간 복리 이자계수

n	일회 지불		균일지불				등차지불 계수	등비지불 계수
	복리계수	현가계수	복리계수	적립기금 계수	자본회수 계수	현가계수		
	(F/P,i,n)	(P/F,i,n)	(F/A,i,n)	(A/F,i,n)	(A/P,i,n)	(P/A,i,n)	(A/G,i,n)	g = 5%
1	1.3000	0.7692	1.0000	1.0000	1.3000	0.7692	0.0000	0.7692
2	1.6900	0.5917	2.3000	0.4348	0.7348	1.3609	0.4348	1.3905
3	2.1970	0.4552	3.9900	0.2506	0.5506	1.8161	0.8271	1.8924
4	2.8561	0.3501	6.1870	0.1616	0.4616	2.1662	1.1733	2.2977
5	3.7129	0.2693	9.0431	0.1106	0.4106	2.4356	1.4903	2.6250
6	4.8268	0.2072	12.7560	0.0784	0.3784	2.6427	1.7654	2.8895
7	6.2749	0.1594	17.5828	0.0569	0.3569	2.8021	2.0063	3.1030
8	8.1573	0.1226	23.8577	0.0419	0.3419	2.9247	2.2156	3.2755
9	10.6045	0.0943	32.0150	0.0312	0.3312	3.0190	2.3963	3.4148
10	13.7858	0.0725	42.6195	0.0235	0.3235	3.0915	2.5512	3.5274
11	17.9216	0.0558	56.4053	0.0177	0.3177	3.1473	2.6833	3.6183
12	23.2981	0.0429	74.3270	0.0135	0.3135	3.1903	2.7952	3.6917
13	30.2875	0.0330	97.6250	0.0102	0.3102	3.2233	2.8895	3.7510
14	39.3738	0.0254	127.9125	0.0078	0.3078	3.2487	2.9685	3.7989
15	51.1859	0.0195	167.2863	0.0060	0.3060	3.2682	3.0344	3.8375
16	66.5417	0.0150	218.4722	0.0046	0.3046	3.2832	3.0892	3.8688
17	86.5042	0.0116	285.0139	0.0035	0.3035	3.2948	3.1345	3.8940
18	112.4554	0.0089	371.5180	0.0027	0.3027	3.3037	3.1718	3.9144
19	146.1920	0.0068	483.9734	0.0021	0.3021	3.3105	3.2025	3.9309
20	190.0496	0.0053	630.1655	0.0016	0.3016	3.3158	3.2275	3.9442
21	247.0645	0.0040	820.2151	0.0012	0.3012	3.3198	3.2480	3.9549
22	321.1839	0.0031	1067.2796	0.0009	0.3009	3.3230	3.2646	3.9636
23	417.5391	0.0024	1388.4635	0.0007	0.3007	3.3254	3.2781	3.9706
24	542.8008	0.0018	1806.0026	0.0006	0.3006	3.3272	3.2890	3.9762
25	705.6410	0.0014	2348.8033	0.0004	0.3004	3.3286	3.2979	3.9808
26	917.3333	0.0011	3054.4443	0.0003	0.3003	3.3297	3.3050	3.9845
27	1192.5333	0.0008	3971.7776	0.0003	0.3003	3.3305	3.3107	3.9875
28	1550.2933	0.0006	5164.3109	0.0002	0.3002	3.3312	3.3153	3.9899
29	2015.3813	0.0005	6714.6042	0.0001	0.3001	3.3317	3.3189	3.9918
30	2619.9956	0.0004	8729.9855	0.0001	0.3001	3.3321	3.3219	3.9934
31	3405.9943	0.0003	11349.9811	0.0001	0.3001	3.3324	3.3242	3.9947
32	4427.7926	0.0002	14755.9755	0.0001	0.3001	3.3326	3.3261	3.9957
33	5756.1304	0.0002	19183.7681	0.0001	0.3001	3.3328	3.3276	3.9965
34	7482.9696	0.0001	24939.8985	0.0000	0.3000	3.3329	3.3288	3.9972
35	9727.8604	0.0001	32422.8681	0.0000	0.3000	3.3330	3.3297	3.9977
36	12646.2186	0.0001	42150.7285	0.0000	0.3000	3.3331	3.3305	3.9982
37	16440.0841	0.0001	54796.9471	0.0000	0.3000	3.3331	3.3311	3.9985
38	21372.1094	0.0000	71237.0312	0.0000	0.3000	3.3332	3.3316	3.9988
39	27783.7422	0.0000	92609.1405	0.0000	0.3000	3.3332	3.3319	3.9990
40	36118.8648	0.0000	120392.8827	0.0000	0.3000	3.3332	3.3322	3.9992

표 B.1 이율 = 5%에 대한 연간 복리 이자계수

n	이산현금흐름						연속현금흐름			
	일회지불		균일지불				균일지불			
	복리계수	현가계수	복리계수	적립기금 계수	현가계수	자본회수 계수	복리계수	적립기금 계수	현가계수	자본회수 계수
	[F/P,r,n]	[P/F,r,n]	[F/A,r,n]	[A/F,r,n]	[P/A,r,n]	[A/P,r,n]	[F/A,r,n]	[A/F,r,n]	[P/A,r,n]	[A/P,r,n]
1	1.0513	0.9512	1.0000	1.0000	0.9512	1.0513	1.0254	0.9752	0.9754	1.0252
2	1.1052	0.9048	2.0513	0.4875	1.8561	0.5388	2.1034	0.4754	1.9033	0.5254
3	1.1618	0.8607	3.1564	0.3168	2.7168	0.3681	3.2367	0.3090	2.7858	0.3590
4	1.2214	0.8187	4.3183	0.2316	3.5355	0.2828	4.4281	0.2258	3.6254	0.2758
5	1.2840	0.7788	5.5397	0.1805	4.3143	0.2318	5.6805	0.1760	4.4240	0.2260
6	1.3499	0.7408	6.8237	0.1465	5.0551	0.1978	6.9972	0.1429	5.1836	0.1929
7	1.4191	0.7047	8.1736	0.1223	5.7598	0.1736	8.3814	0.1193	5.9062	0.1693
8	1.4918	0.6703	9.5926	0.1042	6.4301	0.1555	9.8365	0.1017	6.5936	0.1517
9	1.5683	0.6376	11.0845	0.0902	7.0678	0.1415	11.3662	0.0880	7.2474	0.1380
10	1.6487	0.6065	12.6528	0.0790	7.6743	0.1303	12.9744	0.0771	7.8694	0.1271
11	1.7333	0.5769	14.3015	0.0699	8.2512	0.1212	14.6651	0.0682	8.4610	0.1182
12	1.8221	0.5488	16.0347	0.0624	8.8001	0.1136	16.4424	0.0608	9.0238	0.1108
13	1.9155	0.5220	17.8569	0.0560	9.3221	0.1073	18.3108	0.0546	9.5591	0.1046
14	2.0138	0.4966	19.7724	0.0506	9.8187	0.1018	20.2751	0.0493	10.0683	0.0993
15	2.1170	0.4724	21.7862	0.0459	10.2911	0.0972	22.3400	0.0448	10.5527	0.0948
16	2.2255	0.4493	23.9032	0.0418	10.7404	0.0931	24.5108	0.0408	11.0134	0.0908
17	2.3396	0.4274	26.1287	0.0383	11.1678	0.0895	26.7929	0.0373	11.4517	0.0873
18	2.4596	0.4066	28.4683	0.0351	11.5744	0.0864	29.1921	0.0343	11.8686	0.0843
19	2.5857	0.3867	30.9279	0.0323	11.9611	0.0836	31.7142	0.0315	12.2652	0.0815
20	2.7183	0.3679	33.5137	0.0298	12.3290	0.0811	34.3656	0.0291	12.6424	0.0791
21	2.8577	0.3499	36.2319	0.0276	12.6789	0.0789	37.1530	0.0269	13.0012	0.0769
22	3.0042	0.3329	39.0896	0.0256	13.0118	0.0769	40.0833	0.0249	13.3426	0.0749
23	3.1582	0.3166	42.0938	0.0238	13.3284	0.0750	43.1639	0.0232	13.6673	0.0732
24	3.3201	0.3012	45.2519	0.0221	13.6296	0.0734	46.4023	0.0216	13.9761	0.0716
25	3.4903	0.2865	48.5721	0.0206	13.9161	0.0719	49.8069	0.0201	14.2699	0.0701
26	3.6693	0.2725	52.0624	0.0192	14.1887	0.0705	53.3859	0.0187	14.5494	0.0687
27	3.8574	0.2592	55.7317	0.0179	14.4479	0.0692	57.1485	0.0175	14.8152	0.0675
28	4.0552	0.2466	59.5891	0.0168	14.6945	0.0681	61.1040	0.0164	15.0681	0.0664
29	4.2631	0.2346	63.6443	0.0157	14.9291	0.0670	65.2623	0.0153	15.3086	0.0653
30	4.4817	0.2231	67.9074	0.0147	15.1522	0.0660	69.6338	0.0144	15.5374	0.0644

표 B.2 이율 = 6%에 대한 연간 복리 이자계수

n	이산현금흐름						연속현금흐름			
	일회지불		균일지불				균일지불			
	복리계수	현가계수	복리계수	적립기금 계수	현가계수	자본회수 계수	복리계수	적립기금 계수	현가계수	자본회수 계수
	[F/P,r,n]	[P/F,r,n]	[F/A,r,n]	[A/F,r,n]	[P/A,r,n]	[A/P,r,n]	[F/A,r,n]	[A/F,r,n]	[P/A,r,n]	[A/P,r,n]
1	1.0618	0.9418	1.0000	1.0000	0.9418	1.0618	1.0306	0.9703	0.9706	1.0303
2	1.1275	0.8869	2.0618	0.4850	1.8287	0.5468	2.1249	0.4706	1.8847	0.5306
3	1.1972	0.8353	3.1893	0.3135	2.6640	0.3754	3.2870	0.3042	2.7455	0.3642
4	1.2712	0.7866	4.3866	0.2280	3.4506	0.2898	4.5208	0.2212	3.5562	0.2812
5	1.3499	0.7408	5.6578	0.1767	4.1914	0.2386	5.8310	0.1715	4.3197	0.2315
6	1.4333	0.6977	7.0077	0.1427	4.8891	0.2045	7.2222	0.1385	5.0387	0.1985
7	1.5220	0.6570	8.4410	0.1185	5.5461	0.1803	8.6994	0.1150	5.7159	0.1750
8	1.6161	0.6188	9.9629	0.1004	6.1649	0.1622	10.2679	0.0974	6.3536	0.1574
9	1.7160	0.5827	11.5790	0.0864	6.7477	0.1482	11.9334	0.0838	6.9542	0.1438
10	1.8221	0.5488	13.2950	0.0752	7.2965	0.1371	13.7020	0.0730	7.5198	0.1330
11	1.9348	0.5169	15.1171	0.0662	7.8133	0.1280	15.5799	0.0642	8.0525	0.1242
12	2.0544	0.4868	17.0519	0.0586	8.3001	0.1205	17.5739	0.0569	8.5541	0.1169
13	2.1815	0.4584	19.1064	0.0523	8.7585	0.1142	19.6912	0.0508	9.0266	0.1108
14	2.3164	0.4317	21.2878	0.0470	9.1902	0.1088	21.9394	0.0456	9.4715	0.1056
15	2.4596	0.4066	23.6042	0.0424	9.5968	0.1042	24.3267	0.0411	9.8905	0.1011
16	2.6117	0.3829	26.0638	0.0384	9.9797	0.1002	26.8616	0.0372	10.2851	0.0972
17	2.7732	0.3606	28.6755	0.0349	10.3402	0.0967	29.5532	0.0338	10.6563	0.0938
18	2.9447	0.3396	31.4487	0.0318	10.6798	0.0936	32.4113	0.0309	11.0067	0.0909
19	3.1268	0.3198	34.3934	0.0291	10.9997	0.0909	35.4461	0.0282	11.3363	0.0882
20	3.3201	0.3012	37.5202	0.0267	11.3009	0.0885	38.6686	0.0259	11.6463	0.0859
21	3.5254	0.2837	40.8403	0.0245	11.5845	0.0863	42.0904	0.0238	11.9391	0.0838
22	3.7434	0.2671	44.3657	0.0225	11.8516	0.0844	45.7237	0.0219	12.2144	0.0819
23	3.9749	0.2516	48.1091	0.0208	12.1032	0.0826	49.5817	0.0202	12.4737	0.0802
24	4.2207	0.2369	52.0840	0.0192	12.3401	0.0810	53.6783	0.0186	12.7179	0.0786
25	4.4817	0.2231	56.3047	0.0178	12.5633	0.0796	58.0282	0.0172	12.9473	0.0772
26	4.7588	0.2101	60.7864	0.0165	12.7734	0.0783	62.6470	0.0160	13.1644	0.0760
27	5.0531	0.1979	65.5452	0.0153	12.9713	0.0771	67.5515	0.0148	13.3684	0.0748
28	5.3656	0.1864	70.5983	0.0142	13.1577	0.0760	72.7593	0.0137	13.5604	0.0737
29	5.6973	0.1755	75.9639	0.0132	13.3332	0.0750	78.2891	0.0128	13.7413	0.0728
30	6.0496	0.1653	81.6612	0.0122	13.4985	0.0741	84.1608	0.0119	13.9117	0.0719

표 B.3 이율 = 7%에 대한 연간 복리 이자계수

n	이산현금흐름						연속현금흐름			
	일회지불		균일지불				균일지불			
	복리계수	현가계수	복리계수	적립기금 계수	현가계수	자본회수 계수	복리계수	적립기금 계수	현가계수	자본회수 계수
	[F/P,r,n]	[P/F,r,n]	[F/A,r,n]	[A/F,r,n]	[P/A,r,n]	[A/P,r,n]	[F/A,r,n]	[A/F,r,n]	[P/A,r,n]	[A/P,r,n]
1	1.0725	0.9324	1.0000	1.0000	0.9324	1.0725	1.0358	0.9654	0.9658	1.0354
2	1.1503	0.8694	2.0725	0.4825	1.8018	0.5550	2.1468	0.4658	1.8663	0.5358
3	1.2337	0.8106	3.2228	0.3103	2.6123	0.3828	3.3383	0.2996	2.7059	0.3696
4	1.3231	0.7558	4.4565	0.2244	3.3681	0.2969	4.6161	0.2166	3.4888	0.2866
5	1.4191	0.7047	5.7796	0.1730	4.0728	0.2455	5.9867	0.1670	4.2187	0.2370
6	1.5220	0.6570	7.1987	0.1389	4.7299	0.2114	7.4566	0.1341	4.8993	0.2041
7	1.6323	0.6126	8.7206	0.1147	5.3425	0.1872	9.0331	0.1107	5.5339	0.1807
8	1.7507	0.5712	10.3529	0.0966	5.9137	0.1691	10.7239	0.0932	6.1256	0.1632
9	1.8776	0.5326	12.1036	0.0826	6.4463	0.1551	12.5373	0.0798	6.6773	0.1498
10	2.0138	0.4966	13.9812	0.0715	6.9429	0.1440	14.4822	0.0691	7.1916	0.1391
11	2.1598	0.4630	15.9950	0.0625	7.4059	0.1350	16.5681	0.0604	7.6712	0.1304
12	2.3164	0.4317	18.1547	0.0551	7.8376	0.1276	18.8052	0.0532	8.1184	0.1232
13	2.4843	0.4025	20.4711	0.0488	8.2401	0.1214	21.2046	0.0472	8.5354	0.1172
14	2.6645	0.3753	22.9554	0.0436	8.6154	0.1161	23.7779	0.0421	8.9241	0.1121
15	2.8577	0.3499	25.6199	0.0390	8.9654	0.1115	26.5379	0.0377	9.2866	0.1077
16	3.0649	0.3263	28.4775	0.0351	9.2916	0.1076	29.4979	0.0339	9.6246	0.1039
17	3.2871	0.3042	31.5424	0.0317	9.5959	0.1042	32.6726	0.0306	9.9397	0.1006
18	3.5254	0.2837	34.8295	0.0287	9.8795	0.1012	36.0774	0.0277	10.2335	0.0977
19	3.7810	0.2645	38.3549	0.0261	10.1440	0.0986	39.7292	0.0252	10.5075	0.0952
20	4.0552	0.2466	42.1359	0.0237	10.3906	0.0962	43.6457	0.0229	10.7629	0.0929
21	4.3492	0.2299	46.1911	0.0216	10.6205	0.0942	47.8462	0.0209	11.0011	0.0909
22	4.6646	0.2144	50.5404	0.0198	10.8349	0.0923	52.3513	0.0191	11.2231	0.0891
23	5.0028	0.1999	55.2050	0.0181	11.0348	0.0906	57.1830	0.0175	11.4302	0.0875
24	5.3656	0.1864	60.2078	0.0166	11.2212	0.0891	62.3651	0.0160	11.6232	0.0860
25	5.7546	0.1738	65.5733	0.0153	11.3949	0.0878	67.9229	0.0147	11.8032	0.0847
26	6.1719	0.1620	71.3279	0.0140	11.5570	0.0865	73.8837	0.0135	11.9711	0.0835
27	6.6194	0.1511	77.4998	0.0129	11.7080	0.0854	80.2767	0.0125	12.1275	0.0825
28	7.0993	0.1409	84.1192	0.0119	11.8489	0.0844	87.1332	0.0115	12.2735	0.0815
29	7.6141	0.1313	91.2185	0.0110	11.9802	0.0835	94.4869	0.0106	12.4095	0.0806
30	8.1662	0.1225	98.8326	0.0101	12.1027	0.0826	102.3739	0.0098	12.5363	0.0798

표 B.4 이율 = 8%에 대한 연간 복리 이자계수

n	이산현금흐름						연속현금흐름			
	일회지불		균일지불				균일지불			
	복리계수	현가계수	복리계수	적립기금 계수	현가계수	자본회수 계수	복리계수	적립기금 계수	현가계수	자본회수 계수
	[F/P,r,n]	[P/F,r,n]	[F/A,r,n]	[A/F,r,n]	[P/A,r,n]	[A/P,r,n]	[F/A,r,n]	[A/F,r,n]	[P/A,r,n]	[A/P,r,n]
1	1.0833	0.9231	1.0000	1.0000	0.9231	1.0833	1.0411	0.9605	0.9610	1.0405
2	1.1735	0.8521	2.0833	0.4800	1.7753	0.5633	2.1689	0.4611	1.8482	0.5411
3	1.2712	0.7866	3.2568	0.3071	2.5619	0.3903	3.3906	0.2949	2.6672	0.3749
4	1.3771	0.7261	4.5280	0.2208	3.2880	0.3041	4.7141	0.2121	3.4231	0.2921
5	1.4918	0.6703	5.9052	0.1693	3.9584	0.2526	6.1478	0.1627	4.1210	0.2427
6	1.6161	0.6188	7.3970	0.1352	4.5771	0.2185	7.7009	0.1299	4.7652	0.2099
7	1.7507	0.5712	9.0131	0.1109	5.1483	0.1942	9.3834	0.1066	5.3599	0.1866
8	1.8965	0.5273	10.7637	0.0929	5.6756	0.1762	11.2060	0.0892	5.9083	0.1692
9	2.0544	0.4868	12.6602	0.0790	6.1624	0.1623	13.1804	0.0759	6.4155	0.1559
10	2.2255	0.4493	14.7147	0.0680	6.6117	0.1512	15.3193	0.0653	6.8834	0.1453
11	2.4109	0.4148	16.9402	0.0590	7.0265	0.1423	17.6362	0.0567	7.3152	0.1367
12	2.6117	0.3829	19.3511	0.0517	7.4094	0.1350	20.1462	0.0496	7.7133	0.1296
13	2.8292	0.3535	21.9628	0.0455	7.7629	0.1288	22.8652	0.0437	8.0813	0.1237
14	3.0649	0.3263	24.7920	0.0403	8.0891	0.1236	25.8107	0.0387	8.4215	0.1187
15	3.3201	0.3012	27.8569	0.0359	8.3903	0.1192	29.0015	0.0345	8.7351	0.1145
16	3.5966	0.2780	31.1770	0.0321	8.6684	0.1154	32.4580	0.0308	9.0245	0.1108
17	3.8962	0.2567	34.7736	0.0288	8.9250	0.1120	36.2024	0.0276	9.2917	0.1076
18	4.2207	0.2369	38.6698	0.0259	9.1620	0.1091	40.2587	0.0248	9.5384	0.1048
19	4.5722	0.2187	42.8905	0.0233	9.3807	0.1066	44.6528	0.0224	9.7661	0.1024
20	4.9530	0.2019	47.4627	0.0211	9.5826	0.1044	49.4129	0.0202	9.9763	0.1002
21	5.3656	0.1864	52.4158	0.0191	9.7689	0.1024	54.5694	0.0183	10.1703	0.0983
22	5.8124	0.1720	57.7813	0.0173	9.9410	0.1006	60.1555	0.0166	10.3494	0.0966
23	6.2965	0.1588	63.5938	0.0157	10.0998	0.0990	66.2067	0.0151	10.5148	0.0951
24	6.8210	0.1466	69.8903	0.0143	10.2464	0.0976	72.7620	0.0137	10.6674	0.0937
25	7.3891	0.1353	76.7113	0.0130	10.3817	0.0963	79.8632	0.0125	10.8083	0.0925
26	8.0045	0.1249	84.1003	0.0119	10.5067	0.0952	87.5559	0.0114	10.9384	0.0914
27	8.6711	0.1153	92.1048	0.0109	10.6220	0.0941	95.8892	0.0104	11.0584	0.0904
28	9.3933	0.1065	100.7759	0.0099	10.7285	0.0932	104.9166	0.0095	11.1693	0.0895
29	10.1757	0.0983	110.1693	0.0091	10.8267	0.0924	114.6959	0.0087	11.2716	0.0887
30	11.0232	0.0907	120.3449	0.0083	10.9174	0.0916	125.2897	0.0080	11.3660	0.0880

표 B.5 이율 = 9%에 대한 연간 복리 이자계수

n	이산현금흐름						연속현금흐름			
	일회지불		균일지불				균일지불			
	복리계수	현가계수	복리계수	적립기금 계수	현가계수	자본회수 계수	복리계수	적립기금 계수	현가계수	자본회수 계수
	[F/P,r,n]	[P/F,r,n]	[F/A,r,n]	[A/F,r,n]	[P/A,r,n]	[A/P,r,n]	[F/A,r,n]	[A/F,r,n]	[P/A,r,n]	[A/P,r,n]
1	1.0942	0.9139	1.0000	1.0000	0.9139	1.0942	1.0464	0.9557	0.9563	1.0457
2	1.1972	0.8353	2.0942	0.4775	1.7492	0.5717	2.1913	0.4563	1.8303	0.5463
3	1.3100	0.7634	3.2914	0.3038	2.5126	0.3980	3.4440	0.2904	2.6291	0.3804
4	1.4333	0.6977	4.6014	0.2173	3.2103	0.3115	4.8148	0.2077	3.3592	0.2977
5	1.5683	0.6376	6.0347	0.1657	3.8479	0.2599	6.3146	0.1584	4.0264	0.2484
6	1.7160	0.5827	7.6030	0.1315	4.4306	0.2257	7.9556	0.1257	4.6361	0.2157
7	1.8776	0.5326	9.3190	0.1073	4.9632	0.2015	9.7512	0.1026	5.1934	0.1926
8	2.0544	0.4868	11.1966	0.0893	5.4500	0.1835	11.7159	0.0854	5.7028	0.1754
9	2.2479	0.4449	13.2510	0.0755	5.8948	0.1696	13.8656	0.0721	6.1682	0.1621
10	2.4596	0.4066	15.4990	0.0645	6.3014	0.1587	16.2178	0.0617	6.5937	0.1517
11	2.6912	0.3716	17.9586	0.0557	6.6730	0.1499	18.7915	0.0532	6.9825	0.1432
12	2.9447	0.3396	20.6498	0.0484	7.0126	0.1426	21.6076	0.0463	7.3378	0.1363
13	3.2220	0.3104	23.5945	0.0424	7.3229	0.1366	24.6888	0.0405	7.6626	0.1305
14	3.5254	0.2837	26.8165	0.0373	7.6066	0.1315	28.0602	0.0356	7.9594	0.1256
15	3.8574	0.2592	30.3419	0.0330	7.8658	0.1271	31.7492	0.0315	8.2307	0.1215
16	4.2207	0.2369	34.1993	0.0292	8.1028	0.1234	35.7855	0.0279	8.4786	0.1179
17	4.6182	0.2165	38.4200	0.0260	8.3193	0.1202	40.2020	0.0249	8.7052	0.1149
18	5.0531	0.1979	43.0382	0.0232	8.5172	0.1174	45.0343	0.0222	8.9122	0.1122
19	5.5290	0.1809	48.0913	0.0208	8.6981	0.1150	50.3218	0.0199	9.1015	0.1099
20	6.0496	0.1653	53.6202	0.0186	8.8634	0.1128	56.1072	0.0178	9.2745	0.1078
21	6.6194	0.1511	59.6699	0.0168	9.0144	0.1109	62.4374	0.0160	9.4325	0.1060
22	7.2427	0.1381	66.2893	0.0151	9.1525	0.1093	69.3638	0.0144	9.5770	0.1044
23	7.9248	0.1262	73.5320	0.0136	9.2787	0.1078	76.9425	0.0130	9.7090	0.1030
24	8.6711	0.1153	81.4568	0.0123	9.3940	0.1065	85.2349	0.0117	9.8297	0.1017
25	9.4877	0.1054	90.1280	0.0111	9.4994	0.1053	94.3082	0.0106	9.9400	0.1006
26	10.3812	0.0963	99.6157	0.0100	9.5957	0.1042	104.2360	0.0096	10.0408	0.0996
27	11.3589	0.0880	109.9969	0.0091	9.6838	0.1033	115.0987	0.0087	10.1329	0.0987
28	12.4286	0.0805	121.3558	0.0082	9.7642	0.1024	126.9844	0.0079	10.2171	0.0979
29	13.5991	0.0735	133.7844	0.0075	9.8378	0.1016	139.9895	0.0071	10.2941	0.0971
30	14.8797	0.0672	147.3835	0.0068	9.9050	0.1010	154.2192	0.0065	10.3644	0.0965

표 B.6 이율 = 10%에 대한 연간 복리 이자계수

n	이산현금흐름						연속현금흐름			
	일회지불		균일지불				균일지불			
	복리계수	현가계수	복리계수	적립기금 계수	현가계수	자본회수 계수	복리계수	적립기금 계수	현가계수	자본회수 계수
	[F/P,r,n]	[P/F,r,n]	[F/A,r,n]	[A/F,r,n]	[P/A,r,n]	[A/P,r,n]	[F/A,r,n]	[A/F,r,n]	[P/A,r,n]	[A/P,r,n]
1	1.1052	0.9048	1.0000	1.0000	0.9048	1.1052	1.0517	0.9508	0.9516	1.0508
2	1.2214	0.8187	2.1052	0.4750	1.7236	0.5802	2.2140	0.4517	1.8127	0.5517
3	1.3499	0.7408	3.3266	0.3006	2.4644	0.4058	3.4986	0.2858	2.5918	0.3858
4	1.4918	0.6703	4.6764	0.2138	3.1347	0.3190	4.9182	0.2033	3.2968	0.3033
5	1.6487	0.6065	6.1683	0.1621	3.7412	0.2673	6.4872	0.1541	3.9347	0.2541
6	1.8221	0.5488	7.8170	0.1279	4.2900	0.2331	8.2212	0.1216	4.5119	0.2216
7	2.0138	0.4966	9.6391	0.1037	4.7866	0.2089	10.1375	0.0986	5.0341	0.1986
8	2.2255	0.4493	11.6528	0.0858	5.2360	0.1910	12.2554	0.0816	5.5067	0.1816
9	2.4596	0.4066	13.8784	0.0721	5.6425	0.1772	14.5960	0.0685	5.9343	0.1685
10	2.7183	0.3679	16.3380	0.0612	6.0104	0.1664	17.1828	0.0582	6.3212	0.1582
11	3.0042	0.3329	19.0563	0.0525	6.3433	0.1576	20.0417	0.0499	6.6713	0.1499
12	3.3201	0.3012	22.0604	0.0453	6.6445	0.1505	23.2012	0.0431	6.9881	0.1431
13	3.6693	0.2725	25.3806	0.0394	6.9170	0.1446	26.6930	0.0375	7.2747	0.1375
14	4.0552	0.2466	29.0499	0.0344	7.1636	0.1396	30.5520	0.0327	7.5340	0.1327
15	4.4817	0.2231	33.1051	0.0302	7.3867	0.1354	34.8169	0.0287	7.7687	0.1287
16	4.9530	0.2019	37.5867	0.0266	7.5886	0.1318	39.5303	0.0253	7.9810	0.1253
17	5.4739	0.1827	42.5398	0.0235	7.7713	0.1287	44.7395	0.0224	8.1732	0.1224
18	6.0496	0.1653	48.0137	0.0208	7.9366	0.1260	50.4965	0.0198	8.3470	0.1198
19	6.6859	0.1496	54.0634	0.0185	8.0862	0.1237	56.8589	0.0176	8.5043	0.1176
20	7.3891	0.1353	60.7493	0.0165	8.2215	0.1216	63.8906	0.0157	8.6466	0.1157
21	8.1662	0.1225	68.1383	0.0147	8.3440	0.1198	71.6617	0.0140	8.7754	0.1140
22	9.0250	0.1108	76.3045	0.0131	8.4548	0.1183	80.2501	0.0125	8.8920	0.1125
23	9.9742	0.1003	85.3295	0.0117	8.5550	0.1169	89.7418	0.0111	8.9974	0.1111
24	11.0232	0.0907	95.3037	0.0105	8.6458	0.1157	100.2318	0.0100	9.0928	0.1100
25	12.1825	0.0821	106.3269	0.0094	8.7278	0.1146	111.8249	0.0089	9.1792	0.1089
26	13.4637	0.0743	118.5094	0.0084	8.8021	0.1136	124.6374	0.0080	9.2573	0.1080
27	14.8797	0.0672	131.9731	0.0076	8.8693	0.1127	138.7973	0.0072	9.3279	0.1072
28	16.4446	0.0608	146.8528	0.0068	8.9301	0.1120	154.4465	0.0065	9.3919	0.1065
29	18.1741	0.0550	163.2975	0.0061	8.9852	0.1113	171.7415	0.0058	9.4498	0.1058
30	20.0855	0.0498	181.4716	0.0055	9.0349	0.1107	190.8554	0.0052	9.5021	0.1052

표 B.7 이율 = 12%에 대한 연간 복리 이자계수

n	이산현금흐름						연속현금흐름			
	일회지불		균일지불				균일지불			
	복리계수	현가계수	복리계수	적립기금 계수	현가계수	자본회수 계수	복리계수	적립기금 계수	현가계수	자본회수 계수
	[F/P,r,n]	[P/F,r,n]	[F/A,r,n]	[A/F,r,n]	[P/A,r,n]	[A/P,r,n]	[F/A,r,n]	[A/F,r,n]	[P/A,r,n]	[A/P,r,n]
1	1.1275	0.8869	1.0000	1.0000	0.8869	1.1275	1.0625	0.9412	0.9423	1.0612
2	1.2712	0.7866	2.1275	0.4700	1.6735	0.5975	2.2604	0.4424	1.7781	0.5624
3	1.4333	0.6977	3.3987	0.2942	2.3712	0.4217	3.6111	0.2769	2.5194	0.3969
4	1.6161	0.6188	4.8321	0.2070	2.9900	0.3344	5.1340	0.1948	3.1768	0.3148
5	1.8221	0.5488	6.4481	0.1551	3.5388	0.2826	6.8510	0.1460	3.7599	0.2660
6	2.0544	0.4868	8.2703	0.1209	4.0256	0.2484	8.7869	0.1138	4.2771	0.2338
7	2.3164	0.4317	10.3247	0.0969	4.4573	0.2244	10.9697	0.0912	4.7357	0.2112
8	2.6117	0.3829	12.6411	0.0791	4.8402	0.2066	13.4308	0.0745	5.1426	0.1945
9	2.9447	0.3396	15.2528	0.0656	5.1798	0.1931	16.2057	0.0617	5.5034	0.1817
10	3.3201	0.3012	18.1974	0.0550	5.4810	0.1824	19.3343	0.0517	5.8234	0.1717
11	3.7434	0.2671	21.5176	0.0465	5.7481	0.1740	22.8618	0.0437	6.1072	0.1637
12	4.2207	0.2369	25.2610	0.0396	5.9850	0.1671	26.8391	0.0373	6.3589	0.1573
13	4.7588	0.2101	29.4817	0.0339	6.1952	0.1614	31.3235	0.0319	6.5822	0.1519
14	5.3656	0.1864	34.2405	0.0292	6.3815	0.1567	36.3796	0.0275	6.7802	0.1475
15	6.0496	0.1653	39.6061	0.0252	6.5468	0.1527	42.0804	0.0238	6.9558	0.1438
16	6.8210	0.1466	45.6557	0.0219	6.6934	0.1494	48.5080	0.0206	7.1116	0.1406
17	7.6906	0.1300	52.4767	0.0191	6.8235	0.1466	55.7551	0.0179	7.2498	0.1379
18	8.6711	0.1153	60.1673	0.0166	6.9388	0.1441	63.9261	0.0156	7.3723	0.1356
19	9.7767	0.1023	68.8384	0.0145	7.0411	0.1420	73.1390	0.0137	7.4810	0.1337
20	11.0232	0.0907	78.6151	0.0127	7.1318	0.1402	83.5265	0.0120	7.5774	0.1320
21	12.4286	0.0805	89.6383	0.0112	7.2123	0.1387	95.2383	0.0105	7.6628	0.1305
22	14.0132	0.0714	102.0669	0.0098	7.2836	0.1373	108.4434	0.0092	7.7387	0.1292
23	15.7998	0.0633	116.0801	0.0086	7.3469	0.1361	123.3320	0.0081	7.8059	0.1281
24	17.8143	0.0561	131.8799	0.0076	7.4030	0.1351	140.1189	0.0071	7.8655	0.1271
25	20.0855	0.0498	149.6942	0.0067	7.4528	0.1342	159.0461	0.0063	7.9184	0.1263
26	22.6464	0.0442	169.7797	0.0059	7.4970	0.1334	180.3865	0.0055	7.9654	0.1255
27	25.5337	0.0392	192.4261	0.0052	7.5362	0.1327	204.4477	0.0049	8.0070	0.1249
28	28.7892	0.0347	217.9598	0.0046	7.5709	0.1321	231.5766	0.0043	8.0439	0.1243
29	32.4597	0.0308	246.7490	0.0041	7.6017	0.1315	262.1644	0.0038	8.0766	0.1238
30	36.5982	0.0273	279.2087	0.0036	7.6290	0.1311	296.6520	0.0034	8.1056	0.1234

표 B.8 이율 = 15%에 대한 연간 복리 이자계수

n	이산현금흐름						연속현금흐름			
	일회지불		균일지불				균일지불			
	복리계수	현가계수	복리계수	적립기금 계수	현가계수	자본회수 계수	복리계수	적립기금 계수	현가계수	자본회수 계수
	[F/P,r,n]	[P/F,r,n]	[F/A,r,n]	[A/F,r,n]	[P/A,r,n]	[A/P,r,n]	[F/A,r,n]	[A/F,r,n]	[P/A,r,n]	[A/P,r,n]
1	1.1618	0.8607	1.0000	1.0000	0.8607	1.1618	1.0789	0.9269	0.9286	1.0769
2	1.3499	0.7408	2.1618	0.4626	1.6015	0.6244	2.3324	0.4287	1.7279	0.5787
3	1.5683	0.6376	3.5117	0.2848	2.2392	0.4466	3.7887	0.2639	2.4158	0.4139
4	1.8221	0.5488	5.0800	0.1969	2.7880	0.3587	5.4808	0.1825	3.0079	0.3325
5	2.1170	0.4724	6.9021	0.1449	3.2603	0.3067	7.4467	0.1343	3.5176	0.2843
6	2.4596	0.4066	9.0191	0.1109	3.6669	0.2727	9.7307	0.1028	3.9562	0.2528
7	2.8577	0.3499	11.4787	0.0871	4.0168	0.2490	12.3843	0.0807	4.3337	0.2307
8	3.3201	0.3012	14.3364	0.0698	4.3180	0.2316	15.4674	0.0647	4.6587	0.2147
9	3.8574	0.2592	17.6565	0.0566	4.5773	0.2185	19.0495	0.0525	4.9384	0.2025
10	4.4817	0.2231	21.5139	0.0465	4.8004	0.2083	23.2113	0.0431	5.1791	0.1931
11	5.2070	0.1920	25.9956	0.0385	4.9925	0.2003	28.0465	0.0357	5.3863	0.1857
12	6.0496	0.1653	31.2026	0.0320	5.1578	0.1939	33.6643	0.0297	5.5647	0.1797
13	7.0287	0.1423	37.2522	0.0268	5.3000	0.1887	40.1913	0.0249	5.7182	0.1749
14	8.1662	0.1225	44.2809	0.0226	5.4225	0.1844	47.7745	0.0209	5.8503	0.1709
15	9.4877	0.1054	52.4471	0.0191	5.5279	0.1809	56.5849	0.0177	5.9640	0.1677
16	11.0232	0.0907	61.9348	0.0161	5.6186	0.1780	66.8212	0.0150	6.0619	0.1650
17	12.8071	0.0781	72.9580	0.0137	5.6967	0.1755	78.7140	0.0127	6.1461	0.1627
18	14.8797	0.0672	85.7651	0.0117	5.7639	0.1735	92.5315	0.0108	6.2186	0.1608
19	17.2878	0.0578	100.6448	0.0099	5.8217	0.1718	108.5852	0.0092	6.2810	0.1592
20	20.0855	0.0498	117.9326	0.0085	5.8715	0.1703	127.2369	0.0079	6.3348	0.1579
21	23.3361	0.0429	138.0182	0.0072	5.9144	0.1691	148.9071	0.0067	6.3810	0.1567
22	27.1126	0.0369	161.3542	0.0062	5.9513	0.1680	174.0843	0.0057	6.4208	0.1557
23	31.5004	0.0317	188.4669	0.0053	5.9830	0.1671	203.3359	0.0049	6.4550	0.1549
24	36.5982	0.0273	219.9673	0.0045	6.0103	0.1664	237.3216	0.0042	6.4845	0.1542
25	42.5211	0.0235	256.5655	0.0039	6.0338	0.1657	276.8072	0.0036	6.5099	0.1536
26	49.4024	0.0202	299.0866	0.0033	6.0541	0.1652	322.6830	0.0031	6.5317	0.1531
27	57.3975	0.0174	348.4890	0.0029	6.0715	0.1647	375.9830	0.0027	6.5505	0.1527
28	66.6863	0.0150	405.8865	0.0025	6.0865	0.1643	437.9089	0.0023	6.5667	0.1523
29	77.4785	0.0129	472.5728	0.0021	6.0994	0.1640	509.8564	0.0020	6.5806	0.1520
30	90.0171	0.0111	550.0513	0.0018	6.1105	0.1637	593.4475	0.0017	6.5926	0.1517

표 B.9 이율 = 18%에 대한 연간 복리 이자계수

n	이산현금흐름						연속현금흐름			
	일회지불		균일지불				균일지불			
	복리계수	현가계수	복리계수	적립기금 계수	현가계수	자본회수 계수	복리계수	적립기금 계수	현가계수	자본회수 계수
	[F/P,r,n]	[P/F,r,n]	[F/A,r,n]	[A/F,r,n]	[P/A,r,n]	[A/P,r,n]	[F/A,r,n]	[A/F,r,n]	[P/A,r,n]	[A/P,r,n]
1	1.1972	0.8353	1.0000	1.0000	0.8353	1.1972	1.0957	0.9127	0.9152	1.0927
2	1.4333	0.6977	2.1972	0.4551	1.5329	0.6523	2.4074	0.4154	1.6796	0.5954
3	1.7160	0.5827	3.6305	0.2754	2.1157	0.4727	3.9778	0.2514	2.3181	0.4314
4	2.0544	0.4868	5.3466	0.1870	2.6024	0.3843	5.8580	0.1707	2.8514	0.3507
5	2.4596	0.4066	7.4010	0.1351	3.0090	0.3323	8.1089	0.1233	3.2968	0.3033
6	2.9447	0.3396	9.8606	0.1014	3.3486	0.2986	10.8038	0.0926	3.6689	0.2726
7	3.5254	0.2837	12.8053	0.0781	3.6323	0.2753	14.0301	0.0713	3.9797	0.2513
8	4.2207	0.2369	16.3307	0.0612	3.8692	0.2585	17.8928	0.0559	4.2393	0.2359
9	5.0531	0.1979	20.5514	0.0487	4.0671	0.2459	22.5172	0.0444	4.4561	0.2244
10	6.0496	0.1653	25.6045	0.0391	4.2324	0.2363	28.0536	0.0356	4.6372	0.2156
11	7.2427	0.1381	31.6541	0.0316	4.3705	0.2288	34.6819	0.0288	4.7885	0.2088
12	8.6711	0.1153	38.8969	0.0257	4.4858	0.2229	42.6174	0.0235	4.9149	0.2035
13	10.3812	0.0963	47.5680	0.0210	4.5821	0.2182	52.1180	0.0192	5.0204	0.1992
14	12.4286	0.0805	57.9492	0.0173	4.6626	0.2145	63.4922	0.0157	5.1086	0.1957
15	14.8797	0.0672	70.3778	0.0142	4.7298	0.2114	77.1096	0.0130	5.1822	0.1930
16	17.8143	0.0561	85.2576	0.0117	4.7859	0.2089	93.4126	0.0107	5.2437	0.1907
17	21.3276	0.0469	103.0718	0.0097	4.8328	0.2069	112.9309	0.0089	5.2951	0.1889
18	25.5337	0.0392	124.3994	0.0080	4.8720	0.2053	136.2985	0.0073	5.3380	0.1873
19	30.5694	0.0327	149.9331	0.0067	4.9047	0.2039	164.2745	0.0061	5.3738	0.1861
20	36.5982	0.0273	180.5025	0.0055	4.9320	0.2028	197.7680	0.0051	5.4038	0.1851
21	43.8160	0.0228	217.1008	0.0046	4.9548	0.2018	237.8669	0.0042	5.4288	0.1842
22	52.4573	0.0191	260.9168	0.0038	4.9739	0.2011	285.8740	0.0035	5.4496	0.1835
23	62.8028	0.0159	313.3741	0.0032	4.9898	0.2004	343.3490	0.0029	5.4671	0.1829
24	75.1886	0.0133	376.1770	0.0027	5.0031	0.1999	412.1590	0.0024	5.4817	0.1824
25	90.0171	0.0111	451.3656	0.0022	5.0142	0.1994	494.5396	0.0020	5.4938	0.1820
26	107.7701	0.0093	541.3827	0.0018	5.0235	0.1991	593.1671	0.0017	5.5040	0.1817
27	129.0242	0.0078	649.1528	0.0015	5.0312	0.1988	711.2456	0.0014	5.5125	0.1814
28	154.4700	0.0065	778.1770	0.0013	5.0377	0.1985	852.6112	0.0012	5.5196	0.1812
29	184.9342	0.0054	932.6470	0.0011	5.0431	0.1983	1021.8566	0.0010	5.5255	0.1810
30	221.4064	0.0045	1117.5812	0.0009	5.0476	0.1981	1224.4801	0.0008	5.5305	0.1808

표 B.10 이율 = 20%에 대한 연간 복리 이자계수

n	이산현금흐름						연속현금흐름			
	일회지불		균일지불				균일지불			
	복리계수	현가계수	복리계수	적립기금 계수	현가계수	자본회수 계수	복리계수	적립기금 계수	현가계수	자본회수 계수
	[F/P,r,n]	[P/F,r,n]	[F/A,r,n]	[A/F,r,n]	[P/A,r,n]	[A/P,r,n]	[F/A,r,n]	[A/F,r,n]	[P/A,r,n]	[A/P,r,n]
1	1.2214	0.8187	1.0000	1.0000	0.8187	1.2214	1.1070	0.9033	0.9063	1.1033
2	1.4918	0.6703	2.2214	0.4502	1.4891	0.6716	2.4591	0.4066	1.6484	0.6066
3	1.8221	0.5488	3.7132	0.2693	2.0379	0.4907	4.1106	0.2433	2.2559	0.4433
4	2.2255	0.4493	5.5353	0.1807	2.4872	0.4021	6.1277	0.1632	2.7534	0.3632
5	2.7183	0.3679	7.7609	0.1289	2.8551	0.3503	8.5914	0.1164	3.1606	0.3164
6	3.3201	0.3012	10.4792	0.0954	3.1563	0.3168	11.6006	0.0862	3.4940	0.2862
7	4.0552	0.2466	13.7993	0.0725	3.4029	0.2939	15.2760	0.0655	3.7670	0.2655
8	4.9530	0.2019	17.8545	0.0560	3.6048	0.2774	19.7652	0.0506	3.9905	0.2506
9	6.0496	0.1653	22.8075	0.0438	3.7701	0.2652	25.2482	0.0396	4.1735	0.2396
10	7.3891	0.1353	28.8572	0.0347	3.9054	0.2561	31.9453	0.0313	4.3233	0.2313
11	9.0250	0.1108	36.2462	0.0276	4.0162	0.2490	40.1251	0.0249	4.4460	0.2249
12	11.0232	0.0907	45.2712	0.0221	4.1069	0.2435	50.1159	0.0200	4.5464	0.2200
13	13.4637	0.0743	56.2944	0.0178	4.1812	0.2392	62.3187	0.0160	4.6286	0.2160
14	16.4446	0.0608	69.7581	0.0143	4.2420	0.2357	77.2232	0.0129	4.6959	0.2129
15	20.0855	0.0498	86.2028	0.0116	4.2918	0.2330	95.4277	0.0105	4.7511	0.2105
16	24.5325	0.0408	106.2883	0.0094	4.3325	0.2308	117.6627	0.0085	4.7962	0.2085
17	29.9641	0.0334	130.8209	0.0076	4.3659	0.2290	144.8205	0.0069	4.8331	0.2069
18	36.5982	0.0273	160.7850	0.0062	4.3932	0.2276	177.9912	0.0056	4.8634	0.2056
19	44.7012	0.0224	197.3832	0.0051	4.4156	0.2265	218.5059	0.0046	4.8881	0.2046
20	54.5982	0.0183	242.0844	0.0041	4.4339	0.2255	267.9908	0.0037	4.9084	0.2037
21	66.6863	0.0150	296.6825	0.0034	4.4489	0.2248	328.4317	0.0030	4.9250	0.2030
22	81.4509	0.0123	363.3689	0.0028	4.4612	0.2242	402.2543	0.0025	4.9386	0.2025
23	99.4843	0.0101	444.8197	0.0022	4.4713	0.2237	492.4216	0.0020	4.9497	0.2020
24	121.5104	0.0082	544.3040	0.0018	4.4795	0.2232	602.5521	0.0017	4.9589	0.2017
25	148.4132	0.0067	665.8145	0.0015	4.4862	0.2229	737.0658	0.0014	4.9663	0.2014
26	181.2722	0.0055	814.2276	0.0012	4.4917	0.2226	901.3612	0.0011	4.9724	0.2011
27	221.4064	0.0045	995.4999	0.0010	4.4963	0.2224	1102.0321	0.0009	4.9774	0.2009
28	270.4264	0.0037	1216.9063	0.0008	4.5000	0.2222	1347.1320	0.0007	4.9815	0.2007
29	330.2996	0.0030	1487.3327	0.0007	4.5030	0.2221	1646.4978	0.0006	4.9849	0.2006
30	403.4288	0.0025	1817.6323	0.0006	4.5055	0.2220	2012.1440	0.0005	4.9876	0.2005

표 B.11 이율 = 25%에 대한 연간 복리 이자계수

n	이산현금흐름						연속현금흐름			
	일회지불		균일지불				균일지불			
	복리계수	현가계수	복리계수	적립기금 계수	현가계수	자본회수 계수	복리계수	적립기금 계수	현가계수	자본회수 계수
	[F/P,r,n]	[P/F,r,n]	[F/A,r,n]	[A/F,r,n]	[P/A,r,n]	[A/P,r,n]	[F/A,r,n]	[A/F,r,n]	[P/A,r,n]	[A/P,r,n]
1	1.2840	0.7788	1.0000	1.0000	0.7788	1.2840	1.1361	0.8802	0.8848	1.1302
2	1.6487	0.6065	2.2840	0.4378	1.3853	0.7218	2.5949	0.3854	1.5739	0.6354
3	2.1170	0.4724	3.9327	0.2543	1.8577	0.5383	4.4680	0.2238	2.1105	0.4738
4	2.7183	0.3679	6.0497	0.1653	2.2256	0.4493	6.8731	0.1455	2.5285	0.3955
5	3.4903	0.2865	8.7680	0.1141	2.5121	0.3981	9.9614	0.1004	2.8540	0.3504
6	4.4817	0.2231	12.2584	0.0816	2.7352	0.3656	13.9268	0.0718	3.1075	0.3218
7	5.7546	0.1738	16.7401	0.0597	2.9090	0.3438	19.0184	0.0526	3.3049	0.3026
8	7.3891	0.1353	22.4947	0.0445	3.0443	0.3285	25.5562	0.0391	3.4587	0.2891
9	9.4877	0.1054	29.8837	0.0335	3.1497	0.3175	33.9509	0.0295	3.5784	0.2795
10	12.1825	0.0821	39.3715	0.0254	3.2318	0.3094	44.7300	0.0224	3.6717	0.2724
11	15.6426	0.0639	51.5539	0.0194	3.2957	0.3034	58.5705	0.0171	3.7443	0.2671
12	20.0855	0.0498	67.1966	0.0149	3.3455	0.2989	76.3421	0.0131	3.8009	0.2631
13	25.7903	0.0388	87.2821	0.0115	3.3843	0.2955	99.1614	0.0101	3.8449	0.2601
14	33.1155	0.0302	113.0725	0.0088	3.4145	0.2929	128.4618	0.0078	3.8792	0.2578
15	42.5211	0.0235	146.1879	0.0068	3.4380	0.2909	166.0843	0.0060	3.9059	0.2560
16	54.5982	0.0183	188.7090	0.0053	3.4563	0.2893	214.3926	0.0047	3.9267	0.2547
17	70.1054	0.0143	243.3071	0.0041	3.4706	0.2881	276.4216	0.0036	3.9429	0.2536
18	90.0171	0.0111	313.4126	0.0032	3.4817	0.2872	356.0685	0.0028	3.9556	0.2528
19	115.5843	0.0087	403.4297	0.0025	3.4904	0.2865	458.3371	0.0022	3.9654	0.2522
20	148.4132	0.0067	519.0140	0.0019	3.4971	0.2860	589.6526	0.0017	3.9730	0.2517
21	190.5663	0.0052	667.4271	0.0015	3.5023	0.2855	758.2651	0.0013	3.9790	0.2513
22	244.6919	0.0041	857.9934	0.0012	3.5064	0.2852	974.7677	0.0010	3.9837	0.2510
23	314.1907	0.0032	1102.6853	0.0009	3.5096	0.2849	1252.7626	0.0008	3.9873	0.2508
24	403.4288	0.0025	1416.8760	0.0007	3.5121	0.2847	1609.7152	0.0006	3.9901	0.2506
25	518.0128	0.0019	1820.3048	0.0005	3.5140	0.2846	2068.0513	0.0005	3.9923	0.2505
26	665.1416	0.0015	2338.3176	0.0004	3.5155	0.2845	2656.5665	0.0004	3.9940	0.2504
27	854.0588	0.0012	3003.4592	0.0003	3.5167	0.2844	3412.2351	0.0003	3.9953	0.2503
28	1096.6332	0.0009	3857.5180	0.0003	3.5176	0.2843	4382.5326	0.0002	3.9964	0.2502
29	1408.1048	0.0007	4954.1512	0.0002	3.5183	0.2842	5628.4194	0.0002	3.9972	0.2502
30	1808.0424	0.0006	6362.2560	0.0002	3.5189	0.2842	7228.1697	0.0001	3.9978	0.2501

C. 스프레드 시트를 위한 재무함수 열람

구분		엑셀 재무함수
불규칙한 현금흐름		
순현가(net present value)		=NPV(Rate, Values)
내부수익률(internal rate of return)		=IRR(Value, Guess)

일회지불 현금흐름(Single Payment Cash Flow)		
미래가(Future Value)	(F/P,i,n)	=FV(rate, nper, pmt, PV, type)
현가(Present value)	(P/F,i,n)	=PV(rate, nper, pmt, FV, type)
실질이율(Effective Interest Rate)		=RATE(nper, pmt, PV, FV, type, guess)
FV를 달성하는 데 걸리는 기간		=NPER(rate, pmt, PV, FV, type)

균일지불 현금흐름(Uniform Payment Series Cash Flow)		
균일지불액(Annuity Payment)	(A/P,i,n)	=PMT(rate, nper, PV, FV, type)
	(A/F,i,n)	=PMT(rate, nper, PV, FV, type)
현가(Present value)	(P/A,i,n)	=PV(rate, nper, pmt, PV, type)
미래가(Future Value)	(F/A,i,n)	=FV(rate, nper, pmt, PV, type)
연이율(Annuity Rate)		=RATE(nper, pmt, PV, FV, type, guess)

대부금 지불(Loan Payments)	
대부금 균일 지불액(Uniform Loan Payment)	=PMT(rate, nper, PV, FV, type)
대부금 잔액(remaining Balance)	=PV(rate, Remain_Periods, pmt, FV, type)
기간 동안의 원금(Principle in Period)	=PPMT(rate, per, nper, PV, FV, type)
기간 동안의 이자(Interest in Period)	=IPMT(rate, per, nper, PV, FV, type)

감가상각(depreciation)	
정액법(Straight Line Method)	=SLN(cost, salvage, life)
정률법(Declining Balance Method)	=DB(cost, salvage, life, period, month)

연습문제 풀이

2장

01 sol〉

1) $x=400$개
2) 2,500,000원
3) 증분 비용 : 150만원 / 개
   증분 이익 : 250만원 / 개

3장

01 단리는 원금에 근거하여 계산하고 복리는 현재잔고에 근거하여 계산한다. 즉 단리는 이자의 이자는 고려하지 않는다. 따라서 이율 및 이자기간이 커지면 두 방법에 의하여 계산된 원리금 합계액의 차이는 점점 더 커진다. 대부분의 경우 복리를 사용한다.

03 채권의 매년 받는 이자액의 현재의 시장가격에 대한 백분율을 유통수익률이라 하며, 채권의 현 시점에서부터 채권만기일까지 채권에 투자하여 얻어지는 수익률을 만기수익률(yield to maturity)이라 한다.

05 $P=400,000$, $F=800,000$, $i=9\%$이므로

$800,000 = 400,000(1+0.09)n$으로부터

① $n=8$ 대입하면 $(1+0.09)^8=1.9926$

② $n=9$ 대입하면 $(1+0.09)^9=2.1719$

③ 보간법을 이용하여 n을 구하면 n은 8.04년이다.

$$n=8+(9-8)\frac{1.9926-2.000}{1.9926-2.1719}=8.04\text{ 년}$$

07 $F=1,811,000$, $i=16\%$, $n=4$이므로

$$P = 1{,}811{,}000\left(\frac{1}{(1+0.16)^4}\right) = 1{,}000{,}000\text{원}$$

09 $F = 635{,}000$, $i = 12\%$, $n = 5$이므로

$A = 635{,}000(A/F,\ 12\%,\ 5) = 635{,}000 \times 0.1574 = 99{,}949$원

11 $(F/A,\ i,\ n) = \dfrac{(1+i)^n - 1}{i}$, $(F/P,\ i,\ n) = (1+i)^n$

$S = 1 + (F/P,\ i,\ 1) + (F/P,\ i,\ 2) + \cdots + (F/P,\ i,\ n-1)$

$\quad = 1 + (1+i)^1 + (1+i)^2 + \cdots + (1+i)^{n-1}$ .... (1)

$\quad (1+i)S = (1+i)^1 + (1+i)^2 + \cdots + (1+i)^n$ .... (2)

식 (2)에서 식 (1)을 빼면

$$S = \frac{(1+i)^n - 1}{i} \equiv (F/A,\ i,\ n)$$

13 $A1 = 9{,}000$, $g = -17\%$, $i = 10\%$, $n = 10$이므로

$$g' = \left(\frac{1+0.1}{1-0.17}\right) - 1 = 0.3253$$

$$P = 9{,}000\left[\frac{(P/A,\ 32.53\%,\ 10)}{1-0.17}\right] = 9{,}000\left(\frac{2.8901}{0.83}\right) = 31{,}338.4337$$

15 $P = 1{,}000{,}000$, $F = 4{,}000{,}000$, $n = 12$로부터

$4{,}000{,}000 = 1{,}000{,}000(F/P,\ i,\ 12)$

$12\% : (F/P,\ 12\%,\ 12) = 3.8960$

$13\% : (F/P,\ 13\%,\ 12) = 4.3345$

$$i = 12\% + \frac{4 - 3.8960}{4.3345 - 3.8960} = 12.237\%$$

17 $\left(1 + \dfrac{r}{4}\right)^4 - 1 = 0.0406$으로부터 $r = 4\%$, $i = 1\%/\text{per quarter}$

19 $F=1{,}000{,}000,\ i=8\%$ 분기별 복리, $n=10$이므로

1,000,000(P/F, 2%, 40)=1,000,000(0.4529)=452,900원

21 명목이율 9%에 대한 매주 실질이율 $i_c=\left(1+\frac{0.09}{360}\right)^7-1=0.00175$

$n=52$주/년×7년

$A=11{,}000{,}000(A/P,\ 0.175,\ 364)=40{,}885$원

23 $A=700{,}000+200{,}000(A/G,\ 10\%,\ 7)$

$=700{,}000+200{,}000(2.6216)=1{,}224{,}000$원

25 5,000= 600(P/A, i, 12), 보간법을 이용하여 반년마다의 실질이율을 구하면

$5{,}000=600(P/A,\ i,\ 12)\rightarrow(P/A,\ i,\ 12)=8.3333$

$(P/A,\ 6\%,\ 12)=8.3838,\ (P/A,\ 7\%,\ 12)=7.9427$

$$i=6\%+\frac{8.333-8.3838}{7.9427-8.3838}=6.12\%$$

∴ 반년마다 실질 이율= 6.12%

∴ 연간 명목 이율= 6.12%×2= 12.24%

∴ 연간실질 이율 $=\left(1+\frac{12.24\%}{2}\right)^2-1=12.61\%$

27 [방법 1]

$$\begin{aligned}P&=800{,}000(P/F,\ 12\%,\ 1)\\&\quad+[800{,}000+100{,}000(A/G,\ 12\%,\ 7)](P/A,\ 12\%,\ 7)(P/F,\ 12\%,\ 1)\\&=800{,}000(0.8929)+[800{,}000+100{,}000(2.5515)](4.5638)(0.8929)\\&=5{,}014{,}000\end{aligned}$$

[방법 2]

$$\begin{aligned}P&=100{,}000(P/F,\ 12\%,\ 1)+[700{,}000+100{,}000(A/G,\ 12\%,\ 8)]\\&\quad(P/A,\ 12\%,\ 8)=5{,}014{,}000\end{aligned}$$

29 1) $A = 15,000,000(A/F,\ 1.5\%,\ 16) = 835,500$원

여기서 $i_c = \left(1 + \frac{r}{m}\right)^c - 1 = \left(1 + \frac{0.06}{12}\right)^{12} - 1 = 0.015$

2) $i_c = \left(1 + \frac{r}{m}\right)^c - 1 = \left(1 + \frac{0.04}{2}\right)^2 - 1 = 0.0404$

$$A = F\left[\frac{i}{(1+i)^n - 1}\right] = 5,000,000\left[\frac{0.0404}{(1+0.0404)^{10} - 1}\right] = 415,500$$

3) $A = 7,000,000(A/F,\ 6\%,\ 10)/6 = 88,550$원

31 $A = -400,000 - 300,000(A/G, 6\%, 4) = -828,170$원

33 $A = A1 + A2 = 1,000,000 + 200,000\left[\frac{1}{0.08} - \frac{10}{(1+0.08)^{10} - 1}\right] = 1,774,000$원

35 (1) $F = 1,000(F/P,\ 5\%,\ 8) = 1,000 \times 1.4775 = 1,477.5$원

(2) $1,477.5(A/F,\ 5\%,\ 4) = 1,477.5 \times 0.2320 = 342.78$원

(3) $342.78(P/A,\ 5\%,\ 4)(A/F,\ 5\%,\ 9) = 342.78 \times (3.5460)(0.0907) = 110.25$원

(4) $110.25(P/A,\ 5\%,\ 9) = 110.25 \times 7.1078 = 783.63$원

(5) $783.63(F/P,\ 5\%,\ 5) = 783.63 \times 1.2763 = 1,000.14 \cong 1,000$원

37 (1) 기간별 0에 있는 현가 200에 대한 연간등가 $A_1 = 200(A/P,\ 8\%,\ 10) = 29.8$

(2) 기간 1에서 기간 5 말까지의 현금흐름에 대한 연간등가 A_2

$A_2 = [220 + 20(A/G,\ 8\%,\ 5](P/A,\ 8\%,\ 5)(A/P,\ 8\%,\ 10) = 152.9$

(3) 기간 6의 말부터 기간 10 말까지의 현금흐름에 대한 연간등가 A_3

$A_3 = [280 + 20(A/G,\ 8\%,\ 5](F/A,\ 8\%,\ 5)(A/F,\ 8\%,\ 10) = 98.4$

따라서 구하고자 하는 연간등가 $A = A_1 + A_2 + A_3 = 281.1$

39 $80,000,000 = 200(P/A,\ i_{per},\ 20) + 10,000,000(P/F,\ i_{per},\ 20)$

$$= 2,000,000 \times \left[\frac{(1+i)^{20} - 1}{i(1+i)^{20}}\right] + 100,000,000 \times \frac{1}{(1+i)^{20}}$$

$i_{per} = 0.034$

연간명목이율$= 0.034 \times 4 = 0.136$

$\therefore$ 만기수익률$= \left(1+\dfrac{0.136}{4}\right)^4 - 1 = 0.1431$

한편 보간법을 이용하면

① $i =$ 1% 대입 : 200(P/A, 1%, 20)+10,000(P/F, 1%, 20)= 11,804.12

② $i =$ 4% 대입 : 200(P/A, 4%, 20)+10,000(P/F, 4%, 20)= 7,282.06

③ 보간법에 의해 분기별 실질이율$= 1\% + (4\% - 1\%)\dfrac{11,804.12 - 8000}{11,804.12 - 7272.02} = 3.52\%$

연간 명목이율$= 3.52\% \times 4 = 14.08\%$

$\therefore$ 만기수익률$= \left(1+\dfrac{0.1408}{4}\right)^4 - 1 = 0.1484$

41 12,000=500(P/A, i%, 20)+10,000(P/F, i%, 20)으로부터 보간법을 이용하여 구하면, 반년 실질이율=3.58%, 연간 명목이율$= 3.58\% \times 2 = 7.16\%$,

따라서 만기수익률은 $i_e = \left(1+\dfrac{r}{m}\right)^m - 1 = \left(1+\dfrac{0.00716}{2}\right)^2 - 1 = 7.288\%$

유통수익률$= [10,000,000/120,000,000] \times 100 = 8.333\%$

43 $P = 120(P/A, 10\%, 10) = 737.352$만원

45 ① P=27(P/A, 1.53%, 48)= 913.5709를 48개월 동안 갚았으므로 대부기간 마지막에 지불되는 금액은 1,200−913.5709= 286.4291만원이다.

② 명목이율은 $\left(1+\dfrac{r}{12}\right)^{12} - 1 = 0.2$이므로 $r = 0.1837$

47

1) $i_c = \left(1+\dfrac{r}{m}\right)^c - 1 = \left(1+\dfrac{0.08}{12}\right)^3 - 1 = 2.01\%$

2) $\left(1+\dfrac{0.08}{12}\right)^{12} - 1 = 8.3\%$

3) A= 5,000만원(A/P, 2.01%, 40)= 1,830,994원

4) 12분기 직후 상환금액 B_{12} = 1,830,994(P/A, 2.01%, 28)= 38,915,477원

5) 12분기까지 지불한 이자 → 매 분기마다 지불한 이자의 합

12분기까지 분기별 지급한 총 상환액(이자+상환원금) = 21,971,928원

12분기 지불 후 대부금의 총상환액

$= 50,000,000 - 38,915,447.49 = 11,084,552.51$원

따라서, 12분기까지 지불한 이자

$= 21,971,928 - 11,084,552.51 = 10,887,375.49$원

∴ 지불한 이자의 합 $= 10,887,380$원

49 $n = 5$, $F_1 = 10$억, 매년 생산량 변화율= 10% 하락, 가격 상승률= 5%이므로 실제 가격 하락률은

$g =$ 생산량 × 판매가격 $- 1 = (1 - 0.1) \times (1 + 0.05) - 1 = -0.055$, 이율= 15%

따라서, $g = -0.055$, $g' = \dfrac{1+i}{1+g} - 1 = \dfrac{1+0.15}{1-0.055} - 1 = 0.2169$

$$P = \frac{1,000,000,000}{1-0.055}\left[\frac{(1.2169)^5 - 1}{0.2169(1.2169)^5}\right] = 3,050,506,730\text{원}$$

4장

01 인플레이션의 발생원인은 과잉투자, 적자재정, 화폐남발, 극도의 수출초과, 생산비의 증가, 유효수요의 확대 등이 있으며 이에 대한 해결책은 소비억제, 저축장려, 통화량수축, 생산증가, 투자억제, 대부억제, 매점매석폭리의 단속 등이 있을 수 있다.

03 시장이율은 일반적으로 금융기관 등에서 표기되고 있는 이율을 나타내며, 실이율은 인플레이션 영향을 배제한 현금흐름을 추정하기 위한 이율이다.

05

(1) $1,000\dfrac{1}{(1+0.0631)^2} = 884.8774$만원

(2) $1,000\dfrac{1}{(1+0.0444)^5} = 804.7642$만원

(3) $1,000\dfrac{1}{(1+0.0754)^8} = 559.0652$만원

07 (1) $\frac{1+0.1}{1+0.05}-1 = 0.0476$ (2) $\frac{1+0.05}{1+0.05}-1 = 0$

(3) $\frac{1+0.05}{1+0.1}-1 = -0.4545$

09 불변화폐가치 $F' = 5,000,000\frac{1}{(1+0.03)^{30}} = 2,059,986.816$원

11 불변화폐가치 $F' = (100,000,000\text{원})\frac{1}{(1+0.11)^{4}} = 65,873,097$원

13 $g = 0.08$,

$F_{30\text{년 말}} = 1,800(1+0.08)^{29} = 16,771$만원

현재기준 시 30년째 불변화폐가치는

$F'_{30\text{년 말}} = 16,771 \times \frac{1}{(1+0.07)^{36}} = 2,203$만원

15 ① $P = \frac{P}{12}(P/A,\ i,\ 12)$로부터 $i = 0.0001 = 0.01\%$

따라서, $\frac{1+0.0067}{1+f} - 1 = 0.0001$로부터 $f = 0.0067 = 0.67\%/$월

② 매월 일정액 지불하는 것이 유리함.

17 0~2년 말 : 연간실질이율 $i_e^{(1)} = \left(1+\frac{8\%}{4}\right)^4 - 1 = 0.082$

3년 초~4년 말 : 연간실질이율 $i_e^{(2)} = \left(1+\frac{6\%}{4}\right)^4 - 1 = 0.061$

$\therefore\ F = 500(1+0.05)^4 = A(F/A,\ i_e^{(2)},\ 2) + A(F/A,\ i_e^{(1)},\ 2)(F/P,\ i_e^{(2)},\ 2)$

$\therefore\ A = \frac{500(1+0.05)^4}{(F/A,\ i_e^{(2)},\ 2) + (F/A,\ i_e^{(1)},\ 2)(F/P,\ i_e^{(2)},\ 2)} = 138$만원

19

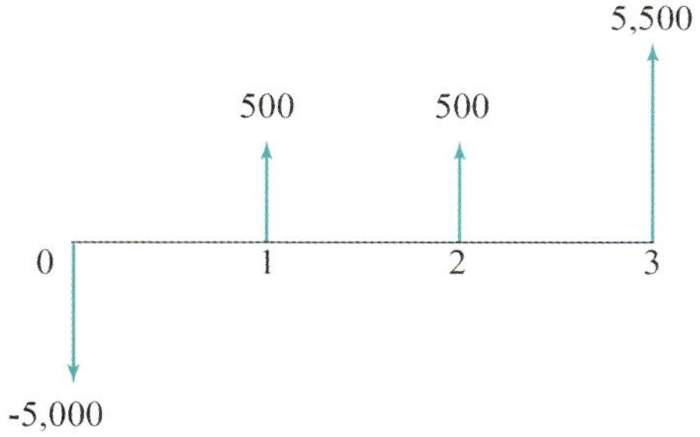

$$F_1' = F_1\frac{1}{(1+f)^n} = 500 \times \frac{1}{1+0.03846} = 481.48$$

$$F_2' = F_2\frac{1}{(1+f)^n} = 500 \times \frac{1}{(1+0.03846)^2} = 463.65$$

$$F_3' = F_3\frac{1}{(1+f)^n} = 5,500 \times \frac{1}{(1+0.03846)^3} = 4,911.27$$

실이율 : $i' = \dfrac{1+i}{1+f} - 1 = \dfrac{1+0.08}{1+0.03846} - 1 = 0.04$

$\therefore\ P = -5,000 + 481.48(P/F,\ 4\%,\ 1) + 463.65(P/F,\ 4\%,\ 2)$
$\quad + 4,911.27(P/F,\ 4\%,\ 3) = 257.75$천원

21

기준년도($t=0$)	불변화폐가치
1	700,000(P/F, 9%, 1) = 642,000원
2	700,000(P/F, 9%, 2) = 589,000원
3	700,000(P/F, 9%, 3) = 541,000원
4	700,000(P/F, 9%, 4) = 496,000원
5	700,000(P/F, 9%, 5) = 455,000원

23

$i' = \dfrac{1.12}{1.08} - 1 = 0.037,$

1) 10년 말부터 13년 말까지 매년 1천만원을 10년 말의 현가로 계산 :

P_{10} = 1천만원 + 1천만원(P/A, 0.037, 3) = 10,000 + 27,910 = 37,910천원

2) 불변화폐가치 : 10년 말의 현가를 연간등가로 변환하면

$A' = P_{10} \times (A/F, 0.037, 10) = 3,202$천원

$\therefore\ A = A'(1+0.08)^{10} = 6,913$천원

25 $i' = \dfrac{1+0.15}{1+0.1} - 1 = 0.0454$, 즉 4.54%

$P = 1{,}000$원 → $i' \dfrac{1+0.15}{1+0} - 1 = 15\%$

$A = 1{,}000(A/P, 15\%, 10) + A_1 + G(A/G,\ 4.54\%,\ 10)$

$= 1{,}000 \times 0.1993 + 500{,}000 + 50{,}000 \times 4.135 = 706{,}979$원

5장

09 총감가상각액 = 5,000만원 − 1,000만원 = 4,000만원

(단위 : 만원)

연도	1	2	3	4	5
감가상각액	400	1,000	1,000	1,000	600

6장

01 $P(12\%)_{C1} = -300{,}000 + (120{,}000 - 75{,}000)(P/A,\ 12\%,\ 25) + 100{,}000(P/F, 12\%,\ 25) = 58{,}820$천원

$P(12\%)_{C2} = -330{,}000 + (75{,}000 - 20{,}000)(P/A,\ 12\%,\ 25) + 40{,}000(P/F, 12\%,\ 25) = 103{,}723$천원

$P(12\%)_{C3} = -460{,}000 + (110{,}000 - 40{,}000)(P/A,\ 12\%,\ 25) + 50{,}000(P/F, 12\%,\ 25) = 91{,}957$천원

∴ $C2$ 채택

03 $P(10\%)_A = -364.929$, $P(10\%)_B = -356.208$, $P(10\%)_C = -352.488$, $P(10\%)_D = -371.891$

∴ C 선택

05 $P(10\%)_{이익} = [32{,}000 + 4{,}000(A/G,\ 10\%,\ 5)](P/A,\ 10\%,\ 5) + [21{,}000 + 2{,}000(A/G,\ 10\%,\ 5)]$

$= 242{,}083{,}000$원

$P(10\%)_{경비} = 185{,}000 + 8{,}000(P/A,\ 10\%,\ 5) = 215{,}326{,}000$원

∴ 시스템을 도입함.

07 $A(10\%)_{IC} = -5{,}000(A/P,\ 15\%,\ 4) = -2{,}331$천원

$A(10\%)_{UC} = -3{,}200(A/P,\ 15\%,\ 4) - 950 = -2{,}071$천원

∴ UC시스템 선정

09 표준건축과 에너지 절약형 건축에 대한 연가등가를 각각 A_1, A_2라고 하면

$A(10\%)_1 = (245{,}000 + 10{,}000)(A/P,\ 10\%,\ 40) + 1{,}000 = 27{,}090{,}000$원

$A(10\%)_2 = (250{,}000 + 8{,}500)(A/P,\ 10\%,\ 40) + 600 = 27{,}040{,}000$원

∴ 에너지 절약형 건축을 선택

11 전기자동차와 휘발유자동차에 대한 현가를 각각 P_1, P_2라고 하면

$P(10\%)_1 = 2{,}100 + [35 + 5(A/G,\ 10\%,\ 5)](P/A,\ 10\%,\ 5) - 650(P/F,\ 10\%,\ 5)$

$= 18{,}634$천원 소요

가솔린 자동차의 경우 가솔린 비용

(1년 말) 20,000/30×1260원 = 840,000원

(2년 말) 20,000/30×1310원 = 873,333원

(3년 말) 20,000/30×1360원 = 906,666원

(4년 말) 20,000/30×1410원 = 940,000원

(5년 말) 20,000/30×1460원 = 966,666원

매년 유지비 : 30만원 / 잔존가치 : 5년 후 150만원

$P(10\%)_2 = 16{,}000 + 840(P/F,\ 10\%,\ 1) + 873(P/F,\ 10\%,\ 2)$

$+ 907(P/F,\ 10\%,\ 3) + 940(P/F,\ 10\%,\ 4)$

$+ 967(P/F,\ 10\%,\ 5) + 300(P/A,\ 10\%,\ 5)$

$- 1{,}500(P/F,\ 10\%,\ 5) = 19{,}619$천원 소요

∴ 전기자동차 구입

13 $P(i) = -22{,}500 + 4{,}000(P/A,\ i,\ 15) = 0$으로부터 $i = 15.81\%$

∴ $IRR = 15.81\%$

15 $[20{,}000 + 5{,}000(A/G,\ i,\ 5)](P/A,\ i,\ 5) - 40{,}000(P/F,\ i,\ 3) - 60{,}000 = 0$으로부터

$IRR = 20.82\% > MARR = 15\%$이므로 투자함.

17 프로젝트의 IRR 및 i=10%를 기준 한 현재가는 다음과 같다.

투자안	초기투자비용(천원)	예상수익(천원)	IRR(%)	현재가(천원)
$C1$	200,000	80,000	28.6	103,260
$C2$	300,000	110,000	24.3	116,990
$C3$	100,000	35,000	22.1	32,680
$C4$	250,000	81,000	18.6	57,050
$C5$	150,000	46,500	16.6	26,270

(1) $C1$, $C2$, $C3$, $C4$, $C5$

(2) $C2$, $C1$, $C4$, $C3$, $C5$

(3) $C1$, $C2$, $C3$, 22.1%

19 (1) $P(9\%)_{C1} = -146{,}138{,}000$, $P(9\%)_{C2} = -146{,}470{,}000$,
$P(9\%)_{C3} = -145{,}469{,}000$ $\therefore$ $C3$ 채택

(2) $F(9\%)_{C1} = -224{,}851{,}000$, $F(9\%)_{C2} = -225{,}363{,}000$,
$F(9\%)_{C3} = -223{,}822{,}000$ $\therefore$ $C3$ 채택

(3) $A(9\%)_{C1} = -37{,}571{,}000$, $A(9\%)_{C2} = -37{,}656{,}000$,
$A(9\%)_{C3} = -37{,}399{,}000$ $\therefore$ $C3$ 채택

(4) $C1$ 투자안 기준,
$C2$-$C1$: $-5{,}000+1{,}200(P/A,\ \text{IRR}_{C2-C1},\ 5) = 0$,
$\text{IRR}_{C2-C1} = 6.4\% < \text{MARR} = 9\%$ $\therefore$ $C2$기각
$C2$-$C1$: $-11{,}000+3{,}000(P/A,\ \text{IRR}_{C3-C1},\ 5) = 0$,
$\text{IRR}_{C3-C1} = 11.32\% > \text{MARR}$ $\therefore$ $C3$ 채택
따라서, 최종적으로 $C3$ 채택

21 (1), (2)

투자 안				투자 대안	매년 말 현금 흐름(천원)				IRR(%)
A	B	C	D		0	1	2	3	
0	0	0	0	$C1$	0	0	0	0	0
1	0	0	0	$C2$	-1,000	550	550	550	30
0	1	0	0	$C3$	-2,000	875	875	875	15
0	0	1	0	$C4$	-3,000	1,400	1,400	1,400	18.8
1	1	0	0	$C5$	-3,000	1,425	1,425	1,425	20
0	0	0	1	$C6$	-4,000	1,665	1,665	1,665	12

투자 안				투자 대안	매년 말 현금 흐름(천원)				IRR(%)
A	B	C	D		0	1	2	3	
1	0	1	0	$C7$	-4,000	1,950	1,950	1,950	21.7
1	0	0	1	$C8$	-5,000	2,215	2,215	2,215	15.7
0	1	1	0	$C9$	-5,000	2,275	2,275	2,275	17.3

(3) 대안 $C9$(B, C 투자안의 채택)을 택한다.

23

$A(8\%)_A = 2{,}800+280 = 3{,}080$만원

$A(8\%)_B = 1{,}500+1{,}600(A/P,\ 8\%,\ 3)+30\times12 = 2{,}481$만원

$A(8\%)_C = 1{,}000+140\times12 = 2{,}680$**만원**

$\therefore$ 방안 B 채택

25

현가를 기준으로 계산

$\mathrm{P}(12\%)_A = -8{,}000+1{,}100(P/A,\ 12\%,\ 10) = -1{,}785$천원

$\mathrm{P}(12\%)_B = -4{,}000+800(P/A,\ 12\%,\ 10) = 520$천원

$\mathrm{P}(12\%)_C = -1{,}000+200(P/A,\ 12\%,\ 10) = 130$천원

$\mathrm{P}(12\%)_D = -3{,}000+715(P/A,\ 12\%,\ 10) = 1{,}040$천원

$\mathrm{P}(12\%)_E = -1{,}500+250(P/A,\ 12\%,\ 10) = -57.5$천원

$\mathrm{P}(12\%)_F = -9{,}000+1{,}400(P/A,\ 12\%,\ 10) = -1{,}090$천원

(1) 투자 안 B, C, D 채택

(2) 현가가 (+)인 투자 안 B, C, D의 투자액의 합=800만원 나거지 100간원은 15%의 이익이 보장되는 곳에 투자.

따라서, $-8{,}000+(800+200+715)(P/A,\ i,\ 10) = 0$으로부터

IRR =16.96%

(3) 투자 안 D 채택

27

(1) $P(20\%)_A = 2{,}290$천원, $P(20\%)_B = -1{,}949$천원, $P(20\%)_C = 9.6$천원

$\therefore$ 투자 안 A와 C 채택

(2) $P(15\%)_A = 1{,}421$, $P(15\%)_B = 228$, $P(15\%)_C = 749$

$\therefore$ Do Nothing

29 각 프로젝트의 현재가를 계산하면,

$P(12\%)_{C1} = -27.384$, $P(12\%)_{C2} = 0.746$, $P(12\%)_{C3} = 17.848$,

$P(12\%)_{C4} = -9.957$

∴ 프로젝트 $C3$를 채택

31 $A(8\%)_A = 1{,}900 + 9{,}500(A/P,\ 8\%,\ 4) = 4{,}768$천원

$A(8\%)_B = 25{,}100(A/P,\ 8\%,\ 8) = 4{,}367$천원

∴ B 모델이 유리함.

33 (1) $P(15\%)_{C1} = -2{,}300 - 2{,}300(P/F,\ 15\%,\ 3)$

$\quad -2{,}300(P/F,\ 15\%,\ 6) - 2{,}300(P/F,\ 15\%,\ 9)$

$\quad -250(P/A,\ 15\%,\ 12)$

$= -6{,}816$백만원

$P(15\%)_{C2} = -3{,}200 - 2{,}800(P/F,\ 15\%,\ 4) - 2{,}800(P/F,\ 15\%,\ 8)$

$\quad +400(P/F,\ 15\%,\ 12)$

$= -5{,}642$백만원

∴ $C2$ 채택

(2) $A(15\%)_{C1} = -250 - 2{,}300(A/P,\ 15\%,\ 3) = -1{,}257$백만원

$A(15\%)_{C2} = -3{,}200(A/P,\ 15\%,\ 4) + 400(A/F,\ 15\%,\ 4) = -1{,}041$백만원

∴ $C2$ 채택

(3) 2년 기준일 경우

$P(15\%)_{C1} = -2{,}300 - 250(P/A,\ 2) = -2{,}707$

$P(15\%)_{C2} = -3{,}200 + S(P/F,\ 15\%,\ 2)$. 단 S는 2년 후의 $C2$ 장비의 잔존가치

$P(15\%)_{C3} = P(15\%)_{C2}$

∴ $S = 652$백만원

35 $-1{,}000 + 900(P/F,\ 10\%,\ 1) + (800 + S)(P/F,\ 10\%,\ 2)$

$= -2{,}000 + 2{,}500(P/F,\ 10,\ 1) + 1{,}000(P/F,\ 10\%,\ 2)$

∴ $S = 750$원

37 $A(12\%)_A$ = -4,504천원, $A(12\%)_B$=-673천원

∴ 투자안 B를 채택

39 (1) 현재가로 비교(단위 : 천원)

$P(15\%)_A$ = 35,000+52,000+6,500$(P/A,\ 15\%,\ 20)$

+(87,000×0.02)$(P/A,\ 15\%,\ 20)$+52,000$(P/F,\ 15\%,\ 10)$

= 154,431

$P(15\%)_B$ = 45,000+45,000+5,100$(P/A,\ 15\%,\ 20)$

+(90,000×0.02)$(P/A,\ 15\%,\ 20)$+45,000$(P/F,\ 15\%,\ 10)$

= 144,313

$P(15\%)_C$ = 60,000+38,000+4,100$(P/A,\ 15\%,\ 20)$

+(98,000×0.02)$(P/A,\ 15\%,\ 20)$+38,000$(P/F,\ 15\%,\ 10)$

= 145,325

$P(15\%)_D$ = 80,000+32,000+3,500$(P/A,\ 15\%,\ 20)$

+(112,000×0.02)$(P/A,\ 15\%,\ 20)$+32,000$(P/F,\ 15\%,\ 10)$

= 155,839

∴ 대안 B 채택

(2) 증분투자에 대한 IRR 비교

∴ 대안 B 채택

41 1) $CR(10\%)$ = (12,000-3,000)$(A/P,\ 10\%,\ 2)$+3,000(0.1) = 5,485천원

$A(10\%)$ = 5,485+[(5,000+28,000)$(P/F,\ 10\%,\ 1)$+(6,500+32,000)$(P/F,\ 10\%,\ 2)$]

× $(A/P,\ 10\%,\ 2)$ = 41,105천원

2) $A(10\%)_1$ = (12,000-8,000)$(A/P,\ 10\%,\ 1)$+8,000×(0.1)+5,000+28,000 = 38,200천원

3) $A(10\%)_2$ = 41,105천원

4) 기존 장비의 A값 41,105천원이 새로운 장비의 A값 40,000천원에 비하여 높으므로 교체한다. 교체시기는 A(둘째 해)값이 40,000천원을 넘게 되는 1년 후 2년 전의 어느 시점이 적당하다.

43 교량 보강의 경우의 등가 A_1

$A(8\%)_1$=(30,000-8,000)$(A/P,\ 8\%,\ 10)$+8,000(0.08)+2,200=6,119천원

습지 매립의 경우의 등가 A_2

$A(8\%)_2$=(60,000+2,000)$(A/P,\ 8\%,\ 50)$=5,068천원

∴ 매립 후 새로운 도로 개설을 선택한다.

45 구형과 신형에 대한 등가로 각각 A_1, A_2라고 하면

$A(15\%)_1$ = [12,000+3,400$(P/F,\ 15\%,\ 1)$+3,900$(P/F,\ 15\%,\ 2)$
+ 4,600$(P/F,\ 15\%,\ 3)$+5,600$(P/F,\ 15\%,\ 4)$-1,000$(P/F,\ 15\%,\ 4)$]
$(A/P,\ 15\%,\ 4)$ = 8,252천원

$A(15\%)_2$ = (35,000-20,000)$(A/P,\ 15\%,\ 4)$+20,000(0.15)
+[200$(P/F,\ 15\%,\ 1)$+1,000$(P/F,\ 15\%,\ 2)$
+1,200$(P/F,\ 15\%,\ 3)$+1,500$(P/F,\ 15\%,\ 4)$]$(A/P,\ 15\%,\ 4)$=9,157천원

∴ 교체하지 않음.

47 1) 새 차의 연간간등가액 $A(11\%)_0$

$A(11\%)_1$ = (650-25)$(A/P,\ 11\%,\ 7)$
+[120+25$(A/G,\ 11\%,\ 7)$]-50$(A/F,\ 11\%,\ 7)$ = 312만원

2) 1년 소유차량의 연간등가액 $A(11\%)_1$:

$A(11\%)_1$=240-25+50$(A/P,\ 11\%,\ 1)$ = 271만원

2년 소유차량의 연간등가액 $A(11\%)_2$:

$A(11\%)_2$ = [50+240$(P/F,\ 11\%,\ 1)$+295$(P/F,\ 11\%,\ 2)$
-10$(P/F,\ 11\%,\ 2)$]×$(A/P,\ 11\%,\ 2)$ = 291만원

49 1년은 8,760시간이므로 전구 1개 교체에 들어가는 비용을 연간등가로 계산하여 보면,

(1) 낱개 교체의 경우 : 평균 22,000시간(즉 22,000/8,760=2.51년)마다 한 개씩 교체하게 되므로,

$A(10\%)_1$=(350+150)$(A/P,\ 10\%,\ 2.51)$=244원/전구 개당

(2) 40% 일괄 교체의 경우 : 매 21,000시간(즉 21,000/8,760=2.40년)마다 교체하므로,

$A(10\%)_2$=(350+25)$(A/P,\ 10\%,\ 2.4)$=190원/전구 개당

∴ 일괄교체가 더 유리하다.

51

(단위 : 천원)

연도	운용비	잔존가치
$t=0$	(45,000 + 5,000)	
1	20,000	30,000
2	24,000	20,000
3	28,000	15,000
4	32,000	11,000
5	36,000	8,000
6	40,000	6,000

$A(20\%)_1$: (50,000-30,000)$(A/P,\ 20\%,\ 1)$+30,000×(0.2)+20,000
= 50,000천원

$A(20\%)_2$: (50,000-20,000)$(A/P,\ 20\%,\ 2)$+20,000×(0.2)+20,000
+ 4,000$(A/G,\ 20\%,\ 2)$ = 45,453천원

$A(20\%)_3$: (50,000-15,000)$(A/P,\ 20\%,\ 3)$+15,000×(0.2)+20,000
+4,000$(A/G,\ 20\%,\ 3)$ = 43,153천원

$A(20\%)_4$: (50,000-11,000)$(A/P,\ 20\%,\ 4)$+11,000×(0.2)+20,000
+4,000$(A/G,\ 20\%,\ 4)$ = 42,363천원

$A(20\%)_5$: (50,000-8,000)$(A/P,\ 20\%,\ 5)$+8,000×(0.2)+20,000
+4,000$(A/G,\ 20\%,\ 5)$ = 42,207천원

$A(20\%)_6$: (50,000-6,000)$(A/P,\ 20\%,\ 6)$+60,000×(0.2)+20,000
+4,000$(A/G,\ 20\%,\ 6)$ = 42,654천원

∴ 경제수명은 5년

7장

01 7.1 내용 참고

03 비용은 수익을 창출하기 위해 투입되는 요소이지만, 불편익은 투자의 결과로서 바람직하지 않은 영향을 수치로 계산한 것이다. 따라서 비용은 투입요소이고, 불편익은 산출요소로서 부정적인 영향을 끼치는 결과물이기 때문에 차이가 난다.

05 비용편익비율 분석은 편익을 비용으로 나누어 계산한다. 따라서 그 편익과 비용을 현재가, 미래가, 연간등가를 각각 계산하고 이를 비율로 계산하면 결국 같은 값이 나오게 된다. 즉, 편익과 비용 각각 현금흐름의 현재가, 미래가, 연간등가는 다를 수 있으나, 이를 비율로 계산하면 결국 같은 값을 갖게 된다.

07 초기투자비용 : 1억, 1년 말의 추가 비용: 1억 5천만원, 2년부터 10년 말까지 연간편익 : 2천만원이라고 할 때, 전통적인 B/C ratio로 계산한다면,

- 비용 : 1억+1억 5천만원×(P/F, 7%, 1년) = 1억+1억 5천만원×0.9346 = 2.4019억
- 편익 : 2천만원×(P/A, 7%, 10년)−2천만원×(P/F, 7%, 1년) = 2천만원×7.0236−2천만원 ×0.9346 = 1.2178억
- B/C ratio = 1.2178/2.4019 = 0.503431

09 B/C ratio = 연간 순편익/(초기비용 연간등가+연간 유지보수비용)로 계산한다면,

- 대안 A의 경우
  - 연간 순편익 : 연간편익+잠재가치의 연간등가 = 1,850만원+1,000만원×(A/F, 8%, 30) = 1,858.8
  - 초기비용 연간등가 : 9,500×(A/P, 8%, 30) = 843.6
  - B/C ratio = 1,858.8/(843.6+550)=1.33
- 대안 B의 경우
  - 연간 순편익 : 연간편익+잠재가치의 연간등가=1,350만원+6,000만원×(A/F, 8%, 30) = 1,402.8
  - 초기비용 연간등가 : 12,500×(A/P, 8%, 30) = 1110
  - B/C ratio = 1,402.8/(1110+175) = 1.446
- 대안 C의 경우
  - 연간 순편익: 연간편익+잠재가치의 연간등가 = 2,500만원+3,500만원*(A/F, 8%, 30) = 2530.8
  - 초기비용 연간등가 : 14,000×(A/P, 8%, 30) = 1243.2
  - B/C ratio = 2530.8/(1243.2+325) = 1.613
- 대안 D의 경우
  - 연간 순편익 : 연간편익+잠재가치의 연간등가 = 1,800만원+7,500만원×(A/F, 8%, 30) = 1,866

- 초기비용 연간등가 : 15,750×(A/P, 8%, 30) = 1,398.6
- B/C ratio = 1,866/(1,398.6+145) = 1.20

- 모든 대안이 1을 초과하므로 모든 대안을 고려함
- 비용의 연간등가 크기순으로 나열하면, B, A, D, C로 나열될 수 있음
- '아무 것도 하지 않는 대안'과 대안 B를 비교하면, 증분 B/C ratio = 1.446이므로 대안 B를 선택함
- 대안 B와 대안 A를 대상으로 증분 B/C ratio를 계산하면, (1,858.8−1,402.8)/(1393.6−1285) = 4.1988 이므로, 대안 A를 남김
- 대안 A와 대안 D를 대상으로 증분 B/C ratio를 계산하면, (1866−1,858.8)/(1543.6−1393.6) = 0.048이므로, 대안 A를 남김
- 대안 C와 대안 A를 대상으로 증분 B/C ratio를 계산하면, (2,530.8−1,858.8)/(1568.2−1393.6)= 3.848이므로, 대안 C를 남김
- 그러므로 대안 C를 선택함

8장

03 (1) 손익분기점 : 350,000+32×P= 47×P → P= 23,333 단위 생산/월

(2) 월비용= 350,000+32×24,000= 1,118,000 천원

월수익= 47×24,000= 1,128,000천원

∴ 월 예상 수익= 월수익−월비용= 10,000천원

05 (2,700−200)(P/A, 16%, 6)= 9,212만원

07 전기모터의 연간비용 AC= CR(i)+(연간 고정비)+(연간 연료비) 이므로

두 전기모터의 연간비용이 같게 되는 사용시간 H는 다음을 만족해야 한다.

$$12{,}500{,}000\times(A/P,15\%,10)+(12{,}500{,}000\times0.015+500{,}000)+(100\times0.74\times H\times50\div0.74)$$

$$=16{,}000{,}000\times(A/P,15\%,10)+(16{,}000{,}000\times0.015+250{,}000)+(100\times0.74\times H\times50\div0.92)$$

∴ H= 511시간

09 고려기간 10년으로 하여 각 장치의 연간비용을 비교하려면, 장치 C는 5년 사용 후 같은 장치로 다시 5년을 사용하는 것이 가능하고 5년 후 현금흐름도 동일하다는 가정이 필요하다.

이러한 가정 하에서 연간 대당 평균 운행거리를 x라 하여 각 장치를 사용할 때의 연간비용을 구하면 다음과 같다.

$$A_A = 1{,}000{,}000 \times (A/P, 10\%, 10) + 20{,}000 + (0.2 \times 0.9 \times x \times 1{,}000)$$
$$= 182{,}700 + 180x$$
$$A_B = 500{,}000 \times (A/P, 10\%, 10) + 10{,}000 + (0.2 \times 0.95 \times x \times 1{,}000)$$
$$= 91{,}350 + 190x$$
$$A_C = 800{,}000 \times (A/P, 10\%, 5) + 10{,}000 + (0.2 \times 0.88 \times x \times 1{,}000)$$
$$= 221{,}040 + 176x$$

따라서 $A_A \le A_B$ 인 x의 범위를 구하면 $x \ge 9{,}135km$일 때 장치 A가 장치 B보다 유리하다는 것을 알 수 있다.

마찬가지로 $A_A \le A_C$ 인 x의 범위는 $x \le 9{,}585km$이므로 장치 A는 이 범위에서 장치 C보다 유리하다.

∴ MARR은 10%, 각 장치의 잔존가치는 없다는 가정 하에서, 운행거리가
9,135km 이하이면 장치 B,
9,135km 이상 9,585km 이하이면 장치 A,
9,585km 이상이이면 장치 C가 경제적이다.

11 〈sol〉

1) 포크리프트의 연간 총비용 AE(12%) = CR(12%) + 연간 유지비
이 비용이 연간 인건비 절약액인 500만원보다 적으면 포크리프트 구매가 유리하다.

$$A(12\%) = 10{,}000{,}000 \times (A/P, 12\%, 10) - 1{,}000{,}000 \times (A/F, 12\%, 10) + 3{,}000{,}000$$
$$= 4{,}572{,}600$$

∴ 포크리프트를 구매한다.

2) CR(12%) = 1,572,600원이므로 연간유지비가 인건비 절감액 500만원과의 차액인 3,427,400원보다 적으면 포크리프트를 구매하고 그 이상이면 구매하지 않는다.

3) 연간 인건비 절감액이 4,572,600원 미만이면 포크리프트를 구입하지 않고 그 이상이면 구입한다.

4) 잔존가치가 0원일 때의 $CR(12\%) = 10{,}000 \times (A/P, 12\%, 10) = 1{,}614{,}000$,
200만원일 때의 $CR(12\%) = 1{,}614{,}000 - 2{,}000{,}000 \times (A/F, 12\%, 10) = 1{,}531{,}200$

∴ 잔존가치가 0~200만원 사이의 어떤 값이어도 포크리프트를 사는 것이 유리하므로 잔존가치는 의사결정에 전혀 영향을 미치지 못 하는 변수다.

13 1) P＝초기투자비, AI＝연간운영수익, AC＝연간운영비, F＝처분가격

$P(12\%) = -P + (AI - AC)(P/A, 12\%, 10)(P/F, 12\%, 1) + F(P/F, 12\%, 11)$

① 초기투자비(P)에 대한 1차원 민감도분석 : 17억원 ≤ P ≤ 25억원

P＝ 17억원 : $P(12\%) = -17 + (8-4)(6.1944)(0.8929) + 15(0.2875) = 9.4364$

P＝ 25억원 : $P(12\%) = -25 + (8-4)(6.1944)(0.8929) + 15(0.2875) = 1.4364$

∴ 초기투자비가 최대 25억까지 들더라도 투자하는 것이 유리하다.

② 연간운영수익(AI)에 대한 민감도분석 : 5억원 ≤ AI ≤ 10억원

AI＝ 5억원 : $P(12\%) = -20 + (5-4)(6.1944)(0.8929) + 15(0.2875)$

$= -10.1565$

AI=10억원 : $P(12\%) = -20 + (10-4)(6.1944)(0.8929) + 15(0.2875) = 17.4984$

특히 $P(12\%) = 0$ 이 되는 $AI = 6.8363$

∴ 연간운영수익이 6억 8363만원 이하이면 투자하지 않는 것이 좋다.
연간운영수익은 매우 민감한 변수로 정확한 추정이 필요하다.

③ 연간운영비(AC)에 대한 민감도분석 : 3억원 ≤ AC ≤ 5억원

AC＝ 3억원 : $P(12\%) = -20 + (8-3)(6.1944)(0.8929) - 15(0.2875) = 11.9674$

AC＝ 5억원 : $P(12\%) = -20 + (8-5)(6.1944)(0.8929) - 15(0.2875) = 0.9054$

∴ 연간운영비가 최대 5억까지 들더라도 투자하는 것이 유리하다.

④ 처분가격(F)에 대한 민감도분석 : 10억원 ≤ F ≤ 20억원

F＝ 10억원 : $P(12\%) = -20 + (8-4)(6.1944)(0.8929) + 10(0.2875) = 4.9989$

F＝ 20억원 : $P(12\%) = -20 + (8-4)(6.1944)(0.8929) + 20(0.2875) = 7.8739$

∴ 처분가격에 상관없이 투자하는 것이 유리하다.

2) 연간운영수익이 사업시행 여부 의사결정에 가장 민감한 영향을 미친다.

15 비관적 시나리오 : 투자대안의 현가

$P(12\%) = -25 + (5-5)(6.1944)(0.8929) + 10(0.2875) = -22.125$억원

낙관적 시나리오 : 투자대안의 현가

$P(12\%) = -17 + (10-3)(6.1944)(0.8929) + 20(0.2875) = 27.4669$억원

가장 그럴듯한 시나리오 : 투자대안의 현가

$P(12\%) = -20 + (8-4)(6.1944)(0.8929) + 15(0.2875) = 6.4364$억원

∴ 사업의 위험성이 매우 높아 보인다. 그러나 13번 문제의 1차원 민감도분석에서 보았듯이

비관적 시나리오나 낙관적 시나리오 같은 극단적 상황이 벌어질 가능성은 매우 낮아 보인다. 좀 더 정확한 분석을 위해서는 몬테카를로 시뮬레이션과 같은 확률적 모형을 이용하는 분석법을 사용할 필요가 있다.

9장

12 연간제조 간접비 : 1억원

제품 A

	전체제품	제품A	제품A의 제조간접비 배부액
직접노무비	7,000만원	3,000만원	1억원×(3,000/7,000)=4,285만원
직접노무시간	2,100시간	1,000시간	1억원×(1,000/2,100)=4,761만원
직접재료비	5,000만원	2,000만원	1억원×(2,000/5,000)=4,000만원
직접비	12,000만원	5,000만원	1억원×(5,000/12,000)=4,167만원

제품 B

	전체제품	제품B	제품B의 제조간접비 배부액
직접노무비	7,000만원	4,000만원	1억원×(4,000/7,000)=5,714만원
직접노무시간	2,100시간	1,100시간	1억원×(1,100/21,000)=5,238만원
직접재료비	5,000만원	3,000만원	1억원×(3,000/5,000)=6,000만원
직접비	12,000만원	7,000만원	1억원×(7,000/12,000)=5,833만원

13 단위당 제품 A

	단위당 제품 A의 직접비	제품 A의 단위당 간접비 배부액	제품 A의 단위당 제조원가
직접노무비	18,000원	4,285원	22,285원
직접노무시간	18,000원	4,761원	22,761원
직접재료비	18,000원	5,000원	23,000원
직접비	18,000원	4,167원	22,167원

단위당 제품 B

	단위당 제품B의 직접비	제품B의 단위당 간접비 배부액	제품B의 단위당 제조원가
직접노무비	9,667원	3,809원	13,476원
직접노무시간	9,667원	3,492원	13,159원
직접재료비	9,667원	3,333원	13,000원
직접비	9,667원	3,889원	13,556원

14

간접활동	간접활동비용 (총액 1억원)	제품 A의 자원소모량	활동비용
설계	2,000만원	400 설계작업시간	2,000만원×400/1,000=800만원
생산	6,000만원	1,500 기계가동시간	2,250만원
품질보증	1,500만원	2,000회의 품질검사	600만원
주문 및 배달	500만원	800건의 처리횟수	200만원
연간간접비			3,850만원

간접활동	간접활동비용 (총액 1억원)	제품 B의 자원소모량	활동비용
설계	2,000만원	600 설계작업시간	2,000만원×600/1,000=1,200만원
생산	6,000만원	2,500 기계가동시간	3,750만원
품질보증	1,500만원	3,000회의 품질검사	900만원
주문 및 배달	500만원	1,200건의 처리횟수	300만원
연간간접비			6,150만원

제품A의 단위 제조원가	제품B의 단위 제조원가
18,000원 + 3,850원 = 21,850원	9,667원 + 4,100원 = 13,767원

찾아보기

ㅁ

ㅂ

ㅅ

ㅇ

ㅈ

ㅊ

저자 약력

조성구

- 서울대학교 산업공학과 학사
- KAIST 산업공학과 석사
- 프랑스 엑스마르세이유 3대학 경영학박사
- 현재 : 동국대학교 산업시스템공학과 교수

홍성조

- 동국대학교 산업공학과 학사, 석사
- 일본 쓰쿠바대학 전자정보공학 공학박사
- 현재 : 동국대학교 산업시스템공학과 교수

윤병운

- 서울대학교 산업공학과 학사, 석사
- 서울대학교 산업공학과 박사
- 현재 : 동국대학교 산업시스템공학과 교수

공학경제 (제3판)

3판발행 2017년 09월 05일
3판2쇄발행 2022년 12월 05일

지은이 조성구·홍성조·윤병운 / **펴낸이** 오판근
펴낸곳 (주) 교 우
주　소 서울시 동대문구 약령시로 8 교우빌딩 2층 (주)교우
전　화 02-925-2861 / **팩　스** 02-925-2860. **편집부** 02-925-2825
홈페이지&북스토어 www.kyowoo.co.kr / **이메일** kyowoo@kyowoo.co.kr

등　록 1994년 3월 24일 제1994-000013호
ISBN 979-11-251-0213-7 (93320)

Published by Kyowoo Co., Ltd. Printed in Korea

(주) 교우는 보다 혁신적이고 참신한 도서를 다양하게 기획하고 있습니다.
책으로 펴내고자 하는 아이디어나 원고는 메일로 보내주세요.
(주) 교우는 전과정을 책임지고 최선을 다하겠습니다.

값 30,000원

교우미디어는 (주) 교우의 Imprint 사입니다.
수학정원·과학정원은 (주) 교우의 새로운 브랜드명입니다.

잘못된 책은 구입하신 서점에서 교환해 드립니다.